A. S. Bernd Busch
Zwischen Berufung und Beruf

A. S. Bernd Busch

Zwischen Berufung und Beruf

Ein Beitrag zur Stellung des Pfarrers in unserer Zeit

EVANGELISCHE VERLAGSANSTALT

Die Deutsche Bibliothek – CIP-Einheitsaufnahme

Busch, Alfred S. Bernd:
Zwischen Berufung und Beruf : ein Beitrag zur Stellung des Pfarrers in unserer Zeit /
A. S. Bernd Busch. – Leipzig : Evang. Verl.-Anst., 1996
ISBN 3–374–01610-3

ISBN 3-374-01610-3

Printed in Germany · H 6503
Satz: S:C:S Sperling:Computer:Satz GmbH, Leipzig
Druck und Binden: Hubert & Co., Göttingen

Vorwort

Dieses Buch ist all jenen zugedacht, die über evangelische Pfarrer und ihren Beruf in der heutigen Zeit mehr wissen möchten.

Dabei ist vorab anzumerken, daß nicht nur von Pfarrern, sondern auch von Pfarrerinnen und ihren Erfahrungen in diesem Buch die Rede ist. Das Wort „Pfarrer“ steht also in der Regel sowohl für Pfarrerinnen als auch für Pfarrer, wenn nichts anderes eigens vermerkt ist.

Dieses Buch kann die Neugier derjenigen befriedigen, die einfach erfahren wollen, was ein Pfarrer alles zu tun hat, was er denkt und erlebt. Dafür sorgen die veröffentlichten biographischen Interviews und Zitate dieses Buches. Diese werden allerdings nur in einer kleinen Auswahl geboten. Wer mehr in dieser Richtung erfahren möchte, sei auf das Buch des gleichen Autors mit dem Titel verwiesen „Wenn einer ihre Zunge löst ... – Pfarrer erzählen aus ihrer Glaubens- und Berufsgeschichte“, das demnächst erscheinen soll.

Die vorliegende Arbeit wendet sich vor allem an jene, die über die Leitung einer Gemeinde nachdenken und sich fragen, welche Aufgaben heute Pfarrer in einer pluralen Gesellschaft ihrem Auftrag gemäß wahrnehmen sollten. Zu dieser Gruppe gehören vor allem die Theologiestudierenden, die Aus- und Fortbildungsstätten der Pfarrer, die Kirchenleitungen, die Synodalen der Kirchen, die Mitarbeiter in den Gemeinden und vor allem die Pfarrer selbst. Dieses Buch ist darüber hinaus all jenen Christen gewidmet, gleich welcher Konfession, denen die Reform der Ämter in der Kirche am Herzen liegt. Es bietet eine kritische Übersicht über den Stand der Diskussion zum Beruf des Pfarrers, eine ebenfalls überblicksmäßige Darstellung der Erwartungen an den Pfarrerberuf und die zeitlichen Anforderungen im Berufsalltag aus der Sicht der Kirchensoziologie. Und es enthält narrative Interviews bzw. Interviewausschnitte aus narrativen Interviews, um die Pfarrer selbst zu ihrer Berufswirklichkeit zu Wort kommen zu lassen. Schließlich mündet die Arbeit in einer thesenartigen Zusammenfassung zum Berufsbild des Pfarrers in unserer Zeit.

Dieses Buch ist entstanden aus der Dissertation des Verfassers „Pfarrer zwischen Berufung und Berufsalltag – Narrative Interviews zur Erhellung des Glaubens- und Berufsweges evangelischer Geistlicher im Kontext der Reformdiskussion des Pfarrerberufes“, die im Sommersemester 1994 von der Evangelisch-Theologischen Fakultät der Ludwig-Maximilians-Universität München angenommen wurde. Referent dieser Dissertation war Prof.

Dr. Christof Bäumler, ordentlicher Professor für Praktische Theologie; Koreferent war Prof. Dr. Trutz Rendtorff, ordentlicher Professor für Systematik mit besonderer Berücksichtigung der Ethik. Beiden ist an dieser Stelle zu danken für die Begleitung der Dissertation. Zur Dissertationsschrift gehört ein Materialband, der 54 narrative Interviews enthält, die in der Dissertation ausgewertet wurden. Beide Schriften, Dissertationsschrift und Materialband, sind so umfangreich, daß sie für eine Veröffentlichung nicht gut geeignet sind. Deshalb wurden sie auf dem Wege der Pflichtveröffentlichung der wissenschaftlichen Öffentlichkeit zugänglich gemacht.

Da aber das Thema der Arbeit auch von Interesse für breitere Kreise außerhalb der evangelisch-theologischen Fakultäten ist, wurde diese Dissertation überarbeitet und zu der Fassung umgeformt, die hiermit vorgelegt wird.

Daß dieses Buch nun erscheinen kann, ist der Evangelischen Verlagsanstalt Leipzig zu danken sowie der Unterstützung durch die Vereinigte Evangelisch-Lutherische Kirche Deutschlands, durch die Evangelisch-Lutherische Kirche in Bayern und durch den Pfarrer- und Pfarrerinnenverein in der Evangelisch-Lutherischen Kirche in Bayern. Dank ist an dieser Stelle aber auch all denen zu sagen, die durch praktische Hilfeleistungen bei Arbeiten wie Kopieren, Korrekturlesen und Binden u.a. dazu beigetragen haben, daß dieses Buch trotz der zahlreichen Verpflichtungen eines Gemeindepfarrers entstehen konnte.

Diejenigen Leser, die über dieses Buch hinaus mehr über den Pfarrerberuf wissen möchten, seien auf die Dissertation und den Materialband verwiesen, der in jeder Universitätsbibliothek des deutschen Sprachraumes zugänglich sein müßte.

Der Autor wünscht sich im Interesse des *allgemeinen Priestertums* aller Gläubigen eine weite Verbreitung und vor allem Diskussion des Inhaltes dieses Buches.

Dr. A. S. Bernd Busch — Utting am Ammersee, Pfingsten 1995

Inhaltsverzeichnis

Zur Einführung: Ein Beruf in der Krise

1. Eindrücke und Vermutungen

Im Medienzeitalter ist ein Berufsstand spätestens dann in positiver oder negativer Weise im Gespräch, wenn man den Berufsalltag dieses Berufsstandes zum Thema und Inhalt von Fernsehspielen macht. Das gilt seit Jahren für den Ärzteberuf, seit etwa zwei Jahrzehnten in zunehmendem Maße auch für den Pfarrerberuf. Als Startdatum der neueren, öffentlichen Problematisierung dieses Berufes kann man die Ausstrahlung des Filmes „Sieben Tage im Leben eines Pfarrers" von Fritz Erler[1] angeben. Seither gab es mehrere Fernsehserien zum Thema[2]. Katholische Geistliche und evangelische Pfarrerinnen und Pfarrer werden in ihrem Eintreten für das Gute im Menschen und in ihrem Wirken mit und gegen die Institution Kirche, in ihren Siegen, Niederlagen und in ihrem Alltag gezeigt. Man kann das als Sympathiewerbung für einen Beruf und die ihn Ausübenden verstehen. Zugleich aber ist dieses Phänomen auch ein Zeichen dafür, daß dieser Beruf vielen, vielleicht sogar den meisten Zeitgenossen fremd geworden ist. Zwar weiß wohl jeder, daß es ihn gibt; zwar hat der eine oder andere mit ihm gelegentlich schon hier und da zu tun gehabt, etwa anläßlich einer Beerdigung, aber insgesamt ist er dem eigenen Alltag und Lebensraum so fern, daß es schon wieder spannend sein kann, ihn durch das Fernsehen etwas näher kennenzulernen.

Diese Tatsache steht in einer gewissen Spannung zum eigenen, zumindest in der Öffentlichkeit so erscheinenden Anspruch des Berufes. Zu seinen Zielvorstellungen gehört es, die Mitglieder der ihm anvertrauten Gemeinde zu kennen und seelsorgerisch zu versorgen. Im traditionellen Berufsbild des Hirten, das bis in die Berufsbezeichnung *Pastor* hineinwirkt, wird das anschaulich. Selbst wenn man in Rechnung stellt, daß in den alten Ländern der Bundesrepublik Deutschland bis 1989/90 auch 25% der Bevölkerung keiner der großen christlichen Konfessionen angehörten[3], so sind doch immerhin mehr als zwei Drittel davon Mitglieder der Kirchen. Sie müßten dem-

---

[1] 1973

[2] Z.B. „O Gott, Herr Pfarrer"; „Mit Leib und Seele"

[3] Laut Ergebnis der letzten Repräsentativumfrage der EKD waren aber sogar 87% Mitglieder der beiden großen Konfessionskirchen. Vgl. Studien- und Planungsgruppe der EKD 1993, S. 51

nach – falls Berufsanspruch und Wirklichkeit zusammenstimmen würden – so genaue Kenntnisse über die Pastoren und ihre Tätigkeit aus eigener Erfahrung besitzen, daß es nicht nötig ist, sich solche Kenntnisse über das Fernsehen zu beschaffen.

Daß Pfarrer zum Gegenstand von Fernsehserien werden, zeigt also in der Tat, daß die Berufsrolle des Pfarrers öffentlich problematisiert worden ist.

So ist zu fragen, wie es zu dieser Entfremdung zwischen Mitgliedern der Kirchen und ihren Pfarrern gekommen ist. Es könnte einerseits sein, daß die Erwartungen, die an die Berufsrolle des Pfarrers gestellt werden, unrealistisch sind. Das könnte z.B. für die Erwartung einer seelsorgerischen Begleitung aller Mitglieder der Kirche gelten, welche durch die Berufsbezeichnung *Pastor* beinhaltet wird. Die faktisch bestehende Fremdheit zwischen Mitgliedern von Kirchen und Pastoren ist dann keine Entfremdung zwischen Gemeindegliedern und Pfarrern, sondern Folge illusionärer Ansprüche an den Pfarrerberuf.

Es ist andererseits aber auch denkbar, daß die Pfarrer nicht willens oder in der Lage sind, sich einer *nachgehenden Seelsorge* zu befleißigen, wie es früher in Stellenausschreibungen zu diesem Beruf hieß. Dann wäre statt von Fremdheit wohl von Entfremdung in der Beziehung Seelsorger – Gemeindemitglieder zu reden und zu fragen, wieso es dazu kommen konnte und ob dafür personelle oder strukturelle Gründe zu finden sind.

Doch nicht nur durch die Medien ist der Pfarrerberuf ins Gespräch gebracht worden.

Auch wissenschaftlich ist spätestens seit den zwei ersten großen kirchensoziologischen Untersuchungen zur Stabilität der Kirchenmitgliedschaft der Pfarrerberuf erneut ins Blickfeld von Überlegungen gerückt. Neben dem Versuch zu erklären, wie es zur Fremdheit zwischen Mitgliedern und Gemeindeleitern kommt, entwickeln sich auch neue, zeitgenössische Berufsrollenprofile. Diese sollen helfen, die Fremdheit bzw. Entfremdung zwischen Mitgliedern der Kirchen und ihren Pfarrern zu überwinden.

In der Betrachtungsweise dieser Untersuchungen gibt es zwei Ansatzpunkte. In der Studie „Wie stabil ist die Kirche?"[4] wird die Kirche als Institution mit einer Großorganisation verglichen, in der es mit einem Beruf zu verbindende bestimmte Aufgaben gibt, die für die Funktion der Organisation und die Realisierung ihrer Ziele unerläßlich sind. Der Beruf wird hier also weniger als *Berufung* verstanden, sondern als ein Bündel von zielgerichteten Tätigkeiten, die sich genau beschreiben lassen und für die dann auch genau gesagt werden kann, welche Qualifikationen ein Mitarbeiter mitbringen muß, um diese Arbeit ausführen zu können. Dies gilt nicht nur für die Großorganisation insgesamt, sondern auch auf Gemeindeebene. Denn wie man eine Kirche als Großorganisation auffasssen kann, so kann man eine

[4] Vgl. Hild 1974, S. 35ff.

Kirchengemeinde in ihr als eine betriebliche Einheit verstehen, in der ein Pfarrer Betriebsleiter ist und damit der Vorgesetzte von haupt- und nebenamtlichen Mitarbeitern sowie der oberste Verwalter von Kindergärten, Friedhöfen und Gemeindefinanzen.

Neben diese organisationssoziologische Betrachtungsweise des Pfarrberufes kann auch eine sozialpsychologische treten, wie sie in die Arbeit „Gottesdienst in einer rationalen Welt" eingegangen ist[5]. In der Sicht der Sozialpsychologie liegt das Schwergewicht der Untersuchung weniger darauf, welche Tätigkeiten ein Pfarrer in welcher Häufigkeit ausübt, welche Qualifikationen er dafür braucht und wie seine Tätigkeit und seine Person bei den Mitgliedern und in der Öffentlichkeit in zählbaren Kontakten wahrgenommen werden, sondern es wird stärker nach der Wirkung des Berufes gefragt. Die Grundannahme der Arbeit „Gottesdienst in einer rationalen Welt" ist, daß die Wert- und Lebenseinstellung von Menschen in dieser *rationalen Welt* sich von der Wert- und Lebenseinstellung unterscheiden kann, die die Kirchen verkündigen. Dabei geht es weniger um die tatsächliche Verkündigung der Kirchen, sondern mehr um die Wahrnehmung dieser Verkündigung in der Sicht der modernen Menschen. Das heißt, die Sicht der modernen Menschen auf die Kirchen kann von Vorurteilen bestimmt sein, die einer Überprüfung nicht standhalten. Das ändert aber zunächst nichts an ihren Vorurteilen gegenüber der Verkündigung. Aufgabe der Kirchen und hier insbesondere der Pfarrer als ihrer wahrnehmbaren Repräsentanten muß es daher sein, die Wert- und Lebenseinstellung der Kirchen den modernen Menschen so zu vermitteln, daß diese bereit sind oder bereit werden, diese Botschaft anzuhören.

Trotz der verschiedenen Forschungsansätze gibt es bei diesen Untersuchungen aber eine merkwürdige, befremdliche Übereinstimmung: Sie befassen sich zwar mit den Erwartungen und den Anforderungen an den Pfarrerberuf, jedoch ohne die Pfarrer selbst an der Forschung und am Nachdenken über die Veränderungen im Berufsbild *direkt* zu beteiligen.

Die Pfarrer und Pfarrerinnen sind Gegenstände der Untersuchung, aber nicht Prozeßbeteiligte.

Diese bisherigen Eindrücke und Beobachtungen führen zu einer ersten Vermutung, die als Ausgangspunkt der Untersuchung dient.

2. Die Ausgangsthese: Berufsrollen – Diskussion ohne Beteiligung der Berufenen

Auch die innerkirchliche Diskussion zu diesem Beruf fand weitgehend unter Ausschluß der Pfarrer und Pfarrerinnen statt. Über den Pfarrerberuf gibt es aus der Zeit nach 1945 viele theologische Darstellungen.[6] Ihnen allen ge-

---

[5] Vgl. Schmidtchen 1973, S. 1f.

[6] Siehe Literaturverzeichnis

meinsam ist, daß sie fast alle ohne erkennbare Beteiligung der Betroffenen zustande gekommen sind. Das ist um so erstaunlicher, als die Krise des Pfarrerberufes eine dauernde zu sein scheint. 1947 hat Julius Schniewind eine Thesenreihe herausgegeben mit dem Titel „Die Geistliche Erneuerung des Pfarrerstandes“[7]. 1988 erschien ein Votum des Theologischen Ausschusses der Arnoldshainer Konferenz: „Sein Licht leuchten lassen: Zur Erneuerung von Gemeinde und Pfarrerschaft“.[8]

Es mag sein, daß ein Betrieb gemäß seiner Geschäftsphilosophie eine bestimmte Berufsrolle definiert und mit entsprechendem Personal besetzt, ohne vorher einen Praxistest unternommen zu haben, der klärt, ob die Berufsrolle eine Chance hat, im Alltag des Berufes effizient zu sein. Aber spätestens, wenn der Beruf in die Krise geraten ist, gibt es einen *runden Tisch,* an dem die Krise speziell unter Einschluß der Erfahrungen aus der Praxis des Berufsalltages diskutiert wird. Im *Betrieb Kirche* war dieses Verfahren offensichtlich weithin unbekannt. Mag sein, daß die Kirchen sich nicht als *Betrieb* verstehen, obwohl sie es aus der Sicht der Organisationssoziologie, der Betriebswirtschaft und des Arbeitsrechtes sind; mag sein, daß sie ihre Mitarbeiter für unfähig halten, an einer konstruktiven Diskussion der Berufsrolle teilzunehmen; mag sein, daß sie die Krise für unecht halten und deshalb meinen, sie durch ein paar technische Hinweise oder persönliche Abmahnungen auflösen zu können.

Wie dem auch sei: *Obwohl also die Literatur über den Pfarrerberuf seit 1945 so umfangreich geworden ist, daß in dieser Arbeit nur exemplarisch auf sie eingegangen werden kann, gibt es doch keine nennenswerten Veröffentlichungen, in denen die Betroffenen selbst mitgestaltend zu Wort kommen.* Diese mangelnde Wahrnehmung der Berufswirklichkeit des Pfarrerberufes kann *eine* Ursache dafür sein, daß trotz aller Bemühungen, diesen Beruf zu reformieren, auch nach 40 Jahren im wesentlichen alles beim alten geblieben ist und sich an der Berufsrolle bislang wenig geändert hat.

3. Zu Absicht und Abgrenzung der Arbeit

Aus der These, daß bislang über die Berufsrolle des Pfarrers ohne erkennbare Beteiligung der Betroffenen diskutiert wurde, folgt die Absicht der Arbeit, empirisches Material zur Problematik aus der Sicht der Pfarrer und Pfarrerinnen mit ihnen gemeinsam zu erheben.

Dieses Material könnte als erste Sammlung von Bausteinen verstanden werden, mit deren Hilfe ein Berufsbild zu entwickeln wäre, das mit den heutigen Anforderungen an den Pfarrerberuf besser zusammenstimmt, so daß Reformen an der Arbeit der Pfarrer auch die Chance erhalten, effektiv um-

[7] Vgl. Schniewind 1947

[8] Siehe Arnoldshainer Konferenz 1988

gesetzt zu werden. Es könnte auch für die schon länger geforderte und geplante Neufassung einer evangelischen Pastoraltheologie[9] herangezogen werden, um zu überprüfen, ob eine solche erforderlich ist, und es kann schließlich auch verwendet werden, um einen lebendigen, anschaulichen Eindruck vom Berufsalltag und der Persönlichkeit des Pfarrers zu erhalten.

Bevor das geschehen kann, ist allerdings aufzuzeigen, daß die vorhandenen Gestaltungsvorschläge zur Reform des Pfarrerberufes zu wenig oder gar nicht in Übereinstimmung mit den Erfahrungen der Betroffenen und in Gemeinschaft mit ihnen erarbeitet wurden.

Mit dieser Feststellung befinden wir uns bereits bei methodischen Überlegungen zur Arbeit.

Ein Überblick über die Literatur zum Thema, vor allem eine Durchsicht der Quellen, die den einzelnen Arbeiten zugrunde liegen, würde bald zu dem Ergebnis führen, daß in der Tat die Pfarrer kaum selbst an der Bearbeitung ihrer Berufsprobleme beteiligt wurden. Aber dieses Verfahren ließe zu viele Fragen offen: Was heißt *Berufsrolle des Pfarrers,* was sind seine *Aufgaben,* wie sind sie legitimiert, wer definiert die Berufsrolle, wie wird die Berufsrolle in der Sicht der Gemeinde erlebt, wo liegen die Punkte, die den Ruf zur Reform des Berufsbildes veranlassen, welche Theorie veranlaßt diesen Ruf.

Es ist also notwendig, den empirischen Teilen dieser Arbeit einige Teile voranzustellen, die diese Vorfragen bearbeiten und damit auch den Rahmen erbringen, auf den die empirischen Erkundungen zur heutigen Berufswirklichkeit der Pfarrer bezogen sind.

An dieser Stelle sind nun erste Eingrenzungen der Arbeit vorzunehmen: Die Diskussion über den Pfarrerberuf wird vor allem in evangelischen Kirchen geführt. Deshalb beschränkt sich die vorliegende Arbeit auf die evangelischen Geistlichen. Zudem bezieht sich die Arbeit auf die *alten Bundesländer* und da auf die Zeit zwischen 1945 und 1989/90. Diese zeitliche und regionale Abgrenzung hat ihre Gründe in der einfachen Tatsache, daß brauchbares kirchensoziologisches Material, das in dieser Arbeit neben anderem Material verwendet wird, nur aus diesem Zeitraum und vorwiegend nur aus den westlichen Bundesländern vorhanden ist. Das bedeutet aber nicht, daß die vorgelegten Ergebnisse nicht auch auf den gesamtdeutschen Raum angewendet werden könnten oder auf Kirchen mit ähnlichen Problemlagen wie in denen, die in dieser Publikation behandelt wurden.

Die hier vorgenommene funktionale Betrachtungsweise der Berufsrolle und Berufswirklichkeit des Pfarrers kommt weitgehend ohne dienstrechtliche und vermögensrechtliche Aspekte aus, sie können deshalb hier ausgeklammert bleiben. Eine weitere Abgrenzung wird in bezug auf die theoretische Ausbildung der Pfarrer im Studium vorgenommen, weil es dazu Arbeiten von fest eingerichteten Kommissionen gibt.

---

[9] Vgl. Steck 1974; 1981

4. Zum Aufbau der Arbeit

Die Arbeit gliedert sich in drei Teile, die in durchnumerierte Kapitel untergliedert sind.

Im ersten Teil sind vor allem zwei Grundfragen der Arbeit zu klären:
1. Was meint *Berufsrolle des Pfarrers*?
2. Welches sind die *Hauptaufgaben* des Pfarrerberufes?

Dem Leser wird bei dieser Aufgabenstellung bereits auffallen, daß Aufgaben immer zu einer Berufsrolle gehören, so daß man in dieser rollentheoretischen Sicht nicht von zwei Grundfragen reden kann. Dennoch läßt sich dieses Verfahren erklären und legitimieren:

Im ersten Kapitel ist zu zeigen, daß der *Pfarrerberuf* tatsächlich *rollentheoretisch* betrachtet und damit Gegenstand soziologischer Analyse werden kann. Man gewinnt damit eine Begründung für den empirischen Zugang zu diesem Beruf. Dieser empirische Zugang ist erklärtermaßen in dieser Arbeit ein Hauptanliegen.

Das zweite Kapitel befaßt sich mit der *Ursprungstradition des Evangelischen Pfarrerberufes.*

Zu den Grundprinzipien protestantischer Kirchen gehört, daß Anschauungen und Verhaltensweisen in ihnen nur dann als legitimiert gelten, wenn sie in der *Heiligen Schrift* als dem geoffenbarten Wort Gottes begründet sind. Die dafür grundlegenden Überzeugungen wurden in den protestantischen Kirchen in besonderen Bekenntnissen festgehalten, welche in den protestantischen Bekenntnisschriften gesammelt wurden. Diese Bekenntnisschriften sind noch immer gültige Lehraussage in diesen Kirchen. Die Errichtung eines evangelischen Predigtamtes ist nach Aussage dieser Bekenntnisse schriftgemäß.

Es ergeben sich damit zwangsläufig weitere Fragen: Ist die Rezeption der Bekenntnisschriften, wie sie in heute gültigen Gesetzen der protestantischen Kirchen vorliegt, wirklich diesen gemäß? Hat die *Dogmeninterpretation,* wie man diese gegenwärtige Übernahme von Bekenntnisaussagen früherer Zeiten in heute gültige Gesetze und Ordnungen auch nennen könnte, zu Abweichungen geführt? Wenn es Abweichungen gibt, sind diese noch legitimiert durch die Ursprungstradition, auf die man sich beruft?

Man kann diese kritischen Fragen übergehen mit dem Argument, wer regiert, bestimmt zu einem großen Teil die gültigen Gesetze; die Vergangenheit hat darauf keinen oder kaum einen Einfluß. Das mag für viele staatliche Systeme zutreffen. Für eine Kirche, die sich durch den Rückbezug auf eine Ursprungstradition erst begründet und legitimiert, ist diese Frage jedoch nicht auszuklammern, sondern von existentieller Bedeutung, da sie ohne einen auch heute einsichtigen und nachvollziehbaren legitimen Bezug auf diese Ursprungstradition keine Existenzberechtigung in unserer Zeit mehr besitzt.

Das dritte Kapitel geht der Aufnahme dieser Ursprungstradition in *gegenwärtige kirchliche Ordnungen* nach.

Im zweiten Teil der Arbeit ist der erwähnte erforderliche Nachweis zu erbringen, daß es tatsächlich viel Material und Meinungen über die Pfarrer und ihren Beruf gibt, aber wenig bis kein Material, das mit ihnen gemeinsam zur Berufswirklichkeit erstellt worden ist. Dabei kommen Arbeiten aus den Bereichen in Betracht, in denen sich einzelne, Gruppen und Institute, die man als *Definitoren der Berufsrolle* bezeichnen könnte, mit dem Pfarrerberuf befassen. Man kann diese Definitoren nach Generierungsebenen einteilen, also nach Ebenen, auf denen Vorstellungen über den Pfarrerberuf erzeugt werden. Nach diesen Generierungsebenen ordnen sich im wesentlichen die Kapitel des zweiten Teiles:

Kapitel vier befaßt sich mit der Ebene der *Kirchenleitung;*

Kapitel fünf gibt Beiträge aus der *Kirchenreformbewegung* innerhalb und außerhalb kirchenleitender Gremien wieder;

Kapitel sechs stellt die *allgemeinen Erkenntnisse* aus der *Kirchensoziologie* zum Thema dar;

Kapitel sieben gibt Meinungen zum *Pfarrerberuf* in der *Sicht von Kirchenmitgliedern* wieder;

Kapitel acht enthält die *Ergebnisse der empirischen Pfarrerberufsforschung,* und

Kapitel neun zeigt einige wichtige Gedanken auf, die in der *Praktischen Theologie* zum Pfarrerberuf gedacht wurden.

Nach Darstellung dieser Erkenntnisse zum Pfarrerberuf ist die Ebene erreicht, auf der die Pfarrer selbst ihre Erfahrungen einbringen können und sollen, aber gemäß der Ausgangsthese bislang nicht konnten, weil sie weder in den Definitionsprozeß zum Rollenbild noch in den Reflexionsprozeß über das beklagte Mißlingen des Berufes kommunikativ einbezogen wurden.

So folgen aus den Ergebnissen von Teil eins und zwei die Grundfragen für den dritten Teil, den *empirischen Teil* der Arbeit. Er sucht die *heutige Berufswirklichkeit der Pfarrer* zu ermitteln.

Im zehnten Kapitel werden *Aufgabe und Methoden* dieses Teiles vorgestellt. In dieser Arbeit geht es nicht um die Feststellung, welche Meinungen zum Beruf in welcher Häufigkeit bei den Pfarrern und Pfarrerinnen anzutreffen sind, sondern um die Ermittlung des gesamten Spektrums der Berufswirklichkeit in Zusammenarbeit mit den Pfarrern. Dafür sind quantitative Methoden der Sozialforschung nicht geeignet. Anwendbare Methoden bietet die qualitative Sozialforschung. Aus ihrem Bereich wurde für diese Arbeit die Technik des narrativen Interviews herangezogen. Mit ihrer Hilfe wurden 55 narrative Interviews mit Pfarrerinnen und Pfarrern nach der Ausbildungsphase über ihre Glaubens- und Berufsgeschichte erstellt. Sie bilden die Grundlage der weiteren Überlegungen und Ausführungen zum Pfarrerberuf in dieser Arbeit. Über die mit der Methode verbundenen weiteren Rückfragen gibt ebenfalls dieses zehnte Kapitel Auskunft.

Das elfte Kapitel zeichnet aufgrund der Interviews die *Erlebniswirklichkeit heutiger Pfarrer und Pfarrerinnen* nach. In ihm sind 8 der 55 Interviews veröffentlicht. Die Interviews wurden der besseren Lesbarkeit wegen aus spontaner mündlicher Rede in *Schriftdeutsch* (nicht Hochdeutsch, sondern lesbare, dem Originalton der Erzähler möglichst nahe kommende Sprache) übertragen.

Im zwölften Kapitel werden schließlich *Ergebnisse zum Themenbereich „Pfarrer zwischen Berufung und Beruf"* dargeboten, die sich auf alle Interviews beziehen. Diese Darbietung erfolgt durch kommentierte Zitate zu bestimmten Einzelfragen. Sie entstammen alle dem Materialband zur Dissertation, die diesem Buch zugrunde liegt.

Den Schluß der Arbeit bildet eine Reihe von *Thesen zum Pfarrerberuf,* die sich mit der Frage beschäftigen, welche Folgerungen sich aufgrund der gefundenen Einsichten und Erkenntnisse für die Berufsrolle des Pfarrers und die mit ihr verbundenen Probleme ergeben.

Teil 1: Aspekte des Pfarrerberufes

1. Die Rolle des Pfarrers

1.1 Zum Begriff Berufsrolle des Pfarrers

Bei Menschen, die von den Pfarrern einiges erwarten, kann man auf Befremden stoßen, wenn man davon spricht, daß es eine *Pfarrerrolle* gibt oder daß der Pfarrer eine *Rolle zu spielen* hat. Sie vermuten hinter dieser Redeweise eine Täuschung, als ob der Pfarrer ihnen nur etwas vormacht, während sie doch erwarten, daß er *echt* und *überzeugend* ist. Gleichzeitig kennen sie aber auch Situationen, von denen sie sagen können: „Der Pfarrer ist aus der Rolle gefallen." „Er stand daneben." „Er hat nur etwas runtergespult."

Das bedeutet: Sie haben eine innere Vorstellung von dem, wie sich ein Pfarrer *richtig* zu verhalten hätte. Damit geben sie zu erkennen, daß sie doch ein Vorwissen von der sozialen *Rolle* haben, die ein Pfarrer zu *spielen* hat. Der Pfarrerberuf kann daher, wie andere Berufe auch, soziologisch mit Hilfe der Rollentheorie betrachtet werden. Nach dieser Theorie ist eine soziale Rolle „die Ausübung von Verpflichtungen, wie sie sich innerhalb der kleinen oder größeren, organisierten oder nichtorganisierten Gruppen ergeben, sei es die ‚Urhorde' oder die Familie, das Büro oder das Laboratorium, eine Kompanie oder eine Kirchengemeinde usw. ... mitsamt den Ansprüchen, die sich daran knüpfen. Sowohl die Verpflichtungen, als auch die Ansprüche der Rollenträger sind in den Vorstellungen präformiert oder fixiert, die in dem kleinen oder großen sozialen System darüber entwickelt wurden".[1]

Wie die eingangs erwähnten einfachen Beispiele zeigen, sind auf der Seite der Nichtpfarrer offensichtlich Erwartungen mit der Berufsrolle des Pfarrers verknüpft, die durch Herkommen und Selbstdarstellung der Rolle bestimmt sind. Umgekehrt können die Pfarrer und Pfarrerinnen davon ausgehen, daß ihr soziales Handeln zum Beispiel bei einer Trauerfeier nicht als Spiel betrachtet, sondern ernst genommen wird. Aber gerade bei einer solchen Feier würde das Verhalten der Pfarrer auf Befremden stoßen, wenn sie etwa in roten Socken und Sandalen amtieren wollten. Es gibt also in der Tat Erwartungen und Ansprüche, die mit einer Berufsrolle verbunden sind. Das gilt auch für den Pfarrerberuf.

---

[1] Eisermann 1991, S. 5

1.2 Rolle und Situation

Ein weiterer Aspekt wurde in den Beispielen bereits angesprochen. Es geht um die Situation, in der eine Rolle gespielt oder dargestellt wird. Erst die Situation macht ein bestimmtes Rollenhandeln erforderlich. Der Pfarrer wird in einer Mitarbeiterrunde zwar immer noch als Pfarrer wahrgenommen, aber man erwartet von ihm in dieser Runde nicht, daß er im Talar auftritt, sondern als *Partner* oder auch *Hirte* der Mitarbeiter. Das bedeutet, der Pfarrer hat in verschiedenen Situationen verschiedene Rollen zu spielen, die jeweilige Rolle ist durch die Situation bedingt. Dabei tritt eine Schwierigkeit auf: Wie eine Situation zu definieren ist und welche soziale Rolle sie erfordert, ist nicht immer so eindeutig wie im Fall einer Trauerfeier. Es gibt viele Situationen, die erst durch die Einschätzung der Beteiligten definiert werden. Diese Definition muß nicht mit den Realitäten oder der Einschätzung anderer Beteiligter übereinstimmen, dennoch schafft sie für die Person, die ihre Situation so oder so definiert, soziale Realität, weil erst diese Einschätzung bestimmtes, erwartetes oder vermutetes Rollenverhalten aktiviert.

1.3 Rollenmaske und Rollenmerkmal

Unmißverständlich wird eine Situation dagegen durch die Rollenmaske und Rollenmerkmale. Unter *Rollenmaske* ist dabei nicht ein neues *unechtes* Element im Pfarrerverhalten gemeint, sondern die Gesamtheit von Gestik, Ausdruck, Haltung und Verhalten, die mit der Ausübung einer bestimmten Rolle in einer bestimmten Situation verbunden sind.[2] Ein Pfarrer oder eine Pfarrerin werden ihre Rolle, wenn sie diese eben nicht *runterspulen,* sondern *richtig spielen,* bei einer Beerdigung anders ausfüllen als bei einer Taufe. Haltung, Sprechweise, Mimik und Gestik geben darauf bereits Hinweise. *Rollenmerkmal* meint – um im Vergleich mit dem Theater zu bleiben – die Gesamtheit der *Requisiten,* die gebraucht werden, um eine Rolle gut zu spielen. Bei den Pfarrern ist ein wesentliches Rollenmerkmal beispielsweise der Talar. Bei einer Demonstration getragen, wirkt er wesentlich stärker, als wenn ein Pfarrer ohne Talar an dieser teilnimmt. So kann man festhalten: „Kostüm als Rollenmerkmal und Maske zusammen ergeben auch im wirklichen Leben erst die überzeugende Rolle.“[3]

1.4 Rollenspiel

Das Rollenspiel selbst besteht nicht für sich, sondern ist stets bezogen auf andere. Es ist soziales Handeln, mithin zugleich ein Handeln eingesenkt in Raum und Zeit. Soziales Handeln ist aber nicht isoliert als einzelne Hand-

---

[2] Eisermann 1991, S. 13

[3] Eisermann 1991, S. 33; 97–121

lung sachgemäß zu betrachten, sondern es ist, genau genommen, immer ein wechselndes Handeln in einem Handlungsgefüge. „Um zu einer Analyse des sozialen Handelns durchzudringen, müssen wir uns ferner gegenwärtig halten, daß die empirische Welt in der Regel nicht einzelne Handlungen, sondern vorzugsweise gegliederte Handlungsgefüge darbietet. Es handelt sich fast stets um Wechselhandeln, also Interaktionen..."[4] Auch sozialpsychologisch läßt sich eine Rolle beschreiben und zwar als das Gefüge von Regeln, Handelnsrezepten und Vorschriften für die Kommunikation in bestimmten Situationen.[5]

1.5 Berufsrolle

Eine Berufsrolle unterscheidet sich von normalen alltäglichen Rollen nur in ihrer speziellen Funktionalität. Zur Berufsrolle gehören erworbenes Berufswissen, bestimmte Fertigkeiten und Fähigkeiten. Zu ihr gehören aber auch die in der Ausbildung zu vermittelnden Normen, Wertvorstellungen und Motivationen, die mit ihr verbunden sind. Kann die Ausbildung nicht eine ausreichende Identifikation mit diesen Wertvorstellungen erreichen, kommt es zu Anpassungsschwierigkeiten und möglicherweise zum Berufswechsel. Statt von Identifikation mit Wertvorstellungen zu reden, könnte man auch von Übernahme des Berufsethos sprechen.[6] Wie Berufswissen, Fertigkeiten und Fähigkeiten zu jeder Berufsrolle gehören, so auch das Berufsethos. Dies gilt in besonders hohem Maße für den Pfarrerberuf aus Gründen, die im folgenden erläutert werden.

1.6 Rollenarten

Bei den Rollen, die für ein Leben oder einen Lebensabschnitt bestimmend sind, lassen sich nach ihrem Gewicht basale, spezifische und generelle Rollen unterscheiden.

Basale Rollen sind solche, die biologisch oder sonstwie elementar und bleibend gegeben sind, wie z.B. die Geschlechterrolle oder die Rolle als verheirateter Mann.

Spezifische Rollen sind solche einer spezifischen Tätigkeit, die nach Beendigung der Tätigkeit zunächst erledigt sind, wie die Rolle eines Handelsvertreters oder einer Verkäuferin.

Ähnlich gewichtig sind generelle Rollen, für die es meist einer speziellen Ausbildung, eines speziellen Auswahl- oder Zugangsmodus und einer öffentlichen Sanktionierung bedarf. Diesen Rollen ist eigen, daß man sie zwar

[4] Eisermann 1991, S. 54
[5] Eisermann 1991, S. 61
[6] Eisermann 1991, S. 122–145

nicht immer ausübt, daß die mit ihnen verknüpften Erwartungen jedoch immer gelten. Die langwierigen Prozeduren bis zur Übernahme der Berufsrolle dienen dazu, den Rollenträger auf bestimmte Verhaltensweisen festzulegen und ihn solche vermeiden zu lassen, die mit seiner Rolle inkompatibel sind.

Zu diesen generellen Berufsrollen gehört auch die Pfarrerrolle. Zu seiner Rolle gehört ferner – ähnlich wie beim Richter – eine gewisse Distanz gegenüber seinem *Publikum.* Er kann sich ihm nicht gleich machen, sonst funktioniert das Rollenspiel nicht mehr und er *fällt aus der Rolle.* „Wenn seine Predigt z.B. effektiv, d.h. seinem Rollenbild adäquat, sein soll, was ebenso für seine Funktion in der Ausübung des Kults generell gilt, dann muß er von den Gemeindegliedern primär als Priester apperzipiert werden können. Die richtige Definition der Situation in der Gemeinde und die richtige Reziprozität der Perspektiven zwischen den verschiedenen Rollenträgern kann sonst nicht gewahrt und das entsprechende Rollenspiel nicht durchgehalten werden."[7] Es spielen in diesem Beruf also der gesamte äußere und innere Habitus, die sogenannte Rollenmaske, im Verein mit dem rechten Gebrauch der Rollenmerkmale und das rechte Rollenverhalten permanent zusammen. So gibt es regelmäßig Kommunikationsstörungen, wenn Berufsrollenerwartungen nicht mit dem Handeln des Rollenträgers zusammenstimmen. „Inkompetenz behindert natürlich den Fluß des sozialen Prozesses ebenso wie mangelhaftes Rollenverhalten. Aber die schlecht sitzende, schlechte oder fehlerhafte Rollenmaske kann denselben Effekt hervorrufen."[8] Darin liegt begründet, daß Berufe wie Pfarrer eben nicht ausgeübt werden können, als wäre der Rollenträger *nur Mensch unter Mitmenschen.* Das ist für das Verhältnis Amt und Gemeinde besonders zu bedenken.

Diese sozialen Tatsachen verstärken die hervorgehobene Stellung der Pfarrer in der Gemeinde, unterstützen ihr Amt. Sie sind zu beachten, wenn man die Berufsrolle des Pfarrers verändern möchte. Dies kann z.B. dann der Fall sein, wenn man das Bild vom Pfarrer als *Hirten* zwar traditionell verankert sieht, aber zu der Überzeugung gelangt ist, daß es weder biblisch begründet noch zeitgemäß ist. Die sich dann nahelegende Reform des Berufsbildes wird ohne Erfolg bleiben, wenn man das Gewicht dieser *generellen* Rolle nicht ausreichend im Reformprozeß beachtet. Im Zusammenspiel von Amt und Gemeinde könnte die Rolle des Amtes durch eine Aufwertung von anderen Berufsrollen abgeschwächt werden – ein Ziel, das uns in den Reformbewegungen der Protestanten wieder begegnen wird. Das wird aber nur dann gelingen, wenn die anderen Berufsrollen zu ähnlichen *generellen* Rollen umgewandelt werden können. Ist dies nicht möglich, so ergibt sich als andere Möglichkeit, den Pfarrerberuf in Richtung Gleichrangigkeit mit an-

[7] Eisermann 1991, S. 139
[8] Eisermann 1991, S. 191

deren Berufen zu verändern. Er müßte von einer generellen Rolle in eine spezifische Rolle verwandelt werden.

1.7 Beruf, Berufung und berufliche Sozialisation

Die bisherigen Ausführungen zum Beruf erwecken den Eindruck, als käme es in einem Beruf vor allem darauf an, seine Rolle richtig zu spielen. Obwohl dies prinzipiell zutrifft, ist für das Gelingen dieses *Spieles* die Persönlichkeit, die in diesen Rollen handelt, entscheidend. Das Ich oder Selbst hinter und in den Rollen, die Identität der Persönlichkeit, ist für die *Glaubwürdigkeit eines gelingenden Rollenspiels* verantwortlich. *Berufung* ist die Beauftragung einer Person, für ein gelingendes und glaubwürdiges Rollenspiel Verantwortung zu tragen. Deshalb gehört die *Berufung* unbedingt zur Berufsrolle und zu gelingendem Rollenhandeln. Man kann dabei die *subjektive Berufung* unterscheiden, die jemand aus inneren Beweggründen verspürt, und die *objektive Berufung,* die die Übernahme einer Berufsrolle ist. Von *idealer Besetzung* wäre dann zu sprechen, wenn innere und äußere Berufung zusammenstimmen.

Die Bemühung, beides in Übereinstimmung zu bringen, geschieht in der *beruflichen Sozialisation.* Sie gleicht der biographischen Sozialisation im Kindheits- und Jugendalter darin, daß sie Normen durch positive oder negative Sanktionen verinnerlichen soll. Das sind Normen, die für das menschliche Zusammenleben unerläßlich sind: Regeln und Konventionen, die festlegen, welche Rollen nicht mit anderen kombiniert werden dürfen; Leitbilder für Verhaltensweisen, die mit der Rolle verbunden sind, die man auch als Rollen-Ethik bezeichnen kann und die oft dadurch sanktioniert werden, daß man auf sie vereidigt wird; normative Regulierungen sozialer Beziehungen, damit das Rollenspiel innerhalb eines sozialen Systems funktionieren kann. „Die Übernahme einer sozialen Rolle erstreckt sich mithin auf die Erfüllung spezieller Aufgaben, die mit bestimmten sozial legitimierten Anrechten und Verpflichtungen verknüpft sind, und vollzieht sich innerhalb eines Sozialisationsprozesses. Durch die Einwirkung der Mitwelt wird derart aus dem menschlichen Naturalwesen die soziale Persönlichkeit für die jeweils erforderlichen Zwecke der betreffenden Rolle innerhalb des jeweiligen sozialen Systems geformt.“[9]

1.8 Rollenkonflikte und soziales System

Wie sich an dieser Stelle bereits leicht erkennen läßt, ist eine soziale Rolle in einem sozialen System ein komplexes Gefüge, das eine Menge Konflikte in sich birgt. Sie können bei echten Rollenkonflikten, bei Rollenwechseln

[9] Eisermann 1991, S. 23

bzw. beim Rollenwandel, bei der falschen Interpretation oder Definition einer Situation entstehen.

Als generelle Berufsrolle hat gerade auch der Pfarrerberuf besonderen Anteil an diesen Problemen.

Geläufig ist der unauflösliche Rollenkonflikt von verheirateten Pfarrern bzw. Pfarrerinnen. Sie sollen auch für die Ehepartner Seelsorger und Seelsorgerinnen sein. Das setzt voraus, daß eine gewisse Distanz gewahrt bleibt, um Berater und Begleiter bleiben zu können, was bei der vertrauten und intimen Nähe einer Ehe undurchführbar ist. Dieser Konflikt läßt sich lösen, indem sich die Pfarrersehepaare für ihre persönliche Seelsorge eine andere Person suchen oder indem sie die Berufsrolle an dieser Stelle aufgeben und etwa durch gemeinsames Gebet oder Aussprache sich gegenseitig stützen.

1.9 Die Bedeutung der „Rolle" für das soziale System

Das Zusammenleben der Menschen kann ohne soziale Rollen nicht gelingen. Das hat seinen Grund im menschlichen Wesen selbst. Biologisch betrachtet, gehört der Mensch zu den höchstentwickelten Primaten. Im Unterschied zu ihnen ist er am wenigsten instinktgeleitet, der Umwelt gegenüber am wenigsten festgelegt. Er ist verhaltensoffen. Diese Offenheit bedingt aber zugleich eine grundlegende Verhaltensunsicherheit. Die Gesellschaft bearbeitet dieses Problem durch die Herausbildung von sozialen Normen, Konventionen, Sitten, Bräuchen. Durch diese gesellschaftlichen Verhaltensregeln wird die Verhaltensunsicherheit überwunden und das Handeln der sozialen Rollen geleitet. Insofern sind gesellschaftliche Verhaltensregeln grundlegend für soziale Rollen. Nur durch sie kann der einzelne an die sozialen Normen gebunden werden, deren es zum Bestand der sozialen Systeme und generell der Gruppen bedarf.[10] Gegen Störungen und Bedrohungen der Lebensordnung eines sozialen Systems besteht daher eine immanente Tendenz zur Abwehr, die sich in Sanktionen äußern kann, mit denen Störungen des sozialen Systems belegt werden. Im Lauf der Geschichte haben sich zur Vertretung und Wahrung dieser Normen soziale Institutionen wie das Rechtswesen oder die Kirchen herausgebildet. Diese sozialen Institutionen werden damit zu Stützpfeilern des menschlichen Zusammenlebens.[11]

Diese Feststellung kann nicht bedeuten, daß um der Ordnung willen, ohne die ein soziales System nicht funktionieren kann, Regeln oder Rollen starr und unverändert bleiben müssen. Im Gegenteil, die Wahrnehmung gewandelter Situationen macht die Neudefinition derselben notwendig. Das kann zur Folge haben, daß eine Rolle völlig gewandelt oder aufgehoben wird, wie

---

[10] Vgl. Eisermann 1991, S. 183, Fußnote 15

[11] Vgl. Eisermann 1991, S. 183f.

es in jüngster Zeit z.B. mit der spezifischen Rolle des Setzers in einer Druckerei geschehen ist.

1.10 Die Geschichtlichkeit der Berufsrolle und Konflikte aus dem Rollenwandel

Jedermann, der die Amtskleidung der Pfarrer im Wandel der Geschichte betrachtet, versteht sofort den hier gemeinten Zusammenhang.[12] Wie jeder am eigenen Leibe erfährt, daß es verschiedene Lebensalter gibt, die mit spezifischen Problemen verknüpft sind, die Wandel und Veränderung bedeuten, Abschied und Neubeginn, so kann er damit zugleich erfahren, daß dieses Phänomen auch überindividuell existiert. Die Geschichtlichkeit und damit der Wandel gehören zu den basalen Bedingungen jeden Daseins. Dies gilt selbstverständlich auch für soziale Phänomene.

Der soziale Wandel betrifft auch die Berufsrolle des Pfarrers. Eine Reihe von Spannungen im Berufsbild des Pfarrers heute und darüber hinaus der Institution Kirche lassen sich vermutlich aus dieser Tatsache erklären. Wenn die Definition der Situation, in der eine Berufsrolle gespielt werden soll, nicht mehr von beiden Seiten der Interakteure eindeutig erfolgen kann, sind Konflikte vorprogrammiert. Wenn Erwartungen aufgebaut wurden, die – organisationssoziologisch betrachtet – nie erfüllt werden können und die zudem im Widerspruch zur eigenen, inhaltlich bestimmten Gemeinde- und Kirchentheorie stehen, dann kann ein Bruch mit Kirche und Gemeinde die Folge sein. Wenn der soziale Wandel so rasch erfolgt wie in der Gegenwart, daß die Werte- und Normenentwicklung dem nicht folgen kann, dann ist auch ein soziales System wie die Kirche fundamental betroffen.

Man kann in diesen Fällen allerdings auch von einer fundamentalen Störung im Rollenspiel sprechen. Weder die bisher verwendeten Rollenmerkmale, noch die zugehörige Rollenmaske, noch das Berufsbild insgesamt passen zu dem Prozeß des raschen sozialen Wandels. Das kann zu größeren Spannungen im sozialen System führen, die einige der *Mitspieler* im sozialen System dadurch lösen, daß sie das Spiel verlassen. Für das *System Kirche* bedeutet das konkret, daß Mitglieder ihren Gemeinden den Rücken kehren. Es gilt dabei zu erkennen, daß diese Spannungen zum Teil durch unveränderte Rollen in veränderter Situation hervorgerufen oder verschärft werden. Mit dieser Erkenntnis ist zugleich ein Ansatz zur Reform von Rollen gegeben. Diesen Sachverhalt kann man auch markt- oder betriebswirtschaftlich formulieren. Dadurch läßt sich leichter aufklären, wo Probleme in der Anpassung der Berufsrolle an eine veränderte Situation liegen könnten. Vorausgesetzt das *System Kirche* ist nach wie vor davon überzeugt, daß sein *Produkt,* das Evangelium, durch nichts in der Welt zu erset-

[12] Vgl. Drews 1924, S. 31, 37, 108, 109, 113, 120

zen ist – und das muß man voraussetzen, denn im anderen Falle wäre die Kirche als System überflüssig – , dann sind offensichtlich Verpackung, Vertriebsstrukturen und Vertriebsmethoden für viele Mitglieder absolut unzeitgemäß, so daß sie nicht mehr erreicht werden und deshalb auf dieses *Produkt* verzichten. Die Berufsrolle des Pfarrers als des Hauptvermittlers des Evangeliums wird dadurch aber allmählich überflüssig, weil kein Bedarf mehr für sie besteht.

Dieses Beispiel zeigt, daß auch der Pfarrerberuf mit seinen Problemen in den sozialen Wandel einer Gesellschaft eingebettet ist. Rollentheoretisch läßt sich dieser Sachverhalt so beschreiben: „Wenn die Situation ins Wanken gerät oder gar neu definiert werden muß, werden die beteiligten Rollenträger in Unsicherheit versetzt. Sie müssen nun nicht allein ihre Maske, sondern ihre Rolle selbst überprüfen, ja zuweilen die Position, die sie gegebenenfalls innerhalb der bezeichneten Situation eingenommen haben oder die ihnen angewiesen wurde, selbst verändern.“[13] Das bedeutet, daß zum *Rollenwandel* im Berufsbild des Pfarrers auch eine Analyse der Situation gehört, zu der die bisherige Berufsrolle möglicherweise paßte. Nach der Analyse ist zu fragen, ob und wie angesichts gewandelter Verhältnisse auch die Verkündigung des Evangeliums auf neue Art und Weise zu geschehen hat. In diesen Zusammenhang gehört dann auch eine Überprüfung des Rollenbildes und möglicherweise eine Neudefinition desselben.

Maßstab für diesen Prozeß ist der Zweck, dem der Pfarrerberuf dienen soll. Darauf ist im nächsten Kapitel noch einmal eigens einzugehen. Denn es ist rollentheoretisch betrachtet denkbar, die bisherigen Aufgaben des Pfarrerberufes auf mehrere *Mitspieler* aufzuteilen, also die vorhandene traditionelle Berufsrolle umzuformen oder gar aufzulösen. Wenn eine Diskussion in dieser Richtung beginnt – und sie hat längst begonnen –, dann gerät die traditionelle Berufsrolle ins Wanken, mit ihr auch die Einschätzung der Situation, das Rollenbild, die bislang gültigen Verhaltensweisen, die mit dieser Rolle verbunden waren. Für die Personen, die in diese Situation geraten, folgt daraus eine große persönliche Verunsicherung, vorausgesetzt, sie nehmen den Wandel wahr. Die Beteiligten an diesem Wandel der Situation sind dabei nicht nur die Rollenträger, in unserem Fall also die Pfarrer, sondern auch diejenigen, auf die sich ihr Berufshandeln bezieht, in diesem Fall also die Gemeinde. Sie ist – rollentheoretisch gesehen – nicht nur Zuschauer, sondern zumindest Interakteur.

Für die Situation der Pfarrer bedeutet das, daß nicht nur sie, sondern auch ihre Gemeinden in Unsicherheit darüber geraten können, wie das „Schiff, das sich Gemeinde nennt“[14] nun noch richtig zu steuern ist. Diese Situations- und Rollenunsicherheit muß aber nicht auf ein soziales System beschränkt

[13] Vgl. Eisermann 1991, S. 17
[14] Titel eines Evang. Kirchenliedes

sein. Es ist möglich – und in dieser Situation befindet sich die Gesellschaft der BRD im Ausgang des 20. Jahrhunderts –, daß eine ganze Gesellschaft in allen Bereichen einem raschen sozialen Wandel unterliegt und deshalb Unsicherheiten, die vom Gesamt der Gesellschaft ausgehen, auch auf die sozialen Subsysteme und in diesen wiederum auf die Individuen besonders stark einwirken.

Es ist an dieser Stelle darauf hinzuweisen, daß diese Unsicherheiten auch als Ablöseprozesse zu verstehen sind: Nicht jede Unsicherheit muß so negativ interpretiert werden, wie das Wort *Unsicherheit* anklingen läßt. In jedem Wandel liegt die Chance eines Neubeginns. Der Ablöseprozeß selbst aber vollzieht sich mühsam, weil zum einen manche Interakteure nicht die Einsicht in die Notwendigkeit des Wandels besitzen und lieber am Althergebrachten und Gewohnten festhalten möchten und weil zum anderen im Wandel selbst noch nicht sofort das Neue oder der Weg zu neuen Ufern erkennbar ist, sondern erst ertastet und durch eine Phase von *Versuch und Irrtum* gefunden werden muß. Deshalb kann man in der Rollentheorie dazu anmerken: „Indem generell eine Sozialstruktur immer durchlässiger und flexibler wird, um etwa ökonomischen Erfordernissen gerecht zu werden, werden die davon betroffenen Menschen immer mehr gewahr, daß ihre sozialen Beziehungen zueinander nicht mehr länger so standardisiert sind, wie sie es waren.“[15] Auch für den Pfarrerberuf folgt daraus, daß nicht nur *neue Kleider* zu schneidern sind, die einem gewandelten Berufsbild besser passen, sondern auch, daß ohne eine Phase des gewollten und gelenkten Experimentierens gar nicht herauszufinden ist, welche *Kleider* zu welcher veränderten Situation passen.[16]

Im Gegensatz zu früher wird durch die sich rasch verändernde soziale Situation eine *Anpassungsleistung* von den *Mitspielern* im sozialen System verlangt, die von der Spezialisierung wieder wegführt auf allgemeinere Fähigkeiten und Fertigkeiten, die erlauben, kreativer und flexibler auf Wandel zu reagieren.

Neben beruflichem Spezialwissen werden immer mehr generalisierende Grundqualifikationen verlangt wie Planungs-, Entscheidungs- und Methodenkompetenz, Befähigung zur Zusammenarbeit in der Gruppe, Umweltsensibilität und Motivation zur Weiterbildung.[17]

Wir werden feststellen, daß diese Tendenz auch in Reformpapieren zum Pfarrerberuf erkennbar wird, daß mithin also auch der Pfarrerberuf – obwohl er als generelle Berufsrolle schon immer zu gelten hatte – doch auch in der Tat Anteil am allgemeinen sozialen Wandel hat.

Unter diesen rollentheoretischen Gesichtspunkten ergibt sich für die Be-

---

[15] Vgl. Eisermann 1991, S. 59
[16] Vgl. Eisermann 1991, S. 144
[17] Vgl. Eisermann 1991, S. 142

rufsrolle des Pfarrers, daß sie auf Situationsgemäßheit hin überprüft werden muß. Das setzt voraus, daß man sich mit ihren Zielen und Zwecken befaßt, was im folgenden Kapitel nunmehr geschehen soll.

2. Die Grundaufgaben des Pfarrers nach dem Augsburger Bekenntnis

2.1 Vorbemerkung

Für die evangelischen Kirchen in Deutschland regeln Gesetze die Anforderungen und Grundaufgaben, die zum Pfarrerberuf gehören. Sie alle beziehen sich mehr oder weniger ausdrücklich auf die jeweiligen kirchengründenden Bekenntnisschriften. Wegen ihres zeitlichen Vorranges vor anderen Bekenntnisschriften und ihrer nach wie vor grundlegenden Bedeutung für die evangelischen Kirchen besitzen die Aussagen des Augsburger Bekenntnisses (Confessio Augustana, abg. CA) zum Thema eine herausgehobene Stellung. Deshalb ist in diesem Kapitel zunächst auf sie einzugehen. Danach ist zu zeigen, wie die Aussagen dieses Bekenntnisses im 20. Jahrhundert in gültigen Ordnungen und Gesetzen der Kirchen aufgenommen werden. Dabei ist vorab anzumerken, daß dies wegen der Struktur der evangelischen Kirchen in Deutschland nur am Beispiel einer Landeskirche konkretisiert werden kann, worauf noch einmal eigens einzugehen ist.

2.2 Die Grundlegungen zum Pfarrerberuf aus dem Augsburger Bekennntnis

Die Bekenntnisschriften der Reformationszeit in unseren Tagen als Maßstab für gegenwärtiges kirchliches Handeln heranzuziehen, birgt Probleme in sich. Zwar gelten sie nach wie vor in den evangelischen Kirchen, doch bewirkt der historische Abstand, daß man die Aussagen von damals nicht ohne weiteres auf die Gegenwart übertragen kann. Man muß sie aus ihrer Zeit heraus verstehen und ihre Aussagen kritisch aufnehmen.

Die einschlägigen Artikel der CA zum Thema Pfarramt bzw. zur Frage, wie das Pfarramt zu begründen ist und welche Aufgaben es hat, sind: V Vom Predigtamt; VII Von der Kirche; XIV Vom Kirchenregiment; XXVIII Von der Bischofen Gewalt.

In CA V wird das Predigtamt auf göttliche Stiftung zurückgeführt: „Um solchen Glauben zu erlangen, hat Gott das Predigtamt eingesetzt, Evangelium und Sakrament geben, dadurch er als Mittel den heiligen Geist gibt, welcher den Glauben, wo und wann er will, in denen, so das Evangelium hören, wirket..."[1] In der lateinischen Fassung enthält der Satz die bis heute gängigen Fachbegriffe *Institut* für die göttliche Einsetzung des Predigtamtes und *Ministerium* für das Amt selbst. Das Amt hat nach der lateinischen Fassung die Aufgabe, das Evangelium zu verkünden und die Sakramente zu verwalten.[2] Diese Sätze für sich genommen sprechen dafür, daß das Pfarramt ein besonderes Amt der Gemeinde gegenüber ist. Aber das setzt voraus, daß die Begriffe *Pfarramt, Geistliches Amt* oder *Amt der Kirche* auf der einen Seite und *Predigtamt* auf der anderen Seite letztlich identisch sind oder wenigstens das gleiche meinen, ferner daß unser Amtsverständnis, wonach ein Amt eine gesellschaftliche Institution ist, mit dem Verständnis von *ministerium* bei den Reformatoren übereinstimmt.

Daran bestehen Zweifel. In weiteren – der CA als Apparat beigegebenen – Bekenntnisschriften und Lutheraussagen wird erklärt, daß das *Amt* in erster Linie ein Auftrag ist und das Predigtamt nichts anderes als die Wortverkündigung selbst.[3] Man kann danach das Predigtamt als Auftrag zur Wortverkündigung verstehen, das ein besonderes Amt im Sinne eines gesellschaftlichen Instituts nicht unbedingt voraussetzt. Von diesem Auftrag kann man dann allerdings mit Recht sagen, daß er *göttlichen Ursprungs* ist, daß er *gesetzt* worden ist, da ihn Christus seinen Nachfolgern hinterlassen hat, worauf die Überlieferung des Matthäusevangeliums im sog. *Missionsbefehl* ausdrücklich hinweist.[4] Die Kardinalfrage, die mit der Diskussion um das *Amt der Kirche* verknüpft ist, ist die Frage nach dem Wesen der Kirche: Ist auch sie ein göttliches Institut, eine Heilsanstalt, in die Menschen inkorporiert werden müssen, um das Seelenheil zu erlangen, oder ist sie etwas anderes? Diese Frage wird immer virulent, wenn von Kirche und Gemeinde geredet wird, als wären das zwei verschiedene Einrichtungen.

CA VII hat auf diese Frage geantwortet: Dort, *wo das Wort verkündigt wird* – in der Predigt des Evangeliums und der evangeliumsgemäßen Darreichung der Sakramente –, *da ist Kirche* und zwar in Gestalt der um das Wort versammelten Gemeinde. Eine andere Art von Kirche gibt es nicht. Diese Kirche ist eine wahre christliche Kirche, die zu ihrer Einheit im Geiste keiner weiteren Einrichtungen bedarf. Es mag solche Einrichtungen und Vorschriften geben, sie mögen kirchenunterscheidend wirken, in ihrer Ursprungssituation sogar aufbauend gewirkt haben, kirchengründend oder kirchentrennend sind sie nicht. In der lateinischen Fassung von CA VII werden dafür wieder die Fachbegriffe verwendet.[5] Nach Überzeugung der Refor-

---

[1] CA V, in: BSLK, S. 58

[2] CA ebd.: „Ut hanc fidem consequamur, institutum est ministerium docendi evangelii et porrigendi sacramenta."

[3] Vgl. Schwabacher Artikel zur Stelle, in: BSLK, S. 59; vgl. Marburger Artikel zur Stelle, in: BSLK, S. 59

[4] Mt 28, S. 18–20

[5] CA VII, in: BSLK, S. 6: „Est autem ecclesia congregatio sanctorum, in qua evangelium pure

matoren ist Kirche *congregatio* (Gemeinde) und nicht *institutum* (Stiftung), aus der die Institution Kirche hervorgeht, welche der Gemeinde vorausliegt oder ihr gegenüber selbständig bestehen könnte. Kirche ist nach diesem reformatorischen Verständnis auf das Evangelium hörende Gemeinde, anders ist sie nicht Kirche. Eine solche Kirche kann es auch außerhalb der verfaßten Großkirchen geben. Der in unserem Jahrhundert wieder moderne Gedanke vom Christentum außerhalb der Kirche[6] ist damit bereits ausgesprochen. Diese Interpretation von CA VII wird ebenfalls wieder durch der CA beigegebene andere Bekenntnisaussagen gestützt.[7]

Wenn nun aber die ganze Versammlung der Gläubigen als *die* Kirche den Auftrag zur Wortverkündigung hat, so kann dies nur in einer gewissen Ordnung geschehen. Deshalb stellt auch CA XIV klar, daß niemand das Amt ohne ordentliche Berufung ausüben soll.[8] Gemeint ist hier die Berufung durch die Gemeinde, die nach rechter Ordnung geschehen soll.[9] Luther nannte bereits in seiner Schrift „Daß eine christliche Versammlung..." von 1523[10] als Grund und Rechtfertigung dafür das *allgemeine Priestertum.* Durch die Taufe sind alle Christen zu Priestern berufen und deshalb auch gleichberechtigt, wenn es um die Übernahme von Aufgaben in der Gemeinde geht. Deshalb soll sich unter den Christen nicht der eine vor dem anderen hervortun, sondern er soll „sich berufen und hervorziehen" lassen, damit er nicht in eigener Vollmacht, sondern an Stelle und im Auftrag von anderen rede. Die Versammlung der Gläubigen insgesamt hat also den von Gott gegebenen Auftrag zur Wortverkündigung in Predigt und Sakramentsverwaltung. Sie übt diesen öffentlich und ordnungsgemäß aber nur so aus, daß er an bestimmte Personen gegeben wird, die damit das *Predigtamt* übernehmen. Dieses Predigtamt ist zugleich das, was nach CA XIV *Kirchenregiment* genannt wird.

In dieser Konstruktion eines Gemeindeamtes der Verkündigung ist ein Bischofsamt als übergeordnetes Amt nicht zwingend notwendig. Dennoch wird es weder von Luther noch von der CA abgelehnt. Es wird als Amt beibehalten. Darüber äußert sich CA XXVIII. Das Bischofsamt in evangelischer Sicht heißt auch „Amt der Schlüssel". Damit ist speziell das Amt der

---

docetur et recte administrantur sacramenta. Et ad verum unitatem ecclesiae satis est consentire de doctrina evangelii et de administratione sacramentorum."

[6] Vgl. Rendtorff 1969

[7] In den Schwabacher Artikeln wird die *Kirche* ebenfalls so beschrieben: „... wo das Evangelium gepredigt wird und die Sakramente recht gebraucht, so ist die heilige christliche Kirche,..." Und kurz zuvor: „Solche Kirch ist nit ander dann die Glaubigen an Christo..." Schließlich wird auch Luther selbst dazu zitiert: „Demnach gläube ich, daß eine heilige christliche Kirche sei auf Erden, das ist die Gemeine und Zahl oder Versammlung aller Christen in aller Welt... Und dieselbige Christenheit ist nicht allein unter der römischen Kirchen oder Bapst, sondern in aller Welt..., daß also unter Bapst, Türken, Persern, Tattern und allenthalben die Christenheit zurstrauet ist leiblich, aber versammlet geistlich in einem Euangelio."

[8] CA XIV, in: BSLK, S. 69

[9] In der Fachsprache: *rite vocatus*

[10] Luther in Aland, Band 6, 1966, S. 47–55, darin besonders S. 52f.

Buße und Vergebung gemeint. Dem Bischof steht vornehmlich die Aufgabe der Sündenvergebung oder des Behaltes der Sünden zu. Dieses übt er allerdings nicht anders aus als durch die Predigt des Wortes Gottes und die rechte Darreichung der Sakramente, so daß kein prinzipieller Unterschied zwischen Bischofsamt und Predigtamt besteht. Dazu kommt aber auch die Aufgabe, die jeder verantwortungsbewußte Christ ebenfalls hat, nämlich die Lehre zu beurteilen und diejenige Lehre zu verwerfen, die dem Evangelium zuwider ist. Dem Bischof werden nun in der CA Sonderrechte insofern zugestanden, als er diese Visitationsaufgabe auch über Pfarrer und deren Gemeinden ausüben soll. Da dies ein Dienst an der Sache des Evangeliums ist, sollen die Pfarrer und Gemeinden sich diesen Dienst gefallen lassen und eventuelle Ratschläge und Mahnungen annehmen.[11] Der Gehorsam gegenüber bischöflichen Ratschlägen endet allerdings an der Stelle, wo der Bischof selbst anderes lehrt oder will als das Evangelium.[12] Wenn die Bischöfe daneben *weltliche Gewalt* besitzen, so haben sie diese nicht aus der Kraft des Evangeliums, sondern weil sie ihnen durch menschliche Rechtssatzungen zugestanden wurde. Diese *weltliche Gewalt* erlaubt ihnen, kirchliche Sitten und Bräuche einzurichten bzw. bestehen zu lassen oder aufzuheben. Aus dieser Vollmacht ist z. B. die ursprüngliche Gottesdienstordnung entstanden oder die Änderung der Sabbatfeier in die Sonntagsfeier. Diese Gewalt hat ihre Grenze dort, wo die eingerichteten Sitten und Bräuche gegen das Evangelium stehen.

2.3 Zusammenfassung

Nach der Confessio Augustana läßt sich also das Predigtamt folgendermaßen beschreiben:

Das Predigtamt ist ein Amt der Wortverkündigung. Es ist eine von Gott gegebene Aufgabe für die Versammlung aller Gläubigen, die – öffentlich ausgeübt – nur nach ordentlicher Berufung erfolgen soll. Diese Einschränkung gilt nicht prinzipiell, sondern ausschließlich um der Gewährleistung einer ordentlichen Durchführung dieser Aufgabe willen. Nachdem jeder Christ grundsätzlich das Recht auf öffentliche Wortverkündigung hat, würde es einerseits zum Chaos führen, wenn alle gleichzeitig dieses Recht ausüben wollten, und wäre es andererseits ein Raub am Recht der anderen, wenn jemand aus eigenem Antrieb und eigener Vollmacht sich das *Amt der Wortverkündigung* anmaßen würde. Diejenigen, die diesen Auftrag in der Gemeinde und für die Gemeinde übernommen haben, sind *Diener des Wortes*[13], und als solche sind sie während der Erfüllung und Ausübung ihres Auftra-

[11] CA XXVIII, in: BSLK, S. 124
[12] BSLK, S. 124
[13] In der Fachsprache: *minister verbi,* d.h., *ministerium* bedeutet ursprünglich *Dienst,* so daß Pfarrer dann eben *Diener des Wortes* sind.

ges zugleich Stellvertreter Christi, die an Christi Statt predigen und handeln. Mit dem Ausdruck *bevollmächtigte Boten im Auftrag Gottes* ist diese Funktion wohl angemessen in unserer modernen Sprache zu umschreiben.

Bezogen auf die Rollentheorie, wäre dieses Amt dann kein genereller, sondern eine spezieller Beruf, auch wenn er eine innere Berufung voraussetzt, denn er wäre nach Erfüllung der Verkündigungsaufgabe zunächst erledigt. Die Erwartung, die man mit dem Amt verknüpft, daß der Verkündiger des Wortes diesen Worten gemäß lebt – die ein Kennzeichen der generellen Rolle wäre –, gilt in der Sicht der CA nicht nur dem Amtsträger, sondern jedem Christen. Das bedeutet umgekehrt: Erst durch diese Erwartung wurde und wird die spezielle Rolle der Wortverkündigung zu einer generellen.

Mit den Umschreibungen *Stellvertreter, an Christi Statt* oder *Boten im Auftrag Gottes* für die Stellung der *Amtsinhaber* in der Gemeinde soll mehrfaches gewährleistet sein: Zum einen soll der Auftrag zur Verkündigung des Evangeliums von jeder menschlichen Autorität unabhängig bleiben. Zum anderen soll sich ein beauftragter und ordinierter Amtsinhaber in der Ausübung seines Auftrages streng als Diener des Wortes, als wirklicher Bote verstehen und nicht eigenmächtig Ansichten unter dem Vorwand der Verkündigung des Wortes Gottes vorbringen.

Die Wortverkündigung geschieht nach der CA in zwei Grundformen: In der Auslegung des Gotteswortes und der rechten Verwaltung der Sakramente. Die Auslegung kann in Predigt und/oder Lehre geschehen. Die rechte Verwaltung der Sakramente schließt das *Amt der Schlüssel,* die Absolution nach erfolgter Beichte, ein. Die Beurteilung der *Lehre* ist eine Aufgabe des *Kirchenregimentes.* Diese Aufgabe hat zwar jeder Christ, jedoch wird nach der CA denjenigen, denen das *Kirchenregiment* in der Gemeinde anvertraut worden ist, ein besonderes Visitationsrecht eingeräumt. Dieses *Kirchenregiment* soll allein durch die Wortverkündigung geschehen.

Es ist an dieser Stelle erforderlich, darauf hinzuweisen, daß die Vorstellungen der CA, die vor Kaiser und Reich vorgetragen wurden, für Erwachsene gelten. Das immer wieder auftauchende Wort *Lehre* meint also nicht die Unterweisung der Jugend, sondern die Unterweisung Erwachsener. Das gilt auch für den Kleinen Katechismus Martin Luthers, der übrigens Bestandteil der Sammlung der Bekenntnisschriften ist.

Weitere Aufgaben, die schon zu Luthers Zeiten mit dem Pfarramt verbunden waren, sind demnach Aufgaben, die vom *Predigtamt* abgeleitet sind. Dies gilt insbesondere für die Seelsorge. Seelsorge wurde zur Zeit Luthers mit dem *Amt der Schlüssel* und vor allem mit der Krankenseelsorge verknüpft. Wie die verschiedensten Schriften Luthers zeigen, ist Seelsorge also letztlich eine unmittelbare Funktion der Wortverkündigung in Predigt und Sakrament.[14] Die Seelsorge kann im Sinne von CA demnach als dritte Form-

[14] Vgl. dazu Schriften Luthers wie: „Von den Konzilien und der Kirche“; „Die Summe christ-

gestalt der Wortverkündigung neben der Auslegung des Wortes und der Sakramentsverwaltung aufgefaßt werden.

Das entspricht einer Erfahrung, die man auch in modernen Zeiten machen kann: In individuellen Krisenzeiten, in denen die Fragen nach der Möglichkeit Gottes und seinem Handeln mit mir und an mir aufbrechen, suchen Menschen seelsorgerliche Begleitung und sind mit einer Begleitung oder Beratung, die diese Problematik ausklammert, meist nicht zufrieden.

Weitere Aufgaben, die heute mit dem Pfarramt verbunden sein können, gehören nach Luthers Überzeugung zu den öffentlichen Aufgaben einer christlichen Gesellschaft. Er hat sich darüber z.B. in der „Ordnung eines gemeinen Kastens“[15] geäußert. Diese Aufgaben waren unter anderem: Diakonische Aufgaben an Armen, Kranken, alleinstehenden Alten, Durchreisenden; die Errichtung von Schulen einschließlich der Unterweisung der Kinder. Man kann nach den Vorstellungen Luthers für diese Aufgaben Diakone und Armenpfleger bestellen. Diese sollten auch geistlich gebildet sein. Das galt insbesondere für den Schuldienst, für den deshalb auch zunächst Theologen eingesetzt wurden. Jedoch war das Schulamt z. Zt. Luthers vom Pfarramt getrennt und gehörte nicht zu seinen Aufgaben.[16]

Diese Zusammenfassung der Gedanken zum Pfarrerberuf in der Interpretation der CA führt zur Frage, wie in unserer Zeit die CA-Tradition kirchenamtlich aufgenommen wurde. Das ist Thema des nächsten Kapitels.

3. Die Aufnahme der Konzeption vom Predigtamt aus dem Augsburger Bekenntnis in gegenwärtige kirchliche Ordnungen

3.1 Vorbemerkungen zu Ordnungen, Gesetzen und ordungs- bzw. gesetzgebenden Institutionen

Überblickt man die Artikel in der *Theologischen Real-Enzyklopädie,* die von Kirchenrecht, Kirchenordnung und Kirchenverfassung handeln, so wird deutlich, daß keine einheitliche Begrifflichkeit vorliegt. Mit Kirchenordnung kann sowohl eine Gottesdienstordnung als auch die Ordnung der kirchlichen Rechtsverhältnisse gemeint sein. Zumeist waren in der Reformationszeit juristische und gottesdienstliche Ordnungen verbunden.[1] Diese Ordnungen wurden vom jeweiligen Landesherren erlassen und waren Teil des

lichen Lebens“; „Eine einfältige Weise zu beten, für einen guten Freund“; „Ob man vor dem Sterben fliehen möge“.

[15] Luther, WA 11, S. 11 – 30

[16] Anzumerken ist: Das Schulamt wurde gern mit dem Kantorenamt verbunden, was sich teilweise bis in die Neuzeit erhalten hat.

[1] Vgl. TRE 18, S. 670

staatlichen Rechtes. Erst im 19. Jahrhundert gibt es selbständige evangelische Kirchenverfassungen.[2] Seit dieser Zeit, vor allem nach dem Ende des *landesherrlichen Kirchenregiments*[3] 1918, entwickelte sich ein kircheneigenes *Kirchenregiment* mit eigenständiger Rechtssetzung und Kirchenverwaltung.[4]

Die Rechtsetzung geschieht in den Synoden der einzelnen Landeskirchen. Die Kirchenleitung – wie heute das *Kirchenregiment* genannt wird – geschieht meist durch mehrere gleichgeordnete Organe, die in allen wichtigen Angelegenheiten und Entscheidungen zusammenwirken müssen. Im allgemeinen sind das der Präses oder Bischof einer Kirche, neben dem gleichberechtigt die Landessynode (demokratisch gewählte Vertretung der Kirchenmitglieder) und der Landeskirchenrat (vergleichbar dem Ministerrat eines Landes) steht. Dem Präses oder Bischof werden in der Regel besondere Kompetenzen eingeräumt, die ihn dennoch nicht grundsätzlich über die anderen kirchlichen Verfassungsorgane stellen.

Die Kirchenverwaltung (vergleichbar den Landesministerien, zuständig für die Geschäfte der laufenden Verwaltung) ist in der Regel eigenen Behörden, die unter der Kirchenleitung stehen, anvertraut.

Diese etwas vage Beschreibung hat ihren Grund in der territorialen Gliederung der evangelischen Kirchen nach Landeskirchen, die sich im wesentlichen in der Reformationszeit entwickelt und seither weiter differenziert hat. Die Gründung einer einheitlichen Evangelischen Kirche in Deutschland ist bislang nicht gelungen. Dem standen und stehen die territorialen und konfessionellen Traditionen der einzelnen Landeskirchen entgegen. So ist die gegenwärtige Evangelische Kirche in Deutschland ein Bund bekenntnisbestimmter selbständiger Kirchen. Rechtlich betrachtet gilt sie dennoch als *eine* Kirche, weil ein Austritt einzelner Landeskirchen aus ihr in der Verfassung der Evangelischen Kirche – „Grundordnung der Evangelischen Kirche in Deutschland“ genannt – nicht vorgesehen ist.[5]

In der Verfassung der EKD[6] werden im Vorspruch und in Artikel 1 Zusammengehörigkeit und Selbständigkeit der Gliedkirchen der EKD betont. Die

---

[2] Vgl. TRE 19, S. 147–153. Aus dieser Zeit stammt auch das Wort *Kirchenverfassung*.

[3] In der CA meint der Begriff *Kirchenregiment* die Leitung der Kirchen durch das Wort. In diese Leitung soll nur ein ordentlich berufener Pfarrer kommen. Im Unterschied dazu meint der Begriff *landesherrliches Kirchenregiment,* daß der Landesherr in seinem Territorium die oberste Entscheidungskompetenz in den Angelegenheiten seiner evangelischen Kirchen besitzt. So kommt es z.B. zu dem Kuriosum, daß der katholische König von Bayern bis 1918 zugleich der höchste Protestant ist.

[4] Zu Kirchenrecht vgl. TRE 18, S. 724–743; zu Kirchenverwaltung TRE 19, S. 165–170, zu Kirchenregiment vgl. TRE 19, S. 59–66

[5] Abkürzungen für Evangelische Kirche in Deutschland = EKD, für Grundordnung der Evangelischen Kirche in Deutschland = EKDGO; vgl. zum Ganzen auch den Artikel „Kirchenverfassungen, 8.4 Zusammenschlüsse der deutschen Landeskirchen“ TRE 19, S. 154f.

[6] Vom 13.7.1948, letzte Änderung s. Amtsblatt der EKD 1991, S. 89, vgl. RSB Nr. 70

Zusammengehörigkeit drückt sich in der Kanzel- und Abendmahlsgemeinschaft der Kirchen sowie der gegenseitigen Anerkennung der Amtshandlungen und der Ordination der Pfarrer aus. Die Selbständigkeit der Mitgliedskirchen zeigt sich darin, daß gesamtkirchliches Recht nicht dem Bekenntnis der Gliedkirchen widersprechen darf, die Verbundenheit der Kirchen wiederum darin, daß das Recht der Gliedkirchen nicht dem Gesamtkirchenrecht zuwiderlaufen soll.

Die Aufgaben der Evangelischen Kirche in Deutschland sind: Vertiefung der Gemeinschaft der Gliedkirchen, Austausch von Kräften und Mitteln, Unterhalt von Einrichtungen gesamtkirchlicher Bedeutung, „insbesondere die wissenschaftliche Forschung auf den Gebieten der Theologie und des Kirchenrechts, die Kirchenmusik, die kirchliche Kunst und die Herausgabe kirchlichen Schrifttums".[7] In diesen Bereichen kann sie Richtlinien erlassen.

Darüber hinaus fördert die EKD durch Gesetzgebung gesamtkirchliche diakonische und missionarische Einrichtungen und ist insbesondere zuständig für die Auslands- und Diasporaarbeit[8] der Evangelischen Kirche in Deutschland sowie die Vertretung der Kirche/n gegenüber Staat und Öffentlichkeit.

Für die vorliegende Arbeit ist die Richtlinienkompetenz der EKD für die wissenschaftliche und praktische Ausbildung der Pfarrer und der übrigen kirchlichen Amtsträger[9] von besonderer Bedeutung. Durch diese Richtlinienkompetenz erweist sich die EKD als eine der zentralen Ebenen, auf denen Reform-Vorstellungen über den Pfarrerberuf entwickelt werden.

Innerhalb der EKD gibt es weitere kirchliche Zusammenschlüsse. Diese sind konfessionell geprägt.

Die evangelisch-lutherischen Kirchen haben sich in der Vereinigten Evangelisch-Lutherischen Kirche Deutschlands (VELKD) zusammengeschlossen. Die VELKD ist eine Bundeskirche, insofern die Bundesgesetze Vorrang vor den Gliedkirchengesetzen haben und eine eigene bischöflich-synodal strukturierte Gesamtkirchenleitung besteht. Eigenständige Gliedkirchengesetze bedürfen der Genehmigung durch die Bundeskirche.[10]

Die im letzten Jahrhundert vor allem in ehemals preußischen Territorien

---

[7] Art. 7 der EKDGO

[8] Diaspora = Zerstreuung; Diaspora-Arbeit meint die Arbeit mit evangelischen Gemeinden, die unter einer anderskonfessionellen oder andersgläubigen Bevölkerungsmehrheit leben. So ist z. B. die Zusammenarbeit der EKD mit der Evang. Kirche in Ungarn oder in Brasilien ein Beispiel für diese Diaspora-Arbeit. Demgegenüber ist „Auslandsarbeit" die Betreuung deutschsprachiger evangelischer Gemeinden im Ausland, wie es sie z. B. in Australien oder Italien gibt.

[9] Art. 9 der EKDGO

[10] VELKDVerf. in der Fassung vom 1. 11. 1978, zuletzt geändert 31. 7. 1991. Vgl. RSB Nr. 60, Artikel 7

entstandenen „Kirchen der Union“[11] bilden innerhalb der EKD den Kirchenbund „Evangelische Kirche der Union“.

Die reformierten Kirchen in Deutschland haben sich innerhalb der EKD zum „Reformierten Bund“ vereinigt.

Als vierten Zusammenschluß innerhalb der EKD gibt es noch die Arbeitsgemeinschaft reformierter, lutherischer und unierter Kirchenleitungen, die sog. „Arnoldshainer Konferenz“, die eine Vertiefung der Einheit innerhalb der EKD über gemeinsames theologisches Nachdenken anstrebt. Auch diese Konferenz gehört zu den Ebenen, auf denen unter anderem über den Pfarrerberuf nachgedacht wird, so daß ihre Voten in bezug auf den Pfarrerberuf in dieser Arbeit zu berücksichtigen sind.

Schließlich gibt es in Niedersachsen die „Konföderation evangelischer Kirchen in Niedersachsen“, die ein Zusammenschluß evangelisch-lutherischer und evangelisch-reformierter Kirchen im Bundesland Niedersachsen ist.

Die hier dargestellten differenzierten und komplizierten kirchlichen Realitäten innerhalb der EKD bewirken, daß die Rezeption der Bekenntnisschriften des 16. Jahrhunderts konkret faßbar in den Gesetzen einer Landeskirche ist, die den Beruf des Pfarrers betreffen. Dabei verdienen die Gesetze besondere Beachtung, die auch in Bundeszusammenschlüssen gelten.

Für die in diesem Kapitel anstehende Frage nach den Aufgaben des Pfarramtes in der Rezeption der CA innerhalb einer bestehenden Landeskirche werden exemplarisch die Bestimmungen der Evangelisch-Lutherischen Kirche in Bayern zugrunde gelegt, die in der Rechtssammlung der Evangelisch-Lutherischen Kirche in Bayern (RSB) vorliegen.

Direkte Quellen aus dem Bereich der Bayerischen Landeskirche zum Thema *Pfarrerberuf* sind: Die „Ordnung des geistlichen Amtes“, die „Ordnung des Kirchlichen Lebens in der Evangelisch-Lutherischen Kirche in Bayern“, die „Verfassung der Evangelisch-Lutherischen Landeskirche in Bayern“, das „Kirchengesetz über die Kirchengemeindeordnung der Evangelisch-Lutherischen Kirche in Bayern“ (abgek.: Kirchengemeindeordnung bzw. KGO) und das „Kirchengesetz zur Regelung des Dienstes von Pfarrerinnen und Pfarrern in der Vereinigten Evangelisch-Lutherischen Kirche Deutschlands“ (abgek.: Pfarrergesetz).

Von diesen kommen hier die Ansichten der „Ordnung des geistlichen Amtes“, der „Kirchengemeindeordnung“ und des „Pfarrergesetzes“ zum Pfarrerberuf zur Darstellung.

Die Kundgebungen der EKD und der Arnoldshainer Konferenz zur Veränderung der Berufsrolle des Pfarrers gehören in das nächste Kapitel, welches sich mit den Reformgedanken zum Pfarrerberuf befaßt.

---

[11] Die Vereinigung reformierter und lutherischer Kirchen unter einer Verfassung, einer gemeinsamen Gottesdienstordnung, aber unter Beibehaltung der angestammten konfessionellen Bekenntnisschriften.

3.2 Die „Ordnung des geistlichen Amtes"

Die „Ordnung des geistlichen Amtes"[12] beginnt mit einem fundamentalen dogmatischen Satz, der festlegt, welche Norm für die Ausgestaltung des geistlichen Amtes verbindlich ist. Gemäß der reformatorischen Tradition ist dies das Wort Gottes, das in Christus *Fleisch geworden* und in den Schriften des Alten und Neuen Testamentes bezeugt ist. Für die Auslegung dieser Norm gilt allerdings als zweite Norm das evangelisch-lutherische Bekenntnis. Zwar wird im Wortlaut nicht von *Norm* gesprochen, sondern von *maßgebend*[13]; sachlich und praktisch ist das kein Unterschied.

Diese Ordnung ist in der Zeit des Kirchenkampfes im Dritten Reich entstanden und wollte offensichtlich vermeiden, daß evangeliumsfremde Momente in die Ausgestaltung und Amtsführung des geistlichen Amtes geraten, deshalb die Bindung an die evangelisch-lutherische Tradition, die in der Sicht der Verfasser als Wiederentdeckung des Evangeliums gilt, was an dieser Stelle der „Ordnung des geistlichen Amtes" allerdings nicht ausgesprochen ist.

Der erklärte Anspruch der Evangelisch-Lutherischen Kirche ist danach, daß nur die Sicht der Reformation auf die Bibel dieser gemäß ist. Dieser Anspruch wird nicht an einer bestimmten Bekenntnisschrift festgemacht, sondern gilt allgemein unter Bezugnahme auf das evangelisch-lutherische Bekenntnis, das selbst nicht näher erklärt wird.

Es ist hier nicht der Ort, über die Gültigkeit und Berechtigung dieses Anspruches gerade im Kontext moderner Ökumene zu diskutieren, doch drei Vermerke sind vor der Behandlung der Einzelaussagen in dieser Ordnung angebracht:

Erstens: Nach dem Kontext der CA ist diese Formulierung insofern problematisch, als es keine Norm neben der Schrift geben kann. Andererseits wird dem reformatorischen Anspruch, christliche Aussagen am Evangelium zu messen, heute auch von der katholischen Seite Recht gegeben. Das zeigt sich zum Beispiel darin, daß die Aufnahme der neutestamentlichen Rechtfertigungslehre durch die Reformatoren nunmehr im wesentlichen als Konsens zwischen katholischer und evangelischer Kirche festgehalten wird.[14] Eine weitere wesentliche Bestätigung erfährt dieses *Schriftprinzip* auch durch die Herausgabe zweier ökumenischer – vorwiegend katholischer und evangelischer – wissenschaftlicher Kommentare zum Neuen Testament.[15]

Zweitens: In der „Ordnung des geistlichen Amtes" wird aus CA V zitiert,

---

[12] RSB 506 vom 27.4.1939, gültiger Stand Jan. 1990

[13] Der Satz lautet: „Für die Auslegung und Anwendung des Schriftwortes ist das evangelisch-lutherische Bekenntnis maßgebend." RSB 506, Vorspruch, letzter Satz.

[14] Vgl. Lehmann/ Pannenberg 1988, S. 35ff.

[15] Evangelisch-Katholischer Kommentar zum Neuen Testament; Ökumenischer Taschenbuch-Kommentar zum Neuen Testament.

daß das Amt der Wortverkündigung ein Amt der Lehre des Evangeliums und der Verwaltung der Sakramente ist, das Gott gestiftet hat und das in unmittelbarem Auftrag Christi, an Christi statt, ausgeführt wird.[16] Dieses Amt gewinnt seine Autorität allein aus dieser Tätigkeit der Wortverkündigung und nicht etwa aus eigener Vollmacht der Verkündiger oder durch Vorgaben von dritter Seite, die ihnen gemacht werden. Dann folgt ein Satz, der nach dem Kontext der CA zumindest mißverständlich ist: „Es (das Amt, Anm.d.Verf.) ist also nicht von der Gemeinde abgeleitet, sondern ist göttliche Stiftung, durch welche die Gemeinde gesammelt und aufgebaut wird."[17] Die Gemeinde wiederum trägt die Verantwortung dafür, daß das Evangelium in ihr gepredigt wird, was mit einem Verweis auf deren *allgemeines Priestertum* seine Begründung findet. Der Gemeinde diese Verantwortung zu geben, entspricht deren allgemeinem Priestertum. Die Gemeinde aber dem Amt gegenüberzustellen, weist daraufhin, daß die Amtstheologie der „Ordnung des geistlichen Amtes" zumindest problematisch ist: Hier greift eine Macht vereinnahmend nach dem Amt, die selbst über oder neben der Gemeinde steht.

Drittens: Es ist die Institution Kirche als *Kirchenregiment,* die in der Regel das *Amt* einer Gemeinde zuteilt.[18] Die Ausführungen über dieses Kirchenregiment in der „Ordnung des geistlichen Amtes" machen deutlich, daß im Amtsverständnis eine Veränderung gegenüber der CA eingetreten ist. Zwar wird einerseits betont, daß das *Kirchenregiment* sich nicht vom geistlichen Amt ablösen läßt, andererseits wird doch ein oberhirtliches Amt vom Hirtenamt der Gemeinde unterschieden, dem besondere Aufgaben zugewiesen werden.[19] „Dem Kirchenregiment obliegt die Sorge dafür, daß im Kirchengebiet wie in der Einzelgemeinde die Lebensgrundlage der Kirche unversehrt bleibt. Es hat Auftrag und Verantwortung, über Ausbildung und Fortbildung, über Berufung, Amtsführung und Lebenswandel der Geistlichen zu wachen und nach außen und innen dafür einzutreten, daß die schrift- und bekenntnismäßige Verkündigung des Wortes im Schwange geht."[20]

Aus dem zweigliedrigen Auftragsamt der Gemeinde (Wortverkündigung und schriftgemäße Sakramentsverwaltung) ist ein dreigliedriges kirchlich-institutionelles Amt (Wortverkündigung, Sakramentsverwaltung und Kirchenregiment) hervorgegangen. Das Kirchenregiment tritt als eigene Größe neben die Gemeinde, es ist somit neben Wortverkündigung und Sakramentsverwaltung als den Urinstitutionen der Gemeinde ein institutionelles Drittes, von dem gefragt werden kann, ob es wirklich voll in der Tradition der CA liegt.

---

[16] Vgl. RSB 506, I. Abschnitt

[17] RSB 506, S. 2

[18] RSB 506, Satz S. 2: „Das geistliche Amt wird deshalb durch die geordneten Organe der Kirche oder Gemeinde übertragen."

[19] RSB 506, S. 4

[20] RSB 506, S. 4

Das bedeutet: Der Kirchen- und Gemeindebegriff sowie der Begriff des geistlichen Amtes in seiner Zuordnung zur Gemeinde müßten noch einmal grundsätzlich in der Tradition der Reformation und deren Aufnahme durch verschiedene Epochen der evangelischen, besonders der evangelisch-lutherischen Kirchengeschichte bedacht werden, um diese Spannungen zu lösen.

Nach diesen Vermerken zur „Ordnung des geistlichen Amtes" ist noch auf die Einzelaussagen dieser Ordnung einzugehen.

In Aufnahme der CA wird in der „Ordnung des geistlichen Amtes" festgehalten, daß alle Ordnung in der Kirche neben dem geistlichen Amt menschlichen Rechtes ist und dem Auftrag der Verkündigung zu dienen hat. Das gilt auch für die Ordnung und den Auftrag des geistlichen Amtes als institutionalisiertem Amt selbst. Ebenfalls in Aufnahme der CA wird für das geistliche Amt festgehalten, daß in dieses nur durch ordentliche Berufung und Ordination (rite vocatus) zu gelangen ist. Diese wird durch die *geordneten Organe der Kirche* (gemeint ist die Kirchenleitung), notfalls auch durch die Gemeinde selbst, vollzogen. Die Berufung und Ordination verleiht dem Geistlichen keinen besonderen Charakter gegenüber dem Nichtgeistlichen. Die Ordination besitzt aber generelle Gültigkeit, so daß sie von der Qualität der Person und vom Ort unabhängig ist. Deshalb gilt eine Ordination zum geistlichen Amt ein Leben lang und wird nicht wiederholt.

In Notfällen darf jeder Christ als *allgemeiner Priester* die Aufgaben des geistlichen Amtes übernehmen, was allerdings *um der Ordnung willen* der nachträglichen *kirchlichen Bestätigung* bedarf.

Als Grundaufgabe des geistlichen Amtes gilt entsprechend der Tradition der CA: Verkündigung des Evangeliums „lauter und rein, unverkürzt und unverfälscht". Diese Grundaufgabe des geistlichen Amtes durchzieht allen weiteren Dienst, der in dieser Ordnung als Ausgestaltung dieser Grundaufgabe gilt: Predigt und Bibelbesprechung, Jugendunterweisung und Seelsorge, Verkündigung bei der Sakramentsspendung, Taufen, Trauungen, Beerdigungen und weitere Amtshandlungen. Alle diese Aufgaben sind nach der „Ordnung des geistlichen Amtes" *Funktionen* der *Verkündigung des Evangeliums.*

Auffällig in dieser Darstellung ist, daß der evangeliumsgemäßen Darreichung der Sakramente wenig eigenes Gewicht beigemessen wird. Auffällig ist ferner, daß Jugendunterweisung, Seelsorge, Kasualhandlungen (Taufe, Trauungen, Beerdigungen) und weitere Amtshandlungen mit dem geistlichen Amt verbunden werden, obwohl das so nicht in der CA zu finden ist.

Die Seelsorge einschließlich ihrer gottesdienstlichen Handlungen läßt sich gemäß CA V noch als Ausgestaltung des Amtes der Wortverkündigung ansehen, die Zuordnung der *Jugendunterweisung* zu den ureigensten Pfarreraufgaben hingegen nicht so ohne weiteres. Die Aufgabe der *Jugendunterweisung* wurde den Tätigkeiten der Pfarrer z. Zt. der Abfassung der „Ordnung des geistlichen Amtes" vor allem hinzugefügt, um einer ideologischen

Infiltration der Jugend im Dritten Reich entgegenzuwirken. Diese *Jugendunterweisung* wäre damit im weitesten Sinne unter *Seelsorge* noch einzuordnen, ist aber als eigener sehr weiter Arbeitsbereich nicht in gleicher Weise unmittelbar mit dem geistlichen Amt zu verbinden wie *Verkündigung, Sakramentsspendung* und *Seelsorge.*

Ferner gehören zu den Aufgaben des geistlichen Amtes nach dieser Ordnung *weltliche Geschäfte* (z.B. die Führung von Kassen und Kirchenbüchern), die der Grundaufgabe der Verkündigung zu dienen haben. Von diesen ist ebenfalls anzumerken, daß sie nach CA V nicht ohne weiteres unter die ureigensten Pfarreraufgaben zu rechnen sind.

Stehen die Abschnitte über das Amt der Wortverkündigung und das Kirchenregiment in der „Ordnung des geistlichen Amtes" im wesentlichen noch in der – wenn auch spannungsvollen und zum Teil erklärungsbedürftigen – Tradition der reformatorischen Grundlegungen der CA, so läßt sich das nicht von dem Abschnitt „II. Das Amt der Gemeindeleitung" in gleichem Maße feststellen.

Zwar ist der erste Satz dieses Abschnittes ein Zitat dieser Tradition: „Die Gemeindeleitung vollzieht sich in der Wortverkündigung und in der Verwaltung der Sakramente."[21] Doch bereits der zweite Satz läßt eine entsprechende Deckung vermissen: „Die Gemeindeleitung hat ihr Recht und ihre Grenze an dem Charakter des geistlichen Amtes als eines Hirtenamtes, das die Gemeinde nach dem Vorbild Christi zu weiden hat."[22]

Der *Hirte* soll die Gemeinde behüten vor falscher Lehre und vor Verführern und soll sich dabei durch Menschenfurcht nicht einschüchtern lassen. Die Irrenden hat der *Hirte* der Gemeinde mit seelsorgerlichen und nicht mit ungeistlichen Mitteln wieder auf den rechten Weg zu leiten.

Demgegenüber hatte Luther in der Schrift „Daß eine Gemeinde" ausdrücklich festgestellt, daß die Aufgabe des Beurteilens einer Lehre keine *hirtliche* Aufgabe sein kann, sondern eine Aufgabe ist, die der Gemeinde insgesamt obliegt: „Menschen Wort und Lehre haben festgesetzt und verordnet, man solle die Lehre zu beurteilen nur den Bischöfen, Gelehrten und den Konzilen überlassen. ... Denn Christus setzt genau das Gegenteil fest und nimmt den Bischöfen, Gelehrten und Konzilen beides, Recht und Macht die Lehre zu beurteilen, und gibt sie jedermann und allen Christen insgemein, da er Joh 10,1ff sagt: Meine Schafe kennen meine Stimme, ... Hier siehst du ganz klar, wes das Recht ist, die Lehr zu beurteilen: Bischof, Papst, Gelehrte und jedermann hat Macht zu lehren, aber die Schafe sollen urteilen, ob sie Christi Stimme lehren oder der Fremden Stimme."[23] Die Gemeinde kann die Aufgabe, Glaubensaussagen zu beurteilen, an ein Amt delegieren, ist damit aber nicht der Verantwortung für diese Aufgabe enthoben.

---

[21] RSB 506, S. 3

[22] RSB 506, S. 3

[23] WA 11, 408 in Aland, Luther Deutsch, Bd. 6, S. 48f.

Ferner ist der *Hirte,* von dem Luther hier spricht, nicht ein Pfarrer, sondern Christus selbst.

Ein Berufsbild, das die Pfarrer als *Hirten der Gemeinde* darstellt, steht im Gegensatz zu diesen reformatorischen Aussagen. Die Gemeindeglieder werden dann zu Schafen, die man weiden muß, während sie doch nach der Vorstellung Luthers bereits seit ihrer Taufe selbst zu Bischöfen und Priestern geweiht sind. *Ein Berufsbild, das die Pfarrer anstelle von Christus mit dem Hirten gleichsetzt, steht in der Gefahr, sich vom allgemeinen Priestertum nicht nur weit zu entfernen, sondern auch in einen durch die Reformation überwundenen Klerikalismus zurückzufallen.* Wo es in Geltung steht, gibt es wieder zwei Klassen von Christen: die Priester und die Laien. Die Priester bzw. Pfarrer bestimmen, die Laien haben zu gehorchen. Diese Entwicklung wird dann als Entwicklung zur *Pfarrerskirche* von eben der Kirchenleitung beklagt[24], die mit ihrer „Ordnung des geistlichen Amtes" den Christen im Pfarramt ausdrücklich dieses Hirtenbild vorgibt.

Der letzte Abschnitt der „Ordnung des geistlichen Amtes" ist der Person des Amtsträgers gewidmet.[25] In ihm wird gefordert, daß die Übernahme des Pfarrerberufes eine Übereinstimmung von innerer und äußerer Berufung sowie entsprechende Qualifikation und Amtsführung voraussetzt.

Zu kritisieren ist in diesem Abschnitt allerdings die Wiederholung der Vorstellung vom geistlichen Amt als eines Hirtenamtes. Ferner ist zu fragen, ob die Vorstellung, daß der Amtsträger seine Frau so zu wählen habe, daß sie in das Amt paßt und es fördert, noch zeitgemäß ist. Denn diese Vorstellung vermittelt den Eindruck, daß die Frau des Pfarrers nur eine Funktion seines geistlichen Amtes ist und nicht auch eine *allgemeine Priesterin,* mithin eine Person eigener Würde, eigenen Rechtes, eigener Berufung und eigener Beauftragung.

3.3 Kirchengemeindeordnung

Die Kirchengemeindeordnung beginnt mit einer Grundlegung, in der die Zuordnungen von Gemeinde und Amt und die Einbindung des Amtes in die kirchlichen Ordnungen vorgestellt werden. Sie beginnt mit der rechtlichen Beschreibung der *Kirchengemeinde.* Sie ist die „örtlich begrenzte Gemeinschaft von Gliedern der Evangelisch-Lutherischen Kirche in Bayern".[26] Die Kirchengemeinde hat insgesamt unter Leitung der Pfarrer und des Kirchenvorstandes die Verantwortung für Aufbau und Gestaltung des Gemeindelebens. Sie soll insbesondere die rechte Ordnung in der Verkündigung des Wortes und der Verwaltung der Sakramente pflegen, die kirchliche Unterwei-

[24] Vgl. z.B. die Ausführungen zu den VELKD-Thesen in Teil 2, Kapitel 5 dieses Buches.
[25] RSB 506, S. 4f.
[26] RSB 300, § 1

sung fördern, den Dienst der christlichen Liebe üben und unterstützen, die missionarischen Aufgaben wahrnehmen, zum innerkirchlichen Lastenausgleich beitragen.[27] Der Kirchenvorstand ist für alles Leben in der Gemeinde auf geistlichem und wirtschaftlichem Gebiet zuständig. Er hat dabei Festsetzungs- und Mitwirkungsrechte. Die §§ 21, 22 der KGO nennen insgesamt 18 Aufgabenbündel, die ihrerseits zum Teil stark untergliedert sind. Als Beispiel für die differenzierten Festsetzungs- und Mitwirkungsrechte des Kirchenvorstandes dient hier § 21, Ziffer 8.: Der Kirchenvorstand hat im Rahmen der kirchlichen Ordnungen „die Erkenntnis der diakonischen und missionarischen Aufgabe in der Gemeinde zu vertiefen, die Arbeitskreise, Werke und Anstalten zu unterstützen, insbesondere christliche Liebestätigkeit und Gemeindediakonie, Männer-, Frauen- und Jugendarbeit, Eltern- und Familiendienst, kirchliche Sozialarbeit, Kirchenmusik, Volksmission, Ökumene, Äußere Mission und Diasporafürsorge zu fördern". Die prinzipielle Allzuständigkeit des Kirchenvorstandes in Angelegenheiten der Gemeinde wird allerdings praktisch geschmälert durch die Geschäftsführung und den Vorsitz im Kirchenvorstand sowie durch Aufsichts- und Genehmigungspflichten übergeordneter Instanzen. Insbesondere bedarf der Haushaltsplan einer Kirchengemeinde sowie die Anstellung von Mitarbeitern oder Veräußerung und Erwerb von ortskirchlichem Vermögen der Genehmigung dieser Instanzen.[28] Im Kirchenvorstand selbst erhält der Vorsitzende eine herausragende Stellung. Zwar erklärt der erste Satz in dieser Sache noch sehr allgemein: „Vorsitzender des Kirchenvorstandes ist der mit der pfarramtlichen Geschäftsführung Beauftragte."[29] Theoretisch könnte das irgendeine Person sein. Aber schon die nächsten Sätze legen klar, daß dies ein Pfarrer ist. Der geschäftsführende Pfarrer, der zugleich der Vorsitzende des Kirchenvorstandes ist, wirkt zwar bei der Vorbereitung der Sitzung mit einem gewählten Vertreter der Kirchenvorsteher – genannt *Vertrauensfrau* oder *Vertrauensmann* – zusammen, die in besonderen Fällen auch den Vorsitz des Kirchenvorstandes übernehmen können, doch ist er allein für die Beachtung der kirchlichen Vorschriften und Weisungen sowie für die Durchführung der Beschlüsse des Kirchenvorstandes zuständig. Zudem besitzt er die Vollmacht, „einfache Geschäfte der laufenden Verwaltung" „in eigener Zuständigkeit" zu erledigen und hat die Aufsicht über das ortskirchliche Kassen- und Rechnungswesen[30]. Der Vorsitzende ist zugleich auch der einzige juristisch legitime Rechtsvertreter der Gemeinde, damit auch ihr Repräsentant: „Der Vorsitzende vertritt den Kirchenvorstand im Rechtsverkehr, wobei er an die gefaßten Beschlüsse gebunden ist."[31] *Willenskundgebungen* des Kir-

---

[27] RSB 300, KGO, § 2
[28] Vgl. RSB 300, KGO, §§ 71–85
[29] RSB 300, KGO, § 35
[30] Vgl. RSB 300, KGO, § 37
[31] Vgl. RSB 300, KGO, § 49, 1

chenvorstandes werden erst wirksam, wenn sie vom Vorsitzenden unterschrieben und amtlich gesiegelt worden sind. Der Vorsitzende hat ferner ein Vetorecht für bestimmte Beschlüsse des Kirchenvorstandes, die im übrigen mit einfacher Mehrheit gefaßt werden können: „Der Vorsitzende ist verpflichtet, den Vollzug von Beschlüssen des Kirchenvorstandes auszusetzen, die nach seiner Meinung 1. dem Bekenntnis der Kirche oder 2. den Rechten und Befugnissen des geistlichen Amtes oder 3. den kirchlichen Gesetzen und Anordnungen widerstreiten oder 4. das kirchliche Leben ernstlich gefährden.“[32] Schließlich ist der Vorsitzende auch Dienstvorgesetzter der bei der Kirchengemeinde tätigen Mitarbeiter, wobei in der Regel die Fachaufsicht beim Landeskirchenrat liegt.[33] Um es hervorzuheben: Theoretisch ist nach der Kirchengemeindeordnung der Kirchenvorstand als allzuständiges Organ der Kirchengemeinde dessen eigentliche demokratische Leitung, praktisch ist durch die Ämter- und Kompetenzhäufung des Pfarramtsvorstandes eine *Monarchie* des Vorsitzenden vorgezeichnet. Es ist in das Belieben, das Geschick und die Überzeugung des geschäftsführenden Pfarrers gestellt, wieweit er seine Kirchenvorsteher an seinem kirchenamtlichen Wissen und seinem Informationsvorsprung teilhaben läßt.

Allerdings ist darauf hinzuweisen, daß diese Ordnung auch Spielraum für eine weitgehende Beteiligung an der Verantwortung läßt und zwar dadurch, daß vieles in ihr nicht verboten oder anders festgelegt und deshalb erlaubt ist. Dieser Spielraum ist weithin in den Gemeinden nicht genutzt worden. Einige Beispiele sollen diesen Spielraum aufzeigen: Es wäre möglich, die Kirchenvorstandssitzungen selbst reihum durch Kirchenvorsteher leiten zu lassen. Das widerspräche nicht dem Gedanken, daß der Vorsitzende die Geschäftsleitung im Kirchenvorstand hat. Kirchenvorsteher könnten die bei Beginn der Sitzung vorgesehene Andacht halten. Kirchenvorsteher sollen und können vorbereitende Gremien und Fachausschüsse der Gemeinde unter Beteiligung von Nicht-Kirchenvorstandsmitgliedern bilden[34]. Im Unterschied zu vorbereitenden Gremien könnten auch Fachausschüsse mit rein beratender Funktion gebildet werden. Da die Mitglieder dieser Fachausschüsse vor allem fachkompetent sein müßten, könnten diese sogar Mitglieder einer anderen Konfession oder auch konfessionslos sein. Ordentliche Mitglieder des Kirchenvorstandes könnten Aufgaben in der Dienstaufsicht übernehmen, denn auch ohne Dehnung des Rechtes kann der Kirchenvorstand oder der Vorsitzende des Kirchenvorstandes einzelne Kirchenvorsteher bevollmächtigen, in seiner Vertretung Rechtsgeschäfte abzuwickeln.[35] Aus der Hauptverantwortung wird der Vorsitzende des Kirchenvorstandes damit allerdings nicht entlassen. Im Zweifels- oder Streitfall ist er allein voll haftbar. Die Kir-

---

[32] RSB 300, KGO, § 51, 1
[33] Vgl. RSB 300, KGO, § 60
[34] Vgl. RSB 300, KGO, § 46
[35] Vgl. besonders RSB 300, KGO, § 47

chengemeindeordnung macht allerdings auch die Kirchenvorsteher insgesamt haftbar für Schäden, wenn sie grob fahrlässig handeln.[36] Diese Bestimmung entlastet den Vorsitzenden jedoch nicht in seiner Hauptverantwortung, da er in diesem Fall sein Veto hätte vorher einlegen müssen.

In der demokratisch angelegten Kirchengemeindeordnung liegt also insofern ein Problem der Verwirklichung des allgemeinen Priestertums, als das Amt des Vorsitzenden im Kirchenvorstand doch ein sehr starkes Gewicht gegenüber der Gemeinde und auch gegenüber den mitregierenden Kirchenvorstehern erhält.

So ist an dieser Stelle kritisch zu vermerken, daß die Begriffe „Kirche", „Amt", „Gemeinde" in den lutherischen Kirchen offensichtlich noch nicht hinreichend in ihrem Inhalt und ihren Beziehungen geklärt sind.

Diese beispielhaft angeführten Regelungen für die Ordnung einer Kirchengemeinde gibt es nicht in allen Landeskirchen der EKD. Sie gelten für die lutherische Kirche in Bayern und sind damit auch Recht innerhalb der VELKD. Man kann die Rechte in der Verantwortung für die Gemeinde auch anders verteilen, etwa den Vorsitz im Kirchenvorstand zwischen Pfarrern und Kirchenvorstehern wechseln lassen und Kirchenvorsteher direkt bei Rechtsgeschäften mitbeteiligen, wie dies z. B. in Hessen-Nassau vorgesehen ist,[37] oder man kann die Geschäftsleitung für die Kirchenverwaltung einem eigenen Gemeindeamt übertragen, wie dies z. B. die Rheinische Kirche für größere Gemeinden kennt.[38] Nichtsdestoweniger zeigt das bayerische Beispiel in den Aufgaben und Rechten des Pfarramtes innerhalb der Kirchengemeinde, daß die „mit dem Amt verbundenen *weltlichen* Geschäfte"[39] nicht unwesentlich sind, sondern als strukturelle Zuständigkeits- und Machtfaktoren im Gefüge von Amt und Gemeinde besonderer Beachtung bedürfen.

3.4 Kirchengesetz zur Regelung des Dienstes in der Vereinigten Evangelisch-Lutherischen Kirche in Deutschland (Pfarrergesetz)

Das Pfarrergesetz[40] regelt innerhalb der VELKD das Dienstverhältnis der Geistlichen. Durch Ordination werden ihnen „Auftrag und Recht zur öffentlichen Wortverkündigung und zur Sakramentsverwaltung übertragen"[41]. Diese Übertragung gilt auf Lebenszeit und verpflichtet dazu, in Gehorsam gegen Gott, das Amt in Treue zu führen, was bedeutet, das Evangelium rein

[36] Vgl. RSB 300, KGO, § 52
[37] Vgl. RSHN 10, KGO, § 47
[38] Vgl. RS der Rhein. Kirche 1, KO, Art. 102
[39] RSB 506, „Ordnung des geistlichen Amtes", S. 2
[40] RSB 500
[41] RSB 500, PfG, § 4, 1

zu lehren und die Sakramente ihrer Einsetzung gemäß zu verwalten.[42] Weitere Aufgaben sind nach dem Pfarrergesetz nicht mit der Ordination verbunden. Es hält sich damit am engsten an die CA. Es werden allerdings nicht näher bestimmte weitere Rechte und Pflichten, die aus einem kirchlichen Dienst stammen, an die Rechte und Pflichten der Ordination angegliedert.[43] Das bedeutet, daß die Ordination nicht an ein kirchliches Dienstverhältnis gebunden ist, was ausdrücklich vermerkt wird.[44] Ferner regelt dieses Gesetz sämtliche weiteren Fragen, die mit der Zulassung zum Pfarramt und dem Pfarrerdienstrecht verbunden sind.

Für die Überlegungen in diesem Buch sind davon die Voraussetzungen zur Amtsübernahme sowie die Beschreibungen der Dienstaufgaben wichtig. Sie entsprechen dem, was in den kirchlichen Ordnungen zum Thema bereits mitgeteilt wurde. Bedingungen für die Übernahme eines Amtes sind 1. eine wissenschaftliche Ausbildung, 2. der erfolgreiche Abschluß dieser Ausbildung, nachgewiesen durch erstes und zweites Examen, 3. ein Probedienst, 4. die Ordination. Die Ordination selbst setzt ihrerseits eine schriftliche Erklärung sowie ein Ordinationsgespräch voraus. Beides hat den Sinn, die Bedeutung des Amtes der Wortverkündigung in Bindung an Schrift und Bekenntnis dem zu Ordinierenden vor Augen zu stellen, damit er sich auch entsprechend verpflichten lassen und danach handeln kann. Es geht bei diesen die Ordination vorbereitenden Äußerungen um die Übereinstimmung von innerer und äußerer Berufung.

Die Ordination ist ihrem Zweck nach auf die Begründung eines geordneten kirchlichen Dienstverhältnisses haupt- , ehren- oder nebenamtlicher Art nach kirchlichem oder privatem Recht gerichtet.[45] Deshalb hat sie ihren Platz in der Regel nach Abschluß der zweiten Ausbildungsphase und vor Beginn der Probedienstzeit.[46]

Pfarrer im Gemeindedienst haben nach diesem Gesetz folgende Aufgaben: Leitung des Gottesdienstes, Amtshandlungen, christliche Unterweisung, Seelsorge, dazu Aufgaben, die sich aus dem geordneten Miteinander in der Gemeinde und in der Gemeinschaft der Gemeinden ergeben, insbesondere solche der Vertretung, Dienstbesprechung und der pfarramtlichen Geschäftsführung. Eine Dienstordnung muß die Einzelheiten regeln. Dieser Aufgabenkatalog umfaßt also mehr Aufgaben als diejenigen, die im eigentlichen Sinn mit der Ordination verbunden sind. Darüber hinaus soll sich der Pfarrer mit den Gemeindemitgliedern darum bemühen, die Gaben und Kräfte in der Gemeinde zur Entfaltung kommen zu lassen. Er soll die Gemein-

---

[42] RSB 500, PfG, § 4, 2
[43] RSB 500, PfG, § 4, 3
[44] RSB 500, PfG, § 10 und Art. 10a
[45] RSB 500, PfG, § 5, 1
[46] RSB 500, PfG, § 15 und Art. 15a

demitglieder zur missionarischen, diakonischen und ökumenischen Verantwortung so weit ermutigen, daß daraus auch praktisches Handeln folgt.[47]

Der Pfarrdienst ist an eine Pfarrstelle in einer konkreten Gemeinde oder an eine allgemeinkirchliche Stelle gebunden. Daneben gibt es Regelungen für das Amtshandeln außerhalb der eigenen Gemeinde oder an Mitgliedern, die nicht zur eigenen Gemeinde gehören, einschließlich des Rechtes, in einer anderen Gemeinde zu predigen. Für solches Handeln ist jeweils die Zustimmung des ortszuständigen Pfarrers einzuholen. Nur die Bischöfe sind von dieser Regelung in bezug auf die Wortverkündigung freigestellt und dürfen in allen Gemeinden dieses Amt ausüben.[48] Diese Regelungen gelten auch für die Pfarrer in allgemeinkirchlichen Arbeitsfeldern. Im Amt der Wortverkündigung sind sie innerhalb ihres Wirkungskreises selbständig und unabhängig, bei der Ausübung dieses Amtes in einer Gemeinde aber an diese und ihre Ordnung gebunden. Auch sie brauchen zur Ausübung des Amtes der Wortverkündigung in der Gemeinde die Erlaubnis des zuständigen Pfarrers.

Eine besondere Gruppe bilden die Ordinierten im kirchenleitenden Amt. Im Amt der Wortverkündigung gelten für sie die Regeln der Pfarrer im allgemeinkirchlichen Dienst. Jedoch haben sie besondere Aufgaben: Sie sollen dafür sorgen, daß die Wortverkündigung in Predigt und Sakramentsverwaltung schrift- und bekenntnisgemäß geschieht; sie sollen über Aus- und Fortbildung, Amts- und Lebensführung der Pfarrer wachen, die Gemeinden zum rechten kirchlichen Leben anhalten, für Recht und Einheit der Kirche sorgen. Damit haben sie nicht nur ein Visitationsamt, sondern ein *oberhirtliches Amt,* wie es in der Ordnung des geistlichen Amtes heißt.

Dieselbe Anfrage, die dort vermerkt wurde, gilt damit auch hier. Es ist zu fragen, ob diese Ausdehnung der Visitation zu einer dritten, noch dazu hierarchischen Säule in der evangelischen Kirche wirklich dem Willen der Reformatoren und dem Erbe der Reformation entspricht oder ob hier nicht eine Umformung dieser Strukturen angebracht wäre, um die Tradition der Reformation besser aufzunehmen.

Neben den Aufgaben und Funktionen der Pfarrer wird auch ihr Verhalten gemäß den erwähnten Ordnungen im Pfarrergesetz geregelt. Sie sollen nach ihrem Dienstauftrag vorbildlich leben, was die besondere Pflege der Gemeinschaft der Ordinierten einschließt. In der Gemeinde haben sie das Seelsorgegeheimnis und die Dienstverschwiegenheit zu wahren. Nochmals eigens aufgeführt wird, daß sie je nach Erfordernis zusätzliche Aufgaben zu übernehmen haben. Für Bayern speziell wird auch die Erteilung von Religionsunterricht gesetzlich verankert.[49] Des weiteren gilt für die Pfarrer die

---

[47] Vgl. zum Ganzen RSB 500, PfG, Abschnitt V, „Vom Dienst des Pfarrers“, §§ 31ff.
[48] Vgl. RSB 500, PfG, §§ 35 und 36 mit zugehörigen Artikeln der bayerischen Landeskirche
[49] Vgl. zum Ganzen RSB 500, §§ 38–60

Residenzpflicht. Sie dürfen ihren Dienstbereich über Nacht oder länger als 24 Stunden nur mit Genehmigung des Dekans verlassen. Auch in Ehe und Familie haben sie vorbildlich und ihrem Auftrag gemäß zu leben. So kann die Kirchenleitung gegen Eheschließungen, die angezeigt werden müssen, Bedenken erheben, wenn diese die Erfüllung des Auftrages in der Gemeinde erschweren würden. Desgleichen kann eine Ehescheidung des Pfarrers bedeuten, daß er vom Dienst suspendiert wird und ein Amtszuchtverfahren gegen ihn eingeleitet wird. Ämter, die außerhalb der Tätigkeit des Pfarrerdienstes liegen, dürfen nur nach Anzeige und Genehmigung übernommen werden. Wenn ein Pfarrer eine politische Kandidatur annimmt, ist er von dem Tage an unter Beibehaltung der Bezüge beurlaubt, nimmt er ein politisches Amt an, tritt er in den Wartestand ohne Anrecht auf Wartestandsbezüge. Das Recht auf öffentliche Wortverkündigung und Sakramentsverwaltung ruht während dieser Zeit. Die freiwillige Übernahme eines Wehrdienstes oder die Annahme staatlicher und anderer Orden und Ehrenzeichen bedürfen der vorherigen Zustimmung.

Durch diese Ausführungen wird deutlich, daß alles, was von der generellen Rolle im rollentheoretischen Abschnitt dieses Teiles gesagt wurde, voll auf die Pfarrerrolle zutrifft. Sie ist eine generelle Rolle, die durch weitgehende Sanktionierungen gestützt wird. Sie wird begründet in einer theologischen Theorie, die an reformatorische Traditionen anknüpft. Bei der Übernahme dieser Traditionen in das heutige Berufsbild und in die heutigen Berufsaufgaben stellen sich Fragen, die die inhaltliche Ausgestaltung der Rolle betreffen. Sie sind auch Gegenstand von Reformvorstellungen, die mit der Berufsrolle des Pfarrers verbunden sind. Diese weiterzuverfolgen ist Aufgabe des nächsten Teiles.

Teil 2: Der Pfarrerberuf im Spiegel von Reform und Kritik

4. Reform des Pfarrerberufes auf der Ebene der Kirchenleitungen

4.1 Vorbemerkungen zu Begriffen und zum Umfang der Diskussion

Unter *Reformdiskussion auf der Ebene der Kirchenleitung* wird hier die theoretische und praktische Bemühung verstanden, die Berufsrolle des Pfarrers im Kontext der Kirchenentwicklung neu zu definieren.

Das neue Berufsbild soll die Pfarrerausbildung bestimmen, kirchenrechtlich verankert werden und sich schließlich in einem veränderten Auftreten und Handeln der Pfarrer in den Gemeinden auswirken.

Dazu ein Beispiel: Um die Jahrhundertwende kannte man den Pfarrer in seiner Rolle als gestrengen Hirten seiner Herde. Er wachte unermüdlich über die Seelenregungen, die Moral und das Denken seiner ihm anvertrauten Gemeindeglieder. Er ermahnte sie von der Kanzel herab, auf dem rechten Weg der Tugend zu bleiben, der Obrigkeit stets gehorsam und untertan zu sein und sich unermüdlich für die Ehre des Vaterlandes einzusetzen. Dieses deutschnationale Pfarrerbild aus der Zeit der Verbindung von *Thron und Altar* entspricht nicht mehr dem heutigen Verständnis dieses Berufes.

Statt dessen entwickelte man auf der Ebene der Kirchenleitungen ein *modernes* Pfarrerberufsbild, das sowohl dem gegenwärtigen Interpretationsstand der reformatorischen Überlieferung als auch der heutigen Situation der Gemeinden eher gerecht werden soll. Auf dieses mehr oder weniger neu bestimmte Berufsbild hin werden nun Ausbildung, Zugangsbestimmungen und Begründung des Amtes ausgerichtet.

Diese Reformdiskussion auf Kirchenleitungsebene soll im folgenden betrachtet werden. Dabei werden in diesem Buch zwei amtliche Äußerungen von Kirchenleitungen, die in Ausschüssen und Kommissionen erarbeitet wurden, herangezogen.

4.2 „Der Beruf des Pfarrers/der Pfarrerin heute"

4.2.1 Übersicht

Unter dem o.g. Titel hat die EKD im November 1989 ein Konzeptionspapier veröffentlicht, das die Sicht von Ausbildungs-, Planungs-, Dienstrechts- und Personalreferenten zum Thema darstellt.[1] Es ist die bis zur Abfassung dieser Arbeit letzte kirchenamtliche Veröffentlichung dieser Art und ange-

[1] Vgl. EKDBeruf

sichts der Mitglieder der Arbeitsgruppe von erheblichem innerkirchlichem Gewicht. Hier werden die Maßstäbe für die künftige Gestaltung des Pfarrerberufes gesetzt.

Das sich bescheiden gebende *Diskussionspapier* sieht den Beruf des Pfarrers im Kontext ähnlicher Berufe und kann von daher auch von Berufsrolle mit Kompetenzen sprechen. Diese Berufsrolle sehen die Verfasser des Diskussionspapieres in der Krise, so daß nach ihrer Meinung erneut auch von der Seite der Kirchenleitungen nach dem Beruf, seinem Profil und seiner Einbindung in Institution und Gesellschaft gefragt werden muß.

Dieser Aufgabe stellen sich die Autoren des Diskussionspapieres. Sie lösen sie in 6 Teilen:

Der 1. Teil behandelt den Zusammenhang von Person und Beruf. In diesem Teil werden die persönlichen Voraussetzungen zur Übernahme des Amtes dargelegt.[2]

Im 2. Teil wird folgerichtig die Einbindung des Amtes in die Institution und das Verhältnis des Amtes zu anderen Mitarbeitern und Gemeindemitgliedern referiert.[3]

Im 3. Teil wird das Ergebnis der Diskussion zur Stellung der Kirche in der Welt vorgetragen.[4]

Der 4. Teil führt Leitbilder vor, die für die Personalplanung maßgeblich sein können.[5]

Der 5. und der 6. Teil befassen sich mit der Umsetzung dieser Leitlinien in Berufsanforderungen und Ausbildung.[6]

In diesen Teilen finden sich die uns interessierenden Fragen an verschiedenen Stellen behandelt, so daß es erforderlich ist, die einzelnen Themen jeweils quer durch die Schrift zu verfolgen. Die Ergebnisse sind – wie bei einem Kommissionspapier nicht anders zu erwarten – widersprüchlich, was im folgenden auch deutlich werden wird.

4.2.2 Begründung und Aufgaben des Berufes

Zur Begründung des Pfarrerberufes wird seine Hauptaufgabe aus einer Kirchenordnung zitiert, wonach ein Pfarrer zum *öffentlichen Dienst am Wort in Verkündigung und Sakramentsverwaltung* berufen ist.[7] Diesen Dienst hat er heute so auszurichten, daß Menschen unserer Zeit das Evangelium als die Wahl, nach einer anderen Möglichkeit zu leben, erkennen. Diese Aufgabe

[2] EKDBeruf: I Person und Beruf, S. 2–12
[3] EKDBeruf: II Amt und Institution, S. 13–16
[4] EKDBeruf: III Gesellschaftliche Stellung und Rollenerwartung, S.17–23
[5] EKDBeruf: IV Leitbilder für die Personalplanung, S. 24–26
[6] EKDBeruf: V Die grundlegenden beruflichen Fähigkeiten, S. 26–34; VI: Konsequenzen für die Ausbildung S. 35–36
[7] Nach KO Artikel 13, der EKHN, zitiert S. 12

ist die Mitte des pfarramtlichen Dienstes. Aus dem so verstandenen Predigtamt leiten sich alle wesentlichen Aufgaben und Tätigkeiten des Pfarrers ab.[8] Diese sehr weit gefaßte Neuinterpretation des Predigtamtes läßt formal alle Möglichkeiten offen. Die einzigen Schranken dieses Amtes sind gemäß der Tradition Schrift und Bekenntnis, an die diejenigen gebunden sind, denen dieser Dienst übertragen wird. Das öffentliche Predigtamt als Kern des Pfarramtes wird als Auftrag verstanden, den Christus gestiftet hat. Dieser Auftrag und damit das Pfarramt verleihen keinen besonderen Status, da dieses Amt grundsätzlich jedem Christen gegeben ist.[9] Er ist damit auch grundsätzlich mitverantwortlich für die rechte Ausübung dieses Amtes. Der einzige Unterschied zwischen den Christen in der Gemeinde und den Christen im Predigtamt ist, daß die Christen im Predigtamt diesen Dienst öffentlich und im Auftrag übernehmen.[10]

4.2.3 Die Spannungen in der Berufsbildkonstruktion

Die im Diskussionspapier aufgezeigte große Freiheit zur Ausgestaltung des Pfarrerberufes soll durch ein neues Berufsprofil gewahrt bleiben, das die *Vielfalt des pastoralen Berufsbildes* offenhält.[11]

Leider wird nicht gesagt, welche vorherrschenden Vorstellungen vom Amt es sind, an die man nicht angepaßt werden soll. Man weiß nicht, von welchen falschen Berufsbildern diese Worte befreien sollen und wofür diese Freiheit zur Ausgestaltung der Berufsrolle gegeben wird.

Andere Aussagen zum Amt in demselben Diskussionspapier wirken der geforderten Freiheit gegenüber wieder stark einschränkend und normierend. Die Einschränkungen haben verschiedene Gründe. In Verbindung mit dem Gedanken von der Berufung wird der Hauptgrund deutlich. Das Papier verwendet statt des Begriffes *Berufung* den Begriff *Motivation.* Und es stellt fest, daß der Pfarrerberuf nur mit einer hohen Motivation angestrebt werden kann. Diese hohe Motivation wird mitbedingt durch die Erwartungen der Gemeinde und der Öffentlichkeit, die nun doch offensichtlich das Pfarrerbild dieses Diskussionspapieres bestimmen: Gemeinde und Öffentlichkeit erwarten von den Pfarrern eine spürbare Glaubwürdigkeit in ihrem Leben und Handeln, denn die Überzeugungskraft und Glaubwürdigkeit der Sache des Christentums, für die die Kirche steht, hängt von der Person des Pfarrers ab. Er ist der Repräsentant der Kirche, wie es an anderer Stelle heißt.[12] Dieser Sachverhalt hat wiederum mit der Berufsrolle des Pfarrers als einer generellen Rolle zu tun. Im Beruf des Pfarrers fallen Religion und Beruf zu-

---

[8] Vgl. EKDBeruf, S. 12
[9] Vgl. EKDBeruf, S. 15
[10] EKDBeruf, S. 15, 16
[11] EKDBeruf, S. 6
[12] EKDBeruf, S. 22

sammen. Deshalb kann der Pfarrer auch nicht säuberlich zwischen Beruf und Freizeit, Beruf und Privathaus mit Familie unterscheiden. Wer das tut, hat nach Meinung dieses Diskussionspapieres sein Berufsziel schon verfehlt.[13] Dabei wird von den heutigen Gemeindemitgliedern vom Pfarrer keine Perfektion verlangt, sondern nur die ehrliche, spürbare und aufrichtige Bemühung. Der Pfarrer muß die Spannung zwischen Anspruch des Glaubens und nicht erfüllter Wirklichkeit, die jeder andere Christ auch erlebt, aushalten können. Wo er sich darum für den einzelnen Christen nachvollziehbar bemüht, wirkt er dadurch menschlich und glaubwürdig, was sein Wirken in unserer Zeit nicht in Frage stellt, sondern eher erhöht.[14] Er kann sich dann in seinem Dienst auch der Unterstützung der Gemeinde und der Kirche sicher sein. Was den Pfarrer in seinem besonderen Beruf hält und trägt, ist die Berufung. Eine theologische Berufsausbildung allein befähigt noch nicht zum Beruf des Pfarrers, wie viele Theologiestudierende meinen. Unerläßlich für den Beruf des Pfarrers ist die Berufung und diese in einem doppelten Sinn: Die innere Berufung, die im ehrlichen Bemühen um die Verkündigung spürbar wird, und die äußere Berufung, die in der Regel die Kirche anstelle der Gemeinde durch die Ordination ausspricht. Die äußere Berufung ist dabei aus der Sicht von Kirche und Gemeinde von besonderer Bedeutung: Sie bringt dem Pfarrer Vertrauensvorschuß entgegen, überträgt ihm Verantwortung im Namen und Auftrag von Gemeinde und Gesamtkirche und kann ihn dadurch in Zeiten stützen, in denen er seiner inneren Berufung unsicher wird.

Mit diesen Ausführungen zum Pfarrerberuf wird die im Diskussionspapier angekündigte Freiheit in der Gestaltung des Berufsbildes wieder an Bedingungen und Voraussetzungen geknüpft, von denen man fragen kann, ob sie so wirklich hilfreich sind. Theologiestudierenden wird damit z.B. mitgeteilt, daß sie ihr Studium nicht als eine zureichende Berufsvorbereitung verstehen können. Es erhebt sich die Frage, ob man das angesichts überlanger Studienzeiten nicht ändern könnte.

Schließlich verweist das Diskussionspapier auf ein eigenes, neues Problem für den Beruf des Pfarrers. Es ist durch den gesellschaftlichen Wandel aufgetreten. Die Partner der Pfarrer und Pfarrerinnen üben heute in der Regel einen eigenen Beruf aus und können nicht mehr in dem Maße stützend und fördernd im Pfarramt mitwirken, wie das früher üblich war. Zudem möchten Pfarrerinnen – wie andere Frauen auch – Beruf und Familie vereinbaren, was bei der derzeitigen Belastung des Pfarrerberufes nur schwer möglich ist. Die Diskussion über diese Probleme ist noch nicht abgeschlossen, worauf das Diskussionspapier allerdings aufmerksam macht.

---

[13] EKDBeruf, S. 11
[14] EKDBeruf, S. 8

4.2.4 Kommunikationsfähigkeit und normative Sprache

Im Zusammenhang mit der Einordnung der Pfarrerrolle in eine Gemeinschaft von Mitarbeitern wird Teamfähigkeit als fundamentale Kompetenz der künftigen Pfarrer gefordert.[15] Deshalb wird empfohlen, daß derjenige, der sich mit Kommunikation und Kontakten schwer tut, den Beruf des Pfarrers besser nicht ergreifen sollte. Diese Empfehlung wird mit der Bestimmung des Evangeliums als der *Grundkommunikation Gottes mit den Menschen* begründet. Diese Bestimmung des Evangeliums ist in den Augen der Verfasser des Diskussionspapieres normativ. Deshalb kann die gegebene Empfehlung aus dieser Bestimmung abgeleitet werden.

Dieses Verfahren der Autoren steht aber in Spannung zu ihrer eigenen Forderung, es dürfe keine Sätze geben, die Anspruch auf objektive Geltung erheben.[16]

Die Autoren machen darüber hinaus dieses *normative* Sprechen als *Katheder- und Kanzeltheologie* für die Auswanderung des Glaubens in Nischen des Alltags mitverantwortlich. Zudem ist dieses normative Sprechen auch mitverantwortlich für den sogenannten *Normalitätsverlust der Glaubensweise.* Darunter verstehen die Autoren die Tatsache, daß es nicht als selbstverständlich gilt, im Alltag von seinem Glauben zu reden. Damit stehen die Pfarrer heute vor einem Problem, das sie in der Sicht der Autoren selbst mit verursacht haben. Selbst wenn man diesen Gedankengängen zustimmt, fällt es doch schwer, sie anzunehmen, weil sie ihrerseits in der von den Autoren selbst abgelehnten normativen Sprechweise ausgesagt werden.[17]

4.2.5 Überlastung im Pfarrerberuf

Ein weiterer wichtiger Aspekt des Pfarrerberufes wird ebenso widersprüchlich behandelt. Das ist das Thema der Überlastung im Pfarrerberuf. Von dieser wird festgestellt: „Das ‚Überlastungssyndrom‘ wird heute im pfarramtlichen Dienst zu einer so weit verbreiteten bedrückenden Erfahrung, daß es zu einem pastoraltheologischen Problem ersten Ranges geworden ist.“[18] Als *strukturelle* Ursachen dafür werden aufgezählt:

1. die Vorstellung, daß Gemeinde nur dort stattfindet, wo der Pfarrer agiert, das geschieht in der sogenannten *Pastorenkirche;*

2. das Streben der Pfarrer, ihre vormals zentrale Position durch Funktionshäufung behalten zu wollen, der Pfarrer erliegt damit einer *Pfarramtsideologie;*

---

[15] EKDBeruf, S. 16
[16] EKDBeruf, S. 3
[17] EKDBeruf, S. 16
[18] EKDBeruf, S. 12

3. die Anhäufung neuer Aufgaben der Kirchen, die den Pfarrern als *Pflichtenkatalog* aufgelastet werden.

Bis auf die letzte Gruppe von Gründen für die Überlastung im Pfarrerberuf ist der Ausdruck *strukturelle* Ursache, den das Diskussionspapier verwendet, wohl besser zu ersetzen durch *virtuelle,* denn nicht Strukturen erzeugen das Gefühl der Überlastung, sondern nach dieser Darlegung die Pfarrer selbst. Man könnte sagen, sie erliegen ihrer eigenen Einbildung. Diese im Diskussionspapier formulierte Einbildungshypothese steht im Widerspruch zu den objektiv gehäuften Aufgaben, wie sie etwa die Kirchengemeindeordnung der Bayerischen Landeskirche beschreibt.[19] Es sind nicht nur neue Aufgaben der Kirchen, die angehäuft werden und zur Überlastung der Pfarrer führen, sondern es ist bereits die Summe der alten Aufgaben, die eine Person allein gar nicht erledigen kann. Es ist daher schwer verständlich, wenn die Mitverantwortlichen für eine Überlastung der Pfarrer – wie es die Planungs-, Personal-, Ausbildungs- und Dienstrechtsreferenten von Kirchenleitungen sind –, den Pfarrern eben diese Überlastung als Einbildung attestieren.

Diese widersprüchliche Behandlung des Themas *Überlastung* der Pfarrer setzt sich im ganzen Diskussionspapier durch. Einerseits wird die Überlastung als subjektive Vorstellung dargelegt, andererseits wird verlangt, daß Prioritäten in der Fülle der Aufgabe zu setzen sind, die Pfarrer zu erledigen haben. Einerseits wird gefordert, daß die Aufgabenbündel der Pfarrer zu durchforsten sind, andererseits wird erklärt, daß die Institution Kirche dazu solange nicht in der Lage ist, als sie sich selbst über ihren Auftrag in der jeweiligen Zeit nicht klar ist.[20]

Noch deutlicher tritt die Spannung in den Vorstellungen dieses Papieres beim Entwurf eines neuen Rollenbildes für den Pfarrerberuf hervor. Diese Spannung besteht zum einen darin, daß es – wie erwähnt – abgelehnt wird, ein bestimmtes Berufsbild zu entwerfen; zum anderen darin, daß zugleich dann doch viele Zielvorstellungen zum Beruf benannt werden, die alle miteinander ein Rollenbild ergeben. Darauf ist im nächsten Abschnitt noch einmal einzugehen.

Schließlich wird die Unausgewogenheit in der Behandlung des Themas bis in die Formulierungen hinein deutlich. In *einem* Satz wird sowohl gesagt, daß die Pfarreraufgaben unerfüllbar und dennoch alle zugleich unverzichtbar sind: „Ein Pfarrer ist – oder sollte – sowohl Schriftgelehrter als auch Experte für religiöse Fragestellungen sein, sowohl Zeuge und Bürge Jesu Christi als auch Lehrer und Betreuer. Und er ist gleichzeitig Leiter einer Gemeinde und damit Organisator, Teamchef, Vermittler. Zwar kann keiner in allen diesen Funktionen gleichgewichtig arbeiten; hier muß man Schwer-

---

[19] RSB 300, KGO, §§ 21–23

[20] EKDBeruf, S. 11 und 12

punkte setzen. Aber als ungerechtfertigte Rollenzumutung kann keine dieser Funktionen abgewiesen werden."[21]

Diese Einstellung der bestehenden Institution Kirche zum Pfarrerberuf zeigt, daß die Kirche gegenwärtig nicht in der Lage ist, am Überlastungssyndrom der Pfarrer etwas zu ändern, denn sie will – trotz aller selbst formulierter Kritik daran – am traditionellen Aufgabenbündel des Pfarramtes unbedingt festhalten. Deshalb kann sie selbst keine Prioritäten setzen und Entlastung im Beruf anbieten. Für das damit amtlich vorprogrammierte Mißlingen bei Erfüllung der Aufgaben im Pfarramt übernimmt die Kirchenleitung allerdings nicht die Verantwortung. Statt dessen macht sie die Pfarrer selbst für Mißlingen und Überlastung verantwortlich: „Zur Professionalität gehört dabei auch die Fähigkeit, seine Arbeit zu organisieren und ihre Ergebnisse zu kontrollieren. Der theologische Grundsatz, daß der Geist weht, wo er will, darf nicht zur Beliebigkeit der Aktivitäten einladen. Hier zeigt sich leider nicht selten das Unvermögen, zu einer Klarheit über die Konzeption der eigenen Arbeit zu kommen, die eine Konzentration auf das Wesentliche möglich macht und zwischen erst- und zweitrangigen Aufgaben unterscheiden läßt. Das häufige Klagen über Reibungsverluste und Zeitvergeudung, das Gefühl, unter dem Diktat von Terminen und Tageszwängen zu stehen, nicht mehr zu sich selbst zu kommen, sich im Netz widersprüchlicher Erwartungen gefangen zu sehen, sind dafür ein auffallendes Indiz."[22]

4.2.6 Leitbilder und Anforderungsprofile des Pfarrerberufes

Die Autoren des Diskussionspapieres beschreiben dann trotz ihres eingangs behaupteten Verzichtes auf verbindliche Berufsbilder neue Leitvorstellungen für den Pfarrerberuf. Sie sind der Überzeugung, daß diese für die Entscheidung, wer für den Pfarrdienst geeignet ist, unerläßlich sind.[23] Sieht man von dem Widerspruch dieser Ausführungen zum eigenen Vorsatz ab, so werden zum Themenbereich Anforderungen zusammengetragen, die durchaus als Elemente für eine Erneuerung des Berufsbildes der Pfarrer dienen können.

Es werden dabei Anforderungen beschrieben, die als Auswirkungen veränderter gesellschaftlicher Verhältnisse auf das Pfarrerbild zu verstehen sind. Diese Anforderungen betreffen *persönliche Qualitäten* von Bewerbern für den Pfarrdienst. Es werden drei Kompetenzbereiche genannt, nämlich *Reflexionsvermögen, Reaktionsfähigkeit* und *Frustrationstoleranz.* Frustrationstoleranz ist deshalb besonders erforderlich, weil das Pfarramt von seiner pluralen und umfangreichen Aufgabenstellung her eine Berufsrolle

[21] EKDBeruf, S. 22
[22] EKDBeruf, S. 33
[23] Vgl. EKDBeruf, Teil II, S. 5 und Teil V

schafft, in der Dauerüberlastungen einprogrammiert sind und Anforderungen gestellt werden, die für eine einzelne Person unerfüllbar sind. Es ist an keiner Stelle des Diskussionspapieres ein ernsthafter Versuch zu erkennen, an dieser erschreckenden Situation etwas zu ändern. Im Gegenteil, man hält an dieser weitgehend selbst durch Verordnungen geschaffenen Situation fest und erwartet von den Pfarrern, daß sie das aushalten: „Die Herausforderungen, denen Pfarrer und Pfarrerinnen sich ausgesetzt sehen, übersteigen alle realistischen Möglichkeiten. Sich ihnen nicht zu entziehen, wird dabei ebenso wichtig sein, wie eigene Begrenztheiten anzunehmen."[24]

Ferner wird für erforderlich gehalten, den Pfarrdienst bewußt mehrseitig, entsprechend der individuellen, kirchlichen und öffentlichen Dimension des Christentums zu gestalten. Für diese Aufgabe ist zu beachten, daß man heute nicht mehr damit rechnen kann, daß christliche Traditionen von selbst weitergegeben werden. Deshalb müssen künftige Pfarrer für diese Aufgabe besondere Eigeninitiative mitbringen. Es wird nicht ausgeführt, was darunter zu verstehen ist. Vermutlich ist damit gemeint, daß die Pfarrer selbst durch die Art ihres Auftretens, ihrer Verkündigung und ihrer besonderen Veranstaltungen Glauben wecken sollen. Zu dieser Aufgabe kommt als weitere Aufgabe noch hinzu, daß in der christlichen Glaubenspraxis eingeübt werden muß, was sich eben wegen des festgestellten Traditionsabbruches als notwendig erweist. Die Fähigkeit, diese Aufgaben zu erledigen, wird im Diskussionspapier *missionarische Kompetenz* genannt. Diese muß sich neuzeitlich auch darin erweisen, daß die künftigen Pfarrer in der Lage sind, *Werbung* für ihre Sache zu machen.

Schließlich gehört zu den qualitativen, unabdingbaren Anforderungen an Pfarrdienstbewerber wegen der weltanschaulichen und theologischen Pluralität auch die *Dialogfähigkeit* der Pfarrer. Sie schließt ein, daß sich die Pfarrer auch sachkundig und kompetent mit Ideologien und Meinungen auseinandersetzen können, die in Konkurrenz zum christlichen Glauben stehen oder diesen bestreiten.

Dieser Aufzählung der beruflichen Anforderungen an den Pfarrberuf läßt sich in drei Kompetenzbereiche zusammenfassen, von denen entsprechend den Einsichten der Rollentheorie mit Recht vermerkt wird, daß sie in der Persönlichkeit des Pfarrers verankert sein müssen:[25]

a) Theologische Kompetenz, die sich weiter untergliedern läßt in ein geklärtes Verständnis der Tradition; in ein Verständnis der Lebensprobleme heutiger Menschen und in die Fähigkeit, beides zur situationsgemäßen Anrede zu gestalten.[26]

b) Missionarische Kompetenz, zu welcher folgende Fähigkeiten und Fer-

[24] EKDBeruf, S. 21
[25] EKDBeruf, S. 26
[26] EKDBeruf, S. 27

tigkeiten gehören: die Fähigkeit zu Kontakt und Kommunikation, die Fähigkeit zu unaufdringlichen Initiativen, das methodische Beherrschen von Gesprächsführung, das methodische Beherrschen von Arbeitsformen der Gruppenarbeit, Kenntnisse über psychologische und soziologische Zusammenhänge, Sensibilität für Lebenssituationen und ihre Probleme, Kenntnisse über pathologische Erscheinungsformen des Glaubens und Erfahrungen mit Problemen der religiösen Sozialisation.[27] Diese Fülle von Fähigkeiten und Fertigkeiten, die mit der missionarischen Kompetenz verbunden sind, läßt sich auch als argumentative Kompetenz, dialogische Kompetenz, exemplarische Handlungskompetenz beschreiben.[28]

c) Kybernetische Kompetenz, welche die Fähigkeit ist, planvoll und zielgerichtet zu handeln. Sie zeigt sich wiederum in speziellen Fähigkeiten, z.B. der Fähigkeit zur Selbstorganisation, der Fähigkeit zur Kooperation, der Fähigkeit zur Arbeit in Gremien und Gruppen. Diese Fähigkeiten werden nur dann zu einer wirklichen kybernetischen Kompetenz, wenn sie im *Orientierungsrahmen der ganzen beruflichen Praxis* zusammenwirken.[29]

Aus dem allen müssen sich Folgerungen für die Aus- und Fortbildung ergeben. Von diesen Folgerungen ist nicht nur die praktische Ausbildung künftiger Pfarrer nach dem ersten Examen und die Fortbildung in den ersten Amtsjahren betroffen – für die die Ausbildungsreferenten der Kirchenleitungen vor allem zuständig sind –, sondern auch die Universitäten. Die Theologieprofessoren sollten aufgrund dieser Ausführungen bedenken, daß sie – wenn die vorliegende Analyse zum Berufsbild *Pfarrer* richtig ist – neben ihren Fachkenntnissen auch Erfahrungen mit der Rollen- und Berufsproblematik des Pfarrers brauchen.[30]

4.2.7 Einige Anfragen und Anmerkungen zum Diskussionspapier

Obwohl also dieses Diskussionspapier auf verbindliche Pfarrerbilder verzichten will, entwickelt es doch ziemlich klare Vorstellungen vom Pfarrerberuf, die durchaus das Idealbild eines allseitig kompetenten Pfarrers zeichnen.

Der Pfarrerberuf setzt Menschen voraus, die einen reflektierten Glauben leben und sich dadurch innerlich gerufen wissen. Diese werden nach Absolvierung eines Fachstudiums und eines Vikariates über eine Menge von Fertigkeiten und Fähigkeiten sowie erworbene Kenntnisse geprüft. Wenn sie all diese Prüfungen bestanden haben, werden sie in das von Christus der Gemeinde eingestiftete Predigtamt gesendet in Bindung an Schrift und Bekenntnis durch Ordination der Gemeinde und der Kirchenleitung.

---

[27] EKDBeruf, S. 30
[28] EKDBeruf, S. 31
[29] EKDBeruf, S. 33 und 34
[30] EKDBeruf, S. 38

An dieser Stelle des Diskussionspapieres wird nicht klar, wer der eigentliche Entsender ist, die Gemeinde oder die Gesamtkirche in Stellvertretung der Gemeinde; die Gesamtkirche als Amtshierarchie einer Landeskirche oder als Dienerin der Gemeinde. Diese Unklarheit, was die Kirche sei und soll, wirkt sich dann auch auf die Definition des Berufsbildes aus: Die Fülle der Aufgaben wird als strukturelle Überlastung erkannt, aber an ihr wird nichts gemindert, die Verantwortung dafür den Berufsausübenden überlassen. Man hat also einen kirchlichen Funktionär vor Augen, der aufgrund seiner besonderen theologischen, missionarischen und kybernetischen Kompetenzen seine Arbeit in jedem Fall auf irgendeine Weise kompetent, persönlich glaubhaft und überzeugend sowie für Zeitgenossen befriedigend ausüben wird.

Dieses Berufsbild enthält ein Problem. Die von den Reformatoren geforderte und in manchen kirchlichen Ordnungen angemahnte Gleichberechtigung zwischen Christen im Amt und den anderen Christen wird durch dieses neue Berufsbild eher verhindert als gefördert. Welcher nicht beamtete Christ oder kirchliche Mitarbeiter kann neben einem solchen menschlichen und theologischen *Superman* bestehen, wie er hier durch diese *unabdingbaren Berufsvoraussetzungen und Fähigkeiten* vorgezeichnet wird?

Man gewinnt den Eindruck, daß die den Pfarrern im Diskussionspapier angelastete Tendenz, sich in zentrale Positionen durch *Funktionshäufung* zu drängen, ersetzt wird durch die kirchliche Festschreibung der zentralen Position mittels *Kompetenzhäufung*.

Es ist unbestreitbar, daß all die genannten einzelnen Fähigkeiten und Fertigkeiten für den Pfarrerberuf wichtig sind. Aber es ist trotz der Ausführungen dieses Positionspapieres nicht zwingend, alle aufgezählten und dem Pfarrer zugemuteten Aufgaben mit dem Pfarrerberuf zu verbinden. Man könnte auch darüber nachdenken, ob man nicht für die verschiedenen, unterschiedlichen Aufgaben auch verschiedene – dann entsprechend kompetente – Personen einsetzt, wobei dann weiter darüber nachzudenken wäre, ob das in jedem Fall Pfarrer sein müssen.

Die Berufswirklichkeit der Pfarrer, die das Diskussionspapier verbessern helfen will, kommt sehr wohl in den Blick und zwar vorwiegend als Negativfolie einer durch Pfarrer produzierten Wirklichkeit, die als unbefriedigend diagnostiziert wird. Für diesen Zustand werden vor allem die Pfarrer selbst verantwortlich gemacht, obwohl an einzelnen Stellen deutlich wird, daß dieses Mißlingen offensichtlich strukturelle Gründe hat. Das Diskussionspapier kommt über eine Sammlung kritischer Anfragen und die Aufstellung eines Kompetenzkataloges kaum hinaus, weil es keine Wege aufzeigt, wie die strukturellen Probleme einer Kirche zu bearbeiten sind. So wünscht man, daß über diese Fragen weiter nachgedacht und die Berufswirklichkeit der Pfarrer genauer untersucht wird.

4.3 *„Sein Licht leuchten lassen – zur Erneuerung von Gemeinde und Pfarrerschaft“*[31]

4.3.1 *Übersicht*

Unter o.g. Titel hat die Arnoldshainer Konferenz[32] ein Votum herausgegeben, das einen hohen Anspruch vertritt. Die Verfasser sehen dieses Votum in einer Linie stehen mit bedeutsamen Grundsatzerklärungen aus der Reformationszeit[33] und theologischen Erklärungen unseres Jahrhunderts[34] zur Erneuerung von Gemeinde und Pfarrerschaft. Es ist ein Votum zum Nachdenken für alle, die wirkliche Erneuerung der Gemeinde wollen. „Ich lege die Arbeit nun in die Hände der Leser, unter denen ich mir viele junge Theologinnen und Theologen vorstellen kann, aber auch interessierte Gemeindeglieder, die wissen wollen, was Erneuerung des geistlichen Lebens in ihrer Gemeinde, in ihrer Familie bedeuten könnte, und womit man noch einmal ganz neu anfangen sollte.“[35] Deshalb ist es von der Vollkonferenz der Arnoldshainer Kirchenleitungen einmütig angenommen und als theologisch wohldurchdachter „Beitrag zur Thematik Gemeindeerneuerung durch Erneuerung des geistlichen Lebens in der Kirche“[36] gewertet worden. Es soll als Impuls zur Erneuerung aufgenommen werden: „Es soll Kriterien für eine theologische Rede von Gemeinde und Gemeindeerneuerung entwickeln, zur Entdeckung und Aktivierung der begabten Gemeinde anleiten, Anregungen zur Erneuerung des geistlichen Lebens formulieren, Ratschläge für das Miteinander in der Gemeinde geben und dabei immer wieder alle Christen an ihre geistlichen Wurzeln erinnern: die Taufe auf und den Glauben an den einen Herrn Jesus Christus.“[37] Deshalb bietet es neben Grundlegungen, die in der Auseinandersetzung mit alternativen Entwürfen oder Zeitproblemen angestoßen wurden, auch Konzepte, zum Teil sogar Rezepte zur Erprobung an. Das Buch gilt der ganzen Gemeinde, am Beispiel der Pfarrerschaft wird nur gezeigt, wie persönliche Erneuerung heute geschehen kann. Mit dem vorliegenden Votum wollte der Theologische Ausschuß auch ein Trostbüchlein zur Ermutigung all jener vorlegen, die sich um die christliche Gemeinde sorgen.

In dieser Schrift fällt auf, daß zahlreiche biblische Begründungen für bestehende Zustände und Einrichtungen gegeben werden. Sie werden ergänzt

---

[31] Vgl. AKLicht

[32] Ein informeller Kirchenbund innerhalb der EKD, der durch gemeinsame Beratungen und gemeinsame Studienarbeit die Einheit innerhalb der EKD fördern möchte.

[33] Reformatorische Hauptschriften Luthers von 1520

[34] Theologische Erklärung von Barmen 1934

[35] AKLicht, S. 9

[36] AKLicht, S. 8

[37] AKLicht, S. 18

durch Verweise auf die Barmer Theologische Erklärung, auf Karl Barth und auf Martin Luther.

Das Votum nimmt seinen Ausgang bei der gegenwärtig widersprüchlichen Situation der Volkskirche. Es wird sowohl die Erosion derselben als auch ihre Erneuerung an vielen Stellen und Orten des kirchlichen Lebens aufgezeigt. Sodann wird in bezug auf die Barmer Theologische Erklärung[38] das grundlegende Verständnis von Kirche vorgestellt. Danach ist Kirche nicht in erster Linie Institution, sondern Gemeinde, in der Jesus Christus gegenwärtig handelt. Die Kirche ist nicht um ihrer selbst willen da, sie lebt in ihren Gemeinden als ihren kleinsten Zellen, die vor allem Gemeinschaften des Glaubens sind, Gemeinschaften von Schwestern und Brüdern. Dabei ist zu unterstreichen, daß nicht die Gemeinde die Kirche bewegt, sondern Jesus Christus als die Lebensmitte der Kirche. Er schafft durch Wort und Sakrament christliche Gemeinschaft, aus der Gemeinden wachsen. Da diese Gemeinden eine Botschaft für die Welt haben, die sie immer neu in neuen Situationen ausrichten muß, ist ihnen – gut reformatorisch – mit dem Auftrag der Verkündigung auch der stete Auftrag zur Selbstkritik und Erneuerung gegeben. Der Ruf nach Erneuerung der Kirche ist also nicht wirklich neu, sondern konstant mit der Geschichte der Kirche verbunden, weswegen auch der Grundsatz *ecclesia est semper reformanda*[39] zitiert wird. Diese dogmatische Grundposition, die reformatorisch, schrift- und bekenntnisgemäß ist, liefert den Maßstab für die Kritik neuerer Konzepte zur Gemeindeerneuerung.[40] Es wird betont, daß im Neuen Testament (NT) kein einheitliches Kirchenbild besteht, sondern daß das Neue Testament eine Fülle wechselnder, zum Teil in Spannung zueinander stehender Bilder für Kirche verwendet. Daraus werden vier zu beachtende Grundzüge der biblischen Tradition im Kirchenverständnis abgeleitet. Zum ersten gilt, daß das Neue Testament keine harmonische, sondern nur eine konfliktreiche Kirche kennt. Zum zweiten ist zu beachten, daß die im NT dargestellten Konflikte durch theologische Konzentration und konziliare Prozesse bewältigt werden. Zum dritten lehrt der Blick in das NT, unterschiedliche Kirchenformen nicht als Irrwege, sondern als Bereicherung zu erfahren. Zum vierten ist es eine Lehre des NT, daß die Kirche trotz ihrer verschiedenen konfessionellen Ausprägungen in Christus schon als ganze geeint ist, daher kann sie nur von ihm her erneuert werden und neue Einheit finden.

Diese Grundzüge führen zu der Einladung an die Leser des Votums, die begabte Gemeinde zu entdecken und zur Entfaltung zu ermutigen. Diese

---

[38] AKLicht, Teil 1: „Von der Lebensmitte der Kirche – theologische Kriterien der Gemeindeerneuerung", S. 21–48, bes. S. 24ff.

[39] Die Kirche ist stets zu erneuern.

[40] Die von der Pfingstbewegung inspirierte *Geistliche Gemeinde-Erneuerung,* der *Missionarische Gemeindeaufbau* von Fritz und Christian A. Schwarz und die EKD-Studie *Christsein gestalten.*

Aufgabe ist allerdings keine Aufgabe nur für einzelne, sondern eine Aufgabe für die ganze Gemeinde. Sie ist nicht durch Appelle zu lösen, sondern durch Berufung, Ausbildung und Begleitung. Jedes aktive Gemeindemitglied sollte seinerseits ein berufendes Mitglied sein.[41] Alle Gemeindemitglieder werden durch ihre Taufe zu *allgemeinen Priestern,* als solche ernst genommen und daraufhin angesprochen. Für sie gibt es praktische Empfehlungen zur Entwicklung einer lebendigen Gemeinde. Solche aktiven Gemeindemitglieder könnten ihre Häuser öffnen, um Hauskreise zu bilden, die Gemeinschaft vermitteln. Sie sollten dabei allerdings nicht ihre Beziehung zum Gemeindegottesdienst verlieren, der die Mitte der Gemeinde bildet und zu dem stets eingeladen werden sollte. Die Gemeinden insgesamt könnten ihre *verborgenen Schätze der Kirche*[42] entdecken, worunter die Einbeziehung von eigener kirchlicher Kunst, Geschichte, Kirchenmusik und anderes zu verstehen ist. Verwiesen wird z.B. darauf, durch Kirchenführungen die Kunstwerke in der Kirche zu sprechenden Botschaftern werden zu lassen.

Der Schwerpunkt des Votums aber liegt auf der Erneuerung des geistlichen Lebens, für die exemplarisch die Erneuerung der Pfarrerschaft steht. Dieses Kapitel ist für das Thema dieser Arbeit von besonderem Interesse und wird deshalb im nächsten Abschnitt genauer behandelt. Das Votum stellt schließlich noch Möglichkeiten der gegenseitigen Entlastung und Hilfe auf allen Ebenen des kirchlichen Lebens vor, die von der Ebene der Gemeinde bis zur Ebene der Kirchenleitung reichen. Die Kirchenleitung wird in diesem Votum dabei als *Helferin der Gemeinden* verstanden. Das Votum will Mut machen zu einem steten Neuanfang.

4.3.2 Erneuerung der Pfarrerschaft

„Theologische Existenz der Pfarrerschaft"[43] ist das Stichwort, mit dem das Leben eines Pfarrers in der Spannung zwischen Familie, Gemeinde, Gesellschaft und Geistlichem Amt beschrieben wird. Das, was unter diesem Stichwort verhandelt wird, gilt allerdings nicht nur für Pfarrer, sondern für jeden Mitarbeiter in einer christlichen Gemeinde. Das Pfarramt ist gleichsam der Brennpunkt, in dem sich die Probleme eines Christen am deutlichsten zeigen.

Dieses Amt wird mit dem Verweis auf das NT[44] und die reformatorischen Bekenntnisschriften[45] begründet. Es ist ein Amt der Wortverkündigung und Gemeindeleitung. Es wird hervorgehoben, daß der Gemeindeleiter nach den

---

[41] „Alle schon engagierten Mitarbeiter in einer Gemeinde müssen sich als Charismen-Entdecker verstehen." AKLicht, S. 54

[42] AKLicht, S. 59ff.

[43] AKLicht, S. 66

[44] Da vor allem auf die Pastoralbriefe.

[45] Da vor allem auf CA, S. 5 und 14

Pastoralbriefen[46] eine grundlegende Vorbildfunktion für den Gemeindeaufbau hat. An dieser Stelle läßt sich wieder die rollentheoretische Erkenntnis bestätigen, daß im Beruf des Pfarrers Amt und Person zusammenfallen. Weil es in diesem Theologischen Votum um die Erneuerung des geistlichen Lebens der Gemeinde und darin exemplarisch um die Erneuerung des geistlichen Lebens der Pfarrer geht, begnügen sich die Autoren mit diesen Hinweisen zur Begründung des Amtes. Deshalb werden Fragen des Zugangs zu diesem Amt mit Ausnahme des Theologiestudiums in seiner Funktion für die Bildung eines geistlichen Lebens nicht behandelt. Auch die Frage, welche Aufgaben der Pfarrer erfüllen muß, bleibt ausgeklammert. Dafür genügt ein Verweis auf die Pfarrerdienstgesetze und auf die Ordinationsordnungen der Kirchen. Statt dessen wird viel von der Art und Weise geredet, wie er seine Aufgaben erfüllen soll.

Wie das Diskussionspapier der EKD so geht auch dieses Trostbüchlein von der heutigen Lebenswirklichkeit des Pfarrerberufes aus. Es sucht nun aber im Gegensatz zu diesem eine Lösung der Probleme nicht in einer Optimierung von Anforderungen und in der Vermittlung einer Fülle von Fertigkeiten und Fähigkeiten, sondern in einer *geistlichen Konzentration*. Bevor erklärt wird, was *geistliche Konzentration* meint, richtet sich der Blick auf die heutigen gesellschaftlichen Voraussetzungen des Pfarrerberufs. Es wird festgehalten, daß dem Beruf noch ein großer Vorschuß an Vertrauen entgegengebracht wird. Einschränkend wird dazu angemerkt, daß dieser nicht stabil ist, sondern in gewandelten gesellschaftlichen Verhältnissen auch wieder verlorengehen kann. Eine weitere Einschränkung besteht darin, daß dieser Vertrauensvorschuß mehrdeutig ist. Er öffnet nicht nur Türen, sondern er bringt auch ein Bündel sich widersprechender Erwartungen zum Vorschein.

Zu den Voraussetzungen des Pfarrerberufes heute gehört auch eine im Vergleich zu früher völlig gewandelte Situation der Pfarrfamilie. Früher war die Familie für den Pfarrer der Ort der Entspannung, die Familie ganz auf den Beruf hin orientiert; heute sind die Ehepartner der Pfarrer berufstätig, so daß der Pfarrer auch an der Familienarbeit stärker beteiligt ist als früher. Das gilt insbesondere für die Pfarrerin mit berufstätigem Ehemann. Sie ist am stärksten von der Mehrfachrolle als Pfarrerin, Ehepartnerin und Mutter belastet. Insofern teilen moderne Pfarrfamilien die Probleme anderer Mitglieder der Gesellschaft, was zur Folge haben kann, daß sie deren Probleme besser verstehen. So birgt die neue Lage der Pfarrfamilie nicht nur Behinderungen, sondern auch Chancen. In einer ermutigenden Bemerkung wird dazu notiert: „Beides ist miteinander abzuwägen, wenn angesichts auftauchender Schwierigkeiten in den Gemeinden nach einfachen und rückwärtsgewandten Lösungen gerufen wird.“[47]

---

[46] Dort *episkopos* genannt.
[47] AKLicht, S. 70

Durch die Tatsache, daß seit rund 20 Jahren Pfarrerinnen zum Dienst in der Gemeinde ordiniert werden, ist ebenfalls eine neue Bedingung geschaffen worden, die Chancen und Probleme enthält, die noch nicht alle durchdacht sind. So wird von der Pfarrerin gesagt, daß sowohl Chance als auch Schwierigkeit darin liegen, daß ihr Berufsrollenbild durch die Geschichte nicht festgelegt und vorgeformt ist; daß durch Frauen in der Kirche die Mitarbeiterrunde atmosphärisch verändert wird; daß Frauen in der Regel sich Frauen gegenüber in ihren Problemen eher öffnen als Männern, so daß durch die Seelsorge der Pfarrerin neue Möglichkeiten eröffnet werden. Doch werden auch Probleme sichtbar, die so bislang nur Pfarrerinnen haben. Es gibt Gemeinden, die nur Pfarrer im Pfarramt haben wollen. Es entstehen bei verheirateten Pfarrerinnen durch den Wunsch, eine Familie zu gründen, Kinder zu haben und auch dem Mann seine Berufstätigkeit zu ermöglichen, besondere Belastungen. Es existiert die unausgesprochene Zumutung an Frauen, daß sie in einem ehemals reinen Männerberuf besser sein sollen als die Männer, weil sie sonst in diesen Beruf unberechtigt *eindringen.* Es besteht auch die Gefahr, daß Kirchenleitungen angesichts steigender Bewerberzahlen um ein Pfarramt Männer den Frauen vorziehen, weil es mit diesen bislang nicht solche Familienprobleme gab.

Eine weitere veränderte Voraussetzung des Pfarrerberufs ist, daß die heutige Generation der Pfarrer und Pfarrerinnen in ihrem Weg zum Dienst in der Kirche, im Selbstverständnis des Berufs und in der praktischen Arbeit deutlich von früheren unterschieden ist.[48] Diese Unterschiede zeigen sich z.B. bei der Herkunft der Pfarrer. Viele von ihnen haben keine normale kirchliche Sozialisation wie Kindergottesdienst oder Jugendarbeit durchlaufen, bevor sie den Pfarrberuf wählen. Sie sind weniger klassisch gebildet als frühere Generationen, dafür politisch weltkundiger. Ferner gilt für die heutige Generation junger Theologen, daß die Grenze der inneren und äußeren Belastbarkeit schneller erreicht ist als früher – ein Phänomen, das sie mit anderen teilen.[49] Auch die Ziele, auf die hin junge Theologen studieren, sind differenzierter geworden. Sie möchten *wissenschaftlicher Theologe* werden, oder *Theologe in ökumenischer und missionarischer Verantwortung, Prediger des Evangeliums, Seelsorger, Sozialdiakon, Organisator der Gemeinde* usw. Hier hat die wissenschaftliche Theologie mit ihrer Arbeit an der Sache des Evangeliums neben ihrer Aufgabe der Fachausbildung auch eine wichtige Aufgabe als Korrektiv solcher disparaten Ziele, die vorschnell auf Praxis zielen.[50] Eine Hilfe für Fakultäten und Studenten der Theologie wäre allerdings, wenn die Kirchen deutlich machen würden, auf welches Ziel hin die Studierenden ausgebildet werden sollen.

---

[48] AKLicht, S. 71f.

[49] AKLicht, S. 72

[50] AKLicht, S. 72: „Die Gemeindebezogenheit der Theologie ergibt sich aus ihrer Sachbezogenheit."

Die neue Theologengeneration bringt eine Menge erneuernder Impulse in die Gemeinden mit, z. B. ihr Eintreten für Schwache und Randgruppen, ihren Einsatz für Gerechtigkeit und wirkliche Ökumene, ihren Willen, mit haupt- und ehrenamtlichen Mitarbeitern verantwortlich und gleichberechtigt zu arbeiten.

Zu den veränderten Voraussetzungen des Pfarramtes gehört auch die weltanschauliche Pluralität der Gesellschaft, die sich bis in die private Sphäre der Freunde und Familie auswirkt.

Die demokratische Gesellschaft erfordert politisches Mitwirken. Das kann insofern Probleme für die Pfarrer aufwerfen, als sie nicht genau zwischen dem politischen Auftrag der Gemeinde und ihrer eigenen Überzeugung unterscheiden können. Es ist eine Aufgabe für sie, ihre Rolle als Bürger und ihre Rolle als Pfarrer und Vertreter der Gemeinde klar zu bedenken.

All diese neuen Voraussetzungen machen es erforderlich, daß sich die Pfarrer sorgfältig über ihre Rolle klarwerden und sie als theologische Existenz deuten und annehmen. Ob das gelingt und ob sie glaubwürdige Vertreter einer theologischen Existenz sind, zeigt sich am Umgang mit der Macht im Pfarramt. Dieser Umgang mit der Macht ist gleichsam der Prüfstein für eine gelingende oder mißlingende Pfarrerexistenz. Die Macht im Pfarramt ist sowohl durch die Verfassung der Kirchen gegeben als auch durch den Informationsvorsprung, den das Amt mit sich bringt, sowie durch die Ausbildung. „Indem der Pfarrer Informationen rechtzeitig weitergibt, andere an Entscheidungen beteiligt, sich selbst an den Bekenntnissen und Ordnungen der Kirche kontrolliert und darüber hinaus bewußt Machtverzicht übt (Delegation), liefert er eine Probe aufs Exempel, wie ernst ihm Gemeindeerneuerung im Geiste Christi, im Geist vielfältiger Charismen und gleichberechtigter Partnerschaft ist (vgl. Phil 2,1ff.).“[51]

Die modernen Voraussetzungen der Pfarrerexistenz sind andere als vor 150 oder 60 Jahren, doch wie ein Blick in Lebensbeschreibungen aus dieser Zeit zeigt, war es auch damals nicht einfach, eine theologische Existenz zu leben. Man muß also davon ausgehen, daß dies zu allen Zeiten eine neue und schwierige Aufgabe ist, für die es aber auch in der Tradition des Glaubens eine unerschöpfliche Kraftquelle gibt, die mit Ps. 36,10 als Quelle des Lebens bezeichnet werden kann.[52] Wie diese Kraftquelle genutzt werden kann, das wird in weiteren Abschnitten im einzelnen beschrieben. Diese Beschreibungen, die ins Elementare des geistlichen Lebens reichen, wirken auf praktizierende Christen vielleicht befremdlich, aber man darf nicht vergessen, daß sich dieses Votum auch an Menschen richtet, denen die *kirchliche Sozialisation,* in der sie Gebet, Gottesdienst, Umgang mit der Bibel gelernt haben, fehlt – das können eben auch künftige Pfarrer sein. Für diese Gruppe

[51] AKLicht, S. 74
[52] AKLicht, S. 75

ist es notwendig, bis ins Detail Anregungen für geistliche Übungen zu geben. Es zeigt sich bei diesen Vorschlägen, auf die hier nicht vollständig eingegangen werden muß, daß die Autoren ganz reformatorisch einer Wort-Gottes-Theologie verbunden sind, die sie in einen ökumenischen Zusammenhang stellen. Das Wort Gottes hat Vorrang vor allem anderen. Auf dieses zu hören und sich unter dieses zu stellen, ist erste Aufgabe der Pfarrer und Christen, die somit letztlich Boten des Wortes sind. Diese Aufgabe ernsthaft und sorgfältig zu betreiben, ist ihre Pflicht.[53]

Mit dieser Grundlegung ist bereits das Wesentliche für die evangelische Erneuerung der Pfarrerschaft beschrieben. So kann in diesem Buch als eine Art Zusammenfassung aufgezeichnet werden: „Wir setzen solch eine Priorität, wenn wir sagen: Pfarrer sein bedeutet vor allem hören auf Gottes Wort und hingehen zu den Menschen (vgl. die Sentenz in Röm 10,10–17 mit Mt 28,18–20 und Joh 15,16)! Ersteres konkretisiert sich in der theologischen Arbeit des Studierens und ‚Meditierens', das zweite im Besuchen und Unterwegs sein, vor allem im Hausbesuch und im Reden. Dazwischen ist der Ort des Gebets."[54] Damit ist für die Autoren die theologische Existenz grundlegend beschrieben. Das Setzen von Prioritäten, das dieses Buch ebenso für das Geistliche Amt fordert wie das EKD-Diskussionspapier, geschieht durch geistliche Begründung, nicht durch Anhäufung von Kompetenzen. Es geht nicht um Allzuständigkeit im Amt oder Ausdehnung der Aufgaben, sondern um Selbstbeschränkung und geistliche Konzentration.

Die folgenden Darlegungen dienen der Ausführung dessen, was Studieren und Meditieren, Hausbesuch, Gebet und Reden unter der Priorität des Wortes Gottes sind und wie das ausgeführt werden kann. Es werden praktische Anleitungen angeboten, die in unserem Zusammenhang übersprungen werden können. Sie laufen darauf hinaus, all diese Weisen geistlicher Existenz einzuüben und eine spirituelle Existenz zu pflegen, die sich im Worte Gottes gründet.

Diese Darlegungen verschweigen nicht, daß es auch für die geistliche Existenz und die Ausführung des Pfarrerberufes verschiedene Talente geben kann, die man entsprechend einsetzen muß. Sie gehen nicht davon aus, daß Pfarrer Multitalente sind. Und auch dort, wo von Überlastung oder der Notwendigkeit, sorgfältig und fleißig zu arbeiten, gesprochen wird, wird den Pfarrern nicht ein sozialpsychologischer Defekt attestiert, sondern gibt man dem eigenen Anspruch gemäß Ermutigung. Für das Thema *Überlastung* wird der erwähnte Rat zur geistlichen Konzentration gegeben, für das Thema *sorgfältige Vorbereitung* der Rat zu fleißiger sachlicher Arbeit.[55] Von daher ist dann allerdings auch wieder kritisch anzumerken, daß nicht Fleiß und

---

[53] Dazu wird auch auf Karl Barth, S. 738, und auf die Lima-Texte zum Amt (Abschnitt 8 und 13) verwiesen.

[54] AKLicht, S. 77

[55] AKLicht, S. 76

Sorgfalt das erste Problem der Erneuerung von Pfarrerschaft und Gemeinde sind, sondern die Einsicht in die Begrenztheit der Arbeitskapazitäten. Auf diesem Gebiet mangelt es oft an Einsicht bei Pfarrern und Gemeinden.[56]

So bleibt am Ende dieser Ratschläge festzuhalten, was nun wieder nicht nur Pfarrern, sondern allen Christen gilt: „Aber auch in allen Bereichen, die mit weniger Worten auskommen, geht es darum, daß jemand etwas zu sagen hat. Der Christ ist und bleibt Zeuge, Zeuge des Reiches, das nicht von, wenngleich in dieser Welt und für sie ist. Um dieses Auftrags willen bedarf er der Kunst theologischen Unterscheidens und Redens.“[57]

4.3.3 Anmerkungen zu „Sein Licht leuchten lassen“

Das Pfarrerbild, das sich nach diesem Buch ergibt, muß nach der ausführlichen Darstellung nicht mehr eigens aufgezeichnet werden, es ist mit dem Stichwort *Theologische Existenz* und den Ausführungen dazu hinreichend dargestellt. Hervorgehoben werden soll nur noch einmal, daß das Pfarramt im Kontext des allgemeinen Priestertums gesehen wird, das sich ebenfalls geistlich erneuern kann und soll. Das Pfarramt ist gleichsam der Spezialfall des allgemeinen Priestertums, wobei die Begründung des besonderen Amtes mit dem Verweis auf Bibel, CA und Pfarrerdienst- bzw. Ordinationsordnung doch einige Unklarheiten hinterläßt: Ist das Pfarramt nur ein Spezialfall des allgemeinen Priestertums oder doch ein Amt diesem gegenüber?

Hervorgehoben werden soll auch noch einmal, daß das Buch mit Kritik am Pfarrerdasein nicht spart, diese aber dem eigenen Anspruch gemäß als Ermutigung gibt und neben zu rügendem Verhalten auch lobenswerte Anstrengungen kennt. Es wird die Überfülle der Arbeit im Pfarramt anerkannt, wie das ehrliche Bemühen vieler Pfarrer, ihren Einsatz sinnvoll zu ordnen, wobei in diesem Bereich Mängel oder Unvermögen festgestellt werden. Doch wird dieses Unvermögen nicht auf irgendwelche Persönlichkeitsdefekte der Pfarrer zurückgeführt, sondern auf mangelnde kirchliche Sozialisation, mangelnde Ausbildung und mangelndes Training.

Dieser Umgang mit Kritik hat seinen Grund in der Absicht des Buches: Im Unterschied zum EKD-Papier zum Pfarrerberuf ist dieses Buch nicht für die Neukonzeption des Pfarrerberufsbildes und die entsprechende Aus- und Fortbildung auf Referentenebene geschrieben und auch nicht nur ein *Diskussionspapier,* sondern für die geistliche Erneuerung von Pfarrerschaft und Gemeinde. Diese wird nicht als Erneuerung durch besondere Einwirkung des Heiligen Geistes oder durch ein besonderes Gemeindeaufbauprogramm erwartet – gleichsam von außen – sondern durch eine Erneuerung von in-

[56] AKLicht, S. 76
[57] AKLicht, S. 95

nen, durch persönliche Erneuerung des geistlichen Lebens aller Mitarbeiter der Kirche durch den Geist Gottes.

Hervorzuheben ist abschließend auch, daß dieses Votum der Arnoldshainer Konferenz in seinen Überlegungen davon ausgeht, daß die Pfarrerrolle eine generelle Rolle ist, auch wenn die Darlegungen des Votums nicht von rollentheoretischer Begrifflichkeit ausgehen, sondern dem eigenen Anliegen entsprechend und damit sachgemäß von theologischer Begrifflichkeit. Aus rollentheoretischer Sicht kann man hinzufügen, daß es diesem Votum vor allem um das Berufsethos, die Internalisierungen bestimmter Haltungen und Einsichten, um die *Berufung* geht.

4.4 Zur Kritik der Reformpapiere kirchenleitender Organe

Die Kritik an den Pfarrern, die sich gern in den Mittelpunkt drängen, die 1989 mit dem Stichwort *Funktionshäufung des Pfarramtes* umschrieben wurde,[58] findet sich bereits in einem Thesenpapier von 1967 – auf das im nächsten Kapitel noch einzugehen ist – mit der Mahnung, sich zurückzunehmen.[59]

Das deutet darauf hin, daß die Probleme dieses Berufes im Wandel der Zeit entweder noch nicht genügend reflektiert wurden oder in Strukturen eingebettet sind, die eine Veränderung erschweren. Der Autor dieses Buches neigt zu letzterer Ansicht. Ein Indiz dafür ist die unklare Begrifflichkeit, die in kirchlichen Reformpapieren auftreten kann. Nach dem Sprachgebrauch dieser Reformpapiere kann nicht sicher gesagt werden, was das *Amt der Kirche* oder das *Pfarramt* ist und wie es sich in seinen Aufgaben von den Bekenntnisschriften der Reformation her konstituieren läßt. Dies ist im EKD-Diskussionspapier der Fall. Hingegen ist das Votum der Arnoldshainer Konferenz in dieser Hinsicht ein Beispiel dafür, wie man durch klare Begrifflichkeit zu klaren Aussagen kommen kann. Das Votum knüpft an Gedanken vom allgemeinen Priestertum an. Danach ist das Predigtamt als Funktion des allgemeinen Priestertums zu verstehen. Wer das Predigtamt in Stellvertretung für die allgemeinen Priester übernehmen will, muß dafür besondere durch Ausbildung nachgewiesene theologische Kompetenz und durch seine Persönlichkeit auch theologische Existenz[60] mitbringen. Zu den weiteren Voraussetzungen gehört auch die kommunikative Kompetenz. Damit wird das *Predigtamt* zur Hauptaufgabe des Pfarrerberufes. Es entfaltet sich primär in Verkündigung, Sakramentsverwaltung und Seelsorge. Man kann ihm sekundär auch Lehraufgaben oder Unterweisungsaufgaben zuordnen. Alle darüber hinausgehenden Aufgaben, die eine Gemeinde zu er-

---

[58] EKDBeruf, S.12

[59] VELKDThesen, These 18, S. 295

[60] Übereinstimmung von theologischem Reden und praktischem Handeln in der Person des Pfarrers und Orientierung von Reden und Handeln am Wort Gottes.

füllen hat, wie z.B. Werbung für die Gemeindeveranstaltungen, missionarische oder diakonische Aufgaben, Verwaltung von Vermögen sind in erster Linie Gemeinde- und nicht Pfarreraufgaben. Diese Vorstellung würde in der Konsequenz bedeuten, daß diese Aufgaben vom Pfarrerberuf getrennt werden könnten. Die beklagte *Funktionshäufung* ließe sich dann abbauen. Dies ist bislang aber nicht geschehen und liegt nach Auskunft des EKD-Diskussionspapieres zur Zeit auch nicht in der Reformabsicht von Kirchenleitungen.

Ein weiterer Grund für die bislang praktisch nicht vorangekommene Reform des Pfarrerberufes liegt darin, daß zwar zunehmend erahnt und gesehen wird, daß es sich bei der Pfarrerrolle um eine totale und generelle Rolle handelt, daß dies aber nicht in seiner Bedeutung und seinen Weiterungen ausreichend erfaßt wird.

Mit dem *Superpfarrer* des EKD-Diskussionspapieres läßt sich die globale Rolle oder die Monopolstellung des Pfarrers in der Gemeinde nicht abbauen. Desgleichen ist die Aufforderung, die Pfarrer sollten sich zurücknehmen und die Arbeit der Christen, die kein Hauptamt bekleiden, als gleichberechtigt anerkennen, ein bloßer Appell, der an der globalen Pfarrerrolle nichts ändert. Wenn die sogenannten Laienämter nicht mit gleicher Macht und Kompetenz wie das Predigtamt ausgestattet werden können, werden sie immer nur spezielle Rollen bleiben, was sich auch kirchensoziologisch belegen läßt.[61]

Eine weitere Ursache für den niedrigen Wirkungsgrad von Reformpapieren liegt wohl auch darin, daß der Rollenwandel zwar deutlich wahrgenommen wird, der die Pfarrerrolle erfaßt hat, daß man aber noch keine wirksame Vorstellung gefunden hat, wie auf diese Situation zu reagieren ist. Es fehlt an einem zeitgemäßen Rollenbild. An dieser Stelle nun erkennt man auch einen Circulus vitiosus[62]: Dadurch, daß man keine klare Definition des Pfarrerberufes aus der reformatorischen Tradition hergeleitet hat, sondern mit diesem Beruf in additiver Weise Pflichten und Verantwortlichkeiten, die sich geschichtlich angehäuft haben, weiter verbindet und neue Aufgaben ebenfalls additiv den Pfarreraufgaben hinzufügt, kommt man auch zu keinem zeitgemäßen Rollenbild. Es läßt sich dann nur noch an die Einsicht der Pfarrer appellieren, an diesem Zustand doch selbst etwas zu ändern, oder es läßt sich das Problem elegant verschleiern, indem man von der Vielfalt des pastoralen Berufsbildes spricht.

Im Gegensatz zur Begründung und inhaltlichen Zweckbestimmung der Pfarrerrolle herrscht über deren Rollenmaske und -merkmale sowie über die Notwendigkeit, sich diese durch eine berufliche Sozialisation anzueignen

---

[61] Dazu siehe z.B. den Bekanntheitsgrad von Pfarrern/Pfarrerinnen gegenüber anderen kirchlichen Mitarbeitern, vgl. Hanselmann 1984, S. 199 und 204

[62] Unauflöslicher Teufelskreis

und zur eigenen Identität mit dem Beruf zu kommen, eine große Übereinstimmung in den verschiedenen Reformpapieren. Das zeigt, daß es offensichtlich einige Grundvoraussetzungen für den Beruf gibt, die historisch-situativ akzentuiert sein können, die aber doch durch die Geschichte als unverlierbarer Bestand zur Berufsrolle gehören. Sie werden am kürzesten mit theologischer Kompetenz umschrieben. Diese läßt sich aber auch so entfalten, wie es das EKD-Diskussionspapier versucht: theologische Kompetenz, missionarische Kompetenz, kybernetische Kompetenz. Von der missionarischen Kompetenz ist allerdings festzustellen, daß sie kein Spezifikum eines Theologen ist, sondern zum allgemeinen Priestertum aller Gläubigen als Grundkompetenz gehört. Ähnliches gilt von der kybernetischen Kompetenz. Es dürfte z.B. schwierig sein, mit Mitarbeitern zusammenzuwirken, denen diese Kompetenz fehlt. So ist das Spezifikum des Theologen in der Tat seine theologische Kompetenz.

Auch in einem weiteren Punkt herrscht in allen Dokumenten Übereinstimmung: Es wird die Überzeugung vertreten, daß der Pfarrerberuf nur dann wirksam ausgeübt werden kann, wenn die Person hinter der vertretenen Sache steht, wenn also Beruf und Berufung übereinstimmen und in der Person der Pfarrer in eins fallen. Andernfalls leidet mit der Glaubwürdigkeit der Person auch die Glaubwürdigkeit des Evangeliums. Das Evangelium wird in unserer Zeit vorwiegend personal vermittelt. Es ist die Frage, ob das jemals anders war oder sein kann. Es läßt sich etwa an dem Artikel aus der Realenzyklopädie des letzten Jahrhunderts zum Begriff *Geistlicher* zeigen, daß auch damals vom *Geistlichen* erwartet wurde, daß sein Verhalten beispielhaft für die Gemeinde ist, daß sie an ihm gleichsam symbolhaft ablesen kann, daß ihr Glaube Gestalt annimmt und Sinn hat. „So legt sie [die Gemeinde, Anm. d. Verf.], weil das gottesdienstliche Leben nicht ein räumliches und zeitliches nur, sondern ein sich unter allem Wechsel der Individuen stets erhaltendes persönliches Leben ist, dasselbe auch und vornehmlich in Personen nieder, die als gottesdienstliche Personen unter den übrigen Genossen der Kirche ganz so stehen, wie der Sonntag unter den Werktagen, wie das Gotteshaus unter den Wohnungen der Menschen; nicht um von den übrigen als eine geweihte Kaste sich abzusondern, sondern um, was Alle ideell in sich tragen, in sich zu sammeln und in dieser Concentrirtheit Allen zur Anschauung zu bringen. Darum sind es nicht nur die priesterlichen Rechte, die der Gemeinde vom Herrn anvertraut und die Pflichten, die ihr übertragen sind, im engeren, kirchlichen Sinne, welche der Geistliche Amtshalber zu vollziehen hat; sondern auch die sittlichen Forderungen, die Alle angehen, werden an ihn, als Repräsentanten alles geistlichen Lebens in der Gemeinde, in höherer Potenz gemacht; die innere Abkehr von der Welt, die Freiheit vom Dienste des vergänglichen Wesens; den Ernst wie den Frieden christlichen Lebens, was Alles die Gemeinde als ihr eigenes Merkmal im Gegensatze zur gottentfremdeten Welt anerkennt, will sie im Geistlichen personificirt anschauen, und zwar nicht bloß in einzelnen Handlungen, so daß er zwar das Amt hätte, aber neben demselben in Mußestunden seyn und treiben könnte, was er wollte, sondern eben in der Person und darum im Stande des Geistlichen, in seiner ein geschlossenes Ganze bildenden socialen Stellung, soll und muß jener repräsentative Karakter sich ausprägen."[63]

Allerdings ist aus dieser Feststellung nicht abzuleiten, daß Glaubensvermittlung nur auf dem Weg personaler Vermittlung erfolgen kann. Es gibt daneben auch eine Glaubensentwicklung allein durch die gehörte Verkündigung, etwa aus dem Rundfunk, oder allein durch Lektüre von religiösen Themen, was sich später auch bei der Auswertung der narrativen Interviews zeigen wird. Mit der Betonung der Glaubwürdigkeit des Rollenträgers wird seine theologische Existenz angesprochen. In der Sicht der Rollentheorie ist dieses Phänomen, daß der Rollenträger permanent in seinem Verhalten an den Werten gemessen wird, die er vertritt, damit verbunden, daß die Pfarrerberufsrolle eben zu den globalen und totalen Rollen zählt. Es ist oben schon vermerkt worden, daß in zunehmendem und nachweisbarem Maße diese Tatsache auch in den Reformpapieren erkannt wird, daß es aber noch an der Erkenntnis fehlt, daß dies auch Folgen hat, unter anderem eben diese, daß die Übereinstimmung des Rollenträgers mit seiner Rolle gefordert wird, oder noch einmal anders wiederholt, daß seine persönliche und berufliche Identität übereinstimmen müssen.

Die sich anschließende Frage ist, ob die Reformdiskussion in den kirchlichen Erneuerungsbewegungen am Rande oder jenseits institutioneller Reformgremien andere und neue Aspekte zur Berufsrollenreform beiträgt. Dieser Frage ist das nächste Kapitel gewidmet.

5. Aus der Reformdiskussion kirchlicher Erneuerungsbewegungen

5.1 Zum Begriff Erneuerung

Forderungen zur Veränderung des Pfarrerberufes werden immer wieder neu in der kirchlichen Erneuerungsbewegung erhoben. Statt von *Erneuerungsbewegung* zu sprechen, könnte man das hier Gemeinte auch unter dem Stichwort *Kirchenreform* vorstellen. Jedoch ist das Stichwort *Kirchenreform*[1] bereits anders besetzt. Es ist das Programmwort einer Reformbewegung des deutschen Protestantismus in den Jahren von etwa 1960–1975. Nach dieser Zeit gliedern sich Themen aus der Kirchenreformbewegung aus und verselbständigen sich, z.B. Themen wie Gerechtigkeit, Frieden, Be-

---

[63] Palmer 1855, S. 752

[1] Vgl. TRE 19, Kirchenreform, S. 52– 58

wahrung der Schöpfung, die sich im konziliaren Prozeß neu bündeln. Auf einer Akademietagung in Bad Boll wurde deshalb schon 1974 für die Kirchenreform-Bewegung das Ende festgestellt. Das Stichwort *Kirchenreform* wird abgelöst von dem neuen Programmwort *Gemeindeaufbau.*[2] Beide Begriffe sind natürlich älter und können mehr umfassen, als ihre moderne Funktion als Programmwort verrät.[3] Deshalb ist in diesem Abschnitt als übergreifender Begriff für diese und andere Reformversuche in der Kirche das Wort *Erneuerungsbewegungen* gewählt worden.

Seit 1945 gab es eine ganze Reihe solcher Erneuerungsbewegungen in der Kirche. Man kann sie verschieden gliedern.[4] Nach thematischen Schwerpunkten geordnet, ergeben sich drei Hauptlinien der Erneuerung, die im folgenden überblicksmäßig vorgestellt werden.

5.2 Geschichtlicher Überblick

5.2.1 Der volksmissionarische Impuls innerhalb der EKD

Der volksmissionarische Impuls lebt seit 1945 etwa alle zehn bis fünfzehn Jahre neu auf und hat sich bis heute gehalten. Er will eine Erneuerung der verfaßten, institutionellen Kirchen, so daß sie als Institute der Glaubensvermittlung gegenwartsbezogen, glaubwürdig und erfolgreich das Evangelium aller Welt verkünden. Dieser Impuls wirkt in zwei Richtungen: Die Erneuerung der Kirche wird zum einen durch eine Erneuerung des persönlichen Glaubenslebens erwartet, zum anderen durch eine Veränderung kirchlicher Strukturen. Diese verschieden gerichtete Erneuerungsbewegung ist uns schon in den Reformpapieren auf Kirchenleitungsebene begegnet. Dort war das theologische Votum der Arnoldshainer Konferenz „Sein Licht leuchten lassen – Zur Erneuerung von Gemeinde und Pfarrerschaft" der persönlichen Erneuerung gewidmet. Es knüpft im Titel an einen ähnlichen Versuch von 1945 an. Diesen Versuch unternahm Julius Schniewind mit seinem Buch „Die Geistliche Erneuerung des Pfarrerstandes".[5] Mit dieser Anknüpfung bestätigt das Votum, daß der volksmissionarische Impuls immer wieder neu auflebt.

Das Diskussionspapier der EKD „Der Beruf des Pfarrers/der Pfarrerin heute" steht stärker in der Tradition struktureller Erneuerungsbemühungen. Dieses Diskussionspapier knüpft an Strukturreform-Impulse aus dem Bereich der VELKD an. Im Bereich der VELKD gab es den ersten stärkeren Struktur-Reformimpuls nach 1945 vor allem durch den Gedanken der Haushalterschaft (Stewardship). Er stammte aus dem skandinavischen und nord-

[2] Vgl. Schwarz/Schwarz 1984
[3] Vgl. z.B. Möller 1987, S. 159ff.
[4] Übersichten bei Möller 1987; Bäumler/Mette 1987; Bäumler 1974; Schulze 1969; Herbst 1988; Lindner 1986; Gestrich 1986
[5] Schniewind 1947

amerikanischen Raum und fand seit seiner Diskussion auf der zweiten Vollversammlung des Lutherischen Weltbundes Eingang in die Erneuerungsbewegung der deutschen Kirchen. Er führte schließlich zu einem ersten volksmissionarischen Programm, das die VELKD 1958 mit den sog. „Spandauer Thesen" beschloß.

Etwa ein Jahrzehnt später, 1967, werden innerhalb der VELKD erneut Thesen zur Kirchenreform diskutiert. Diese befassen sich vor allem mit Strukturfragen der Kirche, auch mit Strukturfragen des Pfarramtes. Deshalb sind sie in diesem Teil des Buches in die Betrachtung einzubeziehen.

Wiederum etwa ein Jahrzehnt später werden erneut volksmissionarische Impulse in die Diskussion um die Kirchenreform eingebracht. In der Linie der persönlichen Erneuerung und unter dem Einfluß evangelistischer Anstöße aus der Ökumene steht Theo Sorg's Buch von 1977 „Wie wird die Kirche neu?". In ihm werden die Möglichkeiten zur Erneuerung weniger in der Erneuerung von kirchlichen Strukturen gesehen als vor allem im Ruf zur Umkehr. Dieser Ruf soll die Hinwendung des Menschen zum Evangelium zum Ziel haben, damit er sich durch die Aufnahme desselben in sein Leben entsprechend verwandeln kann. Aufgrund der persönlichen Erneuerung kann auf dem Weg über die Verkündigung des Evangeliums schrittweise auch die Erneuerung der Gemeinden und Kirchenleitungen erfolgen. Träger dieses Prozesses sind alle Christen, die gemäß lutherischer Tradition im Priestertum aller Gläubigen stehen, Motor des Prozesses aber ist der Pfarrerstand. Er selbst muß sich erneuern. Damit er Zeit hat, seiner Verkündigungsaufgabe in Predigt, Seelsorge und vorbereitendem Gebet nachzukommen, ist auch über Gemeindegrößen und neue Gemeindeformen, z.B. die Bildung von Hausgemeinden, nachzudenken.[6]

Einen anderen Weg beschreiten die Vertreter von Reformprogrammen, die neue Formen der Verkündigung suchen. Stichworte für diese Richtung sind *Kasualgemeinde* und *Zweites Gottesdienstprogramm.* Die Vertreter dieser Richtung gehen von kirchensoziologischen Erkenntnissen aus, nach denen sich die Kirchenmitgliedschaft differenziert hat. Neben der sog. Sonntags- oder Kerngemeinde gibt es auch andere Formen der Beteiligung am kirchlichen Leben und am Christsein. Das wird besonders in der Inanspruchnahme von Taufen, Trauungen und Beerdigungen, der Konfirmation, des Besuches von Weihnachtsgottesdiensten sichtbar. Aufgrund dieser soziologischen Erkenntnisse entsteht neues Nachdenken über die Chancen dieser sog. *Kasualien.* Parallel dazu entwickeln sich neue Formen von Gottesdiensten, die sich auf besondere Zielgruppen richten. Neben Jugendgottesdiensten, Gottesdiensten in freier Form und liturgischen Nächten entwickelt sich vor allem der Familiengottesdienst zu einer inzwischen fest eingeführten

[6] Vgl. Sorg 1977

Form in fast allen kirchlichen Gemeinden.[7] Wenn die Arbeit in diesen differenzierten Bereichen christlichen Lebens qualifiziert ausgeführt werden soll, bedeutet das, daß die Pfarrer und andere kirchliche Mitarbeiter besser und differenzierter für diese Arbeit aus- und fortgebildet werden müssen. Die Entstehung von Gemeindeakademien und einer neuen Seelsorgebewegung sind Folgen dieser Entwicklung. Gleichzeitig damit werden auch Vorstellungen zur Differenzierung des Pfarramtes entwickelt. Das Team- oder Gruppenpfarramt wird zu einer Leitidee. Darunter ist zu verstehen, daß ähnlich einer Gemeinschaftspraxis von Ärzten entweder verschieden qualifizierte Pfarrer oder Pfarrer mit Vertretern anderer Berufe zusammenwirken.

In den weiteren Jahren entstehen Entwürfe, die diese sowohl situations- und gruppenbezogenen als auch gemeindebeteiligenden Neuansätze aufnehmen. Innerhalb der VELKD wurde daraus die *missionarische Doppelstrategie* entwickelt.[8] In dieser *Strategie* geht es nicht um ein neues Kirchenverständnis oder grundlegende Reformen, sondern um neue Methoden und Formen des kirchlichen Handelns und Zusammenlebens. Sie ist ein Versuch, auf die Herausforderungen der Zeit angemessen zu antworten. In Fortführung früherer Ansätze will sie die Reform der Kirche sowohl durch die individuelle als auch durch die strukturelle Erneuerung erreichen. *Verdichtende* und *öffnende* Arbeitsformen sollen einander abwechseln oder ergänzen, um der Erosion des Glaubens in unserem Volk entgegenzuwirken. Träger dieser neuen volksmissionarischen Bewegung sind alle Christen. Sowohl die nicht beamteten Christen in der Gemeinde als auch die Christen im Pfarrdienst sollen gleichberechtigt diese Doppelstrategie umsetzen. Damit diese Strategie im Gemeindealltag durchgeführt werden kann, wurde eine Fülle von ganz praktischen Vorschlägen und Erfahrungen auf Gemeindeebene zusammengetragen.[9] Diese Fülle von Anregungen ist bis heute nicht ausgeschöpft. Die vielleicht bekanntesten Konzepte zur Gemeindeentwicklung aus dieser Sammlung sind: *Neu anfangen* (eine Telefonrufaktion mit der Einladung, über den Glauben neu nachzudenken) und *Wort und Antwort* (ein Intensiv-Bibelstudienkurs, der Erfahrungen seiner Teilnehmer mit Erfahrungen der biblischen Schriftsteller so verknüpfen will, daß daraus ein Dialog über den Glauben werden kann).

Innerhalb der EKD entstand in dieser Zeit im Gefolge erneuter kirchensoziologischer Forschung[10] ein Nachdenken über differenzierte Gestaltungsformen des Glaubens. Sie werden in der Studie „Christsein gestalten – Eine Studie zum Weg der Kirche“ 1986 vorgelegt.[11] In dieser Studie wird die

---

[7] Vgl. z.B. Kugler/Lindner 1973; Kugler/Lindner 1977

[8] Vgl. VELKD 1983

[9] Vgl. z.B. Lorenz/Reller 1985; Reller/Grohmann 1985

[10] Einzelheiten und Literaturhinweise siehe im Kapitel über Kirchensoziologie in diesem Teil des Buches.

[11] Kirchenamt der EKD 1986

Pluralität der Gesellschaft akzeptiert und als Antwort auf diese Situation der Gedanke der konziliaren Gemeinschaft entwickelt – ein Gedanke, der in der Linie struktureller Erneuerung steht. Nach dieser Studie läßt sich in der Gegenwart nur in Konziliarität differenziertes und plurales Leben sowohl innerhalb der christlichen Gemeinde als auch innerhalb ihrer Dienste und Aufgaben gestalten. Dieses Konzept geht ebenfalls von einer gleichberechtigten Zusammenarbeit von Christen in der Gemeinde und Christen im Pfarrdienst aus. Was darin über die Pfarrer zu sagen ist, soll ebenfalls in diesem Teil des Buches Aufnahme finden.

5.2.2 Der missionarische Impuls aus dem Umfeld des Ökumenischen Rates der Kirchen

Der Begriff *Mission* wird in diesem Kontext nicht als Bezeichnung eines Arbeitsfeldes christlicher Kirchen verstanden, sondern als Schlüsselbegriff geistlicher und struktureller Arbeit der Kirchen überhaupt.[12] Es geht in ihm um die Sendung der Kirche in die Welt. Und es wird darüber nachgedacht, was diese Sendung bedeutet. Das schließt nicht aus, daß ehemalige Mitarbeiter auf Missionsfeldern Vorkämpfer dieser Arbeit werden, die sich in der ökumenischen Studienarbeit konkretisiert. Das gilt z. B. für Johannes Christiaan Hoekendijk. Er, der in der traditionellen Missionsarbeit aufgewachsen ist, wird einer der Vordenker der ökumenischen Studienarbeit. In seinem eigenen Beitrag über die Zukunft der Kirche[13] entwickelt er die Vorstellung, daß es in Zukunft keine traditionellen Kirchen mehr geben wird. Sie passen nicht in eine mobile, pluralistische Gesellschaft. Da die Kirchen nur Instrumente der Verkündigung sind, ist diese Entwicklung kein Problem des Christentums, sondern allenfalls ein Problem der Institution Kirche. Die Aufgabe der Verkündigung ist von diesem Gestaltwandel der christlichen Kirchen nicht betroffen. Sie bleibt für jeden Christen bestehen und ist in seine ureigenste Verantwortung (zurück)gegeben. Das zentrale Thema der Verkündigung aber ist der *Schalom Gottes,* den Israel vom Messias erwartete und der im Messias Christus gekommen ist. Mit dem Stichwort *Schalom* ist nicht nur einfach *Frieden* gemeint, sondern ein umfassendes Programm. Dieser Schalom vollzieht sich innerweltlich und konkret als Frieden, Gemeinschaft und Gerechtigkeit für alle. Dieser Schalom wird verkündigt, in Gemeinschaft gelebt und praktisch geübt. Die dafür bereitgestellten Programmworte sind Kerygma (Verkündigung); Koinonia (Gemeinschaft) und Diakonia (Dienst).[14] Christliche *Dienstgruppen* sollen sich bilden, um diesen Auftrag zu erfüllen. Den Mitgliedern dieser Gruppen obliegt es, den Schalom in

[12] Schon der Titel eines Bandes des Ökumenischen Rates der Kirchen macht dies deutlich: vgl. Margull (1965), Mission als Strukturprinzip
[13] Hoekendijk 1964
[14] Vgl. bes. Hoekendijk 1964, S. 96ff.

Kerygma, Koinonia und Diakonia aufzurichten. Diesen ihren Auftrag nennt Hoekendijk *Laienapostolat.* Pfarrer gibt es in dieser Konstruktion einer neuzeitlichen, christlichen Gemeinde auch noch. Sie üben innerhalb des Laienapostolates nicht mehr leitende, sondern dienende, begleitende und ausbildende Funktionen aus. Sie sind deshalb in der Regel nicht im unmittelbaren Verkündigungsdienst tätig.

Wie Hoekendijk denken auch viele andere aus der ökumenischen Studienarbeit über Sinn und Zweck kirchlicher Arbeit und ihre Strukturen nach. Dies wird im Schlußbericht einiger Studiengruppen von 1967 deutlich, der unter dem Titel „Die Kirche für andere" und „Die Kirche für die Welt" veröffentlicht wurde.[15] Danach ist die Kirche ihrem Wesen nach nicht Institution, sondern Mission. Sie hat Teil an der *Missio Dei,* der Sendung Christi in die Welt, damit die Welt erkenne, daß sie durch ihn eine neue Schöpfung geworden ist. „In Jesus Christus, gestorben und auferstanden, hat Gott die Welt mit sich selbst versöhnt (2. Kor 5,19). Die Erhöhung des gekreuzigten Christus ist der Anfang einer neuen Zeit, in der bezeugt werden muß, daß der lebendige Gott seine Verheißung für die ganze Schöpfung erfüllt hat."[16] Die Kirche hat diese neue Zeit zu verkündigen. Inhalt der Verkündigung ist der Schalom in dem Sinn, wie ihn schon Hoekendijk beschrieben hat. Kirche und Gemeinde sind damit Kirche für andere bzw. Gemeinde für andere. Vom Gedanken der Mitmenschlichkeit aus betrachtet, in der Linie des Gleichnisses vom Barmherzigen Samariter, sind die anderen also die, die in irgendeiner Weise Solidarität und Einsatz brauchen. Bei ihnen *präsent* zu sein, ist Auftrag der Kirche heute. Sie erfüllt diesen Auftrag, wo sie sich am Vorbild ihres Herrn orientiert, ihre Macht und ihre Herrschaft – auch ihren Besitz und Einfluß – aufgibt, sich selbst nach einem Pauluswort aus dem Philipperbrief *entäußert*[17]. Diese *Selbstentäußerung* mit dem Risiko des Verlustes und Endes der Institution Kirche ist in Wirklichkeit keine Selbstaufgabe, sondern ein Identitätsgewinn, weil sie in diesem Prozeß dem Leiden und Leben Christi nachgebildet und so erst zum Signal und Zeichen in der Welt wird. Die Christen und Gemeinden, die diesen Weg gehen, finden eben deshalb ihre Themen in *der Tagesordnung der Welt,* das heißt an den Brennpunkten, an denen die mit Christus gekommene Humanität durch Menschen oder Strukturen verdunkelt wird. Damit die Gemeinde für die Aufgaben, vor die sie die Tagesordnung der Welt stellt, bereit sein kann, muß sie sich selbstkritisch überprüfen, ob sie so organisiert ist, daß sie das kann. Wo sie feststellt, daß sie unter Strukturen lebt, die das verhindern, muß sie diese Struk-

---

[15] Vgl. ÖRK 1967

[16] Ratzmann 1980, S. 73 (Diese Arbeit über die verschiedenen Etappen der Studienarbeit des Ökumenischen Rates enthält neben einem guten Überblick und einer detaillierten Darstellung die meisten Zitate aus den Originaldokumenten. Deshalb dient Ratzmann in diesem Buch als Quellenbeleg.)

[17] Phil 2,5ff.

turen ändern. Wenn diese Strukturen den Auftrag verhindern oder behindern, sind das *häretische Strukturen*[18]. Die häretischen Strukturen beginnen schon dort, wo man sich Gemeinden nur als verbindliche Ortsgemeinden denken kann, als sogenannte Parochien. Die Menschen leben und leiden heute in ganz verschiedenen Situationen, ihr Leben ist nicht auf einen Ort reduziert, sondern eher eingebunden in die Raumschaft[19], ein Gebiet, das Wohnen und Arbeiten umfaßt. Wenn man angesichts dieser Situation an alten Kirchenhierarchien festhalten will, ist man einem Irrglauben verfallen, der mit dem Begriff *morphologischer Fundamentalismus*[20] beschrieben wird. Es entspricht der Inkarnation Gottes, sich als Gemeinde sprachlich und strukturell in die Probleme der Zeit zu begeben. Deshalb besitzt die Gemeinde Christi nicht mehr eine *Komm-Struktur,* wonach sie Menschen erst sammelt und dann sendet, sondern von vornherein eine *Geh-Struktur,* wonach sie zu den Menschen zu gehen hat. Eine *Sammlung* kann es nur geben, um sich für den Auftrag in der Welt zu vergewissern. Sinn der Sammlung ist, sich für seinen Dienst zu erneuern. Für diese Aufgabe sind *kleine Gemeinden* erforderlich, Gemeinden der *zwei oder drei,* die in Christi Namen versammelt sind und die sich demnach an ganz verschiedenen Brennpunkten des Lebens bilden können: in der Nachbarschaft ebenso wie in einer Betriebsabteilung oder Behörde. Der zur Mission Berufene ist der sog. *Laie:* „Es ist in der Tat der Laie, der berufen ist, der Missionar unserer Zeit zu sein."[21] Jeder Christ ist durch die Taufe zum missionarischen Dienst bestimmt, die Taufe ist „Ordination zum apostolischen, charismatischen und opfernden Dienst der Kirche".[22] Das allgemeine Priestertum aller Gläubigen bildet somit die Grundlage aller kirchlichen Ämter. Dabei ist festzuhalten, daß das eine und einzige Amt der Gemeinde die Teilhabe an der Missio Dei ist. Dazu hat sie zahlreiche Charismen erhalten, die sie je nach Aufgabe verschieden aktivieren kann. Es ist der Gemeinde möglich, einige dieser Funktionen institutionell auszugestalten. So ist das überlieferte Pfarramt in dieser Sicht nur *eine* geschichtliche Ausprägung des einen Amtes. Es steht zur Disposition, wenn sich die missionarische Situation gewandelt hat. Der Pfarrer ist nach dem Programm dieser ökumenischen Studienarbeit nicht der Leiter über den Laien, sondern er ist gleichberechtigter *theologischer Laie,* wie man ihn nennen könnte. Seine Aufgabe ist es, sein Wissen als sein Charisma in den Befähigungsprozeß des Volkes Gottes zur Mission einzubringen.[23] Dieser Pro-

[18] Ratzmann 1980, S. 199; *häretisch* meint: Irrlehre wider Gottes Wort und Willen.

[19] Ratzmann 1980, S. 200

[20] Ratzmann 1980, S. 212. Mit dem Begriff *morphologischer Fundamentalismus* ist ein Verhalten beschrieben, das um jeden Preis an einer bestimmten Gestalt der Kirche festhalten will, unabhängig von der Frage, ob das der Verkündigung des Evangeliums angemessen oder hinderlich ist.

[21] Ratzmann 1980, S. 222

[22] Ratzmann 1980, S. 225

[23] Ratzmann 1980, S. 226

zeß gestaltet sich dialogisch: Der *Laie* bringt als Fachmann seiner Situation diese ins Gespräch, der *Theologe* bringt sein Wissen zur Situation ein. Im Dialog befähigen sie sich gegenseitig, an der Missio Dei in ihrem eigenen Alltag mitzuwirken. Obwohl die Bildung und Institutionalisierung von Funktionen der Mission zu kirchlichen Ämtern fragwürdig bleiben muß, ist sie andererseits notwendig, damit Kirche in der Raumschaft auffindbar bleibt: „Die Gemeinde muß auffindbar sein, und die kirchlichen Ämter haben auch dieser Aufgabe zu dienen. Eine Organisation mittlerer Größenordnung ist also nach wie vor sinnvoll.“[24] Die dialogische Struktur in der Befähigung zum Dienst bringt es auch mit sich, daß die monologische Struktur des Gottesdienstes fragwürdig wird. So ist es eine der Aufgaben aller Dienstgruppen, die Gottesdienstformen zu ändern. Die gottesdienstlichen Veranstaltungen sollen die Tagesordnung der Welt aufnehmen und zugleich zu Festen der Ermutigung werden. Insofern sind Gottesdienste nicht Sammlung vor der Sendung, sondern Teil der Sendung, als solche aber sind sie nach wie vor trotz aller Pluralität ihrer Formen unverzichtbar: „Der gemeindliche Gottesdienst ... schützt unser Handeln in der Welt vor der Gefahr, Handeln der Welt wegen und nicht Gottes wegen zu sein. Es kann leicht geschehen, daß ein einzelner oder eine Gruppe so vollständig in der Aufgabe an der Welt aufgeht, daß er oder sie den Ursprung und das Ziel ihres Handelns übersieht oder vielleicht auch zu vergessen beginnt. In der Teilnahme am gottesdienstlichen Handeln wird unsere Aufmerksamkeit immer wieder auf Gott in Christus gezogen.“[25]

Es ist wohl keine Übertreibung festzustellen, daß die ökumenischen Studien einen realutopischen Entwurf für eine neue Gestalt der Kirche geschaffen haben, der noch kaum ansatzweise eingeholt worden ist. In der deutschen Kirchenreformbewegung wurden diese ökumenisch-missionarischen Impulse durch Mitarbeiter im ökumenischen Studienprozeß wirksam. Die Arbeiten von Werner Simpfendörfer und Ernst Lange, die aus diesem Umfeld hervorgingen, können bis heute als programmatisch gelten. Ernst Lange wurde überregional bekannt durch seinen Versuch einer *Ladenkirche*[26] in Berlin, der am konsequentesten in der Nachfolge der ökumenischen Studien steht. Er entwickelte seine Gedanken jedoch zu einem eigenständigen Reformkonzept weiter, aus dem im nachfolgenden der Abschnitt über den Pfarrerberuf aufgenommen werden soll.[27] Werner Simpfendörfer hat durch die Herausgabe der Studienreihe „Kirchenreform“ wesentlich dazu beigetragen, daß aus diesem Stichwort ein Reformprogramm wurde.[28] In dieser

---

[24] Ratzmann 1980, S. 242

[25] Ratzmann 1980, S. 232

[26] Die Einrichtung eines Gottesdienst- und Begegnungsraumes in einem ehemaligen Laden mitten in einem Wohngebiet, um zu zeigen, daß der Gottesdienst Teil des Alltags ist.

[27] Vgl. Lange 1981; Lange 1982

[28] Vgl. Werner Simpfendörfer 1968

Studienreihe wird nicht nur die direkte Verbindung zur ökumenischen Studienarbeit hergestellt, sondern es werden von ihm selbst in Thesen und Aufsätzen auch einige programmatisch-pragmatische Konsequenzen für deutsche landeskirchliche Verhältnisse gezogen. Er beschäftigt sich in ihnen mit strukturellen Veränderungen in der Kirche, z. B. mit den Grenzen und Möglichkeiten der Ortsgemeinde und der Zukunft des Kirchenbezirkes. Auch die Frage, ob in Zukunft nicht ein Teampfarramt besser den gegenwärtigen Verhältnissen angepaßt sei als ein traditionelles Pfarramt, wird in diesem Band diskutiert. Dabei kann Teampfarramt ein arbeitsteiliges Pfarrerteam, aber auch ein arbeitsteiliges Spezialistenteam meinen. Diese Überlegungen basieren auf Experimenten, die vor Ort durchgeführt wurden, um auszuprobieren, ob und wie sich *Kirche vor der Tagesordnung der Welt* verwirklichen läßt. Sowohl diese Reform-Experimente als auch die Reflexionen über noch weitergehende Reformen überspringen die bestehende Situation nicht. Sie können daher bis heute anregend für konkrete Schritte zur Kirchenreform sein. Innerhalb dieser Reflexionen sind dem Pfarramt auch eigene Überlegungen gewidmet.[29] Bislang ist nach Ansicht von W. Simpfendörfer das Pfarramt juristisch, theologisch-akademisch und monarchisch geprägt. Alle diese Prägungen sind aufzulösen. Neben die traditionelle Pfarreraufgabe, Hüter und Vertreter des Kirchenrechtes zu sein, soll die neue Aufgabe treten, in Experimenten Erfahrungen zu sammeln, die dann in das Recht eingehen und dieses lebendig halten. Als Theologe soll der Pfarrer nicht nur Vertreter der reinen Lehre sein, sondern die Lehre in der Praxis des Lebens auf den Prüfstand stellen. Als Gemeindeleiter soll der Pfarrer nicht anweisen, was zu tun ist, sondern er soll sich mit anderen Gemeindemitgliedern zusammen in einen dialogischen Prozeß begeben. Dieser Prozeß soll die Gemeinde anleiten, die durch ihre Geschichte und die Tagesordnung der Welt vor Ort gestellten Probleme gemeinsam mit Hilfe des Glaubens zu lösen. Dazu gehört der sinnvolle Umgang mit der Zeit des Pfarrers [30], was sich sowohl in einem planvollen Einsatz in der Praxis als auch in einer sinnvoll gestrafften Ausbildung zeigen muß. In diesem Konzept der Umgestaltung einer Kirche müßte zu den Prioritäten der Pfarrerarbeit die Sorge um die Mitarbeiter gehören: „Vermutlich sollte die meiste Zeit des Pfarrers in der Zukunft der Aufgabe gehören, mit den Mitarbeitern die gemeinsame Aufgabe zu bestimmen, sie [die Mitarbeiter; Anm. d. Verf.] zu gewinnnen, zuzurüsten, für Koordinierung und Abstimmung zu sorgen ... Er gehört vor allem ins Team.“[31]

---

[29] Vgl. Simpfendörfer 1968, S. 124–133

[30] Simpfendörfer 1968, S. 128f.

[31] Simpfendörfer 1968, S. 128

5.2.3 Die evangelistische und charismatische Gemeindeerneuerungsbewegung

Unter der Sammelüberschrift *evangelistisch-charismatische Gemeindeerneuerung* werden die Gemeindeaufbaukonzepte zusammengefaßt, die die Erneuerung der Gemeinde durch die Erneuerung des persönlichen Glaubens sehen. Die Vertreter der verschiedenen Konzepte werden sich sicherlich mißverstanden fühlen, wenn man sie unter *ein* theologisches Dach bringt, denn sie sehen ihre Entwürfe durchaus als eigenständige Beiträge und Wege zur Erneuerung des Glaubens. Dennoch stimmen die Entwürfe darin überein, daß sie für den einzelnen Christen eine persönliche Erneuerung wünschen, die sie in die Gemeinde der lebendigen Christen eingliedert. Der evangelistische Zweig dieser Bewegung setzt auf die Umkehrerkenntnis des Menschen. Die Einsicht in seine Nichtigkeit angesichts der Größe Gottes oder die Einsicht in seine Sündhaftigkeit lösen bei ihm einen Bekehrungsschock aus, der zur Lebensübergabe an Christus und zu einem Neuanfang eines Lebens aus Glauben führt. Lebensmaßstab wird die Bibel, die in der Regel als vom Geist Gottes inspiriert gilt. Sie ist das Fundament des Glaubenslebens und des Gemeindeaufbaus. Abweichungen von den Einsichten der evangelistischen Gemeindeerneuerung werden als Irrlehre bekämpft. Das gilt sowohl von der Lehre als auch vom Leben der Gläubigen. Die Welt wird als Feld der Versuchung verstanden, die Kontakte zu ihr sind daher kritisch zu prüfen. Diese Richtung des Glaubens wird auch als *evangelikal* bezeichnet, ihre Anhänger je nach ihrer Militanz im Umgang mit anderen auch als *Fundamentalisten.*

Der charismatische Zweig der Gemeindeerneuerung ist dem evangelistischen inhaltlich sehr nahe, insofern auch er eine Erneuerung durch Umkehr und Lebensgestaltung aus der Bibel erwartet. Allerdings ist der Weg der Erneuerung ein völlig anderer. Die Erneuerung des Menschen wird durch die Wiederentdeckung der Charismen, der Gnadengaben des Heiligen Geistes und ihr Wirken im Leben des einzelnen erwartet. Dadurch ist diese Bewegung von vornherein weltoffen und kennt keine Berührungsängste. Es ist daher nicht zufällig, daß sie stark überkonfessionell und international ausgerichtet ist und sich allen möglichen Problemzonen des Lebens in der Kraft des Heiligen Geistes heilend zuwenden will.

Beide Bewegungen gibt es in zahlreichen Spielarten und Übergängen. Eine Zuordnung zur einen oder anderen Richtung ist jedoch möglich, da entweder Sündenerkenntnis und Bekehrung oder Wandel durch direktes Einwirken des Heiligen Geistes grundlegend für die Erwartung der Erneuerung sind. Schließlich ist beiden Richtungen auch ein kritischer Impuls gegenüber der bestehenden Volkskirche eigen.

Im Konzept der *Überschaubaren Gemeinde,* das mit dem Namen von Fritz Schwarz verbunden ist, wird dieser kirchenkritische Impuls klar entfaltet.[32] Die Erneuerung der Gemeinde geschieht durch die Entwicklung eines persönlichen Christusverhältnisses bei den Gläubigen. Die Kirche ist das Organ dieses Prozesses. Sie ist die von Gott berufene *Ekklesia* (Gemeinschaft der Berufenen). Diese Ekklesia ist allerdings nicht mit der bestehenden Institution Kirche zu verwechseln. Die bestehende Institution ist nur organisatorischer Rahmen für den Vorgang der Erneuerung, daher prinzipiell in Organisations- und Amtsstruktur veränderbar. Dasselbe gilt analog für das Pfarramt. „Die Gemeinschaft der Schwestern und Brüder hat sich nicht in den Dienst des Pfarramtes zu stellen, sondern das Pfarramt in den Dienst der christlichen Gemeinschaft. Das ministerium ecclesiasticum ist nicht das Pfarramt, sondern der Dienst der Ekklesia."[33] Aus diesem Gedanken folgt, daß es prinzipell möglich und theologisch nicht bedenklich ist, wenn die Ekklesia auch die pfarramtlichen Dienste übernimmt, die mit diesem Beruf verbunden sind.

In der gegenwärtigen Situation gilt allerdings, daß der Pfarrerberuf dazu geordnet ist, bestimmte Dienste in der Kirche wahrzunehmen. Für den Gemeindeaufbau würde es zur Zeit vermutlich keinen Vorteil bringen, daran etwas zu ändern. Allerdings kann der Pfarrer seine Kraft und Möglichkeiten dafür verwenden, daß in der Ortsgemeinde Ekklesia gebaut wird, sowohl durch sein gottesdienstliches Handeln als auch durch sein Kasual- und sonstiges Amtshandeln. Damit dies geschieht, muß er sich an folgenden Grundsatz halten: „Im Gemeindeaufbau gilt der Grundsatz: der Pfarrer für die Ekklesia, die Ekklesia für die Parochie."[34] Diesen Grundsatz verwirklicht der Pfarrer praktisch, wenn er neben der Wahrnehmung der pastoralen Grunddienste, die Gottesdienst, Kasualien und Sakramentsverwaltung, Seelsorge und Repräsentation umfassen[35] und die zu seinem beruflichen Grundpflichtenkatalog gehören, einen Mitarbeiterkreis aufbaut, der die Evangelisation tragen kann. Solange die volkskirchliche Überlieferung noch wirksam ist, kann ein Pfarrer sich nicht einfach zurückziehen und auf die Initiative der mündigen Christen warten, sondern er ist es, der der Motor der Bewegung hin auf eine mündige Gemeinde sein muß.

Weitere Konzepte zur Gemeindeerneuerung mit evangelistischer Grundtendenz sind unter den Stichworten *Gemeindewachstum*[36] und *Missionarischer Gemeindeaufbau in der Volkskirche*[37] bekanntgeworden. Sie sind dem Konzept von Fritz Schwarz verwandt und leicht als Spielarten dieses Kon-

---

[32] Vgl. Schwarz 1982; Schwarz/Sudbrack o.J.; Schwarz/Schwarz o.J.; Schwarz/Schwarz 1984

[33] Schwarz/Schwarz 1984, S. 239; ministerium ecclesiasticum = Amt der Kirche.

[34] Schwarz/Schwarz 1984, These 79, vgl. dazu auch die Ausführungen S. 249–252; Ekklesia im Sinne von Gemeinschaft der Gläubigen; Parochie = Ortsgemeinde, die hier allerdings weiter gefaßt ist im Sinne von Lebensbereich.

[35] Schwarz/Schwarz 1984, S. 215

[36] Vgl. Kennedy 1981

[37] Vgl. Herbst 1988

zeptes zu erkennen. Die Gemeindewachstumsbewegung war historisch vor Schwarz existent und in den USA bereits aktiv, bevor sie in Deutschland Fuß faßte. Sie setzt auf die persönliche Bekehrung von Christen. Der missionarische Gemeindeaufbau will innerhalb der Volkskirche eine Christenschar, die ihr Christsein bewußt leben will, als Kerngemeinde sammeln, die wegen ihrer klaren Glaubensüberzeugung und ihrer Dienste auf die Fernstehenden des Glaubens ausstrahlt. Beiden Konzepten gemeinsam ist, daß sie wie Schwarz auf den Laien, den Träger des allgemeinen Priestertums aller Gläubigen, bei diesem Reformprozeß setzen. Der Kreis der Mitarbeiter ist zugleich der leitende Kreis. Die Mitarbeiter werden von Pfarrern zugerüstet und seelsorgerlich begleitet. In diesem Punkt, soweit läßt sich an dieser Stelle überblickend sagen, sind sich alle Erneuerungsbewegungen des christlichen Glaubens einig. Auch die Bewegung der charismatischen Gemeindeerneuerung ist hier keine Ausnahme. In ihrem Verständnis der Charismen gehört sie zu den immer noch wirksamen Motoren einer überkonfessionellen, von Laien getragenen Erneuerungsbewegung des Glaubens. Sie soll deshalb als Beispiel der evangelistisch-charismatischen Gemeindeerneuerung in diesem Kapitel eine etwas ausführlichere Darstellung erfahren.

5.3 Konzepte und Beispiele

5.3.1 Vorbemerkung

Die Vorstellung einzelner markanter Beispiele aus den Erneuerungsbewegungen im folgenden bezieht sich konkret auf den Pfarrerberuf. Es zeigt sich dabei, daß dessen Probleme durch die verschiedenen Zeiten hindurch offensichtlich gleichbleiben. Das weist abermals auf strukturelle Verflechtungen des Berufes hin, die möglicherweise noch nicht hinreichend erhellt sind. Nach Meinung des Autors dieser Arbeit sind sie vor allem im Wandel des sozialen Systems und im Rollenwandel zu suchen. Auf diesen Wandel haben die volkskirchlichen Großorganisationen noch nicht angemessen reagiert. Sie basieren noch immer auf einer Organisationsstruktur, die im wesentlichen aus der Zeit des vordemokratischen, landesherrlichen Kirchenregimentes stammt. Es ist fraglich, ob man damit in einer demokratisch verfaßten, pluralen, auf Selbständigkeit und Eigenverantwortung ausgerichteten Gesellschaft angemessen den Verkündigungsauftrag des Glaubens erfüllen kann.

5.3.2 Der Pfarrerberuf in der Sicht der VELKD-Thesen von 1967

5.3.2.1 Die Aussagen der Thesen

Die Thesen der Generalsynode der VELKD von 1967[38] sind ein bedeutendes amtliches Reformdokument deutscher lutherischer Kirchen nach dem 2.Weltkrieg. Sie beginnen mit einem Programmsatz: „Damit die Kirche auch heute ihren Auftrag sachgemäß ausrichten kann, ist eine Kirchenreform, d.h. eine Änderung der Struktur der Kirche, unumgänglich."[39] Sie stellen fest, daß die verschiedenen Kirchengestalten der dynamischen Kraft des Evangeliums zu dienen haben und deshalb zu ändern sind, wenn sie in einer bestimmten geschichtlichen Stunde diese Kraft durch vorgestrige Strukturen hemmen.

Nach diesen Vorbemerkungen werden die insgesamt 36 Thesen in sieben Abschnitte gegliedert, die die theologischen Grundlagen der Kirchenreform (Abschnitt I), die derzeitige Reformdiskussion über die Institution Kirche (Abschnitte II und III), die Fragen des Pfarrerberufes und der Ortsgemeinde (Abschnitte IV und V) und schließlich Strukturfragen der Kirchenkreise und größerer, regionaler Gebilde (Abschnitte VI und VII) behandeln. Für den Zusammenhang dieses Buches sind davon die Abschnitte IV und V von Bedeutung.

Der Abschnitt IV ist mit einer Kampfparole überschrieben: „Ende der Pastorenkirche". Es ist nicht ganz deutlich, ob diese Überschrift zum ursprünglichen Thesentext gehört. Immerhin markiert sie die Frontstellung, in der dieser Abschnitt steht. Er wendet sich gegen die Monopolstellung des Pfarramtes in der Gemeinde und will den *Laien* zum Recht verhelfen.[40] Die Thesen des Abschnitts begründen die Gleichrangigkeit von *Laien* und Pfarrern mit dem allgemeinen Priestertum, das in der Taufe gestiftet wird, ohne den Begriff selbst zu verwenden. Von daher ist es allerdings unverständlich, daß die Thesen zwischen Pfarrern und *Laien* unterscheiden, denn in der Sicht des allgemeinen Priestertums gehören auch die Pfarrer zum Laos (Volk) Gottes. Gemeindeglieder und Pfarrer als Mitglieder der Kirche tragen gemeinsam die Verantwortung für die Ausrichtung des Auftrages, den Christus seiner Kirche gegeben hat, nämlich das Evangelium in Wortverkündigung und Sakramentsverwaltung weiterzugeben. Aus dieser gemeinsamen Verantwortung erwächst sowohl das Recht aller Christen, alle Verkündigungstätigkeiten auszuüben, als auch der Brauch und die Ordnung, das *Amt der Kirche* – wie dann der Auftrag Christi genannt wird – einzelnen zu übertragen, die diesem Amt nach gründlicher theologischer Ausbildung mit ihrer ganzen Existenz dienen. Es ist dabei offensichtlich daran gedacht, den Pfarrerberuf

[38] VELKDThesen

[39] VELKDThesen, S. 292

[40] VELKDThesen, bes. These 15 mit Ausführungen, S. 294

als hauptamtlichen Beruf in der Kirche zu erhalten, obwohl die Ausführungen der Thesen auch eine andere Berufsstruktur zuließen, etwa die Ausübung des *Amtes der Kirche* in einem Neben- oder Ehrenamt.

Die Hauptaufgabe des Pfarrers bleibt die „glaubenweckende Verkündigung des Wortes Gottes in Predigt, Lehre und Seelsorge".[41] Wenn das gegenwärtige Pfarramt dieser Aufgabe hinderlich ist, muß es in seinen Strukturen geändert werden. Änderungen betreffen nicht nur die Strukturen, sondern auch die Einstellung der Pfarrer, die nach Ansicht der Thesen ihre Autorität nicht mehr aus ihrer beruflichen Stellung in der Gesellschaft beziehen können, sondern ausschließlich aus der Qualität ihrer gemeindeleitenden Arbeit. Diese besteht in guter lutherischer Tradition nicht in Verwaltung oder Betriebsamkeit, sondern in Wortverkündigung und Seelsorge. Eine Reform des Pfarrerberufes und des Pfarramtes muß von diesen Grundsätzen ausgehen, sonst geht sie fehl, wie sie auch fehlgeht, wenn sie am Althergebrachten festhält oder sich modernistisch den Zeitströmungen anpaßt. Von daher versteht es sich von selbst, daß die Delegation von Aufgaben ein Weg ist, die Gemeindeglieder in die Verantwortung für den vielgestaltigen Auftrag der Kirche einzubeziehen. Dabei kommt vor allem die Delegation solcher Aufgaben in Frage, für die den Pfarrern die Sachkenntnis fehlt.[42] Nur durch das entschiedene Raumschaffen für die Aktivitäten der Gemeindeglieder kann zeitgemäß der Auftrag der Kirche erfüllt und die Monopolstellung der Pfarrer in der Gemeinde überwunden werden.[43] Von daher werden die Pfarrer gemahnt, sich zurückzunehmen, nicht den Mittelpunkt der Gemeinde bilden zu wollen, den *Laien* etwas zuzutrauen und ein eigenständiges, gleichberechtigtes *Amt des Laien*[44] anzuerkennen. Das Delegationsprinzip ist auch deshalb erforderlich, weil Pfarrer keine Universalgenies[45] sind. Sie sollten von Kirchenvorständen und Kirchenleitungen ihren besonderen Begabungen entsprechend eingesetzt werden. Für die Aktualität ihrer Verkündigung ist es nicht erforderlich, Fachmann auf allen nicht-theologischen Gebieten zu sein, sondern im Gespräch mit den Christen im Weltdienst auf die Tagesordnung der Welt zu hören und sich von daher die homiletische Anregung für die Verkündigung geben zu lassen. Die Christen im Weltdienst sind in unserer Zeit die eigentlichen Missionare, deshalb sind sie zu begleiten und zuzurüsten, was insbesondere durch den Aufbau einer Erwachsenenbildungsarbeit geschehen könnte[46].

Eine weitere Möglichkeit, die Mitverantwortung der Gemeindeglieder in

[41] VELKDThesen, These 16, S. 294

[42] VELKDThesen, bes. Thesen 18, 19 u. 21, S. 295

[43] „Die Pastorenkirche kann nur überwunden werden, wenn der verantwortlichen Mitarbeit der ‚Laien' in der Kirche entschlossen Raum gegeben wird." VELKDThesen, These 18, S. 295

[44] VELKDThesen, These 18, S. 295

[45] VELKDThesen, These 17, S. 294

[46] VELKDThesen, These 23, S. 295

der Gemeindeleitung zu stärken, ist die *bruderrätliche*[47] Leitungsarbeit in Gremien und Kreisen, die konkret werden kann durch den Wechsel im Vorsitz solcher Gremien.[48] In diesen Zusammenhang gehört auch die bessere Vorbereitung der Gemeindemitglieder auf Wahlen in gemeindeleitende Gremien, vor allem in die Kirchengemeinderäte bzw. Kirchenvorstände. Erst wenn alle Gemeindemitglieder darüber informiert sind, welche Verantwortung sie mit ihrer Wahl wahrnehmen können, und wenn ihnen Kandidaten geboten werden, die ihre Ansichten wirklich vertreten, kann mit einer verbesserten Beteiligung bei solchen Gremienwahlen gerechnet werden.[49]

Eine traditionelle Weise, Mitverantwortung im umfassenden Verkündigungsdienst der Christen zu leisten, ist die Übernahme von ehrenamtlichen, nebenamtlichen und hauptamtlichen Diensten in der Leitungsarbeit der Kirche oder in ihren verschiedenen Tätigkeitsfeldern. Zur Anstellung von Kantoren und Mesnern könnte auch die Anstellung anderer Berufe etwa im karitativen oder pädagogischen Bereich auf Gemeindeebene kommen. Denkbar ist auch, Gemeindeglieder stärker am Pfarrerdienst direkt zu beteiligen, z.B. im Dienst der Verkündigung.[50]

Mit diesen Anregungen soll die Leitungsverantwortung in der Gemeinde verteilt und das Aufgabenbündel des Pfarramtes entflochten werden. Zur Umsetzung dieser Anregungen sind weitere Maßnahmen erforderlich. Diese beziehen sich zum einen auf dic Ausbildung, zum anderen auf die Gliederung und Größe der Gemeinden.[51]

Für die Theologenausbildung wird mehr Praxisbezug gefordert, der sich unter anderem auch durch spezielle Praktika während des Studiums herstellen ließe. In die Ausbildung aufzunehmen sind an neuen Fächern: Gemeindeaufbau und Gemeindeleitung; an neuen Fähigkeiten und Fertigkeiten: Gesprächsführung und Teamarbeit. Als unabdingbare Voraussetzung für die Übernahme des Pfarramtes wird in der Ausbildungsthese abschließend vermerkt: „Die Übernahme des Pfarramtes setzt nicht nur eine wissenschaftliche Ausbildung, sondern auch die bewußte Gliedschaft in der Gemeinde Christi, die praxis pietatis und die Bereitschaft zum persönlichen Engagement voraus."[52]

Auf die zeitgemäße Verwirklichung des Verkündigungsauftrages hat auch die Gemeindegröße einen besonderen Einfluß. Die Ausführungen über die Notwendigkeit der Ortsgemeinden, ihre Untergliederung, ihre Einbindung in übergeordnete kirchliche Gebilde und ihre Ergänzung durch funktionale

[47] VELKDThesen, These 20, S. 295
[48] VELKDThesen, vgl. auch These 17
[49] VELKDThesen, These 21, S. 295
[50] VELKDThesen, vgl. Thesen 20 – 22
[51] VELKDThesen: Von der Ausbildung handelt These 24, von den Gemeinden der ganze Abschnitt V, S. 295 – 296
[52] VELKDThesen, These 24, letzter Absatz, S. 295

Dienste können hier übergangen werden. Wichtig für den Pfarrerberuf ist die Feststellung, daß auch einem Pfarrer nur eine bestimmte Größe seines Seelsorgebezirkes zugemutet werden kann, damit er in der Lage ist, seinen Dienst noch ordentlich auszuüben. „Die Anforderungen von Seelsorge und Unterricht begrenzen aber die Zahl der Gemeindeglieder, für die ein Pfarrer verantwortlich sorgen kann.“[53] Diese Grenzzahl wird bei 2.500 Mitgliedern pro Seelsorger gesehen. Damit eine Gemeinde überschaubar bleibt, sollte ihre Größenzahl 5.000 Mitglieder nicht überschreiten. Größere Gemeinden könnte man teilen oder mit eigenen Gemeindezentren untergliedern.

Daß in den Thesen, die vom Pfarrerberuf handeln, nicht nur vom Pfarramt, sondern immer zugleich auch von Mitarbeitern und Gemeinde geschrieben wird, liegt sachgemäß in der Einbettung der Pfarrerrolle in die Situation. Rollentheoretisch gesprochen, geht es in diesen Thesen wesentlich um das Rollenspiel des Pfarrers, also um sein Wirken in, mit und unter der Gemeinde. Die Vorschläge zur Entlastung der Pfarrerarbeit sind also nicht nur Verbesserungsvorschläge für eine bestehende Struktur, sie sind zugleich der Versuch, der Verwirklichung des Priestertums aller Gläubigen einen Schritt näher zu kommen.

5.3.2.2 Kritische Anmerkungen zu den Thesen

An dieser Stelle sind auch einige kritische Anfragen an die Thesen zu stellen. Die vorwiegend pragmatische Orientierung der Thesen geht zu Lasten wünschenswerter Klarheit. Am Amtsbegriff und an den Pfarreraufgaben wird das ablesbar. Zum Amt wird zunächst festgestellt, daß der Auftrag zur Wortverkündigung und Sakramentsverwaltung von Christus der Kirche insgesamt *eingestiftet* wurde. Dieser Auftrag wird das *Amt der Kirche* genannt. Und von diesem Amt, das prinzipiell jeder Christ ausüben kann, wird gesagt, daß es das Amt des Pfarrers ist. Er ist um der Ordnung willen mit der Ausübung des Amtes der Kirche betraut. Ist das Amt der Kirche also der Pfarrerberuf?

Neben dem *Amt der Kirche* gibt es in diesen Thesen auch ein *Pfarramt,* an dessen geschichtlich überkommener Struktur der Pfarrer nicht festhalten und dessen Vorstand wechseln soll. Das Pfarramt könnte ergänzt und verändert werden durch pädagogische, seelsorgerliche und karitative Tätigkeiten von *Laien.* Diese Tätigkeiten sind also als Ausgliederungen aus dem Tätigkeitskatalog des Pfarramtes zu verstehen. Durch die Ergänzung, daß auch der Verkündigungsdienst in die Hände von *Laien* gehört und dieser nicht mehr dem Pfarrer allein zustehen kann, wird deutlich, daß die aufgezählten Aufgaben Pfarreraufgaben sind. Ist das Pfarramt mit dem Pfarrerberuf identisch?

---

[53] VELKDThesen, These 27, S. 296

Diese Annahme verstärkt sich, wenn man berücksichtigt, daß die Übernahmebedingungen, die an künftige Pfarrer gestellt werden, für die Übernahme *eines Pfarramtes* gelten, ferner wenn man an die merkwürdige Konstruktion eines *Amtes des Laien* gegenüber dem Pfarrer denkt, das dem Pfarrer nicht unterstellt ist.[54] Für das *Amt* würde sich damit folgende Identitätskette ergeben: Amt der Kirche = Pfarramt = Pfarrerberuf. Diese Folgerung liegt aber sicher nicht in der Absicht der Autoren der Thesen.

Eine ähnliche Unklarheit betrifft die Pfarreraufgaben. Als deren wesentlichste wurde die glaubenweckende Verkündigung des Wortes Gottes dargestellt. Diese Verkündigung wird präzisiert als Aufgabe zu predigen, zu unterrichten und Seelsorge zu üben. In dieser Aufstellung fehlt die Sakramentsverwaltung. Außerdem ist zu fragen, ob wirklich die Aufgabe zu unterrichten genuin in reformatorischer Tradition mit dem Pfarramt verbunden ist. Nach den reformatorischen Quellen zum evangelischen Pfarrerberuf, der in diesen Quellen als Predigtamt in Wortverkündigung und Sakramentsverwaltung definiert wurde, ist weder zu erweisen, daß der Unterricht, noch daß andere Aufgaben wie Gemeindeleitung und -verwaltung, Leitung von Diensten und Organisationen zu den genuinen Pfarreraufgaben gehören. *Lehre* gab es zur Zeit Luthers als Katechismuspredigt für Erwachsene, die ihre Kinder und ihr Gesinde im Katechismus zu unterweisen hatten. Bei Errichtung der Schulen hat man zwar theologisch gebildete Lehrer angestellt, aber das Lehramt doch dem Pfarramt in der Aufsicht unterstellt und damit deutlich unterschieden.[55] Ähnliches gilt von der Verwaltung des Kirchenvermögens oder von der Armenfürsorge und anderer diakonischer Aufgaben.

In dieser Unklarheit stehen auch die weiteren Aussagen der Thesen über die Pfarreraufgaben: Der Pfarrer soll die Gemeinde mit Wortverkündigung und Seelsorge leiten, nicht durch Verwaltung und Betriebsamkeit, die offensichlich zu seinem Amt gehören wie der Unterricht und weitere Gemeindedienste. Außerdem soll man ihm Schwerpunktaufgaben zuweisen. Setzt sich hier nicht doch trotz aller Versuche zur Delegation von Aufgaben und zur Verantwortungsbeteiligung von Gemeindegliedern am *Amt der Kirche* wieder die beklagte zentrale Stellung des Pfarrers durch?

Eine Lösung dieser Probleme ergäbe sich, wenn man das Pfarramt nicht als Amt des Pfarrers versteht, sondern als Gemeindeamt, in dessen Zuständigkeit die Verantwortung für das gesamte Leben der Gemeinde gehört. Dieses Gemeindeamt wäre vom Kirchenvorstand – wie es die meisten Gemeindeordnungen innerhalb der EKD vorsehen – und darüber hinaus von einer Mitarbeiterkonferenz gemeinsam zu organisieren und zu leiten. Denkbar wäre dafür auch die Anstellung eines geschäftsführenden Mitarbeiters oder Mitarbeiterstabes. Dieses geschäftsführende Leitungsteam müßte dann von

---

[54] VELKDThesen, vgl. These 18

[55] Vgl. etwa die Leisniger Kastenordnung 1523

den Leitungsgremien der Gemeinde seine Geschäftsordnung und Dienstanweisung erhalten sowie von ihnen kontrolliert werden.

5.3.3 Christsein gestalten

Das Anliegen dieser Studie ist, die Pluralität der volkskirchlichen Verhältnisse in Deutschland anzunehmen, die Vielfalt als Bereicherung zu verstehen und Wege zu zeigen, wie man je nach Situation und Leitvorstellung heute Gemeinde bauen kann. Im fünften Teil dieser Studie wird Christsein in der heutigen Lebenswelt als eine differenzierte Gestaltungsaufgabe beschrieben. Sie umfaßt sowohl die eigene Lebenshaltung als auch die verschiedenen kirchlichen Konzepte. Diese Gestaltungsaufgabe ist damit eine Gemeinschaftsaufgabe aller Getauften als allgemeine Priester, die bei aller pluralen Möglichkeit der Ausgestaltung des Christentums an der Einheit im Glauben festhalten. Sie suchen deshalb neue Formen des Konfliktaustragens und sind sich mit der ökumenischen Diskussion darin einig, daß Mission als Sendung zur Welt ein Strukturprinzip der Kirche ist, dem alle Arbeit zu dienen hat. Die dazu notwendige gesteigerte missionarische Kompetenz aller Kirchenmitglieder gewinnen die Christengemeinden, indem sie sich als Dienstgemeinschaft verstehen. „Mission, Dienst und Gemeinschaft sind die klassischen Grunddimensionen der christlichen Gemeinde. Im Gottesdienst werden sie begründet und zur Darstellung gebracht: MARTYRIA, DIAKONIA, KOINONIA, LEITURGIA.... Mit der Formel ‚Zeugnis- und Dienstgemeinschaft' werden die Stichworte MARTYRIA, DIAKONIA, KOINONIA in unüberbietbarer Kürze zu einer Definition von Kirche verschmolzen."[56] Ein wichtiges Kennzeichen wirklichen Dienstes ist dabei, daß keine besonderen, kircheneigennützigen Zwecke damit verknüpft werden. Denn die geistlichen Ergebnisse der Verkündigung des Evangeliums liegen nicht in der Verfügbarkeit des Menschen. So kann man mit gemeindlicher Arbeit zwar Glaubensmöglichkeiten aufzeigen und bezeugen, Hilfe in konkreten Lebenslagen anbieten, aber den Glauben selbst kann man nicht erzeugen. Jeder Versuch in dieser Richtung schränkt die Freiheit nicht nur des Menschen, sondern auch die Freiheit des Geistwirkens ein. Daher ist auch die bekannte, wertende Unterscheidung von Kerngemeinde und Distanzierten aufzuheben und durch die Bejahung der Gemeinschaft aller Getauften zu ersetzen. Dieses Ja ist dann auch ein Ja zur Kirche als eines *corpus permixtum.*[57] Aus dieser Feststellung folgt auch die Notwendigkeit, unterschiedliche Grade der

---

[56] Kirchenamt der EKD 1986, S. 86; Martyria = Zeugnis; Diakonia = Dienst; Koinonia = Gemeinschaft; Leiturgia = öffentlicher Dienst, vor allem die gottesdienstliche Versammlung der Gemeinde.

[57] Kirchenamt der EKD 1986, S. 87, 88; corpus permixtum = durchmischter Körper; gemeint ist, daß jede Kirche Menschen nicht nur verschiedener Herkunft, sondern auch verschiedener Glaubenstraditionen und Glaubensentwicklungen umschließt.

Ansprechbarkeit und der Bereitschaft zur Mitwirkung in der Gemeinde anzuerkennen.[58] Die Studie schließt ab mit einer Beispielsammlung, die konkrete Schritte zur Gestaltung des Christseins in der pluralen Gesellschaft aufzeigen soll.[59] Die Fülle der dabei vorgestellten Möglichkeiten zum Gemeindeaufbau bringt es mit sich, daß die Umsetzung nicht auf das Wirken einzelner beschränkt sein kann, sondern daß dies eine Aufgabe der Gesamtkirche ist. Zur Begründung wird in diesem Zusammenhang der Gedanke vom allgemeinen Priestertum aller Gläubigen herangezogen.[60]

Da im Prozeß differenzierten Gemeindeaufbaues Spezialisierung notwendig ist, gilt auch für die Pfarrer, daß sie besser ausgebildet werden müssen, besonders auf zwei Feldern kirchlichen Handelns: im Bereich der Kasualien und des Unterrichts.[61] Die Notwendigkeit, in diesen Bereichen die Ausbildung zu verbessern und die Pfarrer zu qualifizieren, ergibt sich aus den Umfrageergebnissen bei den Mitgliedern: Mehr als 60% der Kirchenmitglieder gehören zur sog. *Kasualkirche.* Da sich die Kirchenbindung vor allem durch Personen vermittelt, steht der Pfarrer als *Berufschrist* besonders für die Glaubwürdigkeit des Christentums in der speziellen Frömmigkeitsgestalt seiner Kirche ein. Diese wird von der Mehrheit der Kirchenmitglieder bei Kasualien wahrgenommen und getestet.[62] Für die Konfirmandenzeit gilt, daß sie die grundlegende Zeit für die spätere Kirchenbindung bzw. für die Entscheidung, sich auf Glauben einzulassen, ist.[63] Deshalb ist neben seelsorgerlicher Qualifikation eine Qualifikation zum Konfirmandenunterricht für die Pfarrer besonders erforderlich.

5.3.4 Der Beruf des Pfarrers heute

Ernst Lange hat in seinen Büchern[64] Gedanken zur Kirchenentwicklung und darin eingebettet Überlegungen zum Pfarrerberuf vorgestellt. In seiner Zeit als Mitglied der Planungsgruppe der EKD notierte er als eine wichtige Aufgabe neben anderen: „Hier liegt ganz zweifellos, auch unabhängig vom persönlichen Interesse, eine Priorität für die Planungsgruppe, angesichts der zentralen Bedeutung, die die Gruppe der Pfarrer für die Präsenz von Kirche in der Gesellschaft und bei der Mitgliedschaft und für die Zukunft der Volkskirche rebus sic stantibus hat, und angesichts der eklatanten ‚Schwierigkeit, Pfarrer zu sein', die für jede Planung in praktischer Absicht und in seelsor-

[58] Kirchenamt der EKD 1986, S. 88
[59] Kirchenamt der EKD 1986, S. 90–125
[60] Kirchenamt der EKD 1986, vgl. S. 85 und 78
[61] Kirchenamt der EKD 1986, S. 71
[62] Kirchenamt der EKD 1986, vgl. S. 27
[63] Kirchenamt der EKD 1986, vgl. S. 16
[64] Vgl. Lange 1981 und: Lange 1982

gerlicher Verantwortung schlechthin vordringlich sein sollte."[65] Er hat damit bereits 1973 das Anliegen der vorliegenden Arbeit vorweggenommen. Da er nicht mehr dazu kam, seine Gedanken auszuführen, ist diese Arbeit auch ein Beitrag, diese Aufgabe zu erfüllen.[66]

Lange geht von der Krise des Pfarrerberufes aus, die durch den Personalmangel seiner Zeit, durch die Kritik der Theologiestudierenden am Beruf und durch die von Goldschmidt und anderen erhobene Berufswirklichkeit Berliner Pfarrer augenscheinlich wird. So lautet am Ende die grundsätzliche Frage: „Sind die Berufe der Kirche disfunktional, sind sie ihrer ganzen Struktur und Anlage nach auf eine Situation der Kirche hin entworfen, die nicht mehr gegeben ist, so daß sie als Wirkformen der Kirche gar nicht mehr optimal funktionieren können – unabhängig davon, mit welcher Kraft, Begabung und Leidenschaft ihre Träger sie erfüllen?"[67] Auf dem Hintergrund dieser Frage wird der Sinn und Zweck allen kirchlichen Handelns in der Verkündigung, in der Teilhabe an der Missio Dei begründet. Lange prägt zur Entfaltung seiner Gedanken den Begriff *Dienst am Wort.*[68] Durch diesen Begriff wird im Unterschied zum Begriff *Amt* von vornherein deutlich, daß es sich um eine Aufgabe am Evangelium handelt. Dieser Dienst am Wort kann in seiner konkreten Vollzugsform unterschiedlich ausgeprägt sein, je nach Situation und Zeit, wie das im NT schon in der Ausprägung einer palästinensischen, paulinischen und johanneischen Gemeinde sichtbar wurde. Die Interpretation der Verkündigung als eines Dienstes in verschiedener Formgestalt findet Lange in der CA und der Reformationsgeschichte begründet. Wie der Verfasser dieses Buches, so führt auch Lange bestehende Mängel im Amtsverständnis der Kirche heute auf eine unklare Übernahme reformatorischer Auffassungen zurück. Der Dienst am Wort als der vornehmsten Aufgabe der Kirche vollzieht sich in einem kommunikativen Prozeß: Das Wort, als glaubenweckende Möglichkeit, kommt von außen zu den Menschen, niemand sagt sich das Wort selbst. Jeder bedarf dazu eines anderen Menschen. Dieser wiederum hat es auch nicht aus sich selbst, sondern aus der Tradition, die ihm das Wort überliefert. Diese Tradition selbst aber ist noch nicht das Wort. Es wird von bloßer Tradition zum lebendigen Wort, indem es verkündigt und weitergesagt wird. Daß dieses Wort dann Glauben weckt, steht nicht in der Vollmacht dessen, der es weitersagt. Insofern bleibt das Wort unverfügbar und ist auch unabhängig von einem Amt und seiner Ausstattung. Diese drei Stufen der Externität des Wortes Gottes wollen bedacht sein, wenn man den Dienst am Wort so ausrichten will, daß er wir-

---

[65] Lange 1981, S. 294

[66] Lange 1982: „Der Pfarrer in der Gemeinde heute", S. 96–141; „Die Schwierigkeit, Pfarrer zu sein", S. 142–166, und „Glaube und Anfechtung im Alltag eines Gemeindepfarrers", S. 167–191

[67] Lange 1982, S. 107

[68] Lange 1982, S. 107–119

kungsvoll werden kann. Nur durch die Beachtung dieser drei Stufen wird es möglich sein, daß der kommunikative Akt des Zeugen des Wortes gegenüber einem, dem es bezeugt wird, nicht behindert wird. Das Nachdenken über diesen Vorgang führt zu der weiteren Einsicht, daß die Rückbindung des Wortes an die Tradition eine gewisse Institutionalisierung mit sich bringen muß, um den Fortgang der Tradierung zu ermöglichen, daß aber die Art der Institutionalisierung durch den notwendigen kommunikativen Akt immer neu in Frage gestellt wird.[69]

Für die Geschichte des Dienstes am Wort ergibt sich daraus folgende Erkenntnis: Früher, als Bürgergemeinde und Christengemeinde nahezu identisch waren, war die Situationsgemäßheit der Verkündigung durch die Sonntagspredigt im Prinzip gegeben; heute, wo die gesellschaftlichen Vollzüge auseinandergetreten sind und die Kirche im Freizeitbereich angesiedelt ist, sind dringend neue Vollzugsformen des Dienstes am Wort zu finden. Diese Suche hat anzusetzen bei der Wiederentdeckung der Tatsache, daß die Kirche insgesamt in all ihren Gliedern am Verkündigungsdienst teilhat. In diesem Zusammenhang wird ein Programmsatz der ökumenischen Studienarbeit zitiert: „Kirche macht nicht Mission, sie ist Mission ...“[70] Zu dieser Wiederentdeckung gehört auch die Anerkennung der Christen als allgemeine Priester, die durch ihre Taufe bereits zu diesem Dienst am Wort ordiniert worden sind. Von dieser Erkenntnis aus ergibt sich ein neuer Stellenwert für das Pfarramt. Es ist ein funktionales Dienstamt in der Gemeinde und hat keinen Monopolanspruch am Dienst des Wortes. Deshalb stellt Lange zusammenfassend fest: „Besonders qualifiziert und vor anderen Ämtern hervorgehoben ist das Pfarramt lediglich durch zwei Dinge: durch die besondere theologische Sachkunde, das heißt durch die akademische Ausbildung, und durch die Größe seines ihm von der Kirche zugewiesenen Auftragsfeldes. Es ist also eine Hervorhebung, die in der Ordnung der Kirche, nicht in ihrem Wesen begründet liegt.“[71]

Die gegenwärtige Berufsrolle des Pfarrers ist demgegenüber noch nicht klar definiert. Ernst Lange stellt dazu fest: „Die Berufsrolle des Pfarrers ist eine in sich unstimmige Rolle. Sie liegt im Schnittpunkt ganz unterschiedlicher, weder theoretisch noch praktisch ausgleichbarer Anforderungen.“[72] Von diesen sind die Erwartungen der Mitglieder von nicht zu überschätzendem Gewicht für die Möglichkeiten einer Kommunikation. Sie richten sich auf den Pfarrer als Repräsentanten der Kirche, der personell für die Kirche einzustehen hat. Mit seiner Person werden deshalb die Werte und Erwartungen, die die Mitglieder in bezug auf die Kirche haben, verknüpft. Daneben stehen nicht minder entschieden die Pflichten, die die Kirche als Insti-

[69] Lange 1982, vgl. bes. S.110 und 111
[70] Lange 1982, S. 116
[71] Lange 1982, S. 119
[72] Lange 1982, S. 143

tution ihren *Vertretern am Ort* auferlegt.[73] Jedes neue Erfordernis, das Kirchenleitungen entdecken, schlägt sich als additive Erwartung auf die Arbeit des Pfarrers nieder. Weil sie sich selbst nicht klar über ihren Sinn und Zweck ist, ist die Institution Kirche nach Ernst Lange gegenwärtig nicht in der Lage, von diesem additiven, sinnlosen Verfahren abzukommen. So bleibt es dem Pfarrer überlassen, in einer Freiheit, die so beängstigend ist wie sein Pflichtenkatalog, mit diesen Anforderungen zurechtzukommen. Verschärft wird dieses Problem der unerfüllbaren Ansprüche noch dadurch, daß auch die Erwartungen in bezug auf die Schwerpunktsetzung in der Arbeit des Pfarrers auseinandergehen. Die am kirchlichen Leben teilnehmende Gruppe der Gemeinde erwartet vom Pfarrer in der Regel genauso wie die Gruppe, die sich im Gemeindeleben nicht engagiert, Begleitung und Stabilisierung. Die Kirchenleitung und der Pfarrer selbst legen demgegenüber den Schwerpunkt der Arbeit auf die Verkündigung des Evangeliums.

Analysiert man die Erwartungshaltungen an den Pfarrer, so lassen sich vier Gruppen unterscheiden, von denen unterschiedliche Erwartungen an den Pfarrer ausgehen. Die erste Gruppe gehört zwar nicht mehr zur Kirche, bewegt aber dennoch zumindest geistig den Pfarrer, weil es in ihr Vertreter eines konfessionslosen Christentums in echt protestantischem Geist gibt. Diese Menschen wird er von seiner beruflichen Intention her zumindest im Geiste als vollwertige Mitchristen anerkennen. Die Tatsache, daß sie sich aber außerhalb der verfaßten, institutionalisierten Kirche befinden, muß er als Kritik an seiner Arbeit und an seiner Institution auffassen. Die anderen drei Gruppen befinden sich innerhalb der Gemeinde. Es sind die volkskirchliche, die vereinskirchliche und die reformkirchliche Gruppe. Die reformkirchliche Gruppe ist bislang statistisch nicht untersucht worden. In der Erfahrung des Pfarrers begegnet sie aber in ihrem Anspruch, daß alles anders und besser zu machen sei. Die volkskirchliche Gruppe verlangt demgegenüber vor allem Repräsentation des Kirchlichen, gute Tradition und Gewährleistung von Sinn und Wert. Dementsprechend erwartet sie vom Pfarrer, daß er die kirchliche Lehre richtig weitergibt, daß er Helfer in allen Lebenslagen ist und ein würdiger Vertreter der Kirche in der Öffentlichkeit. Die vereinskirchliche Gruppe sucht in der Kirche statt dessen Geborgenheit, Gemeinschaft und Bildung. Sie ist die kirchliche Spielart des Vereinswesens. Sie verlangt vom Pfarrer vor allem Begleitung und Lebenshilfe oder Beratung. Weitere, zusätzliche Erwartungen an den Pfarrer entstehen nicht durch vorhandene Gruppierungen, sondern durch die besondere Situation, die er antrifft oder die sich entwickelt. Da diese besondere Situation nicht in herkömmliche Schemata paßt, kann sich aus ihr ein neuer Zweig kirchlicher Arbeit entwickeln. So sind z.B. die kirchlichen Sonderdienste wie Gefängnisseelsorge oder Polizeiseelsorge entstanden als auch neue Formen der Spiri-

[73] Lange 1982, S. 146

tualität wie das politische Nachtgebet oder die Meditationsbewegung. Für die Pfarrer folgt aus diesen Erwartungen: „Die Schwierigkeit, Pfarrer zu sein, ist eben die, diese Dialektik von Treue und Verrat, von Kontinuität und Wandel, von Ende und Anfang in der eigenen Person, in der eigenen Berufsführung durchhalten zu müssen ...“[74] In rollentheoretischer Betrachtung läßt sich dieser Sachverhalt durch den Begriff *Darsteller* fassen, Darsteller dabei im besten Sinn des Wortes. Der Pfarrer stellt nicht irgend etwas Beliebiges dar, sondern er steht für Kontinuität, Heimat, Sinn und Wert. Er ist damit nicht einfach nur Darsteller oder Repräsentant dieser Werte, sondern zugleich ihr Bürge. Der Pfarrer wird damit besonders in der volkskirchlichen Gruppe *gebraucht,* um religiös-moralische Tradition zu vertreten und zu verbürgen. Das gilt selbst dort, wo diese Tradition im Widerspruch zur biblischen Botschaft steht. Von der biblischen Botschaft her gedacht, brauchen die Menschen z. B. keinen Bürgen, der für eine gute Herkunft oder eine gute Heimat steht, sondern einen Bürgen, der für eine gute Zukunft und die himmlische Heimat eintritt. „Die Schwierigkeit, Pfarrer zu sein, ist demnach die Schwierigkeit, als Bürge für morgen an die Tür zu klopfen und als Bürge für gestern eingelassen zu werden.“[75]

Schließlich befaßt sich Ernst Lange auch mit dem Problem der Anfechtung im Alltag eines Gemeindepfarrers.[76] Ein Pfarrer kann durch die Erfahrung von Inkompetenz und Ineffizienz in Anfechtung geraten, was zu mancher Resignation führt. Die eigentliche Anfechtung des Pfarrerberufes liegt allerdings nicht in dieser Erfahrung, sondern in der Erfahrung, daß die Verkündigung ohne Relevanz und Konsequenz in unserer Zeit zu sein scheint. Die Verkündigung wird nach Erfahrung mancher Pfarrer weder verstanden noch gefragt noch angenommen. Die Sprache der Verkündigung scheint ohne Vollmacht zu sein, ohne die Zuversicht, daß das Evangelium heilsnotwendig ist und sich als solches erweisen wird. Aus dieser Erfahrung kann dem Pfarrer eine *Sprachnot*[77] erwachsen, die die Tendenz zur Unwirksamkeit der Verkündigung verstärkt. Dieser Gefahr kann er nur entkommen, wenn er die vier häufigsten Fehler für eine glaubwürdige Verkündigung erkennt:

1. Das Thema wechseln, d. h. statt beim Dienst am Wort zu bleiben, andere Geschäfte betreiben, für die der Pfarrer im Grunde kein Mandat hat, weil andere diese Geschäfte ebenfalls und meistens besser erledigen können als er. Das bekannteste Beispiel aus diesem Bereich ist die *Politik auf der Kanzel.*

2. Schwätzen, statt verkündigen. Das geschieht dort, wo nicht um die

---

[74] Lange 1982, S. 155f.
[75] Lange 1982, S. 159
[76] Lange 1982, S. 167ff.
[77] Lange 1982, S. 187

Mitte des Textes gerungen wird, sondern abschweifende Nebengedanken oder Alltagsbanalitäten vorgetragen werden.

3. Verstummen, weil man Angst hat, mit seiner Botschaft anzuecken. Das ist ein Problem in Situationen, in denen der Glaube verfolgt wird oder auch in Situationen, wo die Glaubensgemeinschaft vom Wohlwollen mächtiger Geldgeber abhängt.

4. Weiterreden, als wäre nichts geschehen. In diese letztere Falle tappt der Prediger, wenn er nicht sensibel genug für die Tagesordnung der Welt ist. Dann geht er z.B. nicht einmal mit einem Gebet auf einen Kriegsausbruch in einem Teil der Welt ein.

Die Mittel, die dem Pfarrer helfen, in diesen Anfechtungen zu bestehen, sind: seine Professionalität – wenn er sie pflegt und nicht vernachlässigt; die Kommunikation des Evangeliums – wenn der Pfarrer sie sucht und übt; die Pflege einer Lebenspraxis, in der Wort, Tat und Glaubensgestalt zusammenstimmen – was sich auch auf die Kirchengestalt auswirken wird; schließlich der Zusammenschluß mit Berufskollegen zum Zwecke der Beratung, Begleitung, Supervision und der Verbesserung der Berufsbedingungen, die durch bestehende Institutionen gesetzt wurden.

Es ist kein Vorgriff auf die Schlußreflexion am Ende des Buches, wenn an dieser Stelle vermerkt wird, daß die Diskussionsbeiträge von Ernst Lange zur Pfarrerberufsrolle an Grundsätzlichkeit und Differenzierung kaum zu übertreffen sind.

5.3.5 Die charismatische Erneuerung der Gemeinde

Die charismatische Bewegung stammt aus unterschiedlichen konfessionellen Traditionen. Das erklärt, weshalb sie nicht einer einzigen theologischen Tradition verbunden ist und in sich selbst ein plurales Bild bietet. Allen charismatischen Bewegungen gemeinsam ist aber ihre betonte Beziehung auf die Charismen, die in der Regel mit der Taufe verbunden sind, und von denen im NT vor allem die Apostelgeschichte und Paulus berichten. Von Bewegung kann man sprechen, weil sie alle Kirchen der Neuzeit zumindest teilweise erfaßt hat. Über diese Bewegung (Geschichte, Verbreitung, Aufbrüche, Kontaktstellen in Deutschland und die Grundzüge der Lehre) informiert umfassend und sachlich Siegfried Großmann.[78] Er gehört selbst der charismatischen Bewegung in Deutschland in ihrem freikirchlichen Zweig an.

In seiner Darstellung geht er davon aus, daß die Kirchen um 1970 ihre *Geistvergessenheit* angesichts erster charismatischer Aufbrüche erkennen und sich wohlwollend diesen Aufbrüchen öffnen. Diese Aufbrüche sind durch alle Konfessionen und Freikirchen hindurch weltweit zu beobachten.

---

[78] Vgl. Großmann 1978

Für Europa sind diejenigen aus Amerika wirksam, von diesen wiederum besonders solche der sog. Jesus-People-Bewegung. Es gibt diese Bewegung in Deutschland innerhalb und außerhalb der großen Konfessions-Kirchen. Die katholische charismatische Bewegung hat einen Hauptvertreter in Heribert Mühlen, die evangelische in Arnold Bittlinger und der Charismatischen Gemeindeerneuerung in der Evangelischen Kirche mit Sitz in Hamburg. Obwohl die charismatische Bewegung eine nicht geleugnete Nähe zu den Pfingstkirchen hat, ist sie dennoch eine eigenständige Bewegung, die auch den Pfingstkirchen zu neuen Impulsen verhalf. Es ist keine Übertreibung festzustellen, daß die Charismatische Bewegung *die* ökumenische Aufbruchsbewegung nach der Mitte des 20. Jahrhunderts gewesen ist. Siegfried Großmann weist daraufhin, daß es bis dato noch keine Geschichte der charismatischen und neupfingstlerischen Bewegung gibt.[79] Aufgrund dieses Mangels ist eine zuverlässige Beurteilung charismatischer Phänomene derzeit kaum möglich. Deshalb sei gegenwärtig eine der Hauptaufgaben in der charismatischen Bewegung, die Geister zu unterscheiden, da nicht jedes charismatische Phänomen dem Gemeindeaufbau dient.[80] Großmann versucht für die neue charismatische Bewegung eine Einteilung in traditionelle Pfingstkirchen und neuzeitliche, charismatische Bewegung. Kennzeichen der Pfingstkirchen ist eine feste Institutionalisierung; Kennzeichen der charismatischen Bewegung, daß sie Zentren unterhält, sich innerhalb und außerhalb der Kirchen organisiert, aber noch keine institutionelle Selbständigkeit besitzt. Dabei gibt es auch Übergänge. Die Unterscheidung der Gruppen innerhalb der charismatischen Bewegung nach dem Maß der Kirchwerdung besagt nichts über ihre theologische Orientierung, weil sich die Bewegung auch durch alle theologischen Lager hindurchzieht.[81] Allerdings kann man sie auch nach ihrer theologischen Herkunft unterscheiden. Trotz aller Unterschiede im Detail gibt es eine durchgängige Gemeinsamkeit: Die Pfingstbewegung und die charismatische Bewegung sind in ihrem Bibelverständnis und ihrer Spiritualität evangelikal.[82] Theologisch wesentlich sind aber die Fragen, die durch die Bewegung an die Traditionsgestalten des Christentums gestellt werden: die Frage nach der persönlichen Entscheidung für Christus, die Frage nach Amt und Charisma, die Frage nach Charisma und Sakrament, die Frage nach der Unterscheidung von Geistlichen und *Laien,* die Frage nach der Berechtigung des Konfessionalismus bzw. nach dem trennenden Beharren auf Besitz der Wahrheit in der jeweiligen Konfession.

Faßt man nach Großmann die Entwicklungen insgesamt ins Auge, so zeigt sich, daß die Pfingstbewegungen durch die charismatische Erneuerung aus ihrem Ghettodasein herausgetreten sind und von einer Sekte zur anerkann-

---

[79] Großmann 1978, S. 45
[80] Großmann 1978, S. 14
[81] Großmann 1978, S. 54f.
[82] Großmann 1978, S. 61

ten Kirche wurden. Es läßt sich ferner feststellen, daß durch die charismatische Bewegung eine neopietistische Erweckung durch die Konfessionen zog. Dennoch unterscheidet sich der evangelikale Bekehrungsversuch vom charismatischen Bekehrungserlebnis. Die charismatische Erneuerung eines Menschen setzt auch nicht die Übernahme der gesamten evangelikalen Theologie voraus. Deshalb hat sich nach Großmann in Deutschland für das charismatische Erlebnis der Bekehrung und des Entstehens eines persönlichen Jesusverhältnisses der Begriff *christliche Grunderfahrung* eingebürgert. Mit der christlichen Grunderfahrung kann das Zeichen des sogenannten *Sprachengebetes* oder *Zungenredens* verbunden sein. Damit wird die Fähigkeit bezeichnet, Gott in einer dem Sprechenden selbst unbekannten Sprache zu loben und zu preisen. Für manche Charismatiker ist deshalb das Sprachengebet *das Zeichen der Geisttaufe,* die im NT verheißen und gegeben wird. Eine große Übereinstimmung besteht unter den Charismatikern aber darin, daß die Fülle der Gaben Gottes nicht auf eine einzige Gabe reduziert werden kann, auf die sich die Heilsgewißheit des einzelnen gründen läßt. Übereinstimmung besteht bei den Charismatikern auch darin, daß durch die christliche Grunderfahrung ein ganzheitlicher Zusammenhang zwischen Bekehrung, Wiedergeburt, Wassertaufe und Geistempfang gegeben ist. Ferner ist man gemeinsam der Überzeugung, daß die neutestamentlichen Charismen, die in 1. Kor 12 und in Röm 12 erwähnt werden, sowie weitere Gaben auch heute noch wirksam sind, wenn man sie wirken läßt.[83] Auch darin besteht bei vielen Charismatikern Konsens, daß diese Gaben zum Aufbau der Gemeinde gegeben sind. Ein echtes, christliches Charisma läßt sich an folgenden Merkmalen erkennen, die schon Paulus in 1. Kor 11 – 14 so ähnlich beschrieben hat: 1. Es führt zum Christusbekenntnis. 2. Es dient der Auferbauung der Gemeinde. 3. Es fördert nicht die Unordnung, sondern ordnet sich ein. 4. Das Charisma führt zum Glaubenszeugnis. 5. Es wirkt in der Liebestätigkeit. 6. Es drückt sich aus im Gotteslob.

Die Gaben, die traditionellerweise mit dem Geistlichen Amt verbunden werden, werden bei Großmann gemäß der paulinischen Charismenlehre als Einzelgaben beschrieben: Prophetie als Wort der Weisung und Ermutigung; Offenbarung als Prophetie in bildhafter Form; Seelsorge als Zuspruch und Ermahnung; das Wort der Weisheit und Erkenntnis als treffende Aktualisierungen des Gotteswortes; das Charisma der Lehre als hermeneutische Begabung; die Gabe, Zungenrede in der Gemeinde auszulegen; das Singen im Geist; das Charisma der Leitung als Gabe zur Führung einer Gemeinde. Letztere Gabe läßt sich schon im NT gliedern in Gabe der Verwaltung (Röm 12,8 – der Gemeinde *vorstehen*) und Gabe der Lenkung (1. Kor 12, 28 – die Gemeinde *leiten,* davon: Kybernetik). Zu dieser Gabe wird weiter vermerkt, daß es sich dabei um prophetische Lenkung handelt, also um eine Rich-

[83] Großmann 1978, S. 88

tungsweisung aus dem Geist Gottes.[84] Das Charisma der Leitung ist aber durch die Menschen gefährdet, die es durch ihre eigene Motivation oder Meinung verderben können. Deshalb gilt für dieses Charisma, wie für die anderen auch: „Eindeutige geistliche Führung wird nur in der Gemeinde oder einer ihr in der Struktur entsprechenden geistlichen Gemeinschaft erfahren werden können – wo die verschiedenen Charismen wie das Wort der Weisheit oder der Erkenntnis, Prophetie oder Seelsorge vom Charisma der prophetischen Leitung zusammengebracht und zur Wirkung gebracht werden können."[85] Ob ein Leiter dann auch weitere Gaben des Dienstes besitzt, die für seine Leitung sinnvoll sein könnten, zu denen auch die Gabe des Zeugnisses als Martyrium gehört, ist offengelassen, wie überhaupt eine ausgeprägte Charismenlehre keine Konzentration vieler Gaben auf eine Person oder in einem Amt zuläßt.[86] Entscheidend für das Wirken der Geistgaben ist, daß die Gemeinde sie beurteilen kann und sie in jedem Einzelfall prüft.[87] Beim Zusammenspiel der Gaben in der Gemeinde gilt der erwähnte, neutestamentliche Grundsatz: „Jedem aber wird die Offenbarung des Geistes zum Nutzen der Gemeinde gegeben."[88] Zur Integration der Charismen in der Gemeinde gelten als Grundsätze:[89] 1. Jeder hat etwas, keiner hat alles. 2. Es gibt Verschiedenheiten der Gaben, also gibt es auch verschiedene Aufgaben. 3. Die Verschiedenheiten sind nicht wegen des Unterschiedes da, sondern als Ergänzung. 4. Je besser die Kommunikation der Gemeindeglieder untereinander läuft, desto besser können sich die Charismen entfalten. Damit ist das charismatische Amtsverständnis dargelegt.

Trotz mancher Vorbehalte, die man gegen die Charismatiker und ihren Weg hegen mag, läßt sich nach den Darlegungen Großmanns feststellen, daß die charismatische Bewegung zumindest in ihrem Selbstverständnis biblischer und reformatorischer Tradition entspricht.[90]

5.4 Die Pfarrerberufs-Rolle in der Sicht kirchlicher Erneuerungsbewegungen (Eine Zusammenfassung)

Sieht man die vielfältigen Ansätze zur Kirchenerneuerung daraufhin durch, was sie zur Diskussion um die Berufsrolle des Pfarrers beitragen, so zeigen sich Unterschiede und Gemeinsamkeiten. Es ist unübersehbar, daß die Definition der Berufsrolle und ihrer Aufgaben vom theologischem Ansatz und einer damit verbundenen Amtstheorie abhängt. Diese ist ihrerseits nur

[84] Großmann 1978, S. 130
[85] Großmann 1978, S. 131
[86] Großmann 1978, vgl. dazu auch S.157–160
[87] Großmann 1978, S. 147 –149
[88] Großmann 1978, S. 151, zitiert wird: 1. Kor 12,7
[89] Großmann 1978, S. 151ff.
[90] Vgl. z.B. aus dem NT: 1. Thes 5, 21 und Luther 1523

auf dem Hintergrund einer Lehre von der Kirche, der Ekklesiologie, zu verstehen. Das jeweilige Kirchenbild bestimmt auch das jeweilige Pfarrerberufsbild. Eine Berufsrollendiskussion muß diese Zusammenhänge beachten. Sachgemäß kann über die Berufsrolle nur diskutiert werden, wenn zunächst Klarheit über das Kirchenbild besteht, in das die Berufsrolle eingefügt werden soll. Wo diese Klarheit nicht erreicht wird, entstehen spannungsvolle Aussagen zur Berufsrolle und ihrer Einordnung in die Gemeinde. Das war z.B. in den VELKD-Thesen zu erkennen. Sie sind ausdrücklich einer Reform kirchlicher Ämter gewidmet, vor allem des Pfarramtes. In ihnen wird zunächst bestimmt, daß der Auftrag der Kirche das Amt der Verkündigung ist. An diesem Auftrag haben alle Mitglieder der Kirche als allgemeine Priester seit ihrer Taufe Anteil. Dann aber wird dieses Amt der Kirche dem Pfarramt übertragen. Alle anderen Dienste in der Kirche werden diesem Auftrag – und damit dem Pfarramt – zugeordnet. Dadurch entsteht eine Rangordnung der Dienste, die man im Prinzip gar nicht wollte. Schon die Gegenüberstellung von *Laie* und Amt der Kirche macht dies deutlich. Der Begriff *Laie* meint landläufig den Nichtpriester und Nichtfachmann, stellt ihn als hierarchisch unter die Priester. Nach reformatorischer Überzeugung kann es wegen des allgemeinen Priestertums einen solchen Begriff in Gemeinden der Reformation nicht mehr geben, es sei denn, man definiert den Begriff neu und anders, als er gemeinhin verstanden wird.

Auch die Studie „Christsein gestalten" knüpft an der Lehre vom allgemeinen Priestertum an. Sie definiert die Kirche als Zeugnis- und Dienstgemeinschaft, die an der Missio Dei in der Welt teilhat. Der Pfarrerberuf ist in diesem Kontext nur ein Beruf, der mit speziellen Aufgaben verbunden ist. Diese speziellen Aufgaben sind zugleich die Aufgaben, die auch traditionell mit dem Beruf verbunden wurden, nämlich Verkündigung vor allem im Gottesdienst, Seelsorge vor allem in Verbindung mit Kasualien, Unterricht besonders als Konfirmandenunterricht. Im Prinzip lassen sich diese Aufgaben auch neu verteilen. Damit ist das Konzept der Studie seinem eigenen Anspruch gemäß offen für neue Gestaltungsformen der Zeugnis- und Dienstgemeinschaft. Der Pfarrer hat in diesem Konzept nur insofern eine besondere Rolle, als er in seinem Amtshandeln und in seinem persönlichen Leben als der Bürge für die Glaubwürdigkeit des Christentums wahrgenommen wird. Um die Glaubwürdigkeit im Handeln der Dienstgemeinschaft zu verbessern, wird auf Professionalität gesetzt, die durch Differenzierung der Aufgaben einer modernen Gemeinde und die entsprechende Spezialisierung der Ämter und Dienste erforderlich ist. Das gilt sowohl für die Pfarrer als auch für die anderen Dienste in der Kirche.

Ernst Langes Arbeiten zum Pfarrerberuf sind in der Sicht des Autors dieses Buches die differenziertesten und gründlichsten Beiträge zur Berufsrollendiskussion. Auch er geht wie die Studie „Christsein gestalten" von der Missio Dei aus, an der die Kirche teilhat. Zweck der Kirche ist nicht die Errichtung einer Institution, sondern der Dienst am Wort, wie er das Predigtamt neu beschreibt. Kirchen, die diesen Gedanken nicht klar genug erkennen und ihren Selbstzweck nicht klar genug bestimmen können, finden auch nicht zu einer klaren Beschreibung des Pfarrerberufes. Versteht man Kirche als Teilhabe an der Missio Dei, dann ist nach dem Inhalt dieser Missio zu fragen. Der Inhalt der Missio ist das Evangelium von der Menschwerdung Gottes in der Geschichte zur Erlösung der Menschheit. Weil dieses Evangelium uns geschichtlich gegeben ist und uns in ihm Gottes Wort und Wille begegnet, kann es nur in einem kommunikativen Prozeß zeitgemäß aufgenommen werden. An diesem Prozeß ist jeder Christ beteiligt. Der Pfarrerberuf ist in diesem Prozeß ein funktionales Dienstamt. Dieses Dienstamt unterscheidet sich von den anderen Christen nur durch seine Professionalität und die Größe des ihm deshalb zugewiesenen Aufgabenbereiches.

Die Konzepte der charismatischen Gemeindeerneuerung lassen sich hier insofern gut anschließen, als auch sie das Pfarramt funktional verstehen. Was diese Konzepte von den anderen unterscheidet, ist, daß sie ihre Vorstellungen von Amt und Gemeinde aus der Charismenlehre des Paulus entwickeln. Danach ist die Gemeinde als Gemeinschaft der Heiligen und Leib Christi zu bestimmen. Sie ist ausgestattet mit zahlreichen Gaben, unter denen die Gabe der Verkündigung und Leitung einer Gemeinde nur eine unter anderen ist. Die Gaben selbst sind ihrem Wert nach gleich, weil sie alle zum Aufbau der Gemeinde erforderlich sind. Nur durch ihr Zusammenspiel kann der Leib Christi leben und sich entfalten. Es ist kaum zu übersehen, daß dieser Ansatz dem Gedanken vom allgemeinen Priestertum aller Gläubigen, ihrer Gleichberechtigung und Gleichwertigkeit im Dienst verbunden ist und ihn zu verwirklichen sucht. Der Pfarrerberuf kann sich nach diesem Konzept auflösen, ihm können aber auch spezielle Aufgaben der Seelsorge, der Verkündigung oder der Aus- und Fortbildung der Mitarbeiter zugewiesen werden.

Diese Übersicht über die verschiedenen Reformansätze zum Pfarrerberuf zeigt allerdings nicht nur, daß die Pfarrerrolle in der Tat vom Kirchenbild bestimmt wird, sondern auch, daß es trotz aller Verschiedenheit in diesem Punkt eine Übereinstimmung gibt: Wenn man so etwas wie ein Geistliches Amt in einer Gemeinde einrichtet, so ist seine Hauptaufgabe die persönlich verantwortete, glaubwürdige Verkündigung des Evangeliums in Wort und Tat, die der Pfarrer in Stellvertretung der Gesamtgemeinde oder Kirche und in ihrem Auftrag wahrzunehmen hat. Diese Beschreibung ist zugleich eine Beschreibung des Grundauftrages jeden Pfarrerberufes. Sie kann deshalb so allgemein durch die verschiedenen Kirchenbilder hindurch als gemeinsame Überzeugung aufgefunden werden, weil dieser Grundauftrag zugleich der Grundauftrag jeder Kirche ist. Die differenzierte Ausgestaltung dieses Grundauftrages wird allerdings – wie gezeigt – vom Kirchenbild bestimmt.

Gemeinsam ist diesen Konzepten allerdings auch, daß sie – vielleicht mit Ausnahme von Ernst Lange – kaum in Zusammenarbeit mit Pfarrern aus Gemeinden und in Auseinandersetzung mit deren Erfahrungen entstanden sind. So ist in den folgenden Kapiteln zu prüfen, ob sich im Rahmen empirischer Forschungen, vor allem der Kirchen- und Religionssoziologie, ein anderes Bild ergibt.

6. Kirchensoziologische Kontexte des Pfarrerberufes

6.1 Überblick über die Entwicklung kirchensoziologischer Forschung seit 1945

Kirchensoziologie als Erforschung religiösen Verhaltens im Gewand kirchlicher Ausprägung läßt sich ganz verschieden beschreiben und begründen: als Kirchenkunde mit Hilfe soziologischer Mittel; als spezieller Zweig der Soziologie, der die Kirchen zum Gegenstand hat; als Teilaspekt der Religionssoziologie. Alle diese Ansätze kirchensoziologischer Forschung hat es im Verlauf der Geschichte, besonders nach dem Zweiten Weltkrieg, gegeben. Sie führten in den 60er Jahren zu einer Debatte innerhalb der Soziologie, ob und wie sich Religionssoziologie als Zweig der Soziologie begründen lassen kann oder ob nicht das Ende derselben gekommen sei, da sie in ihrer Erscheinungsform als Kirchensoziologie zu einer Hilfswissenschaft der Kirchen und der Praktischen Theologie und letztlich zur Pfarrsoziographie verkommen sei.[1]

Die Einschätzung, daß der Beitrag der kirchensoziologischen Forschung zum Wissensbestand der Religionssoziologie wenig brauchbar ist, geht auf eine viel zitierte Beurteilung von Thomas Luckmann zurück.[2] Man kann zeigen, daß Luckmann zu Unrecht als Kronzeuge dieser Beurteilung zitiert wird.[3] Denn in demselben Zusammenhang, in dem seine Beurteilung erfolgt, wird zugleich eine neue Aufgabenstellung für die Religionssoziologie formuliert. Luckmann geht dabei von der Einsicht aus, „daß das Wesen der Religion sozialtheoretisch als Vor-Entscheidung, als ein zur Menschwerdung, Sozialisierung und Individualisierung zentrales gesellschaftliches Apriori zu verstehen ist".[4] Religiosität ist danach eine menschliche Grundkonstante, die sich notfalls ihre eigene Religion schafft, wenn sie nicht in den gesellschaftlichen Formen und Vorformen religiöser Gestaltung eine ihr indivi-

---

[1] Vgl. Feige 1990; Daiber/Luckmann 1983
[2] Luckmann 1960, S. 315–326
[3] Vgl. Feige 1990, S. 77ff.
[4] Luckmann 1960, S. 323, zitiert nach Feige 1990, S. 78

duell, subjektiv angemessene Ausdrucksform findet. Religiöse Sinnstrukturen betreffen die Sinngebung der gesamten Daseinsgestaltung und sind somit unerläßlich für die Existenz der menschlichen Gesellschaft. Dabei ist es nachrangig, ob sie in einem christlichen, atheistischen oder anderen Gewand einherkommen. Mit der Kategorie *Kirchlichkeit* zur Erfassung und angemessenen Beschreibung von Religion oder Religiosität in der Gesellschaft ist diese Sachlage nicht zureichend zu erfassen. Denn die Kirchen selbst sind nur *eine* historische Gestalt des Religiösen, sogar nur *eine* historische Gestalt des Christlichen. Das Christentum selbst reicht in seiner Universalität über die eigene historische Bestimmtheit weit hinaus. Aus all dem ergibt sich für die Wissenschaft: „Die Identifikation dessen, was Religion sei, entsteht dann als eine neue und eigene Aufgabe, die nicht schon durch die Formeln und Materialien der kirchlichen Theologie geleistet ist. Die neuzeitliche Religionsthematik wird so zu einem allgemeinen Verständigungsmittel über die Wirklichkeit im Horizont der Erfahrung."[5] Für das Christentum selbst ergibt sich, daß es als Prozeß der religiösen Theoriebildung konstituiert wird, durch den die normative Tradition der Kirche in Frage gestellt wird. Mit dem Begriff *Christentum* verband und verbindet sich – spätestens seit der Aufklärung – das individuelle Recht, zu bestimmen, was das Wesentliche und aktuell Wirkliche der christlichen Religion sei. Damit ist dieser Bereich der Theoriebildung der alleinigen Zuständigkeit der Kirche und ihrer Theologie entzogen. Für die Gegenwartssituation läßt sich danach feststellen, daß das Christliche einen Überschritt von seiner bloß kirchlichen Gestalt des Christentums in eine Welt der Sittlichkeit vollzogen hat. Von einer Entchristlichung der Gesellschaft kann daher prinzipiell nicht die Rede sein. Eine gegenwartsbezogene Religionssoziologie hat es mit diesem Gestaltwandel des Christentums und mit seinen Transformationsgestalten zu tun. Sie hat insbesondere die Aneignung des Christlichen im sozialen Bewußtsein zu erforschen, das sich von der kirchlichen Bevormundung befreit hat. Diese Religionssoziologie ist bei genauerem Zusehen unter Einbeziehung ihrer Geschichte „Soziologie der Gesellschaft unter dem bestimmten Gesichtspunkt des Christentums".[6] Man mag diese Position teilen oder nicht, fest steht, daß es ein Christentum außerhalb verfaßter Kirchen gibt und nach reformatorischem Verständnis schon immer gegeben hat.[7] Dieses Christentum ist empirisch allerdings schwer zu bestimmen, weil es sich in der Neuzeit vor allem ins allgemein Ethische transformiert hat. Durch die Einsicht in diese Zusammenhänge ist aber der Anschluß der Kirchen-

[5] Feige 1990, S. 87, zitiert nach Rendtorff 1972, S. 142

[6] Feige 1990, S. 90

[7] Martin Luther schreibt in der schon erwähnten Schrift „Daß eine ... Gemeinde" von den verstreuten Christen unter Papst und Türken und Heiden, also außerhalb der Institution Kirche.

soziologie und Christentumssoziologie an die moderne Religionssoziologie erreicht.

Von da aus war es wieder möglich, sich auch unter den Herausforderungen neuerer Entwicklungen soziologisch der Erforschung der verschiedenen Gestalten des Christlichen, auch in seiner kirchlichen Form, zuzuwenden.[8]

Ein neuer Impuls, sich mit den Vermittlungsgestalten des Religiösen in der Neuzeit am Beispiel der kirchlichen Institutionen zu befassen, ging Anfang der 70er Jahre von den Kirchen selbst aus. Anlaß waren die Ende der 60er Jahre sprunghaft angestiegenen Austrittszahlen. Durch diese Zahlen aufgeschreckt, machte sich in den Kirchen eine erhebliche Unruhe breit. Als Ergebnis dieser Unruhe kam es zu neuen kirchensoziologischen Forschungsprojekten. Diese Forschung hatte Situationsaufklärung zum Ziele. Zwar sind diese Arbeiten alle Auftragsforschung, dennoch werden sie bereits in der Konzeption, z.B. in der Anlage ihrer Fragebögen und des Forschungsansatzes, von der damals aktuellen religionssoziologischen Theoriediskussion bestimmt.[9] Die erste größere Forschungsarbeit, die unter einem neuen Theorieansatz steht, wurde unter dem Titel „Gottesdienst in einer rationalen Welt“[10] von Gerhard Schmidtchen veröffentlicht. Sie wurde von der VELKD veranlaßt, um herauszufinden, was am Gottesdienst zu verändern sei, damit er für die Mitglieder wieder attraktiver wird. Schmidtchen aber befaßte sich mit der Thematik grundsätzlicher. Er ging von der Annahme aus, daß es eine Inkongruenz zwischen dem bestehenden System Kirche und den Mitgliedern der Kirche geben müsse, vor allem im Bereich der Werte. Der moderne Mensch setze auf Selbstbestimmung und Freiheit, die Kirche hingegen vertrete Ansichten, die diesem Selbstbestimmungs- und Freiheitsstreben widersprechen, deshalb wird sie insoweit von denen abgelehnt, die modern sind. Man kann seine Erkenntnis auf die Formel bringen, je moderner der Mensch, desto rückständiger empfindet er die Kirche, deshalb beteiligt er sich nicht an ihren Veranstaltungen, sondern tritt sogar aus der Kirche aus, wenn er sich von ihr behindert fühlt. Falls diese These zutreffend ist, dann ist nach Schmidtchen eine Gottesdienstreform wenig geeignet, um dieses Problem zu bearbeiten. Die Kirche müßte dann in erster Linie dem Zeitgenossen ein Partner werden, der Antworten auf seine Fragen hat und diese so vertreten kann, daß sie mit den Zielen und Strebungen des modernen Menschen zusammenzubringen sind. Nur wenn das gelingt, wird die Kirche ihre Mitgliederzahlen einigermaßen halten können. Diese Einsichten gelten dann allerdings auch konkret sowohl für Gottesdienstreformen als auch die Rolle der Pfarrer, die die Gottesdienste leiten. Ihnen gilt daher neben der auftragsgemäßen Untersuchung der Gottesdienste ein besonderes Augenmerk in der Arbeit von Schmidtchen.

[8] Vgl. Gabriel 1983, S. 195
[9] Vgl. Daiber/Luckmann 1983, S. 199–220
[10] Vgl. Schmidtchen 1973

Im Jahr 1974 erschien eine weitere, diesmal von der EKD veranlaßte, kirchensoziologische Studie neuen Stils, die Maßstäbe setzte: „Wie stabil ist die Kirche?“ Sie hat durch die Heranziehung eines organisationssoziologischen und funktionalen Ansatzes die neuere religionssoziologische Forschung mit bestimmt und weiter vorangetrieben[11], vor allem durch Folgestudien im Abstand von zehn Jahren.[12] Die Studie „Wie stabil ist die Kirche?“ fragt ähnlich wie die VELKD-Studie nach Verbundenheit der Kirchenmitglieder mit ihrer Kirche und nach dem Grad ihrer Übereinstimmung mit Ansichten, die die Kirche vertritt. Sie geht aber nicht wie die VELKD-Studie von einem fiktiven Kirchenbild aus, sondern setzt ihre Forschung konsequent bei der Sicht der Mitglieder auf ihre Kirche an. Diese sehen ihre Kirche als Institution, zu der sie zunächst einmal gehören, weil sie sich selbst als Christen verstehen. Zu dieser Institution können sie aber auch in kritischer Distanz stehen und sie nach ihrem funktionalen Wert für ihr Christsein beurteilen. Die Studie fragt daher, wie die Mitglieder die Kirche sehen, wie sie mit ihr übereinstimmen oder nicht, wie sie sie erleben, besonders in ihrer Begegnung mit den Pfarrern, was sie von ihr wünschen und wie sie Mitgliedschaft praktizieren. Es ist ohne Zweifel ein bleibendes, in der Welt wohl einmaliges Verdienst der EKD, der Religionssoziologie durch ihre kontinuierliche Mitgliedschaftsforschung Material über ein gesamtes religiöses System im Wandel der Geschichte geliefert zu haben. In der letzten Studie werden erstmals auch qualitative Methoden der Sozialforschung verwendet, die auch vom Autor dieses Buches angewendet wurden. Zudem bietet diese letzte Studie erste Ergebnisse über Kirchenmitgliedschaft in den neuen Bundesländern.[13] Schließlich wurde in ihr auch ein für sie bis dahin unbekannter Bereich in die Arbeit aufgenommen: Es wurden auch Menschen über ihre Meinung zur Kirche befragt, die ihr nicht angehören, und zwar solche, die ihr nie angehört haben, also auch solche, die aus der Kirche ausgetreten sind. Mit der Befragung der Ausgetretenen setzt die Studie eine Arbeit fort, die Feige und andere schon früher begonnen hatten, die sogenannte *Austrittsforschung*[14] aus den 70er Jahren.

Noch bevor die kirchensoziologische Forschung einen Neuanfang machte – zum Teil auch parallel mit ihr – gab es neben vielen theoretischen Arbeiten zum Pfarrerberuf[15] auch schon einige *empirische* Arbeiten, von denen allerdings nur drei für den evangelischen Bereich öfter zitiert werden und

[11] Es ist an dieser Stelle anzumerken, daß dies unter anderem gewiß auch der Mitarbeit von Trutz Rendtorff und Joachim Matthes im wissenschaftlichen Beirat der Studie von 1972/74; 1982/84; 1992/94 zu verdanken ist.

[12] Vgl. Hild 1974; Hanselmann/Hild/Lohse 1984; Studien- und Planungsgrupppe der EKD 1993

[13] Die in dieser Arbeit aber ausgeklammert bleiben, wie eingangs begründet.

[14] Vgl. Feige 1977; Kehrer/Schäfer 1977; Kuphal 1979

[15] Vgl. Daiber/Luckmann 1983, S. 199–220, bes. S. 205f. und das Literaturverzeichnis S. 217–220

nach wie vor von Interesse sind.[16] Sie sind schon deshalb von bleibendem Interesse, weil ihnen bislang keine weiteren thematisch vergleichbaren empirischen Arbeiten gefolgt sind.[17]

Einen neuen Aufschwung nahm die Religionssoziologie zu Beginn der 80er Jahre. In dieser Zeit kam durch eine völlig unerwartete Erneuerung des Religiösen vor allem außerhalb der Kirchen eine neue Diskussion über Religion in der Gesellschaft in Gang.[18] Ein spezieller, wiederbelebter Zweig innerhalb der Mitgliedschaftsforschung wurde im gleichen Zeitraum die Erforschung des Verhältnisses der Jugend zur Kirche. Dieser Zweig religionssoziologischer Arbeit geht von der erkannten Tatsache aus, daß die Gruppe, die am häufigsten die Kirchen verläßt, bei den 19–29jährigen zu finden ist. Diese Gruppe hat bis zu ihrem Austrittsentschluß bereits eine *kirchliche Sozialisation* hinter sich, d. h., sie hat zum mindesten Konfirmanden- und Religionsunterricht besucht und während dieser Zeit verschiedene Begegnungen mit der Kirche gehabt. Die Forschung sollte und wollte deshalb der Frage nachgehen, wie diese Begegnungen verlaufen sind, ob und wie die Vermittlung von christlichen Gehalten durch die Kirchen gelingt bzw. mißlingt. Demgemäß gibt es seit dieser Zeit – zum größeren Teil auch wieder als Auftragsforschung der Kirchen selbst – empirische Arbeiten zu Themen wie *Jugend und Religionsunterricht, Jugend und Kirche am Heimatort, Jugend auf Kirchentag.*[19] Diese Studien verstehen sich als Untersuchungen zum Problemkreis der religiösen Sozialisation. Die Kirchentagsforschung geht dabei von dem speziellen Phänomen aus, daß die Jugendlichen ihren Heimatkirchen meistens den Rücken kehren, auf den Kirchentagen aber seit den 70er Jahren die weitaus größte Altersgruppe stellen. Ergänzend ist an dieser Stelle zu vermerken, daß zwar die zuvor genannten großen Mitgliedschaftsstudien der EKD seit 1972/74 keine spezielle Jugendforschung betrieben, aber durch ihre Altersdifferenzierung der Befragten sehr wohl auch die Meinung der Jugendlichen zur Kirche erfaßt haben. So sind die Ansichten der Jugendlichen zu bestimmten religiösen Themen auch in diesen Studien zu finden.

Alle diese Arbeiten, sofern sie empirisches Material zum Thema Pfarrerberuf enthalten, das auch der Kritik standhält, werden im folgenden für den evangelischen Teil der christlichen Tradition herangezogen. Es handelt sich dabei also um Arbeiten über den Pfarrerberuf und über die Kirchenmitgliedschaft, wobei zu letzterem Themenbereich auch die Arbeiten zum Kir-

---

[16] Bormann/Bormann-Heischkeil 1971; Spiegel 1970; Naef o.J. (1971)

[17] Arbeiten zum Theologiestudium oder zur zweiten Ausbildungsphase sind dabei nicht berücksichtigt.

[18] Die Überraschung über dieses neue Interesse dokumentiert zugleich, daß die Theorien von Luckmann oder Goldschmidt über Religion in der Gesellschaft entweder bis dahin nicht rezipiert oder nicht ernst genommen worden sind.

[19] Feige 1982

chenaustritt und zum Themenbereich *Jugend und Kirche* gehören. Mit Erkenntnissen zur religiösen Sozialisation beginnt die folgende Darlegung.

6.2 Die Vermittlungsinstanzen kirchlich-religiöser Einstellungen

6.2.1 Frühreligiöse Sozialisation

Bereits Erkenntnisse aus den ersten Mitgliedschaftsforschungen weisen darauf hin, daß die Familie für die Pflege von Religion und Kirchenbindung ein besonderer Ort ist. Für die Verbundenheit mit Kirche und christlicher Tradition sind die Vorprägungen im Elternhaus entscheidend.[20] Danach sind Kirchenmitglieder, deren Eltern bereits der Kirche hochverbunden sind, in der Regel auch stärker mit der Kirche verbunden als solche, deren Eltern sich mit der Kirche überhaupt nicht verbunden fühlen, obwohl sie dieser doch noch angehören. Die Rolle des Vaters scheint dabei von besonderer Bedeutung zu sein, weil die Hälfte aller Befragten meinte, daß ihre Verbundenheit mit der Kirche in etwa der ihres Vaters entspräche.

Die nachwachsende Generation schätzt die Verbundenheit der Eltern mit der Kirche höher ein als ihre eigene. Die Verbundenheit der Mutter mit der Kirche wird dabei höher eingestuft als die des Vaters. So stuften in der Studie von 1982 die Befragten ihre Mutter zu 55 % als sehr oder ziemlich verbunden mit der Kirche ein, während das vom Vater nur 36 % sagen konnten. Diese Ergebnisse sind so zu verstehen, daß es zwischen den Generationen in religiösen Fragen in der Regel keinen radikalen Traditionsbruch gibt, sondern daß die Muster und Modelle, mit Religion umzugehen, im Elternhaus erworben werden.

Daß die religiöse Einstellung der Eltern für die eigene Einstellung wichtig ist, ist nicht nur Forschungsergebnis, sondern auch im Bewußtsein der Kirchenmitglieder selbst. Dies geht aus einem Statement der Mitglieder zur sog. Kirchlichkeit von 1972 hervor. Dort fand mit 58 % der männlichen und 69 % der weiblichen Befragten folgende Meinung die höchste Zustimmung: „Ein christliches Elternhaus gehabt zu haben, ist für den späteren Lebensweg besonders wichtig."[21]

In der wichtigen Frage, wer die eigene Einstellung zu Religion, Kirche und Glauben beeinflußt hat, erinnerte sich die große Mehrheit durch alle Altersstufen hindurch, daß dies in erster Linie die Eltern gewesen sind. Erst danach mit großem Abstand folgen andere Personen, die Einfluß auf die religiöse Entwicklung genommen haben: Eltern 75 %; andere Verwandte 21 %; Freunde/Freundinnen 13 %; (Ehe)partner 6 %; Pfarrer 23 %; Jugendleiter 4 %; Lehrer 17 %; bekannte Persönlichkeiten 2 %; jemand anderes 2 %; überhaupt niemand 13 %.[22] Daraus ergibt sich auch, daß die religiöse Einstellung

[20] Hild 1974, S. 151
[21] Hild 1974, S. 181
[22] Studien- und Planungsgruppe der EKD 1993, S. 43

offensichtlich schon früh in der Kindheit geprägt wird, und daß es dann noch einmal eine abgeschwächte Einflußnahme durch Pfarrer, Lehrer und Freunde gibt, die hauptsächlich in der Jugendzeit liegt, in der man seine eigenen Orientierungen festlegt.

Auch die Austrittsforschung der 70er Jahre hatte diesen Zusammenhang schon deutlich herausgearbeitet. Andreas Feige war in seiner Austrittsstudie diesem Zusammenhang ausführlicher nachgegangen und hatte herausgefunden: Die Mehrheit der Ausgetretenen kommt aus Elternhäusern, in denen Mitgliedschaft nicht gepflegt und der Kirche gegenüber eine gleichgültig bis ablehnende Haltung eingenommen wurde. So kann man am Beispiel des Konfirmandenunterrichtes sehen, daß zwar noch die Voraussetzungen zur Teilnahme am Unterricht gegeben sind, indem die Eltern diesem Lernprozeß bei ihren Kindern zustimmen, daß sie sich selbst aber nicht an diesem Prozeß beteiligen.[23] Zusammenfassend hatte Feige festgestellt, daß der Kirchenaustritt auch als ein Endpunkt eines langen Prozesses der Entfremdung zwischen Kirche und Mitglied beschrieben werden kann, der sich oft schon eine Generation früher durch das Elternverhalten anbahnt.[24] Es kommt in der Elterngeneration nur zu sporadischen Kontakten mit Kirche anläßlich von Taufen, Trauungen, Beerdigungen und vor allem der Konfirmation ihrer Kinder. Diese Kontakte scheinen in der Regel die Einstellung zur Kirche zu bestätigen. Der Hinweis auf die Konfirmandenzeit führt zu den kirchlich-religiösen Sozialisationspartnern, die nach den Eltern am wichtigsten sind und zu *der* zentralen kirchlichen Sozialisationsveranstaltung, dem Konfirmandenunterricht.

6.2.2 Die kirchlich-religiöse Sozialisation im Konfirmandenunterricht

Neben dem Elternhaus vermittelt vor allem die Zeit des Konfirmandenunterrichtes (KU) wesentliche Eindrücke von der Kirche. In dieser Zeit erfolgt für die heranwachsende Generation der intensivste und nachhaltigste Kontakt mit Kirche. So sind die Eindrücke, die aus dieser Zeit mitgenommen werden, für die Einstellung zur Kirche ganz entscheidend. Es verwundert daher nicht , daß Feige bei den Ausgetretenen herausgefunden hatte, daß sie diese Zeit als bedeutungslos oder negativ für ihre Einstellung zur Kirche und zur kirchlich-religiösen Gestalt des Christentums empfunden haben. Das illustrieren die Zustimmungen zu Voten, mit denen der KU von den Ausgetretenen im Rückblick eingeschätzt werden sollte. In der Sicht der Ausgetretenen wurde im KU überwiegend nur auswendig gelernt (30%); hatte der KU keinerlei Bedeutung für sie (ca. 19%); sind die ersten Zweifel am Glau-

---

[23] Feige 1977, S. 231f.
[24] Feige 1977, S. 232

ben und den Lehren der Kirche gekommen (ca. 8 %); hat der Pfarrer versucht, den Glauben einzureden (10 %); haben sie gelernt, was echtes Christsein ist (4 %). Im Gegensatz zu diesen negativen Eindrücken haben sie den Pfarrer in relativ guter Erinnerung (29 %).

Die Frage ist, ob sich bei Kirchenmitgliedern ein ähnliches Bild ergibt. In diesem Fall wäre eine Ursache für die Austrittsneigung gefunden. Die EKD-Studie von 1972 hat sich daher unter dem Stichwort *Innerkirchliche Sozialisation* vor allem mit dem KU befaßt. Es wird offensichtlich, daß in den Erinnerungen an den KU sich das Bild derer, die in der Kirche geblieben sind, von denen, die ausgetreten sind, doch erheblich unterscheidet. So kann man vorab schon feststellen, daß der KU offensichtlich die entscheidende kirchliche Sozialisationsanstrengung ist. Die Erfahrungen, die in ihm gemacht werden, sind nicht nur bestimmend für das Bild von Kirche, sondern auch für die Neigung, Mitgliedschaft zu behalten oder abzulegen.

Die Kirchenmitglieder haben 1972 zu 68 % den Pfarrer, der den KU hielt, in guter Erinnerung.[25] Die Meinungsverteilung der Kirchenmitglieder zum KU ergibt folgendes Bild: Haben in dieser Zeit vor allem Liedertexte und Bibelsprüche auswendig gelernt (56 %); im KU habe ich das Gefühl bekommen, zur Kirche zu gehören (59 %); ich bin gern hingegangen (55 %); wir haben einiges gemeinsam unternommen, an das ich mich gern erinnere (55 %); ich habe begriffen, was die Kirche alles Wichtiges und Gutes tut (50 %); ich habe gelernt, was es heißt, ein richtiger Christ zu sein (47 %); im KU habe ich Grundsätze für das Leben mitbekommen (41 %) und erfahren, was für mich wichtig ist (38 %).

Neben dieser positiven Erfahrung gibt es aber auch bis zu einem Drittel negative Erfahrungen, die in etwa denen, die Andreas Feige ermittelt hat, entsprechen: Den KU habe ich nicht ernst genommen (33 %); er hatte für mich gar keine Bedeutung (31 %); er war für mich vertane Zeit (26 %); man hat versucht, mir einen Glauben aufzuzwingen (25 %); ich habe angefangen, an den Lehren der Kirche zu zweifeln (19%) und man hat mir meinen Kinderglauben genommen (9 %).[26]

Die positive Einschätzung des Pfarrers und des KU bei Kirchenmitgliedern hat sich 10 Jahre später noch eher verstärkt. Um herauszufinden, ob sich dieses Bild in der Gesamtheit der Befragten geändert hat, hat man in der Spezialstichprobe der 14–24jährigen eigene Werte ermittelt. Die Tendenz ist zwar erwartungsgemäß kritischer, aber dennoch im Ergebnis parallel dem der Gesamtheit der Befragten. Eine herausragende Abweichung gibt es nur in dem Punkt, der die Gruppenerlebnisse abfragt. Hier sagen die 14–24jährigen, daß sie diese zu 62 % in guter Erinnerung haben, während die Gesamt-

[25] Hild 1974, S. 153, aus der Tabelle dieser Seite sind auch die folgenden Angaben.

[26] Die höheren Zahlen in der EKD-Studie von 1972 im Unterschied zu den Ergebnissen von Feige erklären sich daraus, daß bei der Befragung der Kirchenmitglieder Mehrfachnennungen möglich waren, während Andreas Feige alternativ entscheiden ließ.

heit dies nur zu 53% ebenso sieht.[27] Der Trend positiver Zustimmungsraten zum KU setzt sich auch 1992 fort.[28] Jetzt erinnern sich mehr als 3/4 der Mitglieder (77%) positiv an den Pfarrer und 2/3 an die gemeinsamen Gruppenerlebnisse (67%). Überhaupt ist die Erinnerung an den KU noch stärker positiv ausgefallen: 60% meinen jetzt, gelernt zu haben, was es heißt, Christ zu sein, 57% sagen, daß der KU sie dem Glauben nähergebracht hat, 56%, daß er ein wichtiger Abschnitt im Leben war und weiterhin 57%, daß sie gerne in den KU gegangen sind. Nahezu konstant im Vergleich zu 1982 blieb die Gruppe, die dem KU nichts abgewinnen konnte (vertane Zeit 19%/1992 bis 19%/1982; Glaubenszwang 25%/1992 – 29%/1982).

Abweichend vom Trend ist nur die Klage über zuviel Auswendiglernen müssen (63% gegenüber 54% 1982), die aber der insgesamt positiven Einschätzung bei den Mitgliedern keinen Abbruch getan hat. Es könnte sich in diesen Zahlen widerspiegeln, daß man seit etwa 1970 in vielen Gemeinden der Kirchen versucht, KU nicht nur inhaltlich, sondern auch methodisch anders zu gestalten und dem Bedürfnis Jugendlicher nach Diskussion und Gemeinschaft Rechnung zu tragen.

Diese Ergebnisse belegen, daß der KU die entscheidende Sozialisationsveranstaltung der Kirche ist. Diese Feststellung wird noch unterstrichen, wenn man sich vor Augen hält, daß vor und nach dem Besuch des KU – ausgenommen den Religionsunterricht – nur eine kleine Gruppe der Kirchenmitglieder andere kirchliche Sozialisationsangebote angenommen haben. Es dürfte nach wie vor gelten, was bereits 1972 über den KU geschrieben wurde: „Es spricht vieles dafür, daß das Verhältnis der Evangelischen zu ihrer Kirche – jedenfalls in einer Mehrheit der Fälle – in der Konfirmandenerfahrung seine mehr oder weniger endgültige Form und Sprache gewinnt."[29] Nach Ansicht der Autoren der EKD-Studie von 1972 hat damit auch die herausragende Rolle der Pfarrer im Bewußtsein der Kirchenmitglieder eine ihrer Wurzeln in der Konfirmandenzeit.[30] Diese herausragende Rolle der Pfarrer verursacht protestantischen Kirchen insofern ein Problem, als sie im Widerspruch zur Gleichheit und Gleichrangigkeit aller Christen nach dem Gedanken vom allgemeinen Priestertum steht. Wie die Untersuchungen von 1992 zeigen, bleibt dieses Problem nach wie vor aktuell. Es hat sich sogar weiter verstärkt, trotz vieler Versuche in Gemeinden, auch andere Gemeindeglieder, Jugendliche oder Erwachsene, am KU zu beteiligen. Das kann nur bedeuten, daß das Problem der *Pfarrerdominanz* mit den Eindrücken der Kirchenmitglieder aus dem KU nicht restlos geklärt werden kann. Zudem ist auch denkbar, daß das Ergebnis einer hohen Zustimmung zum Pfarrer in der Konfirmandenzeit nicht ganz hinreichend mit dem Begriff *Pfarrerdominanz*

---

[27] Hanselmann/Hild/Lohse 1984, S. 178f.
[28] Studien- und Planungsgruppe der EKD 1993, S. 44
[29] Held 1974, S. 158
[30] Held 1974, S. 162

interpretiert wird. Es kann sein, daß diese Zustimmung nicht in erster Linie dem Pfarrer in seiner Rolle als Pfarrer gilt, sondern dem Pfarrer als Person. Die Persönlichkeit des Pfarrers erschien dann den meisten Jugendlichen glaubwürdig und sympathisch, weniger sein Beruf. Jedoch erfährt über den Weg der Zustimmung zur Person dann natürlich auch der Beruf einen Bedeutungszuwachs im Bewußtsein der Kirchenmitglieder.

Bevor nun auf die Berufsrolle in der Sicht der Mitglieder noch eigens einzugehen ist, muß noch geklärt werden, wie die Jugend ihre Kirche erlebt und was sie an Wünschen und Kritik zur Kirche zu sagen hat.

6.2.3 Begegnungen der Jugend mit Kirche

Schon Andreas Feige hatte gezeigt, daß für die Einstellung der Jugendlichen zum Thema Kirche und Religion die Erfahrungen entscheidend sind, die sie mit Kirche und Religion machen. Deshalb hat er die Bereiche untersucht, in denen Erfahrungen der Jugendlichen mit Kirche entstehen. Diese sind: der Gottesdienst, die Gemeinde vor Ort, die Kirche auf dem Kirchentag, der Religionsunterricht und der Konfirmandenunterricht.[31] Vom Konfirmandenunterricht und seinem Eindruck auf Jugendliche wurde eben ausführlich berichtet. Der Gottesdienst als Begegnungsort des Glaubens wird nach statistischen Erhebungen nur von relativ wenigen Mitgliedern besucht.[32] Die Jugendlichen sind unter den Gottesdienstbesuchern die kleinste Besuchergruppe. Andreas Feige hat in seinen Jugendstudien nicht nur rein statistische Ergebnisse zum Themenbereich festgehalten, sondern in zahlreichen Gruppengesprächen auch die Meinungen der Jugendlichen zum Gottesdienst erkundet und aufgezeichnet. Es zeigte sich dabei, daß die Jugendlichen als evangelische Christen wissen, daß das Wichtigste am Gottesdienst das Wort Gottes sein soll, daß sie aber sowohl mit der monologischen Struktur des Gottesdienstes als auch mit der Auslegung der meisten Pfarrer, die eben doch für Erwachsene reden, nicht viel anfangen können.[33] Daraus kann man nicht folgern, daß deshalb der Gottesdienst bei den Jugendlichen überhaupt keine Bedeutung mehr für die Begegnung mit dem Glauben hat. Dagegen spricht schon, daß aus besonderen Anlässen wie z.B. Weihnachten, anläßlich einer Trauung oder eines Jugendgottesdienstes sehr viele Evangelische einen Gottesdienst besuchen. Um Jugendliche aber für eine zentrale Veranstaltung des Glaubens wie den Gottesdienst neu zu gewinnen, müssen sie ihren Bedürfnissen gemäß stärker am Gottesdienst selbst beteiligt werden, müssen die Gottesdienstformen eine dialogische Struktur erhalten. Daß Jugendliche

[31] Vgl. Feige 1990, S. 262ff.

[32] Nach Angaben von 1982 kann man für die Erwachsenengottesdienste angeben, daß im Durchschnitt 5% der Kirchenmitglieder sonntags einen Gottesdienst besuchen. Vgl. Hanselmann 1982, S. 205

[33] Vgl. Feige 1990, S. 272

sich ansprechen und bewegen lassen, wenn sie eine Form der Mitbeteiligung erhalten, zeigt das Beispiel der Kirchentage, wo sie das größte Teilnehmerkontingent stellen. Nach den Untersuchungen von Feige/Lukatis/Lukatis sind ²/₃ der Teilnehmer jünger als 24 Jahre. 87 % der Kirchentagsbesucher sind Mitglied in einer der Gliedkirchen der EKD, die Jugendlichen zudem meist in der Jugendarbeit der Gemeinde engagiert. Was sie dort besonders beschäftigt, sind neben den Problemthemen der Zeit wie Frieden, Gerechtigkeit, Bewahrung der Schöpfung vor allem auch Themen aus dem Bereich *Glaube, Bibel, Bekenntnis.* Auf dem Kirchentag sucht man Information und Diskussion über gesellschaftliche Themen, aber auch konkrete Antworten zu Fragen unserer Zeit aus dem christlichen Glauben. Was die Jugendlichen dabei besonders schätzen sind Formen des Experimentierens, der Anregung zu neuen Vorstellungen, des Anbahnens neuer Erfahrungen etwa mit Gebet und Meditation, Information und Diskussion. Was sie dabei auf den Kirchentagen auch anspricht, das ist die Atmosphäre des Vertrauens und der Offenheit, die den Respekt vor ihrer selbständigen Entscheidung wahrt und sie nicht vorschnell vereinnahmt, sondern Distanz und Beteiligung nach eigener Dosierung zuläßt. Die Jugendlichen erleben damit auf einem Kirchentag das, was Ernst Lange Kommunikation des Evangeliums nannte, und sie erleben damit zugleich ihre Kirche als eine offene und freie, dabei dennoch klare und einladende Kirche. Aus dem allen wird klar, daß es nicht gleichgültig sein kann, ob Gottesdienste in einer Gemeinde stattfinden oder nicht, ob Glaubensvermittlung angebahnt wird oder nicht, und daß es dabei ganz entscheidend darauf ankommt, wie dies geschieht.[34]

Aus diesen Einsichten folgt auch für die Gemeinde am Ort: Wenn sie nicht attraktiv für Jugendliche erscheint, ihnen keinen Raum läßt und bietet, auch keine ihnen gemäßen Angebote macht, erscheint sie langweilig und überholt.[35] Wenn Jugendliche dann ihrer Gemeinde den Abschied geben, ist das nicht mit einer Absage an Glaubensfragen schlechthin gleichzusetzen. Die schon erwähnte Beteiligung an religiösen Veranstaltungen aus Anlaß von Kasualien oder besonderen Festtagen, die prinzipielle Zustimmung zur Kirchenmitgliedschaft bei über 90 % der Mitglieder, zu denen ja auch die Jugendlichen gehören, läßt nicht auf religiöses Desinteresse schließen, sondern auf fundamentale Vermittlungs- und Kommunikationsstörungen im bisherigen kirchlichen Leben.

Diese Sicht der Probleme in der Begegnung mit wichtigen Glaubensangeboten wird bestätigt, wenn man die Jugendlichen, die sich an der Jugendarbeit beteiligen, zu ihren Problemen vernimmt. Nach Untersuchungen von 1982 wurden kirchliche Freizeitangebote gern angenom-

---

[34] Vgl. Feige 1990, S. 328–339

[35] Vgl. Feige 1990, S. 314; in dem dort zitierten Beispiel nennt ein Jugendlicher seine Gemeinde rückständig und mittelalterlich.

men,[36] während regelmäßige Gruppenveranstaltungen nur von wenigen besucht werden und auch nur bei 25 % aller Jugendlichen bekannt sind. Die Freizeitangebote werden von den Jugendlichen im allgemeinen positiv bewertet. Hingegen gibt es bei der Jugendgruppenarbeit auf Gemeindeebene immer wieder Störungen.[37] Dem entspricht, daß auch die neueste EKD-Studie zur Jugendarbeit feststellen muß, daß diese rückläufig ist. Nur ein Drittel der Kirchenmitglieder hat nach der Konfirmation in irgendeiner Form an kirchlicher Jugendarbeit teilgenommen. Dieses Drittel gliedert sich in 9 %, die häufig teilgenommen haben, und 25 %, die manchmal teilgenommen haben.[38] Diese Entwicklung steht zur Teilnahmeentwicklung der Jugendlichen am Kirchentag in starker Spannung und müßte weiter untersucht werden. Es scheint so zu sein, daß auch auf Gemeindeebene eine Änderung der Jugendarbeit in Richtung der Formen des Kirchentages notwendig ist, will die Kirche ihrem Auftrag genügen und auch Jugendlichen Sinnstiftung und Daseinsbewältigung aus dem Glauben anbieten. Nebenbei ist anzumerken, daß die Erkenntnisse der Jugendforschung zum Thema Kirche darauf hinweisen, daß das System Kirche zum mindesten teilweise die Austrittsbereitschaft selbst produziert! In Spannung zu dieser Feststellung steht die Tatsache, daß nahezu 93 % der Mitglieder der Kirche es für sinnvoll halten, ihre Kinder taufen zu lassen. Die überwiegende Mehrheit der Kirchenmitglieder möchte also die Kirchenmitgliedschaft für sich und die nächste Generation aufrechterhalten – trotz Frustrationserfahrungen in der Begegnung mit Kirche. Es muß also noch einen anderen Ort in der Erfahrung der Jugendlichen geben, der diese positive Grundeinstellung hervorgerufen hat. Dieser Ort ist, wie bereits gezeigt, der Konfirmandenunterricht, woraus erneut seine besondere Bedeutung für die kirchlich-religiöse Sozialisation erhellt.

Neben dem KU spielt aber auch der Religionsunterricht (RU) eine besondere Rolle. Das mag die Pfarrer und Lehrer verwundern, die Religionsunterricht zu halten haben und darüber stöhnen. Andreas Feige hat herausgefunden, daß das Wissen über Glaube und Kirche in der Gegenwart wesentlich im KU und RU gewonnen wird (46 %). Weitere Wissensquellen sind: die Aktivitäten der Kirchengemeinde (Kinder- und Jugendarbeit, Gottesdienst 13 %); Elternhaus (15 %); Freunde (4 %); ein beachtlicher Rest von 18 % weiß nicht anzugeben, woher er sein Wissen über Kirche und Glauben hat.[39] Der Religionsunterricht in der Schule wird 1982 zu 83 % befürwortet, nur 17 % der Schüler meinten, daß man auf ihn in der Schule verzichten könne. Diese hohe Akzeptanz verdankt er der Möglichkeit, sich in ihm mit Religion kritisch auseinandersetzen zu können, ohne den christlichen Leh-

---

[36] Vgl. Feige 1990, S. 276–279. Dem Rang nach stehen sie an zweiter Stelle nach Angeboten der Sportvereine.

[37] Vgl. das Beispiel bei Feige 1990, S. 278

[38] Studien- und Planungsgruppe der EKD 1993, S. 45

[39] Feige 1990, S. 280

ren gleich zustimmen zu müssen oder vereinnahmt zu werden. Was das für die Jugendlichen bedeutet, illustriert folgendes Votum: „Für mich ist es genauso wichtig, jemandem beizubringen, zu rechnen und zu schreiben, wie es wichtig ist, ihm beizubringen, ein Mensch zu sein. Und das lernt man im Konfirmandenunterricht wie auch im Religionsunterricht in der Schule."[40] Bemerkenswert ist in diesem Zusammenhang auch, daß diese Einstellung sich durch alle Schularten hindurch finden läßt. Es ist zwischen Lehrling und Student in diesem Bereich kein Unterschied außer dem des Niveaus.

Neben dem Konfirmandenunterricht erweist sich damit also der Religionsunterricht als Möglichkeit und Chance, christliche und kirchliche Vorstellungen zur Daseinsbewältigung kennenzulernen. Daß Jugendliche durchaus bereit sind, über Glaubensfragen nachzudenken, zeigt auch wieder ein Beispiel vom Kirchentag. Dort hielt Carl Friedrich von Weizsäcker Bibelarbeiten über alttestamentliche Themen, an denen 20.000 Jugendliche teilnahmen. Dies wurde möglich, weil versucht wurde, denkend zu glauben oder glaubend zu denken. Andreas Feige hat diesen Hinweis gegeben. Für ihn bedeutet dieses Beispiel zugleich, daß die Theorie vom sogenannten *Bildungsdilemma*[41] in Frage zu stellen ist. Nach dieser Theorie vom *Bildungsdilemma* sind von vornherein die höher Gebildeten weniger an Kirche interessiert. Sie neigen eher zum Austritt. Je höher gebildet, desto stärker die Austrittsneigung – ist die Kurzformel dieser Theorie. Die Erfahrung auf dem Kirchentag besagt das Gegenteil. Damit präzisiert sich für Feige eine Erkenntnis aus seinen eigenen Austrittsforschungen: Nicht der Bildungsstand an sich ist schuld am Kirchenaustritt, sondern die Kirche, die den Gebildeten das Christliche in einer Form anbietet, die ihnen unakzeptabel erscheint.

Zum Thema *religiös-kirchliche Sozialisation* läßt sich an dieser Stelle festhalten: Will man die Kirchenmitgliedschaft bei der jungen Generation stabilisieren, dann sind Angebote zum Diskurs und Experiment in bezug auf Glauben in allen Gestaltungsformen des Glaubens zu machen, sind ferner glaubwürdige Zeugen des Christentums gesucht, die den Jugendlichen offen begegnen.

Auf die Kirche insgesamt angewendet, bedeutet diese Einsicht, daß auch für andere Gruppen der Gemeinden wie Berufstätige oder Senioren die Angebote der Kirche in dieselbe Richtung einer diesen Gruppen angemessenen Beteiligung umgestaltet werden müssen, und daß diese Angebote durch glaubwürdige *Zeugen* oder *Bürgen des Glaubens* zu vermitteln sind, wenn man ernsthaft an einer Stabilisierung der Mitgliedschaft interessiert ist.

---

[40] Feige 1990, S. 280
[41] Vgl. Hild 1974, S. 242 – 251

7. Der Pfarrerberuf in der Sicht von Mitgliedern und Nichtmitgliedern

7.1 Der Pfarrerberuf in der Schlüsselrolle

„Zu den bemerkenswertesten, in sich freilich spannungsreichen und vieldeutigen Ergebnissen der Erhebung gehört, in welch hohem Maße das Verhältnis der Mitglieder zur Kirche an den Pfarrern orientiert, durch die Pfarrer und in den Pfarrern vermittelt ist.“[1] Mit dieser Verwunderung über ein Ergebnis, das vermutlich jeder *Laie* vorausgesagt hätte, beginnt die Auswertung der EKD-Studie von 1972 zum Pfarrerberuf. Diese Verwunderung speist sich aus mehreren Quellen. Einer davon sind wir oben schon in den Reformthesen der VELKD von 1969 im Unmut über die *Pfarrerskirche* begegnet. Eine weitere und zugleich wichtigere Quelle ist die protestantische Kirchentheorie, auf die ebenfalls bereits in der Studie von 1972 hingewiesen wird.[2] Es ist die Lehre vom allgemeinen Priestertum aller Gläubigen, die die Verwunderung zum mindesten teilweise auslöst. Nach dieser Lehre dürfte es die dominante Stellung des Pfarrers nicht geben. Die Studie führt deshalb Gründe für diese Dominanz an, die sie in den Strukturen der Parochie liegen sieht. Danach erzeugen theologische Kompetenz und gesellschaftlicher Status das Übergewicht des Pfarramtes. Da der Gottesdienst bislang nicht die Gemeindeversammlung ist, in der die allgemeinen Priester sich selbst in die Beziehung Pfarrer – Gemeinde einbringen könnten, reduziert sich in der Sicht der Mitglieder das Handeln der Kirche auf den Pfarrer. Denn nur in ihm ist Kirche vor Ort real erfahrbar. Verstärkt wird diese Entwicklung durch die Konfirmandenzeit als der entscheidenden Phase, in der sich Mitgliedschaft ausbildet und mit ihr das Bild von Kirche. In dieser Phase begegnet dem Jugendlichen die Kirche in Gestalt des Pfarrers tatsächlich auch ganz real. In dieser Zeit „ist die Kirche der Pfarrer, der Pfarrer die Kirche.“[3]

Aus rollentheoretischer Sicht läßt sich an dieser Stelle feststellen, daß der Pfarrer als Träger einer generellen Rolle im Gemeindeleben selbstverständlich eine herausragende Bedeutung besitzt. Es ist in diesem Buch schon darauf hingewiesen worden, daß sich das erst ändern wird, wenn die Funktionen, die mit dieser Rolle verflochten sind, entflochten bzw. die weiteren Berufsrollen einer Gemeinde aufgewertet werden. Auch die Studie von 1972 ist sich dieser Problematik bewußt, denn sie zeigt damals schon die Alternativen auf, die sich aus dem spannungsreichen, empirischen Befund zur Pfarrerrolle ergeben: „Der empirische Befund stellt die Kirche als System vor die Alternative, ob sie die Tatsache, daß die pastorale Struktur der Volks-

[1] Hild 1974, S. 59
[2] Hild 1974, S. 275f.
[3] Hild 1974, S. 276

kirche vorerst ziemlich unversehrt ist, positiv aufnehmen und ausbauen will oder ob sie sich langfristig auf den gemeindekirchlichen Aspekt, die volle Mitbestimmung und Mitverantwortung der Laien, die Gleichwertigkeit aller Ämter, Dienste und Verantwortungen als Ziel einlassen will. Ob sie sich aber so oder so entscheidet: Die gegenwärtige Zentralität des Pfarramts ist der Ausgangspunkt jeder Veränderung in diese oder jene Richtung. Denn als Multiplikatoren braucht man die Pfarrer offenkundig für jedes Modell der Kirchenreform, auch für ein solches, das die pastorale Orientierung schließlich aufheben soll."[4] Die Studie erwähnt dann einige Entwicklungsmöglichkeiten, die in die Richtung einer Änderung der Berufsrolle und Berufsorganisation weisen. Diese könnten sein: die Errichtung von Gruppenpfarrämtern, die Ausbildung eines neuen Berufsbildes für die Pfarrer und die Umgestaltung der Ausbildung nach diesem, die Beachtung dieses neuen Berufsbildes in der Personalstrategie. Allerdings sollte nach Meinung der EKD-Studie diese Veränderung nicht „die Auflösung dieses multifunktionalen Berufs im Sinne einer Ausdifferenzierung und Professionalisierung seiner verschiedenen Funktionsaspekte"[5] zum Ziel haben. Hinter dieser Warnung steht die Erkenntnis, daß die Pfarrerorientierung nicht nur quantitative, sondern auch qualitative Gründe hat. Einer dieser qualitativen Gründe ist, daß die Pfarrerrolle nicht nur mit verschiedenen kirchlichen Funktionen verbunden ist, sondern daß in der Person des *Rollenspielers* kirchliche Tradition und christlicher Glaube repräsentiert wird. Diese Einsicht knüpft an die oben zitierte Überzeugung Palmers aus dem letzten Jahrhundert an. Über Möglichkeiten, die Bedeutung der weiteren kirchlichen Berufe und Ämter neben dem Pfarramt zu heben, sollte nach Meinung der EKD-Studie deshalb eigens nachgedacht werden.

Zu diesen Gedanken der EKD-Studie ist anzumerken, daß der Begriff *Multifunktionalität* nicht hinreichend erklärt ist. Wenn dieser Begriff neben der Aufgabe der Verkündigung auch die Aufgabe der Gemeindeleitung, Organisation und Verwaltung umfaßt, dann ist festzustellen, daß eine theologische Theorie, die den Pfarrerberuf in seiner vorhandenen *Multifunktionalität* begründet, noch fehlt. Deshalb wirkt dann die Warnung vor einer Auflösung der *multifunktionalen* Rolle auch nicht ganz überzeugend. Wenn man die Ausführungen der Augsburgischen Konfession zur Berufsrolle heranzieht, ergibt sich eine Begründung für eine Rolle, die nur drei ineinander übergehende *Rolleninhalte* des Pfarrerberufes umfaßt: Wortverkündigung und Sakramentsverwaltung im Predigtamt, aus dem Seelsorge unmittelbar folgt. Dieser Beruf könnte auch im Ehrenamt ausgeübt werden. Das bedeutet, Überlegungen, nach denen Funktionen dem *Multifunktionär* Pfarrer abzunehmen sind, sind nicht notwendig gleichbedeutend mit der Verflüchti-

[4] Hild 1974, S. 279
[5] Hild 1974, S. 281

gung eines notwendigen Amtes in der Gemeinde. Diese Konsequenz ist in der EKD-Studie von 1972 allerdings auch schon erkannt worden, wie Anregungen zur Entflechtung der Berufsrolle zeigen.[6]

Daß die Pfarrerrolle im Reformprozeß der Kirchen und Gemeinden eine Schlüsselrolle ist, wurde von den nachfolgenden Studien der Jahre 1982 und 1992 bestätigt.

Bevor die Pfarrerberufs-Rolle in der Sicht der Kirchenmitglieder vorgestellt werden kann, sind zuvor noch die von den EKD-Studien ebenfalls erforschten Begegnungen mit Pfarrern und deren Wirkung auf die Mitglieder darzulegen.

7.2 Begegnungen mit Pfarrern

Die hohe Wertschätzung der Pfarrer kommt bereits in der Bereitschaft zum Kontakt mit ihnen zum Ausdruck. Vor die Frage gestellt, ob sie einen Hausbesuch begrüßen würden, antworteten die Mitglieder 1972 und 1982 überwiegend positiv:[7] Ich würde es begrüßen, wenn der Pfarrer zu mir käme (32 % bzw. 35 %); ich brauche den Pfarrer nicht, aber es wäre mal interessant, ein Gespräch mit ihm zu führen (30 % bzw. 31 %); ein Pfarrerbesuch wäre mir egal, aber ich würde ihn nicht wegschicken (33 % bzw. 30 %). Nur eine kleine Minderheit meint, sie würden ihn weiterschicken (4 % bzw. 4 %), oder habe zu dieser Frage keine Meinung (1 % bzw. 0 %). Man kann deshalb der Einschätzung der Studie von 1972 zustimmen, daß den Pfarrern nahezu alle Türen offenstehen,[8] muß aber wohl einschränkend *noch* hinzufügen. Dieses *noch* hat seinen einfachen Grund in folgender Überlegung: Wenn es immer mehr Konfessionslose gibt, die ihrerseits keine oder fast keine kirchlich-christliche Sozialisation fördern, so ist mit der Zunahme der Unbekanntheit der Person und des Berufes zu rechnen. Das kann eine gewisse Neugier auf diesen dann exotischen Beruf zur Folge haben, so daß die Bereitschaft bestehen bleibt, sich von einem Pfarrer besuchen zu lassen. Das kann aber auch bedeuten, daß Voten wie „der Pfarrer hat bei mir nichts zu suchen“ ansteigen, was nach den Darlegungen zur Austrittsneigung wahrscheinlicher ist. Einen empirischen Anhalt findet diese These bereits in der 1972 vorgenommenen Altersgruppendifferenzierung in bezug auf den Besuchswunsch. In der Gruppe der nachwachsenden Generation, also der 14–24 Jahre alten Kirchenmitglieder, findet das Votum „der Pfarrer hat bei mir nichts zu suchen“ mit 8 % die höchste Zustimmung. Für die Stabilisierung der Mitgliedschaft wäre daher eine Verstärkung der Besuchskontakte zwischen Pfarrern und Gemeindemitgliedern der erste und wichtigste Schritt. Unterstützt wird diese

---

[6] Vgl. Hild 1974, S. 281ff.

[7] Hild 1974, S. 59; Hanselmann 1982, S. 107. Die Zahlen in Klammern sind: 1. Zahl: 1972; 2. Zahl: 1982.

[8] Vgl. Hild 1974, S. 60

Schlußfolgerung auch durch die Wirkung, die ein Gesprächskontakt mit einem Pfarrer hat. Befragt nach dem Eindruck, den ein Pfarrer bei einem Gesprächskontakt hinterlassen hat, meinten die Mitglieder:[9] einen sehr guten Eindruck (29% bzw. 33%); einen guten Eindruck (56% bzw. 52%); einen weniger guten Eindruck (11% bzw. 9%); einen schlechten Eindruck (2% bzw. 3%). Keine Angaben machten jeweils 2%.

Die Anlässe, die zu Gesprächskontakten führen, sind vor allem die Amtshandlungen der Pfarrer.

Die entsprechenden Voten und Zahlen in bezug auf das letzte Gespräch mit einem Pfarrer lauten:[10]

- bei einer Taufe, Konfirmation, Hochzeit oder Beerdigung im Verwandten- oder Bekanntenkreis (45% bzw. 37%);
- bei meiner eigenen Konfirmation bzw. in meinem Konfirmandenunterricht (11% bzw. 11%);
- bei einer Gemeindeveranstaltung oder einem Vortrag (7% bzw. 11%);
- beim Besuch eines Pfarrers bei mir zu Hause (11% bzw. 10%);
- vor bzw. nach einem Gottesdienst (9% bzw. 8%);
- im Krankenhaus (4% bzw. 5%);
- beim Treffen mit einem Verwandten oder Bekannten, der selbst evangelischer Pfarrer ist (3% bzw. 4%);
- bei einer anderen Gelegenheit (8% bzw. 15%).

Die restlichen Voten waren in der Befragung unterschiedlich. 1972 fielen die restlichen Voten mit 2% auf die Rubrik. 1982 wurde noch weiter aufgeschlüsselt in: *Kann mich nicht erinnern* (5%), wann der letzte Gesprächskontakt stattgefunden hat; und: *Habe noch nie mit einem Pfarrer gesprochen,* worauf 1% der Mitglieder antwortete.

Weiter haben die Untersuchungen ergeben: Die Besuchskontakte werden mit zunehmendem Alter der Gemeindeglieder verstärkt gewünscht. Der Besuchswunsch ist bei denen stärker, die sich mit der Kirche auch stärker verbunden fühlen. Der gute Eindruck, den ein Pfarrer bei seinem Besuch hinterlassen hat, nimmt ebenso wie der Wunsch, einen Pfarrerbesuch zu erhalten, mit dem Zeitabstand zum letzten Besuch ab[11]. Beurteilt man diese Tatsache wieder unter dem Blickpunkt einer Mitgliederstabilisierung, dann ergibt sich erneut, daß eine der wichtigsten Aufgaben der Pfarrer sein müßte, regelmäßig bis häufig Besuche bei den Mitgliedern zu machen. Die Theorie, dadurch die *Betreuungskirche* zu verfestigen, statt sie in eine *Beteiligungskirche* umzuwandeln, ist nur teilweise richtig. Zum einen ist erst durch die Besuchskontakte zu erreichen, daß Mitglieder aktiviert werden und die

[9] Vgl. Hild 1974, S. 69 und Hanselmann/Hild/Lohse 1984, S. 107. Die Zahlen in Klammern sind: 1. Zahl: 1972; 2. Zahl: 1982.

[10] Hild 1974, S. 67; Hanselmann/Hild/Lohse 1984, S. 200. Die Zahlen in Klammern sind: 1. Zahl: 1972; 2. Zahl: 1982.

[11] Vgl. Hild 1974, S. 64

Betreuungskirche überwunden wird, zum anderen ist der Besuchswunsch auch direkte Folge der Verkündigung selbst: Wenn die Verkündigung die Lebenswirklichkeit der Mitglieder trifft, dann entsteht in ihnen der Wunsch nach weiterführendem, klärendem oder vertiefendem Gespräch. Anlaß zu diesem Gespräch kann der Widerspruch zum verkündigten Wort sein oder auch die Anbahnung neuer Erkenntnisse im Glauben durch die Verkündigung. Jedenfalls ist die eine Seelsorge, die die Glaubensentwicklung der Mitglieder begleitet, eine direkte Folge des Dienstes am Wort. Nicht zuletzt aus dieser Erkenntnis suchen sich Ordensmitglieder oder solche Menschen, die sich auf einen *geistlichen* Weg begeben, einen Spiritual. Die Aufgabe der Seelsorge erweist sich damit zugleich auch als unabhängig davon, ob das Predigtamt haupt-, neben- oder ehrenamtlich ausgeübt wird. Auch aus rollentheoretischer Sicht läßt sich diese Erkenntnis bestätigen. Nach der Rollentheorie ist die Einforderung einer seelsorgerlichen Begleitung nach der Verkündigung nichts anderes als die Forderung an den Rollenspieler, für die Folgen seines Spiels Verantwortung zu übernehmen.

Schließlich ergibt sich der Wunsch nach Gesprächskontakten auch aus dem Gedanken von der Kommunikation des Evangeliums. Diese Kommunikation sucht man nach dem Hören des Evangeliums verständlicherweise nicht nur im Freundes- und Bekanntenkreis, sondern vor allem mit dem, der das Evangelium verkündet.

Nach diesen Darlegungen ist zu erwarten, daß die Rollenbilder zum Pfarrerberuf, die Mitglieder der Kirche und Ausgetretene entwerfen, diese Vorstellungen beinhalten. Diesem Problem ist im nächsten Abschnitt nachzugehen.

7.3 Entwürfe zum Berufsbild der Pfarrer in der Sicht von Kirchenmitgliedern und Ausgetretenen

7.3.1 Das Pfarrerbild der Ausgetretenen

Wenn man von der Tatsache ausgeht, daß bei den Ausgetretenen im allgemeinen keine kirchliche Kommunikation oder Interaktion stattfindet, so kommt den wenigen Kontakten, die sie mit Kirche haben, besondere Bedeutung zu. Vorstellungen über Kirche bilden sich – abgesehen vom Elternhaus – bei Ausgetretenen zum einen über die Medien und die Gespräche im Bekannten- und Freundeskreis. Zum anderen sind entscheidend die persönlichen Kontakte mit Kirche in Gestalt der Pfarrer, wie oben schon vermerkt wurde. Diese Begegnungen ereignen sich in der Regel aus Anlaß von Kasualhandlungen und in abgeschwächtem Maß im Religionsunterricht. So ist oben schon als ein Ergebnis der Austrittsforschung notiert worden, daß Kommunikation mit Kirche im Erfahrungshorizont der Ausgetretenen außer bei Kasualfällen – einschließlich Konfirmation – nicht vorkommt, und daß vielleicht wegen dieser nur punktuellen Kommunikation in der Darstellung und

Vermittlung von Glaubensaussagen erhebliche Defizite festzustellen sind. Verantwortlich für dieses Mißlingen der Kommunikation sind nicht nur die Ausgetretenen, die keine Kontakte suchen, sondern auch die Pfarrer, die zu wenig Zeit für Gesprächskontakte haben bzw. auf die Lebenswirklichkeit der Zuhörer zu wenig eingehen. Diese Kritik trifft allerdings Pfarrer, von denen in einer EKD-Studie schon festgestellt wurde, daß sie beruflich überlastet sind. Insofern ist an dieser Stelle noch einmal zu unterstreichen, daß Vorschläge, die die Überlastung im Amt der Pfarrer als gegebene und unveränderbare Wirklichkeit hinnehmen, das Mißlingen der Kommunikation mit Kirche zumindest tendenziell fördern. Die zweite Anmerkung betrifft die praktisch-homiletische Ausbildung der Theologen vor allem in der zweiten Ausbildungsphase in den Predigerseminaren. Zur Zeit der Studie war es offensichtlich nicht gelungen, die Pfarrer als Vermittler christlicher Inhalte so auszubilden, daß sie problemlos in eine Kommunikation des Evangeliums mit Menschen unserer Zeit eintreten können. So ist ein Teil des Mißlingens der Vermittlung von Glaubensinhalten auf Ausbildungsdefizite zurückzuführen – zumindest für die Zeit der ersten EKD-Studie zur Kirchenmitgliedschaft. Eine dritte Anmerkung betrifft die Pfarrer selbst. Sie müssen sich fragen lassen, ob sie sich bewußt sind, welche Bedeutung ihre öffentlichen Auftritte im Gottesdienst und bei den Kasualhandlungen für die Entstehung eines Kirchenbildes und für die Einstellung zum christlichen Glauben haben, und ob sie sich dementsprechend besonderer Sorgfalt befleißigen oder ob sie aufgrund von Behauptungen, daß der Gottesdienst nur mehr eine marginale Rolle im Gemeindeaufbau spiele und *Kasualchristen* doch keine *richtigen* Christen seien, es in diesem Punkte mangeln lassen.

Hilfreich für eine neue Bestimmung der Berufsrolle des Pfarrers sind nun aber gerade die negativen Urteile und Vorurteile der Ausgetretenen, weil sie auf Mängel hinweisen, die zu beheben sind. Andreas Feige hat den Pfarrer, der diese Vorurteile bestätigt, aus der Sicht der Ausgetretenen so beschrieben: Es ist „einer, der nicht erst einmal genau, voraussetzungslos, problemoffen zuhört, was an Problemen da ist, und wo die Gründe dafür liegen können, sondern der auf konkrete Probleme nur mit einem gleichsam vorgestanzten, schablonisierten Verweis auf die Bibel, auf das notwendige Gottvertrauen zu reagieren weiß – einer also, der zum Erweis der ‚Relevanz der Religion für die Identität und den Lebenszyklus des einzelnen‘[12] in der Tat nutzlos ist“[13]. Zur Bewertung dieses negativen Pfarrerbildes ist allerdings zu berücksichtigen, daß mehr als die Hälfte der Befragten keinen Pfarrer kannten, der ihnen *persönlich bekannt* gewesen ist, und daß es über lange Zeiträume hinweg keinen Pfarrerkontakt gegeben hat. So ist die Frage zu stellen, wann und wie sich bei den Ausgetretenen überhaupt ein so negati-

[12] Hild 1974, S. 278
[13] Feige 1977, S. 170

ves Bild vom Pfarrerberuf auf Grund eigener Erfahrungen hat bilden können, das sich so verfestigt hat, daß sie nicht geneigt sind, es gelegentlich auf seine Gültigkeit hin zu überprüfen. Es ist bereits mehrfach darauf hingewiesen worden, daß sich diese Erfahrung in der Konfirmandenzeit angesammelt hat. In der Konfirmandenzeit bildet sich über das, was der Pfarrer vermittelt und wie er es vermittelt, ein positives oder ein negatives Bild von der Bedeutung der Glaubensinhalte für das eigene Leben und von der Notwendigkeit der Kirche als Vermittlerin lebensgestaltender Werte. Nachweislich hat sich auch bei den Ausgetretenen ihr negatives Bild von Kirche und Pfarrern in dieser Zeit eingeprägt. „Aufgrund der Identität von Pfarrer und Kirche in dieser Zeit (die dann zu einem großen Teil bestehen bleibt, wenn nach der Zeit des Konfirmandenunterrichts die Interaktionen mit Kirche und dem Pfarrer ‚gegen Null' gehen), liegt es dabei offenbar sehr stark an der Gestaltung des Pfarrerbildes und der Pfarrer-Rolle durch den Pfarrer selber, welche Grundeinstellung zur Kirche sich bildet."[14] Aus dieser Feststellung ist noch nicht der Schluß zu ziehen, daß die Ausgetretenen den Pfarrerberuf an sich für negativ besetzt oder überflüssig halten. Im Gegenteil, mehr als 52 % von ihnen halten den Pfarrerberuf für wichtig in der Gesellschaft.[15] Aber dies gilt in ihrer Sicht für die anderen, nicht mehr für sie selbst.

Aus dem Negativbild der Pfarrer bei den Ausgetretenen einerseits und ihrer prinzipiellen Zustimmung zum Pfarrerberuf in der Gesellschaft andererseits läßt sich allerdings auch ein klares *Wunschbild* für die Pfarrerrolle ermitteln. Ein guter Pfarrer nach der Vorstellung der Ausgetretenen wäre dann ein Pfarrer, der zuhört; der da ist, wenn man ihn braucht; der ansprechbar ist, ohne daß man erst fromme Vorbedingungen erfüllen muß; der die Menschen zunächst so akzeptiert, wie sie sind; der vielleicht auch selber Zweifel kennt, vor allem an der Institution Kirche; der einem als Mitmensch begegnet und nicht als Amtsträger oder Funktionär einer Kirche, die für die Mitgliedschaft dogmatische Bedingungen stellt. Einem solchen Vertreter des Glaubens würde man sehr wohl eine wichtige Rolle für die Gesellschaft zuerkennen.

Dieser Rollenentwurf der Ausgetretenen enthält noch eine indirekte, aber wichtige Erkenntnis: Diakonische Elemente, auf die man sonst bei kirchlich Distanzierten die Bedeutung der Kirche für die Gesellschaft reduziert, sind bei diesem Rollenentwurf nicht von erheblichem Gewicht. Sie sind selbstverständlich auch gewünscht, auch von den Pfarrern, aber eindeutigen Vorrang haben die Rollenelemente, die man als seelsorgerlich-lehrende zusammenfassen könnte.

Ähnliche Ansichten ergeben sich auch bei der Befragung zum Religionsunterricht. Er wird prinzipiell bejaht – notfalls sogar außerhalb der Kirche –

---

[14] Feige 1977, S. 174
[15] Feige 1977, S. 175

als Diskussionsforum der Sinn- und Wertproblematik. Jedes Glaubenmüssen wird dabei allerdings abgelehnt,[16] so daß auch in diesem Bereich der Pfarrer oder Religionslehrer als *Begleiter* gewünscht wird.

Aus der positiven Rollenkonstruktion für den Pfarrerberuf folgt nicht, daß die Ausgetretenen wieder in die Kirche eintreten, wenn diese sich in der angestrebten Richtung ändern würde. Es folgt nur, daß ihr dann eine wichtigere Rolle in der Gesellschaft zugeschrieben würde. Die Distanz bleibt und dies wohl deshalb, weil die Faktoren, die die Austrittsneigung fördern, wie Ablehnung der Kirche oder Indifferenz ihr gegenüber im Elternhaus, Ausfall religiöser Sozialisation, weiter wirksam bleiben; Faktoren, die nicht durch positive Begegnungen mit Kirche oder positive Pfarrerkontakte vor allem in der Konfirmandenzeit und während der Zeit des Religionsunterrichtes kompensiert wurden. Die traditionelle *nachgehende Seelsorge* wäre aus diesen Erkenntnissen eine wichtige Konsequenz, vielleicht sogar die wichtigste, wenn man nicht bei noch mehr Mitgliedern die Austrittsneigung fördern will. Feige hat vorausgesagt, daß bei Fehlen dieser Kompensationsleistungen durch die Kirche, zu denen neben der veränderten Pfarrerarbeit auch die Darstellung der Kirche in der Öffentlichkeit gehört, für die nachwachsenden Jahrgänge nicht mit weniger, sondern mit mehr Austritten zu rechnen ist. Wie die Zeit lehrte, sollte er in seiner Einschätzung recht behalten. Die Austrittszahlen sind weiter gestiegen und halten sich auf hohem Niveau. Daraus folgt aber zugleich, daß es den Kirchen und auch den Pfarrern als ihren wichtigsten Repräsentanten bislang nicht gelungen ist, die bemängelten Defizite aufzuarbeiten.

7.3.2 Die Pfarrerrolle in der Sicht der Mitglieder

7.3.2.1 Ergebnisse der EKD-Studie von 1972

Die Ergebnisse aus der Austrittsforschung zur Pfarrerberufsrolle werden durch die Einsichten der EKD-Studie von 1972 bestätigt. Fragen zu diesem Bereich wurden 1982 und 1992 nicht wiederholt, so daß die Ergebnisse von 1972 immer noch als gültig anzusehen sind.

Die EKD-Studie geht – über die Einsichten aus der Austrittsforschung hinaus – davon aus, daß die Pfarrer im System Kirche die Repräsentanten des Systems sind, an deren Verhalten Wert oder Unwert des Systems sich zeigt. Die Glaubwürdigkeit der Botschaft des Evangeliums wird an der Glaubwürdigkeit der Vertreter des Evangeliums gemessen. Das ist eine Einsicht, die wohl prinzipiell für jeden Christen gelten dürfte, aber in besonderem Maß eben für die Pfarrer gilt. Deshalb spielt die Art und Weise, wie sie agieren, eine mindestens ebenso wichtige Rolle wie die Inhalte, die sie zu vermitteln suchen. Daraus erklärt sich die Bedeutung und Wertschätzung,

[16] Feige 1977, S. 177

die den Pfarrern von den Mitgliedern in Erwartung und Frustration entgegengebracht wird. Man will nicht nur, daß der Pfarrer bestimmte geistliche Handlungen vollführt, die man gerade bei ihm abruft, sondern man will, daß er das überzeugend tut. Ein schöne Taufe war eine solche, in der Person und Sache glaubwürdig dargestellt wurden, rollentheoretisch gesprochen: in der Berufung und Beruf spürbar identisch waren. Deshalb prägt die EKD-Studie den Begriff *Bürge* für die Funktion, die der Pfarrer in der Sicht der Mitglieder hat.[17] Das bedeutet, daß die Autorität, die man einem Pfarrer zugesteht, heute nicht mehr schon aus seinem Amt und dessen Funktionen kommt, sondern durch das kompetente und glaubwürdige Handeln der Person. Vom Pfarrer als Bürgen läßt sich allerdings noch mehr sagen. Es läßt sich beschreiben, in welche Richtung sein Berufshandeln in der Sicht der Mitglieder gehen könnte, und es läßt sich von daher auch erklären, welche der zahlreichen Funktionen des Pfarramtes nicht mehr mit dem Beruf verbunden werden müßten. „Gesucht ist offenbar der Pfarrer als Besucher, Berater, Gesprächspartner, Begleiter, als Nachbar, als Bürge für Sinn und Wert, für gute Tradition und gute Zukunft. Das hieße: Die entsprechenden Kompetenzen müssen von der Ausbildung an gestärkt werden. Der Pfarrer muß ungleich stärker ‚Pastor' werden, Seelsorger in des Wortes weitester Bedeutung ... Aber Verwalter, Bürokrat, Gemeindeleiter müßte er vielleicht nicht in dem Maße bleiben, wie er es jetzt ist und immer mehr wird. Entlastung von den organisatorisch-bürokratischen Aufgaben durch Rationalisierung des Verwaltungssystems, durch Arbeitsteilung innerhalb der Berufsgruppe und durch Ausbildung eigenständiger Verwaltungsfunktionen bis hinunter zur Parochie ist noch am ehesten denkbar."[18] Mit diesen Sätzen wird ein Ausbildungs- und Strukturprogramm für den Pfarrerberuf vorgelegt, das Vorschlägen aus der Kirchenreformbewegung entspricht und wie diese bisher nicht oder nur unzureichend umgesetzt wurde. So ist an dieser Stelle zu fragen, welchen Wert EKD-Studien für Kirchenreform kirchenpolitisch eigentlich haben, wenn man keine oder nur unzureichende Konsequenzen aus ihnen zieht.

7.3.2.2 Der Idealpfarrer der VELKD-Studie und die Realität

Gerhard Schmidtchen hat bei seinen Befragungen der VELKD-Protestanten auch nach Eigenschaften eines Idealpfarrers fragen lassen. Durch Bildung von Häufigkeiten für bestimmte Eigenschaften ließ sich daraus eine Rangfolgekurve entwickeln. Trägt man in das so entstehende Idealbild eines Pfarrers die Werte ein, die nach Einschätzung der Befragten in Wirklichkeit für die Pfarrer gelten, ergibt sich eine zweite Linie, die gemessen am Ideal die

[17] Vgl. Hild 1974, S. 278f.
[18] Hild 1974, S. 280

Realität beschreibt. In einem Schaubild hat er das Ergebnis festgehalten. Aus diesem wird hier referiert.[19]

Der Idealpfarrer hat viel Verständnis für den einzelnen Menschen (85%); kümmert sich um das Leben der Gemeinde (84%); versteht sich gut mit der Jugend (83%); kann sich auch auf einfache Menschen gut einstellen (81%); kümmert sich besonders um die Alten und Kranken (81%). Der Idealpfarrer ist aufgeschlossen und weltoffen (80%); gibt sich mit seiner Predigt viel Mühe (75%). Er ist ein guter Redner und fesselt beim Zuhören (71%). Er ist tolerant und hat Verständnis für Andersdenkende (69%). Er ist schlicht und bescheiden (68%); diskussionsfreudig (64%); kann Menschen mitreißen und für den Glauben begeistern (63%). Der Idealpfarrer faßt auch heiße Eisen und heikle Themen an (60%); er ist belesen und weiß viel (57%), seine Verkündigung ist lebensnah (57%). Er ist gesund und leistungsfähig (54%). Er bemüht sich sehr um die Annäherung zwischen den christlichen Kirchen (51%) und arbeitet eng mit den Pfarrern anderer Gemeinden zusammen (51%). Er fördert die Kirchenmusik in der Gemeinde (50%); besitzt Organisationstalent (50%) und setzt sich für soziale und politische Fragen ein (50%).

Dann folgen Voten für den Idealpfarrer, die von weniger als der Hälfte der Befragten genannt werden und deshalb in ihren Augen nicht so wichtig sind, für die Rollenbildproblematik dieser Arbeit jedoch interessant, so daß auch sie hier noch referiert werden. Danach sollte ein Idealpfarrer auch phantasievoll, wendig sein und immer neue Ideen haben (48%). Er sollte ein innerliches Leben mit Gott führen und ein gutes Beispiel für Frömmigkeit geben (47%). Der Idealpfarrer geht neue Wege in der Gestaltung des Gottesdienstes (45%) und ist in der theologischen Wissenschaft immer auf dem laufenden (45%). Zudem ist er sportlich und modern (44%). Er macht viele Hausbesuche (43%) und beteiligt möglichst oft Laien an der Gemeindearbeit (39%). Er ist auch kritisch gegenüber seinem eigenen Glauben und überprüft ihn immer wieder (39%). Ein knappes Drittel der Befragten meint im Gegensatz dazu, er sei strenggläubig und habe nie Glaubenszweifel (30%). Deshalb halte der Pfarrer, so die Meinung von noch knapp 20%, auch nichts von moderner Theologie.

Wie bereits in den anderen Voten zum Pfarrerbild und in den Wünschen an die Kirche werden auch in dieser Aufstellung die Pfarrer vor allem in ihrer seelsorgerlichen und theologischen Kompetenz gewünscht. Dem widerspricht nicht, daß die ausdrückliche Nennung häufiger Hausbesuche erst auf den unteren Rängen steht. Die ersten fünf Voten richten sich auf diese Kompetenz. Entsprechend den traditionellen Aufgaben der Kirche gehört in diese seelsorgerlich-theologische Kompetenz, daß der Pfarrer sich auch um Alte,

[19] Die Nennungen für den Idealpfarrer erfolgen in der Rangfolge, die Schmidtchen gefunden hat, wobei in Klammern die Prozentzahlen angegeben sind.

Kranke und Jugendliche besonders kümmert, was ohne persönlichen Kontakt und Besuch kaum möglich ist. Dabei wird auch hochrangig betont, wie er diese Kompetenz ausüben soll, nämlich weltoffen und aufgeschlossen. Gesucht wird also auch hier wieder der Pfarrer als Begleiter und Ratgeber. Deshalb soll er tolerant sein und Andersdenkende achten. Seine Verkündigungsaufgabe wird dem nachgeordnet, was sicher keine Bewertung ausdrücken soll, sondern nur den Stellenwert für die Befragten. Auch sie soll so gestaltet werden, daß man z.B. einer Predigt gern und gut folgt, und daß sie einen starken Bezug zur Lebenswirklichkeit hat. Interessant ist – weil so bislang noch nicht gefordert –, daß die Zusammenarbeit mit anderen Gemeinden und Kirchen gewünscht wird.

In gewisser Spannung zu dem bisher Dargestellten, wonach die Glaubwürdigkeit der Person für die Glaubwürdigkeit der Sache steht, ist folgende Beobachtung in der Rangordung der Eigenschaften eines Idealpfarrers: Nach Meinung der Befragten steht die Frömmigkeit des Pfarrers an unterer Stelle der Skala. Wenn man aber bedenkt, daß der Pfarrer ein guter Redner sein soll, der für den Glauben begeistern kann, daß er Verständnis für andere hat und einfühlsam ist, so setzen diese Voten doch Glaubwürdigkeit voraus. Man kann also aus der Nachordnung des Frömmigkeitsprofiles hinter seelsorgerlich-diakonische Kompetenz und Verkündigungsauftrag nicht folgern, die Glaubwürdigkeit der Pfarrer sei nicht so wichtig wie ihr sonstiges Handeln.

Hält man dem Idealbild das Realbild gegenüber, so werden Unterschiede deutlich, die nicht nur auf die stets bestehende Differenz von Ideal und Wirklichkeit zurückzuführen sind. Das wird am unteren Ende der Einschätzungsskala deutlich, in der die Negativwerte versammelt sind. Die negativen Erfahrungen, die Ausgetretene mit Kirche gemacht haben, werden hier durch negative Pfarrererfahrungen bestätigt. Danach gibt es Pfarrer, die nicht überzeugend sind (15%); die ihrer Rolle nicht ganz gewachsen und darin unsicher sind (15%); die Einzelgänger bleiben und wenig Kontakte pflegen (13%); die weltfremd sind und zu wenig Verständnis für die Probleme des täglichen Lebens haben (12%); ja sogar selber nicht glauben, was sie sagen (9%) und die zu viel schimpfen und an allem herumnörgeln (8%).

Diese Werte korrelieren ohne Zweifel mit den Werten der Austrittsneigung und geben damit an, welche Art von Rollenspiel die Pfarrer besser gar nicht erst beginnen, wenn sie ihrer Sache nicht bleibenden Schaden zufügen wollen.

Blickt man auf die Eigenschaften, bei denen Pfarrer im Vergleich zum Ideal dieses nahezu erfüllen oder ein gewisses Übersoll erreichen, so sind dies: Gibt sich mit seiner Predigt viel Mühe (75%); er ist schlicht und bescheiden (68%); er ist belesen (56%).

Große Diskrepanzen von 10% bis fast 30% zwischen Soll und Ist gibt es bei vielen anderen Wunschvorstellungen. Zwar sind 68% der Meinung, ihr

Pfarrer habe viel Verständnis für den einzelnen Menschen, doch 85% wünschen sich das. Zwar sind 72% der Mitglieder der Meinung, der Pfarrer kümmert sich um das Leben der Gemeinde, aber zu 84% sieht man das als seine Aufgabe an. Zwar sind 60% der Gemeindemitglieder der Meinung, ihr Pfarrer versteht sich mit der Jugend, doch setzen 83% der Befragten das für einen guten Pfarrer voraus. Ähnlich große Diskrepanzen gibt es bei folgenden Voten: Er ist ein guter Redner (Ist 45%, Soll 71%); er kann Menschen für den Glauben begeistern (Ist 34%, Soll 63%); er faßt heiße Eisen an (Ist 42%, Soll 60%); er bemüht sich um die Annäherung der Kirchen und arbeitet eng mit anderen Gemeinden zusammen (Ist je 31%, Soll je 51%); setzt sich für soziale und politische Fragen ein (Ist 34%, Soll 50%).

Wenn man die Ist- und Soll-Werte vergleicht, zeigt sich dennoch, daß man im großen und ganzen die Pfarrerschaft so einschätzt, daß sie die erwarteten Dienste auch tut, daß man aber gern hätte, daß sie es besser und intensiver tut, wobei einige Problembereiche besonders benannt sind: Die Mehrheit der Mitglieder wünscht sich eine zeitnahe Kommunikation des Evangeliums, sieht sich in diesem Wunsch aber durch ihre Pfarrer enttäuscht. Eine knappe Mehrheit wünscht Kooperation zwischen Gemeinden und Kirchen, doch weniger als ein Drittel meint, ihre Pfarrer bemühen sich darum. Und obwohl eine Mehrheit der Meinung ist, die Pfarrer kümmern sich um Alte, Kranke (56%) und Jugendliche (60%), meinen doch über 80%, die Pfarrer müßten das viel intensiver tun.

Diese Feststellungen führen zu der Frage, wie die Arbeitsfelder sich im Berufsalltag der Pfarrer gestalten. Darüber berichtet das nächste Kapitel.

8. Ergebnisse empirischer Pfarrerberufsforschung

8.1 Anmerkungen zur Quellenlage

Trotz zahlreicher Arbeiten zum Pfarrerberuf gibt es bislang wenige empirische Arbeiten über evangelische Pfarrer im Gemeindedienst. Es sind letztendlich nur fünf Arbeiten, die sich empirisch und ausführlich mit dem Pfarrerberuf in einer Weise befassen, die wissenschaftlichen Charakter hat.[1] Diese Arbeiten gewinnen ihre Daten in der Regel mit Hilfe von standardisierten Fragebögen und unter Hinzuziehung soziographischer Daten über Pfarrstellendichte, Relation zwischen Pfarrer und Mitgliederzahl und Gemeindestruktur. Zum Verständnis der Pfarrersituation zum Zeitpunkt der Untersuchungen werden auch historische Abrisse und rechtliche und theologische Grundlegungen zum Pfarrerberuf in die Darstellung einbezogen.

---

[1] Vgl. Spiegel 1970; Bormann/Bormann-Heischkeil 1971; Naef o.J. (1971); Bormann 1966; Dahm 1971, Teil 4, S. 75ff.

Die Verwendung von soziographischen Methoden in den 70er Jahren bedingt nach der Kritik Luckmanns an der Religionssoziologie einige Anfragen an diese Arbeiten, die behandelt werden müssen, bevor man die Ergebnisse der Arbeiten darstellen kann, denn von der Beantwortung dieser Anfragen hängt die Relevanz ihrer Ergebnisse ab.

So zeigt sich bei der Arbeit von Bormann/Bormann-Heischkeil, daß sie nicht nur einfach organisationssoziologische Fragestellungen auf das System Kirche am Beispiel der Evangelischen Landeskirche von Württemberg anwendet, sondern daß ihre Erhebung unter ideologischen Aspekten erfolgt. Dies wird schon im Untertitel der Arbeit deutlich: „Ein Beitrag zum Problem der Rückständigkeit sozialer Gruppen". Die Württembergische Landeskirche um 1970 gilt als ein Beispiel für solche Rückständigkeit. Diese Rückständigkeit wird nach Bormann/Bormann-Heischkeil schon durch die Theorie von Kirche belegt, die dem landeskirchlichen System aller evangelischen Kirchen zugrunde liegt.[2] Neben dieser ideologischen Grundlegung der Arbeit von Bormann/ Bormann-Heischkeil ist auch ihr methodischer Ansatz zumindest teilweise zu bemängeln, denn um die pfarramtlichen Funktionen zu erfassen, wird auf eine Kirchlichkeitstypologie zurückgegriffen, die zum Zeitpunkt des Erscheinens der Arbeit im Grunde als überholt zu gelten hatte.[3] Ähnliches gilt von der Gemeindetypologie, die verwendet wurde.

Immerhin können diese Klassifizierungsversuche ebenso wie soziographische Daten zur *Pfarrerdichte* einige Hinweise auf Probleme des Berufes geben, auf die noch einzugehen ist.

Eine zweite Arbeit von Günther Bormann zum Berufsbild und zur Berufswirklichkeit evangelischer Pfarrer in Württemberg[4] geht auf eine Intensivbefragung von 105 Pfarrern zurück. Diese Befragung sollte noch von Bormann ausgewertet werden, was bislang nicht geschehen ist, jedoch wurde ein Zwischenergebnis vorgelegt. In diesem Zwischenergebnis versucht er aufzuzeigen, wie die Pfarrer die lutherische Lehre von Amt und Gemeinde als Grundlage ihres Berufsstandes verinnerlicht haben. Für ihn ist ein Ergebnis der Untersuchung, daß es ganz verschiedene Grade und Formen von Verinnerlichung dieser gemeinsamen Grundlage, die er Gruppentheorie nennt, gibt. Nach der Form der Aneignung dieser Gruppentheorie lassen sich die Pfarrer bestimmten Spielarten dieser Theorie zuordnen. Sie vertreten mit ihrer angeeigneten Theorie zugleich ein Gemeindeverständnis, das die Schwerpunktsetzung ihrer Arbeit bestimmt. Bormann findet folgende typologische Ansätze im Gemeindeverständnis:

1. Den ordnungstheologischen Ansatz. Er stimmt mit der vorgegebenen Theorie von Amt und Gemeinde am engsten zusammen.

---

[2] Bormann/Bormann-Heischkeil, S. 55f.

[3] Vgl. Bormann/Bormann-Heischkeil, S. 131 und 87f.

[4] Vgl. Bormann 1966

2. Den pastoralen Ansatz. Er setzt den Schwerpunkt der Gemeindearbeit auf die nachgehende Seelsorge.

3. Den kerygmatischen Ansatz, der das Verkündigungsamt in den Mittelpunkt der Gemeindearbeit stellt.

4. Den charismatischen Ansatz, der das eine Amt in gleichrangige Ämter auflöst.

5. Den quasi-soziologischen Ansatz. Er entfernt sich am weitesten von der vorgegebenen Theorie. Um funktionale Lösungen für Probleme des Pfarrerberufes zu finden, ist es aufgrund dieses Ansatzes auch möglich, die bestehende Parochie und das herkömmliche Pfarramt aufzulösen.

6. Den quasi-politischen Ansatz, der Christentum und Humanität im politischen Raum durch Kritik an negativen gesellschaftlichen Strukturen versöhnen will.

Die Darstellung dieser Ansätze erfolgt mittels kommentierter Zitate, die thematisch geordnet werden und um die zentralen Themen der sog. Gruppentheorie des Berufsstandes kreisen. Diese Themen sind: Amt, Aufgaben des Amtes, Zuordnung von Amt und Gemeinde, Gemeindeverständnis und Gemeindeorganisation, Laienmitarbeit. Leider sind zu den Zitaten nicht die Interviewfragen mitgegeben worden, so daß man nicht beurteilen kann, wie Bormann zu diesen Ergebnissen kommt. Es wird nur mitgeteilt, daß das Erhebungsmittel eine Kombination aus strukturierter und unstrukturierter (qualitativer) Interviewtechnik war[5] und daß die einzelnen Themenkreise entsprechend den Stichpunkten des Interviewleitfadens mit Hilfe einer „Fragebatterie“ durchdiskutiert wurden.[6] Aufgrund mancher Zitatanfänge läßt sich vermuten, daß direkt nach theologischen Meinungen gefragt worden ist, z. B. „Was ist Gemeinde? ...“,[7] „Zu Ihrer Frage: Pfarramt, Aufgaben des Pfarrers? ...“,[8] „Was ist der Pfarrer? ...“,[9] „Gemeinde, allgemeines Priestertum? ...“[10] Falls tatsächlich so direkt nach dem persönlichen Verständnis dieser Elemente einer Pastoraltheologie gefragt worden ist, dann ist es eigentlich nicht verwunderlich, daß die jeweilige theologische Position dargelegt wird. Denn es wird ja nicht nach der Differenz dieser Position zur vermuteten Gruppentheorie gefragt, sondern nach der persönlichen amtstheologischen Einstellung. So kann man zwar die Ergebnisse als Abweichungsmodi von der Gruppentheorie interpretieren, aber genau betrachtet kommen die gefundenen typischen Ansätze im Gemeindeverständnis der Pfarrer auch ohne den Gedanken von der Abweichung aus. Aber wenn man diese Bormannsche Absicht hinter sich läßt und die Darstellung als das nimmt, was

---

[5] Bormann 1966, S. 164
[6] Bormann 1966, S. 164
[7] Bormann 1966, S. 166
[8] Bormann 1966, S. 171
[9] Bormann 1966, S. 171
[10] Bormann 1966, S. 172

sie ist, nämlich als eine Darlegung von Einstellungen der Pfarrer zu den genannten Themenkreisen, dann muß man zugeben, daß Bormann einen ersten wichtigen, empirischen Beitrag zum Pfarrerberuf geleistet hat, der deshalb hier aufzunehmen ist.

Die Arbeit von Yorick Spiegel geht auf eine Befragung zum Berufsverständnis und zur Berufswirklichkeit Berliner Gemeindepfarrer von 1963 zurück. Damals wurden 126 Pfarrer und Pfarrerinnen im Gemeindedienst interviewt. Die Interviewfragen waren ebenfalls thematisch geordnet und relativ offen gehalten. Sie wurden ergänzt durch sozialstatistische Fragen. Yorick Spiegel hat speziell die Interview-Ergebnisse der Pfarrer im Gemeindedienst interpretiert. Seine Darlegungen hat er angereichert durch historische und rechtliche Angaben zum Pfarrerberuf. Zum Ausgangspunkt seiner Interpretation hat er die Interaktionen der Pfarrer genommen und diese in den sozialen Bereichen untersucht, in denen sie vorwiegend geschehen: Gemeinde, Kirche und Öffentlichkeit. Bei der Abgrenzung dieser Bereiche gibt es aus heutiger Sicht Anfragen. Unter Gemeinde versteht er die Gemeinde der praktizierenden Gemeindemitglieder, die sich am kirchlichen Leben in Gottesdienst und Gruppen der Gemeinde beteiligen. Volkskirchliche Öffentlichkeit sind ihm die Kirchenmitglieder, die nicht zu diesem Kreis der kirchengemeindlichen Aktivisten gehören, denen der Pfarrer vor allem im Unterricht und in Kasualhandlungen begegnet, sowie die Mitglieder, mit denen er anläßlich von Repräsentationspflichten zu tun hat. Unter Kirche faßt er die innerkirchlichen Interaktionen zusammen. Die Interaktionen der Pfarrer werden nach Spiegel durch *Leitentscheidungen* gesteuert. Das sind Entscheidungen, die jeder Pfarrer in seinen Interaktionsfeldern zu treffen hat. Die erste Leitentscheidung betrifft das Amtsverständnis der Pfarrer. Jeder Pfarrer muß für sich entscheiden, ob er sein Amt z. B. monokratisch oder demokratisch ausüben will, ob er sein Amt für das wichtigste hält oder ob er andere Gemeindeämter als gleichrangig einstuft. Die zweite Leitentscheidung betrifft die Prioritätensetzung bei den Aktivitäten. Der Pfarrer kann sich z. B. dem Aufbau einer *Gemeindekirche* verschreiben, also alles tun, daß die hochmotivierten und kirchlich engagierten Mitglieder zueinanderfinden, wobei den *Randständigen* die Möglichkeit offensteht, sich doch noch zu beteiligen, oder er kann versuchen, die Kirche in der ortsgemeindlichen Öffentlichkeit als Ort guter Tradition und Sitte darzustellen. Die dritte Leitentscheidung betrifft die kirchliche Organisation. Der Pfarrer kann sich z. B. als Teil der Hierarchie und damit als deren verlängerter Arm verstehen oder als Vertreter der Gemeinde der Hierarchie gegenüber.

Schließlich möchte Yorick Spiegel bei seiner Befragung auch herausfinden, wie die Pfarrerschaft zu zwei seinerzeit diskutierten Themenbereichen Stellung bezieht. Der erste betrifft die Forderung nach Demokratisierung, womit die Verantwortungsdelegation in Kirche und Gemeinde angesprochen wird; der zweite betrifft die Frage nach der Spezialisierung im Pfarrerberuf.

Spezialisierung erschien seinerzeit als eine wichtige und richtige Lösung des Überlastungsproblems im Pfarrerberuf. Das Thema ist bereits oben im Rahmen der Darstellung der Ergebnisse aus der ersten EKD-Studie begegnet. Es gehört zu den bleibenden Anfragen einer Berufsprofilierung.

Für die Auswertung seiner Befragung lagen Spiegel nach den Interviews zahlreiche persönliche Meinungen von Pfarrern über ihren Beruf vor. Damit waren die Anfänge einer qualitativen Sozialforschung im Raum der Kirchensoziologie gemacht. Doch offensichtlich war man sich der damit gegebenen Möglichkeiten damals noch nicht bewußt. So dienen diese Meinungsäußerungen leider nur zur Illustration der Interpretation. Man könnte sich vorstellen, daß eine thematische Ordnung und Darstellung der Interviewmeinungen einen vertiefteren Eindruck über die qualitativen Probleme im Pfarramt hervorgebracht hätte gegenüber der rein quantitativen Auswertung der Interviews. Damit sollen die Methoden nicht gegeneinander ausgespielt werden, sondern es soll gezeigt werden, daß die qualitative Bearbeitung der Interviews offensichtlich noch nicht in den Möglichkeiten der damaligen Zeit lag. Dennoch ist die Arbeit von Spiegel für den Zusammenhang dieses hier vorliegenden Buches von Bedeutung.

Die Studie „Was tun eigentlich die Pfarrer?" von Regula Naef ist die Auswertung einer Befragung unter 235 reformierten Pfarrern des Kantons Zürich. Sie bringt neben statistischen Angaben zur Arbeitszeit auch eine Auswertung von Beurteilungen dieser Pfarrer zu einigen Berufsproblemen. Da es sich bei dieser Arbeit vorwiegend um reine Datenerhebung handelt, können die Ergebnisse im folgenden referiert werden, unter dem Vorbehalt, daß Zürcher Ergebnisse nicht ohne weiteres auf deutsche Verhältnisse übertragen werden können. Doch sind die dort erhobenen Realitäten im wesentlichen den deutschen Verhältnissen ähnlich, wie die zur Pfarrerarbeitszeit zusätzlich herangezogenen Erhebungen zeigen werden.

Im folgenden werden die Daten und Erkenntnise dieser hier beschriebenen Arbeiten als wichtige Beiträge zur Pfarrerberufsforschung thematisch geordnet vorgestellt.

8.2 Die Pfarrerarbeitszeit

Ein wichtiger Indikator für die Strukturprobleme des Pfarrerberufes ist die Pfarrerarbeitszeit.

Versteht man den Pfarrerberuf als einen relativ freien Beruf, so hat er Anteil an den Problemen dieser *freien* Berufe. Vergleicht man z. B. den Pfarrerberuf mit dem Beruf eines praktischen Arztes, so hat er mit diesem zum einen gemein, daß er die Arbeitszeit weitgehend selbst gestalten kann, zum andern, daß er wenig freie Zeit hat. Von einem praktischen Arzt etwa wird ein überdurchschnittlicher Zeiteinsatz gefordert, besonders wenn er allein auf einem Dorf praktiziert. Doch dieser hohe Zeiteinsatz ist dennoch in der

Regel nicht als besondere Belastung anzusehen, da man davon ausgehen kann, daß beim Beruf des Arztes die Berufung und der Beruf zusammenstimmen. Daß ein hoher zeitlicher Einsatz auch vom Pfarrer gefordert wird, das kann an den Arbeitszeitplänen abgelesen werden. Würde er sich auf die Tätigkeiten strikt beschränken, die ihm durch das Geistliche Amt auferlegt sind (Verkündigung, Seelsorge, Unterricht und Sakramentenspendung), so käme er – falls man die Zürcher Arbeitszeitverteilungen von 1969 zugrunde legt – einschließlich Vorbereitung, Organisation und Nacharbeit auf rund 42 Stunden pro Woche. Daß ein Pfarrer sich aber in weit mehr Tätigkeitsbereichen einsetzt und mit 42 Stunden in der Woche nicht auskommt, sondern zeitlich wesentlich mehr belastet ist, liegt daran, daß er für seine Gemeindemitglieder immer zur Verfügung stehen soll und will. Eine Überlastung tritt dann *objektiv* auf, wenn die übernommenen Aufgaben jede menschliche Möglichkeit übersteigen[11] und der Pfarrer es nicht vermag, diese Lasten abzugeben. Die Überlastung tritt *subjektiv* als *Überlastungssyndrom* auf, wenn die Tätigkeiten, die man selbst für *uneigentlich* hält, permanent verhindern, das zu tun, was man eigentlich tun möchte. Ob dieses *Überlastungssyndrom* dann nur ein Einstellungsproblem der Pfarrer ist oder auf strukturelle Gründe der Amtskonstruktion zurückgeführt werden muß, wäre dann im Einzelfall zu prüfen. An dieser Stelle muß darauf hingewiesen werden, daß diese Einzelfallprüfung nur dann einen Sinn hat, wenn zuvor schon geklärt ist, was eigentlich die Aufgaben sind, die unbedingt zum Pfarrerberuf gehören, und was solche, die unabdingbar in der Verantwortung der Gemeinde bleiben sollten oder in ihre Verantwortung überführt werden müßten. Wenn diese Klärung der Pfarreraufgaben nicht eindeutig ist, kann es keine Lösung des *Überlastungssyndroms* geben, weder subjektiv noch objektiv.

Betrachtet man unter diesen Vorüberlegungen die Zeitpläne zum Pfarrerberuf, so kann man zeigen, daß das Pfarrerzeitproblem zu einem Teil auf die amtlichen Berufsvorgaben zurückgeht, zu einem anderen Teil auf die persönliche Motivation der Pfarrer. Da die Definiton der Tätigkeitsfelder nicht in allen Untersuchungen, die sich mit der Pfarrerarbeitszeit befaßt haben, gleich ist, wird an dieser Stelle nur über die Gesamtarbeitszeit referiert, wobei die Details in der Fußnote enthalten sind.

Die Züricher Untersuchung bezieht sich auf die durchschnittliche Wochenarbeitszeit von 235 Pfarrern, wobei Vorbereitungs- und Wegezeiten in die einzelnen Tätigkeiten hineingerechnet wurden. Die Zeitverteilung erstreckt sich auf eine Sieben-Tage-Woche und ergibt eine wöchentliche Ge-

[11] Z.B. gleichzeitig auftauchende Sonderbelastungen wie eine Stellenvertretung und zusätzlich Terminleistungen für eine Kindergarteneinweihung; Sprengelübergröße ohne Verringerung von Unterricht.

samtarbeitszeit von 63 Stunden.[12] Bormann/Bormann-Heischkeil haben aus 13 Zeitplänen für verschiedene Gemeindetypen die Arbeitszeiten ermittelt und auch zusammengefaßt,[13] jedoch nach Sommer und Winter getrennt, da sie Arbeitszeitschwankungen zwischen den Sommer- und Wintermonaten festgestellt haben. Sie kommen auf eine durchschnittliche Arbeitszeit von 79 Stunden im Winter- und 66 Stunden im Sommerhalbjahr pro Sieben-Tage-Woche.[14] Yorick Spiegel hat die Zeitpläne von 84 Berliner Pfarrern zu einem Durchschnittszeitplan verarbeitet, den er noch nach Alterklassen dif-

---

[12] Vgl. Naef o.J. (1971), S. 19:
Tätigkeitskategorie (Anzahl der Stunden)

1. Verkündigung: sämtliche ‚geistlichen' Handlungen einschließlich Kasualien und Kindergottesdienst (12,2)
2. Jugendunterricht: jede Art von Unterricht einschließlich Konfirmandenunterricht (11,5)
3. Einzelseelsorge: persönlich und telefonisch, Kontaktgespräche z.B. bei Neuzugezogenen, Kasualbesuche, Krankenbesuche (9,8)
4. Arbeitskreise im Rahmen der Kirchengemeinde (einschließlich Leitung, Besprechung, Mitarbeit und Teilnahme) (5,7)
5. Kirchengemeindeanlässe (besondere Vorträge, Veranstaltungen und Aktionen der Gemeinde) (2,0)
6. Nicht an die Kirchengemeinde gebundene Tätigkeit (Mitarbeit in lokalen Institutionen und Vereinen) (0,9)
7. Übergemeindliche Tätigkeit (Kapitelskontakte, Kontakte mit Leitung, Arbeit für gesamtkirchliche Werke und Dienste) (6,2)
8. Publizistische Tätigkeit (Gemeindebrief, Presse und andere Medien) (0,8)
9. Organisation und Administration (Verwaltung, Dienstbesprechungen, Kirchenvorstandssitzungen) (7,9)
10. Weiterbildung und wissenschaftliche Arbeit (Besuch von Kursen, Studium, eigene wissenschaftl. Arbeit) (4,1)
11. Anderes (z.B. nebenamtliche Tätigkeiten, die nicht aufgeführt wurden) (2,1)

[13] Bormann/ Bormann-Heischkeil 1971, S. 137

[14] Tätigkeitskategorie (Zeit im Winter /Sommer)

1. Gottesdienste (3,06/3,22)
2. Kasualien (1,13/1,14)
3. Kirchliche Unterweisung (12,23/7,69)
4. Kirchliche Gruppen (6,16/3,94)
5. Dienstliche Besprechungen, Sitzungen, Tagungen (4,56/4,53)
6. Sonstige feste Dienste (0,99/0,99) Dienste mit festgelegter Arbeitszeit in Wochenstunden (28,13/21,51)
7. Wegzeiten (3,65/3,23)
8. Verwaltung, Behörden (5,57/ 5,21)
9. Seelsorge, Gespräche, Privatkommunionen (14,86/12,69)
10. Vorbereitungsarbeiten (24,42/20,84)
11. Wissenschaftliche Arbeit (2,35/2,88)
12. Dienste mit nicht festgelegter Arbeitszeit in Wochenstunden (50,85/44,85)

Arbeitszeit insgesamt, wöchentlich (7-Tage-Woche) (78,98/66,36), durchschnittliche Arbeitszeit eines Tages (11,26/9,48)

ferenziert hat.[15] Er findet eine wöchentliche Arbeitszeit – ebenfalls sieben Tage – von durchschnittlich 73 Stunden heraus.

Aus dem Jahre 1990 liegt eine neue Ermittlung der durchschnittlichen wöchentlichen Arbeitszeit vor.[16] Dieser Zeitplan basiert auf der Selbsteinschätzung von insgesamt 50 Pfarrern (24 bayerische, 26 Gemeindepfarrer aus Hannover) mit wiederum eigener Kategorisierung der Tätigkeiten. Danach ergibt sich eine wöchentliche Arbeitszeit von 65 Stunden.[17]

Bei der Übersicht über diese Zeitpläne fällt die hohe Schwankung der Arbeitszeit auf. Sie umfaßt 63 Stunden als niedrigsten und 79 Stunden als höchsten Wert. Man kann dieses Ergebnis wie Yorick Spiegel auf Fehleinschätzungen einzelner Beteiligter zurückführen[18] oder wie Bormann/Bormann-Heischkeil auf saisonale und regionale Schwankungen. Sicher dürfte sein,

---

[15] Spiegel 1970, S. 182 :
Tätigkeiten (Zeit)
1. Gottesdienst und Andachten (5,02)
2. Amtshandlungen (6,2)
3. Vorbereitung auf Gottesdienst und Amtshandlungen (13,3)
4. Religions- und Konfirmandenunterricht (9,3)
5. Gruppenarbeit (5,3)
6. Gespräche mit Besuchern (6,9)
7. Haus- und Heimbesuche (6,5)
8. Gemeindeverwaltung (6,7)
9. Übergemeindliche Tätigkeiten (4,6)
10. Weiterbildung und wissenschaftliche Arbeit (6,1)
11. Sonstige Tätigkeit (3,0)
Gesamtarbeitszeit pro Woche 72,9

[16] Korrespondenzblatt 1990: 83

[17] Tätigkeiten (Zeit)
1. Agendarischer Gottesdienst (7,53)
2. Unterricht (7,83)
3. Kasualien (3,34)
4. Besprechungen (6,45)
5. Verwaltung (6,06)
6. Kontrollfunktionen (0,76)
7. Fahrten/Wege (4,41)
8. Fortbildung (3,83)
9. Information/Werbung (1,89)
10. Gespräche (3,82)
11. Besuche (4,25)
12. Aktionen/Veranstaltungen (3,34)
13. Nichtagendarische Gottesdienste (2,44)
14. Gruppen (4,57)
15. Institutionenkontakte (0,34)
16. Ehrenamtlich/Repräsentation (1,04)
17. Technische Funktionen (1,23)
18. Sonstiges (1,89)
Gesamtzeit (Stunden: 65,1)

[18] Spiegel 1970, S. 181

daß sowohl die sozio-geographische Situation des Arbeitsplatzes, als auch die Arbeitssaison für die Arbeitszeit wichtig sind.[19] Sicher dürfte auch sein, daß die subjektive Einschätzung der Arbeitszeit für Schwankungen in der Arbeitszeitermittlung mitverantwortlich ist. Aber als gesichert kann auch gelten, daß die durchschnittliche wöchentliche Arbeitszeit eines Pfarrers bei 63 Stunden und mehr pro Sieben-Tage-Woche liegt.

Erinnert man sich an die Situation der *freien* Berufe, so liegt dieses Ergebnis vermutlich im Rahmen der Arbeitszeit dieser Berufe, verglichen mit einem freien, kleineren Unternehmer eher am unteren Rande der Arbeitszeittabellen dieser Berufe. Das bedeutet, daß die Klagen über die Arbeitszeit der Pfarrer wohl nicht ihren Grund in der hohen zeitlichen Belastung haben, sondern in den Aufgaben selbst. Darauf weisen auch die illustrierenden Zitate hin, die Yorick Spiegel zum Thema wiedergegeben hat: „Es ist belastend, daß vor lauter Fülle der Aufgaben das Tun ins Unmenschliche der Amtshandlungen gerät, daß man zu hasten beginnt, wenig Zeit hat, nicht mehr mit Ruhe und Geduld auf jeden eingeht. Das geht mir am meisten auf die Nerven. – Die Schwierigkeit besteht darin, daß der Aufgabenkreis viel größer ist, als daß er von einer Person bewältigt werden könnte, wodurch man gezwungen ist, sich bewußt auf einen Teil der möglichen Aufgaben zu beschränken. Dies führt aber dazu, daß man eigentlich nie Zeit hat, weil ständig noch Aufgaben bleiben, die zu erledigen wären. – Es wird zuviel Verschiedenes vom Pfarrer verlangt. Er soll Pädagoge, Redner, Arzt usw. sein und hat gar nicht die Ausbildung danach, z.B. keine Psychologie. In jedem andren Beruf verlangt man, daß er sein Fach können soll.“[20]

Ein weiteres Problem bei den Anforderungen an den Beruf des Pfarrers ist nach diesen Äußerungen auch die Qualifikation für die einzelnen Aufgaben, die ein Pfarrer auszufüllen hat, sowie besonders die Bewertung der Tätigkeiten durch die Pfarrer. In diesem letzten Punkt liegen auch die Spannungen verborgen, die Pfarrer erleben: Nicht nur die mangelnde Qualifikation für die einzelnen Tätigkeiten wird als Belastung empfunden, sondern auch, daß man zu wenig Zeit zur sorgfältigen Vorbereitung einer Tätigkeit hat und daß man eine Menge Tätigkeiten ausführen muß, die man für nicht sinnvoll hält. Mit dieser Feststellung kommt ein Konflikt in Sicht, der gegenwärtig strukturell mit dem Beruf verbunden ist. Der Pfarrer gerät notwendig in Zielkonflikte bei der Einteilung seiner Arbeit und der Prioritätensetzung, die er aufgrund der Fülle der Aufgaben vorzunehmen hat. Die größte Spannung dürfte dann auftreten, wenn die Pfarrer feststellen, daß sie, von ihren amtlichen und persönlichen Zielvorgaben ausgehend, beim besten

[19] Die Züricher Untersuchung mit ihrer Differenzierung zwischen Stadt und Land bestätigt den soziographischen Aspekt, Naef o.J. (1971), S. 62

[20] Spiegel 1970, S. 180

Willen nicht zureichend *zum Eigentlichen* kommen, wie immer man auch dieses *Eigentliche* dann definieren mag.

Die allgemein praktizierte Lösung dieses Zeitproblems und der Prioritätensetzung ist derzeit die, daß die festliegenden Dienste erfüllt werden, während die nicht festgelegten Arbeitszeiten, insbesondere also Vorbereitungszeiten gekürzt werden. Diese Lösung, die Bormann/Bormann-Heischkeil schon herausgefunden haben,[21] führt auf Dauer nicht zum Abbau von Frustrationen bei Pfarrern und Gemeindegliedern, sondern zu einer schleichenden Minderung der Qualität der Arbeit, vor allem eines Absinkens des wissenschaftlichen Niveaus bei den Pfarrern in den Bereichen, in denen eine akademische Ausbildung erfolgte. Man kann die Bedeutung dieser Entwicklung dadurch abschwächen, daß man auf den Unterschied zwischen Theorie und Praxis in jedem Beruf hinweist, aber für den Pfarrerberuf stellt sich dann die Frage, wozu eine 5–6jährige akademische Ausbildung notwendig ist, wenn deren Ergebnisse dann in der Praxis nicht erforderlich sind. Für die Gemeinde lautet die daraus resultierende Frage: Braucht die Gemeinde einen theologischen Fachmann? Wenn ja, wie stellt sie sicher, daß er es bleibt?

Bei Bormann/Bormann-Heischkeil lassen sich noch weitere Details zum Pfarrerberuf finden.[22] Sie haben nicht nur herausgefunden, daß die soziographische Situation für die Arbeitsbelastung von Bedeutung ist, sondern auch, daß man auf dem Land nicht weniger arbeitet als in einer Stadt. Im Gegenteil, die niedrigste Arbeitszeit fanden Bormann/Bormann-Heischkeil bei einem Pfarrer in der Stadt. Sie fanden bei genauerer Untersuchung dieser Situation heraus, daß er einen gut ausgebildeten und eingearbeiteten Mitarbeiterstab hatte. Damit ist bereits ein Hinweis gegeben, auf welchem Wege Entlastung im Pfarramt erfolgen könnte.

Ferner haben sie herausgefunden, daß entstehender zeitlicher Spielraum von den Pfarrern nicht zu mehr Freizeit genutzt wird, sondern zu vermehrter Arbeit dort, wo sie ihren persönlichen Schwerpunkt haben. Schließlich entdeckten sie auch, daß abnehmender zeitlicher Spielraum sich neben mangelnder Vorbereitung auf die Tätigkeiten auch zu Lasten von Filialgemeinden auswirkt.

Sucht man im Zeitbudget nach den Punkten, an denen Entlastung stattfinden könnte, wird ein interessanter Zusammenhang zwischen Aufgabenstellung und Arbeitswirklichkeit sichtbar. Die Augsburgische Konfession hatte – wie gezeigt – noch nicht Religionsunterricht, Verwaltung und organisatorische Gemeindeleitung zu den Pfarreraufgaben gezählt, wie das in gegenwärtigen kirchlichen Regelungen geschieht. Und genau an diesen Stellen, Unterricht und Verwaltung, müßte und könnte eine Entlastung der Pfar-

[21] Vgl. Bormann/Bormann-Heischkeil 1971, S. 142–149
[22] Vgl. den ganzen Abschnitt 4.3.3 in Bormann/Bormann–Heischkeil 1971, S. 135ff.

rer erfolgen, will man die Qualität der Arbeit verbessern und die Dauerfrustrationen abbauen.[23]

8.3 *Weitere Zusammenhänge*

Die Züricher Studie hat noch weitere Zusammenhänge deutlich gemacht, die zum Teil auch von Yorick Spiegel bestätigt werden.[24]

Es besteht ein *Zusammenhang zwischen Alter und Arbeit.* Mit zunehmendem Alter nimmt die Arbeitsbelastung nicht ab,[25] aber es findet eine Verschiebung in den Arbeitsschwerpunkten statt. „Während der Anteil der Verkündigung durch alle Altersklassen ungefähr gleich bleibt (rund 20 %), sinkt der Anteil für Jugendunterricht von 21 % bei den jüngsten Teilnehmern bis auf 15 % bei den ältesten. Gleichzeitig nimmt der für die Seelsorge aufgewendete Prozentsatz der Gesamtarbeitszeit immer mehr zu, von 11 % bei den jüngsten auf 18 % bei den ältesten. Die jüngsten Pfarrer wenden annähernd doppelt so viel Zeit für die Kategorie Jugendunterricht (12,3 Stunden) wie für die Kategorie Einzelseelsorge (6,7 Stunden) auf. Bei den beiden nächst höheren Altersklassen nähern sich die Werte an, während die ältesten Teilnehmer mehr Zeit für die Seelsorge (11,4 Stunden) als für den Jugendunterricht (9,8 Stunden) verwenden. Es findet somit eine gewisse Verlagerung der Interessen statt."[26]

Auch die *Pfarrstellenzahl in einer Gemeinde* hat Einfluß auf die Menge der Arbeit und vor allem auf die Prioritätensetzung. So ist auffällig, daß in großen Gemeinden mit 5 und 6 Pfarrstellen die Arbeitszeit am niedrigsten ist (60,9). Am höchsten ist die Arbeitszeit eines Pfarrers in Gemeinden mit 3 (65,7) und 4 (66,4) Pfarrstellen. Auffälliger als dieses Ergebnis sind aber folgende Tatsachen:

In den Gemeinden mit mehr Pfarrstellen verringert sich die Zeit des Verkündigungsdienstes, aber nicht wie zu erwarten infolge weniger zu haltender Gottesdienste, sondern durch Abnahme von Gottesdiensten zu Trauungen und von Wochenandachten oder dergleichen. In den Gemeinden mit der höchsten Pfarrstellenzahl verringert sich stark der Seelsorgedienst durch Abnahme der Kasualgespräche, der Betreuungsbesuche, der speziellen Seelsorge und besonders der Kontaktgespräche. Hingegen nehmen übergemeindliche Dienste und publizistische Tätigkeiten in diesen Gemeinden zu.[27]

---

[23] Eine Änderung der Dauerüberlastung würde nach Bormann/Bormann-Heischkeil bei Absenken von Arbeitslasten wohl nicht eintreten, da die Pfarrer frei werdende Zeiten für intensivere Tätigkeit an anderer Stelle einsetzen.

[24] Vgl. Naef o. J. (1971), S. 20ff., und Spiegel 1970, S. 181 und 182

[25] Nach Spiegel scheint sie eher deutlich zuzunehmen, was von der Züricher Studie aber nicht bestätigt wird. Bei Spiegel erreichen die über 60jährigen die höchste wöchentliche Arbeitszeit, in der Züricher Studie sind das die 35–44jährigen.

[26] Naef o. J. (1971), S. 25

[27] Naef o. J. (1971), S. 25

Zu ähnlichen Ergebnissen kam auch Spiegel, der noch unterstreicht, daß bei zunehmender Pfarrstellenzahl in einer Gemeinde die Neigung, in einer Predigt Gemeindethemen oder politische Fragen aufzunehmen, abnimmt.[28] Festzustellen ist auch, daß eine theoretisch mögliche Spezialisierung oder Umwandlung des Pfarramtes in ein Team- oder Gruppenpfarramt in diesen Gemeinden nicht stattgefunden hat.

Eine wichtige Einflußgröße auf die Schwerpunktsetzung der Arbeit bildet die *Größe des Seelsorgebezirkes für einen Pfarrer.* Von den Faktoren, die für eine Veränderung der Qualität der Arbeit im Pfarrerberuf sorgen können – Verwaltung, Unterricht und Ausstattung der Gemeinde mit qualifizierten Mitarbeitern, soziographische Situation, Alter und Einstellung der Pfarrer – ist dieser Faktor wohl einer der wichtigsten. Denn wenn man Verwaltungs- und Unterrichtsanforderungen im Pfarrerberuf nicht ändern will, läßt sich eine Qualitätsveränderung nur durch Veränderung der Größe des Seelsorgebezirks erreichen.

Bormann/Bormann-Heischkeil haben der Größe der Seelsorgebezirke für einen Seelsorger in ihrer geschichtlichen Entwicklung besondere Aufmerksamkeit geschenkt.[29] Sie stellten dreierlei fest. Die Pfarrstellenzahl hat sich im Lauf der Geschichte gemäß dem Bevölkerungsanstieg in Deutschland/West erhöht, so daß man tatsächlich 1969 schon von der größten Pfarrerzahl in der Geschichte der westdeutschen Landeskirchen sprechen konnte, wie das Kirchenleitungen gerne tun. Gleichzeitig hat sich aber das Verhältnis von Seelenzahl zu Seelsorger verschlechtert. 1862 belief sich die durchschnittliche Seelenzahl pro Pfarrstelle auf 1.552; 1967 belief sich diese Zahl auf 2.468. Hinzu kommt, was diese Durchschnittszahlen nicht aussagen können, daß es ein starkes, geschichtlich bedingtes Gefälle zwischen Stadt und Land gibt. Zwar hat die Kirche bei einer zunehmenden Bevölkerungsentwicklung in den mittleren und größeren Städten allmählich dort mehr Pfarrer eingesetzt, aber auf dem Land hat sie keine Pfarrer abgezogen, so daß in den Seelsorgebezirken ein immer größeres Ungleichgewicht entstanden ist. Während in den Städten Seelsorgebezirke mit mehr als 3.000 Mitgliedern entstanden sind, blieben die Seelsorgebezirke auf dem Land weit unter 2.000 Mitgliedern.[30] Das Ergebnis dieser Entwicklung ist folgender Sachverhalt: „Für 325.000 evangelische Einwohner der bäuerlichen Gemeinden ... sind mehr Geistliche ... eingesetzt als für die 1.054 Mill. evangelischen Einwohner in den zentralen Orten ...“[31] Spiegel hat für Berlin in bezug auf das Verhältnis Seelenzahl zu Seelsorger sogar ein dramatisches Ergebnis ermittelt. In Berlin betreute im Jahre 1962 ein Pfarrer rund

[28] Spiegel 1970, S. 41

[29] Bormann/Bormann-Heischkeil 1971, vgl. besonders Abschnitt 3.3; 3.4; 3.5, S. 65–90

[30] Bormann/Bormann-Heischkeil 1971, S. 81

[31] Bormann/Bormann-Heischkeil 1971, S. 87

4.732 Gemeindemitglieder.[32] Das schließt eine geordnete Seelsorge aus. Dieses Faktum paßt gut zu den Ergebnissen der Austrittsforschung von Andreas Feige für Berlin, wonach viele ehemalige Mitglieder dort mit Ausnahme der Konfirmandenzeit schon über Generationen hinweg kaum oder keinen Pfarrerkontakt hatten.

Ein weiterer Einflußfaktor auf die Qualität und Struktur des pfarramtlichen Handelns ist *die theologische Einstellung*, worauf Bormann schon hingewiesen hatte. Dieser Faktor dürfte von ebenso großem Gewicht sein wie der Faktor *Größe des Seelsorgebezirkes,* da in jedem Fall die Art der Arbeit, die Strukturierung der Prioritäten, die Einstellung zu und der Umgang mit den Mitarbeitern von diesem Faktor abhängt. Insofern ist die Arbeit von Bormann in dieser Richtung nach wie vor wichtig, wenngleich man vielleicht heute nicht mehr so ohne weiteres von theologischen Schulen sprechen kann, die Pfarrergenerationen prägen.

Diese Beiträge der Kirchensoziologie zu Berufsbild, Berufswirklichkeit und Anforderungen an den Pfarrerberuf sind umfangreich und differenziert, wenn auch nicht – oder nur bedingt – zusammen mit Pfarrern erarbeitet. Sie geben ein gutes Bild von der Berufswirklichkeit. Es ist im nächsten Teil dieses Buches durch die Erfahrungen von Pfarrern und Pfarrerinnen zu ergänzen. Doch zuvor sind die Beiträge der praktischen Theologie zum Thema durchzusehen.

9. Der Pfarrerberuf in der Sicht gegenwärtiger Praktischer Theologie

9.1 Der Pfarrerberuf als Gegenstand des Nachdenkens in der Praktischen Theologie

Im Jahre 1970 schrieb Gerhard Rau am Ende einer ausführlichen Arbeit über Geschichte und Themen der Pastoraltheologie[1]: „Eine monographische Bemühung um die Pastoraltheologie muß zwangsläufig wie ein verspäteter Grabgesang klingen, da die Pastoraltheologie als eine eigenständige und vitale theologische Tradition spätestens um die Mitte des 19. Jhs. zu Ende ging, d. h. sie erreichte im Werk W. Löhes , Cl. Harms' u. a. ihren klassischen Höhepunkt und zugleich einen vorläufigen Abschluß.“[2] Dieses Phänomen deutet er gleichzeitig als Krisenzeichen des traditionellen Pfarramtes, das er mit der Pastoraltheologie zu Ende gehen sieht.[3] Mit dem Ende der Pastoraltheologie

[32] Spiegel 1970, S. 215
[1] Rau 1970
[2] Rau 1970, S. 317
[3] Rau 1970, S. 317

sind für ihn aber auch Themen ausgefallen, die für die Vermittlung und Kommunikation des Evangeliums elementar erscheinen. Das sind Grundfragen des Pfarrerberufes, die sich vor allem mit der Glaubwürdigkeit pastoralen Handelns befaßt haben.[4] Für ihn steht fest, was später kirchensoziologische Untersuchungen als Faktum erwiesen haben, daß für die Bereitschaft, sich auf das Evangelium einzulassen, die persönliche Glaubwürdigkeit seiner Vertreter entscheidend ist. Diese personale Repräsentanz des Evangeliums wird vor allem und legitimerweise von denjenigen erwartet, die sich als kirchliche Funktionsträger die Aufgabe zum Beruf gewählt haben, das Evangelium weiterzugeben. Damit wird als Erbe, Auftrag und legitimes Anliegen der Pastoraltheologie eine grundsätzliche Problemkonstellation weitergegeben, die entweder eine erneuerte Pastoraltheologie oder die Praktische Theologie aufzunehmen hätte, nämlich „die Korrelationsbestimmung zwischen dem institutionellen kirchlichen Handeln und dem Handeln der einzelnen Christen als ein genuines systematisches Problem jeder praktischen Theologie“.[5]

Im folgenden werden für die Bearbeitung dieser Probleme und für die Definition der Berufsrolle der Pfarrer einige Beispiele gegeben. Zunächst wird über den Versuch einer *zeitgenössischen Pastoraltheologie* referiert, sodann über eine *klassische* praktisch-theologische Arbeit und schließlich über einen Versuch der *Kommunikation des Evangeliums auf Gemeindeebene.*

9.2 Eine zeitgenössische Pastoraltheologie (Manfred Josuttis)

9.2.1 Vorbemerkungen

Manfred Josuttis ist im Gegensatz zu Gerhard Rau der Auffassung, daß das Ende des traditionellen Pfarramtes noch nicht gekommen ist. Deshalb nimmt er die traditionell in der Pastoraltheologie bearbeiteten Berufsprobleme des Pfarrerberufes neu auf und legt sie in seiner *zeitgenössischen Pastoraltheologie* vor.[6] Derzeit ist es deshalb nach Josuttis nicht notwendig, durch eine Pastoraltheologie das Pfarramt zu legitimieren, aber es ist eine besondere Aufgabe, darzulegen, welche kirchlichen und gesamtgesellschaftlichen Bedürfnisse und Zielvorstellungen sich auf das Berufshandeln der Pfarrer richten und welche Problemkonstellationen sich dabei ergeben.[7] Dieser Aufgabe will sich Manfred Josuttis mit seiner *zeitgenössischen Pastoraltheologie* widmen. Er geht dabei davon aus, daß eine Pastoraltheologie drei Dimensionen pastoraler Existenz, die aufeinander bezogen sind, zu behandeln hat: den Beruf des Pfarrers, den Glauben des Pfarrers und die Person des Pfarrers. Man könnte nun mit Hilfe dieser Dimensionen die Handlungsfelder des

[4] Vgl. Rau 1970, S. 322ff.
[5] Rau 1970, S. 328
[6] Josuttis 1982
[7] Vgl. Josuttis 1982, S. 17f., vgl. dazu auch Josuttis 1988

Pfarrerberufes durchgehen und dementsprechend eine pastoraltheologische Homiletik, Katechetik etc. verfassen. Statt dessen kann man aber auch die Konfliktzonen betrachten, „in denen sich die beruflichen, religiösen und persönlichen Probleme in besonderer Weise akkumulieren“.[8] Diesen Ansatz wählt Josuttis: „Eine zeitgenössische Pastoraltheologie hat die Konfliktzonen, die an den Schnittpunkten zwischen der beruflichen, der religiösen und der personalen Dimension pastoraler Existenz lokalisiert sind, wissenschaftlich zu reflektieren.“[9] Das damit bezeichnete Arbeitsprogramm wird in seinen Ergebnissen mitbestimmt von den Methoden, die angewendet werden, sowie von der Stellung der Pastoraltheologie im theologischen System insgesamt. Josuttis wählt für seine Pastoraltheologie einen handlungstheoretischen Ansatz, weil die Handlungswissenschaft in ihrer Aufgabenstellung eine unverkennbare Konvergenz zu den Problemstellungen einer zeitgenössischen Pastoraltheologie besitzt: „Indem sie die Konfliktzonen pastoraler Existenz – empirisch analysieren, – kritisch reflektieren und – konstruktiv modifizieren will, arbeitet sie auf jenen drei Ebenen, die für handlungstheoretische Entwürfe charakteristisch sind.“[10] Da es im Augenblick der Abfassung seiner Arbeit noch unmöglich ist, eine Pastoraltheologie als Handlungswissenschaft vorzulegen, vor allem wegen noch mangelnder Bearbeitung zahlreicher analytischer, kritischer und konstruktiver Vorfragen zum Thema, kann seine Arbeit nur ein Versuch in dieser Richtung sein. Immerhin läßt bereits ein flüchtiger Blick auf die Fragestellungen erkennen, daß eine zeitgenössische Pastoraltheologie für die Bearbeitung ihrer Themen den vergleichenden Blick auf andere Konfessionen und Religionen nicht scheuen darf. Zur Erfassung der Realitäten des Berufes gehört ferner auch die Reflexion seiner dogmatischen Grundlegung sowie die Reflexion von gesellschaftstheoretischen und tiefenpsychologischen Erkenntnissen zu Themen der pastoralen Existenz. Diese drei Bereiche kritischer Reflexion des Berufes können dabei nicht unverbunden nebeneinander stehen, sondern sind im Blick auf konkrete Einzelfragen zu kombinieren. Aus der kritischen Reflexion des Berufes ergeben sich dann auch konstruktive Beiträge: „Eine Pastoraltheologie, die die Konfliktzonen pastoraler Existenz zu erhellen bemüht ist und dies im handlungswissenschaftlichen Sinn zu durchleuchten unternimmt, wird hinsichtlich ihrer konstruktiven Aufgabe das Ziel verfolgen, – die Wahrnehmungsbreite, – die Einstellungsbreite und – die Verhaltensbreite der angesprochenen Leser, seien es Pfarrer oder nicht, erweitern zu wollen.“[11] Er legt keine Problemlösungen für die von ihm diskutierten *Konfliktzonen pastoraler Existenz* vor, sondern er erweitert den Blickwinkel auf die Probleme. So lesen sich die einzelnen Kapitel auch nicht als syste-

[8] Josuttis 1982, S. 20
[9] Josuttis 1982, S. 20
[10] Josuttis 1982, S. 23
[11] Josuttis 1982, S. 26

matische Abhandlungen, sondern als Meditationen zu einem Themenbereich. Das angestrebte Ziel der Blickerweiterung auf die Konfliktfelder pastoraler Existenz wird damit in der Tat erreicht. Jedoch ergeben sich an dieser Stelle Anfragen an sein Konzept. Diese betreffen nicht nur die Themenauswahl, sondern auch grundsätzliche Fragen.

Zur Themenauswahl ist anzufragen, ob die behandelten Themen *spezifisch* für den Pfarrerberuf sind und darin ihre Rechtfertigung für die Aufnahme in eine Pastoraltheologie finden oder ob nicht eine ganze Reihe von Themen behandelt worden sind, mit denen sich *jeder Christ* auseinandersetzen muß. Sie wären dann nicht Gegenstand einer speziellen Pastoraltheologie, sondern Gegenstand systematischer und ethischer Betrachtung durch die Theologie. Das gilt zum Beispiel für die Themen: Macht, Tod, Geld, Sexualität, Erfolg, das Böse, die Alternative, Zukunft, der Tag. Schon diese Auflistung führt zu weiteren Fragen: Ist eine *zeitgenössische Pastoraltheologie* überhaupt möglich? Muß man sie *neuzeitlich* nicht entweder allgemein als Rollenkonflikttheorie des christlichen Lebens verfassen und also in die Praktische Theologie oder die Ethik integrieren oder auf die spezielle Berufsproblematik des Pfarrerberufes beschränken?

Eine weitere grundsätzliche Anfrage ergibt sich aus der von Josuttis festgestellten Notwendigkeit, zur Konstruktion einer zeitgenössischen Pastoraltheologie neben der Theologie auch die Gesellschaftstheorie und die Tiefenpsychologie heranzuziehen. Diese These stellt die Fähigkeit der Theologie in Frage, sachgerecht mit eigenen Mitteln Probleme zu bearbeiten, die in ihrem Umfeld auftauchen. Damit wird auch die Theologie in ihrem wissenschaftlichen Wert insgesamt in Frage gestellt. Denn wenn sie unfähig ist, die Wirklichkeit, die zu bearbeiten sie sich vornimmt, sachgerecht zu behandeln, wozu lohnt sich dann noch eine Beschäftigung mit ihr? Mit dieser Anfrage wird nicht der interdisziplinäre Dialog in Frage gestellt. Am Beispiel der Geschichte der Kirchensoziologie wurde im vorherigen Kapitel dieser Arbeit gezeigt, wie fruchtbar und notwendig dieser sein kann. Aber es wird die Forderung erhoben, daß eine Theologie, die im gesellschaftlichen Kontext verhandlungsfähig bleiben will, in der Lage sein muß, die ihr von anderen Disziplinen vorgelegten Daten und Anfragen theologisch zu bearbeiten und zu beantworten. Anders sähe die Sachlage aus, wenn Josuttis nicht eine Pastoraltheologie vorlegen wollte, sondern ein Psycho-Soziogramm des Pfarrerberufes aus tiefenpsychologischer Perspektive oder sozialwissenschaftlicher Sicht. Da ließe sich zu den Beiträgen anderer Disziplinen zu diesem Psycho-Soziogramm auch der Beitrag der Theologie beisteuern. Doch trotz dieser Anfragen ist für die Pfarrer im Beruf die von Josuttis ermöglichte Blickerweiterung auf ihre Probleme von Bedeutung.

9.2.2 Der Pfarrer und das Amt

Mit diesem Titel ist der Abschnitt überschrieben, der für das Thema dieser Arbeit am bedeutendsten ist.

Josuttis betrachtet in diesem Abschnitt eine wichtige Konfliktkonstellation des Pfarrerberufes: Der Pfarrer zwischen Anspruch und Erwartung. Es läßt sich nach Josuttis in diesem Problemhorizont für manche Pfarrer zeigen, „daß sie ihr Verhältnis zur Gemeinde durch die Spannung von göttlichem Auftrag und menschlicher Erwartung interpretieren".[12] Sie sollen und wollen dann die Andersartigkeit Gottes zur Geltung bringen, indem sie diese vor Nivellierungs- und Vereinnahmungstendenzen schützen. Die Spannung zwischen Auftrag und Erwartung kann zur Grundfigur der pastoralen Existenz der Pfarrer werden und dann seine Wahrnehmung anderer Menschen, die Einstellung und sein Verhalten ihnen gegenüber bestimmen.[13] „Im Gehorsam gegen den Auftrag ist der Pfarrer Wahrer der Tradition, Wächter der reinen Lehre und Lehrer seiner Gemeinde, Experte in Theologie."[14] Geht man dann weiter der Frage nach, woher diese Einstellung kommt, stößt man in religionsvergleichender Betrachtung darauf, daß sie uralte Wurzeln hat. In einer langen arbeitsteiligen gesellschaftlichen Entwicklung hat sich die religiöse Problematik der Gesellschaft an basale Rollen angelagert. Diese Rollen sind: der Zauberer, der Priester und der Charismatiker. Zauberer und Priester handhaben und verwalten die religiösen Potenzen eines gesellschaftlichen Systems und stehen deshalb schon oberhalb und zum Teil auch außerhalb desselben. Daraus resultiert das Anderssein des Pfarrers, das für Josuttis so bedeutsam ist, daß es seiner zeitgenössischen Pastoraltheologie in ihrem ersten Band den Titel gibt. Die charismatische Wurzel wird durch das Prophetentum vertreten, speziell in Israel. Das Auftreten der Propheten, das sich nicht institutionell, sondern charismatisch begründet, geschieht an sozialen und politischen Krisenpunkten. In ihnen soll der wahre Wille Gottes zur Geltung gebracht werden. Der heutige Pfarrer lebt in diesen drei basalen Rollen, die ihn zugleich in einen tiefen Konflikt bringen: Einerseits will er im alttestamentarischen Sinne Prophet sein, andererseits lebt er doch als Priester, bezahlt von einer Gesellschaft und Institution, die er als *Prophet* kritisiert.[15] Dieser Konflikt würde zum Kommunikationsabbruch zwischen ihm und der Gesellschaft führen, wenn nicht die Pfarrer und die Gesellschaft gemeinsam rückgebunden wären an eine verbindliche Basistradition, wie sie die Bibel für diese Kommunikation darstellt. Vor dieser Instanz müssen sich die verschiedenen Arten, den Verkündigungsauftrag zu erfüllen, und die verschiedenen Ansprüche an die Berufsrolle der Pfarrer recht-

[12] Josuttis 1982, S. 29
[13] Vgl. Josuttis 1982, S. 29 – 33
[14] Josuttis 1982, S. 33
[15] Vgl. zum Ganzen Josuttis 1982, S. 33 – 38

fertigen.[16] Dadurch wird Kommunikation in Glaubensfragen des Christentums prinzipiell ermöglicht und offengehalten. Doch damit ist das Aushalten dieses Widerspruchs zwischen prophetischem Auftrag und priesterlicher Existenz durch die Gesellschaft noch nicht hinreichend erklärt. Es ist doch bemerkenswert, daß eine Gesellschaft so einen Beruf wie den Pfarrerberuf, durch den sie in bestimmten Verhaltensweisen kritisiert und in Frage gestellt wird, nicht nur erträgt, sondern ihn finanziert. Dies hat nach Josuttis seinen Grund in der Tatsache, daß besonders in Konfliktsituationen und gesamtgesellschaftlichen Umbruchszeiten, die Gesellschaft eine Orientierung braucht. „Das aber würde für unser Thema bedeuten: Nicht nur er selber, der Pfarrer, will anders sein; und nicht nur die Kirche verlangt, daß er eine Botschaft vertritt, die aus menschlichen Erwartungen nicht ableitbar ist, sondern die Gesellschaft als Ganze, trotz aller Konflikte, in die der Pfarrer verstrickt wird, daß sie anders zu werden vermag und daß der Pfarrer mit seinem kritischen Wort ihr dabei hilft."[17] Damit ist die Notwendigkeit und gesellschaftliche Funktionalität des Pfarrerberufes in einer originellen, kenntnisreichen und klugen Meditation über das *Anderssein des Pfarrers* nachgewiesen. Damit erhebt sich aber auch die Frage, ob man theologisch in der Nachfolge der Jesustradition den Pfarrerberuf aus der Religionsgeschichte und -psychologie hinreichend begründen kann. Es ist kaum zu leugnen, daß die basalen Rollen des Priesters, Charismatikers und Zauberers im Bewußtsein vieler Menschen mit dem Pfarrerberuf noch immer verknüpft sind. Doch ist die Frage, ob das nach der Botschaft des Neuen Testamentes noch so bleiben kann. Schließlich wurde schon in der Kirchenreformdiskussion zum Pfarrerberuf die Frage aufgeworfen, ob man diesen Beruf überhaupt so, wie er jetzt konstruiert ist, noch braucht. Durch die religionsphänomenologische Betrachtungsweise über die Pfarrer und das Amt kommt diese Frage offensichtlich abhanden.

9.2.3 Der Pfarrer und die Gemeinde

Im Abschnitt *Der Pfarrer und die Gemeinde*[18] geht Josuttis nun nicht mehr von der Möglichkeit, sondern von der Tatsache aus, daß der Pfarrer seine Existenz in der Spannung von Auftrag und Erwartung interpretiert und daß diese seinen Wahrnehmungshorizont prägt. Infolgedessen ist ein Aspekt seiner Andersartigkeit, daß er seinerseits die andern ändern möchte in Richtung auf sein Verständnis von Kirche. Dieses Bestreben resultiert einerseits aus seiner selbst wahrgenommenen Andersartigkeit und andererseits aus dem Wunsch, diese aufzuheben und in die Gemeinde ganz einzutauchen. Dieser Wunsch zielt darauf, die Spannung zwischen sich und den anderen aufzuhe-

[16] Vgl. Josuttis 1982, S. 39 – 44
[17] Josuttis 1982, S. 48
[18] Josuttis 1982, S. 50ff.

ben und seiner Einsamkeit zu entkommen, in die ihn seine Andersartigkeit versetzt. An der Kritik der Pfarrer an der *Volkskirche* und der *Volksreligiosität* läßt sich dieses Bestreben festmachen. Statt vorschnell auf eine Veränderung der *Volkskirche* und der *Volksreligiosität* zu dringen, sollte der Pfarrer wahrnehmen, daß eine Gemeinde nie das Ideal einer Übereinstimmung von Lehre und Leben erreicht. Und er sollte wahrnehmen, daß er auch selbst Anteil an dieser Spannung zwischen Distanz und Nähe gegenüber dem Ideal hat.

An der „reformatorischen Parole vom allgemeinen Priestertum aller Gläubigen“[19] läßt sich diese Problematik ebenfalls aufzeigen. Nach der Lehre vom allgemeinen Priestertum haben alle Gläubigen Anteil am Priestertum und am Amt der Verkündigung. Sie begrenzen damit das pastorale Selbstbewußtsein und sein Überlegenheitsstreben. Andererseits sind sie aber durch dieses Leitbild einer rechten christlichen Existenz dazu verpflichtet, sich nach diesem Leitbild zu verändern und es im Leben zu verwirklichen. Dadurch nähern sie sich zugleich dem Leben in einer pastoralen Existenz, denn diese soll für sie den Auftrag des allgemeinen Priestertums in Stellvertetung erfüllen. Damit stehen also Pfarrer wie Gemeinde in der Spannung zwischen Distanz und Nähe zu einer Leitvorstellung, haben also beide in diesem Bereich einen ähnlichen Problemhorizont. Weiter folgt aus dem Gedanken vom allgemeinen Priestertum, daß die Existenz eines besonderen Berufes für die Sakramentsverwaltung und Wortverkündigung letztlich theologisch nicht abzuleiten ist, sondern nur mehr soziologisch, um der Arbeitsteilung willen. Aus dem ergibt sich als Schlußgedanke dieses Abschnittes bei Josuttis: „Die Rede vom allgemeinen Priestertum aller Gläubigen, einst als Kritik an klerikaler Überheblichkeit formuliert, sollte vom Theologen nicht zum Gesetz gemacht werden, mit dessen Hilfe er die Gemeinde nach dem eigenen priesterlichen oder prophetischen oder wie immer gearteten Bilde zu formen versucht.“[20] Dieser Schlußgedanke kann Befremden auslösen. Soll er bedeuten, daß die Lehre vom allgemeinen Priestertum keine so wichtige Leitvorstellung für die Bildung protestantischer Gemeinden ist, wie Luther meinte? Angesichts dieses Schlußgedankens von Josuttis gewinnt man den Eindruck, daß die religionsphänomenologische Betrachtungsweise nicht nur erhellend, sondern auch verdunkelnd wirken kann.

9.2.4 Der Pfarrer und die Zeit

Auch zum Thema Pfarrer und Zeit hat sich Josuttis Gedanken gemacht.[21] Er geht bei seinen Meditationen zu diesem Thema unter Verweis auf kirchensoziologische Ergebnisse von der Feststellung des Zeitmangels aus. Er

[19] Josuttis 1982, S. 69
[20] Josuttis 1982, S. 69
[21] Josuttis 1982, S. 129ff.

gibt dazu den Rat, zeitökonomische Überlegungen ernst zu nehmen, Prioritäten begründet zu setzen. Sodann zeigt er auf, daß das Thema auch mit Vergangenheit und Zukunft verbunden ist. Dem Pfarrer ist als Aufgabe auferlegt, sowohl Erinnerung (Vergangenheit) als auch Hoffnung (Zukunft) zu repräsentieren. Dadurch gerät er notwendig in Spannung zur Gegenwart und sieht sich vor das Problem gestellt, in der rechten Weise *zeitgemäß* zu sein. Die Lösung dieses Problems hängt von der Persönlichkeitsstruktur des Pfarrers ab. Leben in der Zeit bedeutet nach Josuttis auf den Ruf zu achten, der durch andere Menschen an die eigene Existenz ergeht, und auf diesen Ruf zu reagieren. Dabei ist wichtig, daß sich der Pfarrer selbst in seiner Persönlichkeit kennt und mit seinem Ich auf den Anruf durch die Zeitgenossen mit eigenem Ja oder Nein reagiert. Erst dadurch wird das Leben von einem Selbstgespräch zu einem permanenten Dialog.[22] Gerade der Dialog setzt zwei selbständige, sich ihrer selbst bewußte Personen voraus, die sich abgrenzen und die sich einbringen können, je nach dem Maß ihrer Betroffenheit in einer Sache.

Beim weiteren Nachdenken über diese Problematik findet Josuttis heraus,[23] daß Arbeit und Beruf des Pfarrers im Sinne von Berufung zu verstehen sind und der Beruf des Pfarrers damit eine totale Rolle ist. Deshalb sind in diesem Beruf Arbeit und Freizeit nur punktuell zu trennen. Religionsphänomenologisch betrachtet, sind die Haupttätigkeiten dieser Rolle die Erzählung *der heiligen Mythen,* der Vollzug der *heiligen Riten* und schließlich die Führung eines *heiligen Lebens.*[24] Beim Vollzug dieser Tätigkeiten geht es in der Gesellschaft seit alters um Sinnstiftung gerade in den Krisen- und Konfliktsituationen des Lebens, um Lebensbejahung und Lebensvergewisserung. Insofern ist die Arbeit des Pfarrers immer auch eine Arbeit für andere.

Ohne Zweifel sind diese Erkenntnisse bedenkenswert für das Berufshandeln der Pfarrer. Doch stellt sich an dieser Stelle wieder die Frage, inwieweit diese Erläuterungen mit den reformatorischen Erklärungen zum Thema zusammenstimmen und was denn nun maßgeblich für eine Reform der Pfarrerrolle sein soll, die reformatorische Grundlegung oder die religionsphänomenologischen Erkenntnisse zum Priester, Propheten und Zauberer.

9.2.5 Der Pfarrer und die Frömmigkeit

Ein weiteres Thema, das Josuttis behandelt, ist das Thema „Der Pfarrer und die Frömmigkeit".[25] Es spitzt sich für ihn zu durch die Tatsache, daß der Pfar-

---

[22] Josuttis 1982, S. 144
[23] Josuttis 1988, S. 59ff.
[24] Vgl. Josuttis 1988, S. 62
[25] Josuttis 1982, S. 192ff.

rer nach kirchensoziologischen Untersuchungen der Repräsentant für Religion geworden ist. „Auch das Heilige, auf das sich die Frömmigkeitspraxis bezieht, wird dann ja nur durch die Vermittlung seiner Person erfahren. Faktisch wird er damit zum religiösen Symbol."[26] Dieser Sachverhalt ist nach Josuttis an sich nichts Neues, da auch Schamanen, Priester und Zauberer als religiöse Symbole dienten. Neu und für die protestantische Religiosität speziell ist, daß die Manifestation der Offenbarung ausschließlich an das Wort gebunden ist und damit zu einer Personalisierung der Religion geführt hat. Das entspricht durchaus auch der Theologie, insbesondere der Christologie, die lehrt, daß Gott Mensch geworden ist und am Kreuz, dem Ort äußerster Profanität, das Erlösungswerk vollbrachte. Wenn damit die Versöhnungslehre mit personalen Kategorien gefüllt ist, ist es konsequent, wenn sich auch die Frömmigkeit in personalen Interaktionen vollzieht. „Der Offenbarung Gottes in der Person Jesu Christi entspricht die Antwort des Glaubens in einer personalen Frömmigkeitspraxis."[27] Problematisch wird dieser Sachverhalt erst, wenn der Pfarrer allein oder vorrangig auch zum Bürgen für das Heilige wird. Für den Pfarrer als aufgeklärten neuzeitlichen Menschen, in dessen Denken und Innenleben in der Regel auch das Religiöse rationalisiert und damit wie in seiner Umwelt nahezu verschwunden ist, stellt sich die Aufgabe einer *geistlichen Erneuerung,* da von ihm nicht nur Aufklärung sondern auch geistliche Anleitung erwartet wird. Ein Schritt zu dieser Erneuerung ist die Erkenntnis, daß Gebet und Ritual, also Gottesdienst in irgendeiner Form, weltweit verbreitete religiöse Formen sind und damit wohl zum anthropologischen Grundbestand des Menschseins gehören. Wer sich also auf Gebet und Gottesdienst einläßt, läßt sich auf das Menschsein ein, das zu seiner Existenz keiner besonderen theologischen Begründung bedarf. Auf diesem Gebiet gibt es zu Text geronnene Erfahrung, die auch heutige Leser unmittelbar anzusprechen vermag, d.h., es gibt auch einen Zugang zu den biblischen Texten ohne den Umweg einer Vergangenheitsexegese. So ist eine der Haupfaufgaben der Pfarrer nach Josuttis heute, Glauben und Wissen, Theorie und Praxis in seinem persönlichen Leben auf glaubwürdige Weise zusammenzubringen. Diese Forderung unterstützt damit die bereits gefundene Einsicht, daß die Pfarrerrolle eine totale Rolle ist.

9.2.6 Der Pfarrer und die Leitung

Zu den konstitutiven Bedingungen der Arbeit im Pfarrerberuf gehört auch die Kirchenleitung.[28] Mit dem Phänomen der Kirchenleitung sieht Josuttis vor allem das Problem der Macht thematisiert. Daß mit kirchenleitender Macht vor allem jüngere Pfarrer Probleme haben, hat nach Josuttis einen

---

[26] Josuttis 1982, S. 193f.
[27] Josuttis 1982, S. 195
[28] Vgl. Josuttis 1988, S. 124ff.

seiner Gründe in der kirchlichen Rezeption des zeitgenössischen Bewußtseins.[29] Das aufgeklärte Selbstwertgefühl wird verletzt, wo es der Realität von Leitung begegnet. In der Kirche wird diese Verletzung um so tiefer erlebt, weil durch Leitung und Hierarchie auch dokumentiert wird, daß Freiheit, Gleichheit und Brüderlichkeit, die in ihr gelten sollten, nicht wirklich realisiert sind. Dabei besteht christologisch der Anspruch zu Recht: „Weil Jesus Christus der Herr seiner Gemeinde ist, darf es in dieser Gemeinde den Unterschied zwischen Herrschenden und Beherrschten nicht mehr geben. Die Christologie macht die Bildung jeder Art von Hierarchie in der Kirche unmöglich."[30] So bleibt es eine permanente Aufgabe für Kirche, Leitung und den Umgang der Mitarbeiter untereinander, dafür auch organisatorisch zu sorgen, daß eine möglichst herrschaftsfreie Kommunikation auch in Leitungsfragen geschehen kann. Dazu gehört der reflektierte Umgang mit der Macht.

Mit diesen Ausführungen zeigt Josuttis selbst an, daß die Themen, die er behandelt, nicht nur Themen des Berufshandelns der Pfarrer sind, sondern Themen, die alle Christen – in diesem Fall in leitender Stellung – angehen. So ist die eingangs zu seinen Ausführungen gestellte Frage zu wiederholen, ob es nötig ist, eine Pastoraltheologie zu schreiben, oder ob es nicht sinnvoller ist, diese Themen im Rahmen der christlichen Ethik zu erörtern.

9.2.7 Christliche Geschwisterschaft

Ein letzter Bereich, der aus der Arbeit von Josuttis notiert werden soll, ist die Geschwisterschaft der Gläubigen.[31] Diese gibt es schon im Neuen Testament, sie gründet sich in der Christologie, sie ist Gegenstand des Glaubens und enthält darin dennoch eine Menge kritisches Potential gegenüber einer kirchlichen Realität, in der es geschwisterliche Strukturen und geschwisterliches Verhalten nicht ohne weiteres gibt. Mit dem Hinweis auf Gedanken Bonhoeffers zur Bruderschaft verbindet Josuttis das Plädoyer zu einer realistischen Anbahnung derselben. „Christliche Bruderschaft existiert unabhängig von persönlicher Sympathie und Antipathie. Christliche Bruderschaft distanziert sich demgemäß von den Vereinnahmungstendenzen der Liebe. Und christliche Bruderschaft kann deshalb auch die Freiheit, die Fremdheit, die Eigenart des anderen nicht nur ertragen, sondern in der Beziehung gerade zur Andersartigkeit des anderen eine Bereicherung des eigenen Lebenshorizontes erfahren."[32] Wenn man den Gedanken der Geschwisterschaft in diesem Sinn nicht als gesetzlich-dogmatische Vorschrift

[29] Vgl. Josuttis 1988, S. 133f.
[30] Josuttis 1988, S. 136
[31] Josuttis 1988, Die Brüder (und Schwestern), S. 151ff.
[32] Josuttis 1988, S. 155

versteht, sondern als Chance zur Gestaltung der gemeinsamen Arbeit, dann kann er trotz aller psychischen und sozialen Realitäten, die ihm entgegenstehen, zumindest begrenzt Wirklichkeit werden. Der Gedanke von der Geschwisterlichkeit ermöglicht einen Zugang zu Menschen, der jenseits von Bedrohungsängsten und Unterwerfungswünschen liegt, weil er den anderen als begabtes Mitgeschöpf anzunehmen gewillt ist. Das gilt sowohl für den Mann als auch für die Frau. In die Ausgestaltung dieser Geschwisterschaft gehört auch die Einhaltung von Regeln. Dadurch wird auch Recht geschaffen, ein Recht allerdings, das der Liebe nicht entgegensteht, sondern ihr zum Recht verhelfen will. Es hat die Aufgabe, die in Liebe gestaltete Geschwisterlichkeit zu schützen. Die dafür aufgestellten Regeln und Regelungen sind aber stets neu in ihrer Funktionalität zu überprüfen. Voraussetzung für einen geschwisterlichen Umgang miteinander ist die radikale Entmythologisierung der eigenen Person. Wer sich selbst als vergebungs- und hilfsbedürftig erlebt, ist bereit, mitmenschlich, geschwisterlich zu werden.

Diesen Gedanken kann sicher jeder Christ zustimmen. Doch zeigen auch sie wieder, daß die Themen der Pastoraltheologie von Josuttis nicht auf die *pastorale Existenz* zu beschränken sind.

Mit diesen Ausführungen sind die wichtigsten, im engeren Sinn pastoraltheologischen Themen aus dem Entwurf von Manfred Josuttis zu einer zeitgenössischen Pastoraltheologie vorgestellt. Es ist als nächstes zu fragen, wie die Berufsproblematik des Pfarrerberufes innerhalb der Praktischen Theologie behandelt wird.

9.3 Eine klassische Grundlegung zum Pfarrerberuf (HPThDDR)

9.3.1 Einführung

Das Handbuch der Praktischen Theologie aus der ehemaligen DDR ist u. E. ein Beispiel dafür, daß ein Verständnis des Amtes sowie eine das Amt begründende Ekklesiologie, die sich eng an reformatorische Aussagen anlehnen, keineswegs zu einer kritiklosen Rechtfertigung bestehender Verhältnisse in Pfarramt und Gemeinde führen. Im Gegenteil, der Versuch, den konfessionellen reformatorischen Ansatz gegenwärtig zur Geltung zu bringen, führt zu einer klaren Definition des Kirchenbegriffes, der dann kritisch gegen bestehende Praxis gerichtet werden kann. Die Darlegungen zum Handbuch der Praktischen Theologie in diesem hier vorliegenden Buch beschränken sich im folgenden vorwiegend auf die Ausführungen, die das Verhältnis von Amt und Gemeinde behandeln. Diese werden in dem Abschnitt des Handbuches vorgelegt, der mit dem Titel *Der Aufbau der Kirche zum Dienst* überschrieben ist.[33] Zuvor erfolgen an dieser Stelle aber noch einige Hinweise auf einen weiteren Abschnitt des Handbuches, der sich mit der Per-

[33] HPThDDR 1974, S. 137ff.

son des kirchlichen Amtsträgers befaßt.[34] Die Gedanken aus diesem Abschnitt sind bereits an anderen Stellen dieses Buches z.B. bei Josuttis und den kirchensoziologischen Erkenntnissen dargestellt, so daß die Hinweise an dieser Stelle genügen. Die Ausführungen zur Person des Amtsträgers im Handbuch gelten nicht nur für Pfarrer, sondern für jeden *Amtsträger,* also auch für *Laien,* die Funktionen in der Gemeinde übernehmen, allerdings werden sie dann am Beispiel des Pfarrers verdeutlicht. Es werden folgende Themen behandelt: das Problem der Berufung als Berufung zur Jüngerschaft, als Berufung zum Theologen und als Berufung zum kirchlichen Amt; das Problem der Gliedschaft des Amtsträgers in der Gemeinde, der Kirche, der Bruder- und Schwesternschaft, der politischen Gemeinschaft, der Familie; das Problem der Zuordnung von Privatleben und Dienst. Ferner gehen die Ausführungen auch auf das Problem ein, daß die Berufung zur Jüngerschaft gefährdet ist. Berufung ist ein integraler Akt der inneren und äußeren Berufung. Sie kann durch Enttäuschungen oder Überlastungen aufgelöst werden, in deren Folge die Pfarrer oder die anderen kirchlichen Amtsträger in Isolation, innere Emigration, in Nihilismus oder Zynismus geraten und damit auch faktisch ihre Berufung verraten können.[35] Schließlich geht es um den Aspekt der Reifung, die dazu beitragen soll, daß charakterliche Einseitigkeiten und Frustrationen konstruktiv gewendet werden. Das Ziel der Reifung ist die Überwindung des eigenen Ich als eines eigensinnigen, trotzigen, rechthaberischen, unversöhnlichen und zweifelnden Wesens. Die Mittel auf dem Weg zur Reifung sind: 1. Wahrnehmung der inneren Anfechtung, 2. Besinnung als Hören auf Gottes Wort und des inneren Bewegens des Gotteswortes und 3. das Gebet als inniger Dialog mit Gott.

9.3.2 Amt und Gemeinde

Im Hauptabschnitt des Handbuches, der sich mit „Der Aufbau der Kirche zum Dienst“ befaßt, werden folgende Themenkreise behandelt:[36]

(3.1) Gemeinde und Amt;
(3.2) Kirchliche Leitungstätigkeit;
(3.3) Gemeindeaufbau;
(3.4) Kirchliche Werke und Gemeinschaften;
(3.5) Kirchliche Publizistik.

In diesen Abschnitten werden nahezu enzyklopädisch alle Tätigkeitsfelder behandelt, die unter den Themenkreisen zusammengefaßt werden können. Für den Zusammenhang dieses Buches ist der Abschnitt 3.1 von besonderem Interesse. Aus dem Abschnitt 3.2 interessieren einige Gedanken

---

[34] HPThDDR 1974, S. 301ff.
[35] HPThDDR 1974, S. 327ff.
[36] HPThDDR 1974, S. 139ff.

aus den allgemeinen Ausführungen über *Verschiedene Führungsstile, Autorität und Partnerschaft* sowie *Das Verhältnis von strukturellen und pneumatischen Faktoren in der Gemeinde.*

Der Abschnitt *Gemeinde und Amt* beginnt mit einer Grundsatzerklärung systematisch-dogmatischer Art, die der Tradition der Reformation entspricht. Diese Grundsatzerklärung wird in Unterabschnitten weiter entfaltet, die vom *allgemeinen Priestertum und Amt,* vom *Berufsbild des Pfarrers* und von *Berufung und Legitimation zum Dienst* handeln. Diese Grundsatzerklärung enthält bereits alle wesentlichen Aussagen zum Thema aus der Sicht des Handbuches: „Der Auftrag, mit Wort und Tat das Evangelium zu bezeugen, ist der ganzen Gemeinde gegeben und nicht bestimmten Amtsträgern vorbehalten. ‚Klerus' und ‚Laien' dürfen theologisch nicht voneinander getrennt werden, aber eine Differenzierung der Gaben und Aufgaben innerhalb der Gemeinde ist notwendig. Der Fülle verheißener Charismen und der Vielfalt der Aufgaben soll eine Spezialisierung und Zusammenarbeit Rechnung tragen, die das Berufsbild des Pfarrers differenziert und die verschiedenen Dienste der Gemeinde sachgemäß einander zuordnet."[37] Im Unterabschnitt zum allgemeinen Priestertum und Amt[38] wird dazu ausgeführt, daß das Pfarramt eine der geschichtlichen Möglichkeiten ist, den Verkündigungsauftrag zu erfüllen, und daß man es daher weder einseitig aus dem allgemeinen Priestertum noch aus einer Stiftung Gottes ableiten kann. Zur Begründung dieser These wird zunächst die *Delegationstheorie* vorgestellt, die das Amt als Funktion der Gemeinde versteht. Sie wird direkt auf Luther zurückgeführt. Sie folgt bei ihm aus der Lehre vom allgemeinen Priestertum, die er mit seiner Grundsatzaussage, daß durch die Taufe bereits jeder zum Priester geweiht ist, eingeführt hat.[39] Weil nun aber um der Ordnung willen nicht jeder das Priesteramt mit Predigen, Absolvieren und Taufen ausführen kann, sondern die Gemeinde einen beauftragen muß, an ihrer Stelle als einzelner dieses *Amt* wahrzunehmen, ist also eine Delegation notwendig, was ebenfalls durch Luther bereits begründet wurde. Nach dieser Darlegung kritisiert das Handbuch diese *Delegationstheorie.* Es wird als sachgemäß festgestellt, daß das *Amt* in die Gemeinde eingeordnet bleibt, daß es keinen Unterschied der Stände in den Gemeinden gibt, daß diese Theorie den Auftrag auf die Gesamtgemeinde bezieht. Dann aber wird – leider ohne weitere Begründung – erklärt: „Trotzdem genügt das delegative Verständnis des Amtes, das auch Luthers Amtsbegriff unvollständig wiedergibt, nicht ..."[40] An dieser Stelle fehlt ein Beleg. Bedenkenswert ist allerdings die Fortsetzung dieses Einwandes gegen Luther. Die Delegationstheorie kann zwei Mißver-

[37] HPThDDR 1974, S. 139
[38] HPThDDR 1974, S. 140ff.
[39] HPThDDR 1974, S. 140 = WA 6, S. 408, 11f.: „Was ausz der tauff krochen ist, das mag sich rumen, das es schon priester, Bischoff und Bapst geweyhet sey."
[40] HPThDDR 1974, S. 140

ständnisse fördern: Zum einen kann sich die Gemeinde ihres Auftrages durch die Delegation entledigen oder zumindest aus der Verantwortung dafür. Statt daß sich die erstrebte Gesamtverantwortung der Gemeinde für den Verkündigungsauftrag entwickelt, entsteht ein neuer Amtsmonopolismus. Die zweite Gefahr besteht darin, daß sich die Gemeinde zu einem pseudodemokratischen Debattierclub entwickelt, der keine Sachautorität anerkennen will.

Anschließend stellt das Handbuch die *Stiftungstheorie* vor. Nach ihr geht das öffentliche Predigtamt auf eine göttliche Stiftung zurück. An dieser Theorie wird kritisiert: „Aus der unbestrittenen Erkenntnis, daß der in das öffentliche Predigtamt Berufene nicht nur an Stelle der Gemeinde, sondern an Stelle Christi handelt (2. Kor 5,20), folgern einige Autoren, die Gemeinde habe der Autorität des Amtes kraft göttlichen Rechtes Gehorsam zu leisten.“[41] Im Extremfall führt das zur hierarchischen Struktur der Gemeinde. Das Wahrheitsmoment der Stiftungstheorie liegt darin, daß es bereits in neutestamentlicher Zeit verschiedene Charismen gibt, die die Gemeinde nach Prüfung nicht hindern, sondern entfalten wird. Aber die Gemeinde entledigt sich mit der Zulassung und Pflege der verschiedenen Charismen nicht des Verkündigungsauftrages. Nach Meinung des Handbuches ist daher der sachgemäße Ansatz zur Verhältnisbestimmung von Amt und Gemeinde in Gottes Heilswillen und dem daraus der Gesamtgemeinde erwachsenden Auftrag zu suchen. Entsprechend dieser Auffassung – der reformatorischen Erkenntnis gemäß – ist der Unterschied zwischen Klerikern und Laien aufzuheben. „Jeder theoretische oder praktische Gegensatz von Klerus und Laien widerspricht der biblisch-reformatorischen Wahrheit vom allgemeinen Priestertum.“[42]

An der biblisch-reformatorischen Tradition wird aber auch Kritik geübt. So wird die Begründung des *Amtes der Kirche* in den Artikeln V und VII der Augsburgischen Konfession deshalb als unzureichend qualifiziert, weil diese zu einseitig am Pfarramt orientiert ist und weil eine einseitig vom Predigtamt ausgehende Definition des kirchlichen Dienstes zwangsläufig zum Dominieren des *Klerus* führt. Der Verkündigungsauftrag, der der ganzen Gemeinde gegeben ist, umfaßt aber Wort und Tat, d.h., er hat eine unverzichtbare diakonische Dimension, „Diakonie und Verkündigung bedingen einander als integrierende Funktionen der Gemeinde, die ihr Wesen und ihren Auftrag verfehlt, wenn sie eine dieser Funktionen nicht wahrnimmt“.[43] Am Beispiel Jesu läßt sich diese Einheit von Wort und Tat im Dienst ablesen. Auch der Blick auf die Dienste der Gemeinde im Neuen Testament ergibt, daß Wort und Tat zusammengehören und daß die Dienste nicht hierarchisch, sondern

---

[41] HPThDDR 1974, S. 141
[42] HPThDDR 1974, S. 142
[43] HPThDDR 1974, S. 143

gleichgeordnet sind. Bewußt werden deshalb im NT Ausdrücke für Dienst vermieden, die aus dem politischen Bereich stammen und Anklänge an Macht und Unterordnung enthalten könnten.[44] Die bekannten Bilder für die Gemeinde in Funktion widersprechen dem nicht: Das Bild vom Leib und den Gliedern bei Paulus (1. Kor 12) bestärkt die Gleichberechtigung der Glieder und Charismen; das Bild von der Haushalterschaft (1. Petr 4, 10f.) betont ebenfalls die Gleichberechtigung der Dienste des Wortes und der Tat. Im selben Brief wird von der allgemeinen Priesterschaft der Gläubigen gesprochen (1. Petr 2, 5–10). Gleichzeitig wird im NT aber auch sachgemäß von der Verschiedenheit der Ämter und Charismen geredet. So kann man festhalten, daß es seither eine Aufgabe gibt, die jeder Generation von Gläubigen neu gestellt ist, die Aufgabe, „frei wirkendes Charisma und notwendige Ordnung miteinander zu verbinden".[45] Um eine sachgemäße Interpretation des *Amtes der Kirche* zu erreichen, empfiehlt es sich, am neutestamentlichen Dienst-Auftrag anzuknüpfen, der der ganzen Gemeinde gegeben ist. Mit Paulus kann dieser Dienst als Dienst der Versöhnung beschrieben werden (2. Kor 5, 19). Diesem Dienst sind alle anderen Dienste = Ämter zuzuordnen. Eine weitere Aufgabe, die jede Christengeneration zu lösen hat, besteht darin, die Charismen in der Gemeinde neu zu ordnen und zur Entfaltung zu bringen, da die traditionellen kirchlichen Berufsbilder zu wenig auf die Differenzierung der Charismen Rücksicht nehmen und zuviele *Dienste* im Pfarramt konzentrieren. Das führt nicht nur zur Überlastung der Pfarrer, sondern auch zu der unzulässigen Delegation der Verantwortung für den Verkündigungsauftrag, den die Gemeinde behält.

Der Pfarrerberuf ist nur innerhalb dieser *Lehre* von Amt und Gemeinde richtig zu qualifizieren. Für den Pfarrer stellt das Handbuch fest: „Der Pfarrer ist ein theologisch besonders qualifiziertes Gemeindeglied mit dem Auftrag, das Wort Gottes in einer bestimmten Gemeinde durch Verkündigung, Seelsorge, Unterricht und persönliches Zeugnis des Wortes und der Tat weiterzugeben. In Zusammenarbeit mit anderen Dienstträgern arbeitet er stimulierend und koordinierend am Gemeindeaufbau mit und nimmt insofern eine Leitungstätigkeit in der Gemeinde wahr."[46] An dieser Stelle ist allerdings anzufragen, ob nun nicht doch eine Spannung zu der gerade zuvor beschriebenen Aufgabe der richtigen Charismenzuordnung entsteht, weil in dieser Aufzählung wieder die gehäuften Pfarreraufgaben für das Pfarramt vorgesehen werden.

[44] HPThDDR 1974, vgl. Absatz 3.1.1.4: Die Dienste der Gemeinde im Neuen Testament, S. 143ff.

[45] HPThDDR 1974, S. 145

[46] HPThDDR 1974, S. 146

9.3.3 Auf der Suche nach einem Leitbild

Eine weitere Aufgabe sieht das Handbuch darin, ein Leitbild für den Pfarrerberuf zu suchen, das den Grundlegungen zu Amt und Gemeinde entspricht. Diese Suche geht aus vom *Pfarrer als Parochus*[47]. Es wird das Wort in seiner Herkunft aus dem Griechischen *paroikia* erklärt, das im Mittelhochdeutschen *pharraere* wurde, woraus Pfarrer und Pfarrherr wurden. Damit ist das Parochialsystem als eine Ursache für das Amtsmonopol der Pfarrer innerhalb der Kirchengeschichte aufgezeigt. Mit Recht wird aber angemerkt, daß die Gefahr eines Klerikalismus weder unbedingt mit der Zuordnung eines Amtes oder Dienstes zu einer bestimmten Ortsgemeinde gegeben noch durch Abschaffung der Parochie beseitigt ist. Das Leitbild von Hirt und Herde, das sich auf neutestamentliche Aufträge beziehen kann, besonders auf den Petrusauftrag zum Weiden der Herde (Joh 21, 15–17) wird abgelehnt, weil es nicht nur hierarchisch-klerikale Strebungen befördern kann, sondern das allgemeine Priestertum verdunkelt und die Tatsache, daß alle Christen unter der Leitung des *einen Guten Hirten* (Joh 10) stehen. Die Wirkungsgeschichte, die bis zu den Konfessionalisten des 19. Jahrhunderts reicht (Löhe, Vilmar, Kliefoth) bestätigt den klerikal-monopolistischen Mißbrauch dieses Bildes. Die reformatorische Lehre der Bekenntnisschriften hingegen, wonach der Pfarrer Verwalter der Gnadenmittel Wort und Sakrament ist, ist sachgemäß, falls die diakonische Dimension dabei nicht vergessen wird. Sie unterstreicht, daß der Dienst des Pfarrers der Dienst am Wort ist. Diese Lehre ist aber insofern unbefriedigend, als sie das Gegenüber von Amt und Gemeinde statt das Miteinander in der Gemeinde und damit den Amtsmonopolismus fördert. Gegenwärtige Bemühungen um ein neues Leitbild zielen darauf ab, die Pfarrer zum einen der Gemeinde partnerschaftlich zuzuordnen, zum anderen sie ihrer speziellen Ausbildung gemäß einzusetzen. Zu diesen Bemühungen wird ausgeführt, daß es noch nicht gelungen sei, ein überzeugendes Leitbild zu finden. Die Bilder vom Pfarrer als Trainer oder Schulungsleiter für die Mitchristen oder das Bild vom Fachtheologen in der Gemeinde könnten neben der Spezialisierung auch eine neue Isolierung der Funktionsträger bringen. Für das aus dem katholischen Raum stammende Leitbild des Pfarrerberufes als Dienst an der Einheit der Gemeinde, der vorwiegend ein Koordinationsdienst ist, gilt, daß die Gefahr der Klerikalisierung oder klerikalen Bevormundung mit ihm gegeben ist. Deshalb schlägt das Handbuch vor, sich an dem zitierten Grundsatz vom Pfarrer als einem besonders qualifizierten Gemeindeglied zu orientieren.[48] Der Beruf des Pfarrers ist ausschließlich als Funktion des Verkündigungsauftrages der Kirche zu verstehen. Für diesen Auftrag gilt: „Es steht nicht im Ermessen der Kirche, ob sie diese Aufgabe für erforderlich hält,

[47] HPThDDR 1974, S. 146
[48] HPThDDR 1974, S. 150f.

wohl aber, ob sie dafür Pfarrer braucht."[49] Für die Ausgestaltung des Gemeindelebens aus dem Wort Gottes braucht die Gemeinde einen theologischen Fachmann für eine verantwortliche Interpretation der biblischen Botschaft. Dieser Fachmann soll seinen Auftrag aber nicht belehrend und besserwisserisch ausführen, sondern in einer offen dialogischen zur Selbstreflexion fähigen Weise. Das nicht erwähnte Stichwort von der Kommunikation des Evangeliums taucht hier sachgemäß auf und wird betont durch die Forderung an den theologischen Fachmann, Kommunikationsfähigkeit als Voraussetzung dieses Dienstes mitzubringen. Unauflöslich mit dem Auftrag eines Pfarrers ist seine Wirkung durch sein gesamtes Leben verbunden. Er kann sich diesem Zusammenhang nicht entziehen. Eine besondere Verantwortung des Pfarrers ergibt sich aus seiner Qualifikation und Ausbildung, so daß ihm auch Leitungsfunktion im Gemeindeaufbau übertragen werden kann. Die Leitungsfunktion soll er kooperativ ausführen, da sie nicht in einem göttlichen Recht begründet ist, sondern ausschließlich in den sachlichen Erfordernissen der Gemeinde. Eine seiner wichtigsten Aufgaben wird deshalb sein, die Mitglieder der Gemeinde selbst zum Leiten anzuleiten. Damit eine qualifizierte Erledigung besonderer Aufgaben der Kirche möglich wird, ist es auch sinnvoll und erforderlich, Spezialpfarrämter einzurichten. An ihnen wird besonders deutlich, daß Pfarrämter Funktionen der Gemeinde und Kirche sind, keine besonderen Stiftungen Gottes. Die Arbeit der Spezialpfarrämter gewinnt ihren Sinn darin, daß sie zur Ergänzung und Förderung der Gesamtaufgaben der Kirche und Gemeinde dienen.

9.3.4 Beruf und Berufung

Ein besonderer Unterabschnitt des Handbuches behandelt das Thema Berufung und Legitimation zum Dienst.[50] Die in diesem Abschnitt ausgeführten Ansichten geben die gemeinsame Überzeugung der evangelischen Kirchen wieder. Sie lassen sich mit dem *Leitsatz* dieses Unterabschnittes darstellen: „Die Gemeinde folgt dem berufenden Handeln Gottes (vocatio interna), indem sie einzelne Gemeindeglieder zum besonderen, geregelten Dienst beruft, ihnen öffentlich die Befugnis erteilt und die Verheißung im Blick auf diesen Dienst zuspricht (vocatio externa, Ordination). Es gibt keine theologischen Qualitätsdifferenzen verschiedener Berufungsakte (Ordination, Einsegnung, Einführung). Frauen können nicht mit theologischer Begründung von kirchlichen Funktionen ausgeschlossen werden."[51] Zu ergänzen ist, daß zur Voraussetzung der Ordination die Fachausbildung gehört, welche sachlich erst den Pfarrerberuf begründet, und daß Ordination und Einführung un-

---

[49] HPThDDR 1974, S. 150
[50] HPThDDR 1974, S. 153ff.
[51] HPThDDR 1974, S. 153

terschieden werden können. Die Ordination bezieht sich auf den Dienst in der Weise, daß dem Ordinierten damit Fähigkeit und Vollmacht zum Dienstauftrag zugeschrieben werden, die Einführung ist die Abordnung in einen bestimmten Dienstauftrag. Es ist an dieser Stelle anzumerken, daß auch eine andere Ordnung denkbar ist, wonach die Ordination mit Übernahme eines ersten Dienstauftrages erfolgt und bei jedem neuen Dienst wiederholt wird und daß eine gleiche *Ordination* für andere Ämter und Dienste in der Gemeinde zur Regel gemacht wird. Auf letztere Möglichkeit verweist auch das Handbuch in seinem Abschnitt *Die Sendung zu verschiedenen Diensten.*[52] In diesem Unterabschnitt wird noch darauf aufmerksam gemacht, daß die theologische Gleichstellung der Dienste in der Gemeinde nicht die kirchenrechtliche bedeuten kann, da die Verschiedenheit der Dienste auch einer differenzierten rechtlichen Absicherung schon um der Betroffenen willen bedarf.

9.3.5 Leitung

Nach dem HPThDDR ist kirchliche Leitungstätigkeit dem Auftrag der Gesamtkirche verpflichtet und hat im Geiste der Geschwisterlichkeit zu erfolgen, was sich besonders im Führungsstil ausdrücken muß. Die Kirche hat deshalb einen demokratischen, bruderschaftlichen Leitungsstil zu suchen, weil er ihrem Wesen und Auftrag am besten entspricht. Dieser Stil schließt wohl autoritäres Verhalten, nicht aber Sachautorität aus. Partnerschaft bedingt nicht nur organisatorische Maßnahmen. Sie erfordert geistliche und charakterliche Reife sowie methodisch fundierte Einübung. Amtlich geordnete Organe kirchlicher Leitung sind im evangelischen Verständnis grundsätzlich subsidiär: Sie haben dem Aufbau der Gemeinde zu dienen und müssen jede bürokratische Selbstherrlichkeit überwinden. Dazu hilft der kollegiale Leitungsstil auf verschiedenen Ebenen bis hinauf zum Bischofsamt. Autorität als Sachautorität kann nur dann sinnvoll zum Tragen kommen, wenn sie zum einen partnerschaftlich orientiert ist und zum anderen durch die Reife der Person als personenbezogene Autorität gestützt wird. Autorität in diesem Sinn kann prinzipiell jeder Christ seinem Mitchristen werden, d.h., sie ist nichts Amtsspezifisches, sondern etwas Auftragsspezifisches. Zur Entwicklung von Partnerschaft in der Gemeinde ist die Einsicht notwendig, daß diese „weder einseitig organisierbar noch ausschließlich eine Frage der geistlichen und charakterlichen Haltung, sondern vom Zusammenwirken dieser verschiedenen Faktoren abhängig“[53] ist.

Mit diesen Ausführungen zum praktisch-theologischen Handbuch aus der ehemaligen DDR ist gezeigt, daß in der Tat eine traditionelle, sich eng an

[52] HPThDDR 1974, S. 157f.
[53] HPThDDR 1974, S. 163

die reformatorischen Lehren anschließende Theorie von Amt und Gemeinde kritisch auf bestehende Gemeinden und ihre Ämter anzuwenden ist. Die auch in diesem Buch wiederkehrende Einsicht, daß das Kirchenbild das Amtsverständnis bestimmt, gilt in besonderem Maße für einen neuen Versuch, Gemeinde zu bestimmen, der im folgenden vorgestellt wird.

9. 4 Kommunikative Amtsführung (Bäumler)

9.4.1 Kommunikative Gemeinde

Diese Reihe von Beispielen aus der Diskussion um den Pfarrerberuf innerhalb der Praktischen Theologie soll die Theorie der *Kommunikativen Gemeindepraxis*[54] von Christof Bäumler abschließen. Seine Arbeit befaßt sich zwar nicht dezidiert mit dem Pfarrerberuf, sondern mit der Gemeindeentwicklung, aber in ihr wird immer wieder an verschiedenen Stellen die Pfarrerrolle in diesem Prozeß beschrieben.

Im ersten Kapitel beschreibt er, was Kommunikation des Evangeliums und kommunikative Gemeindepraxis ist. Dabei geht er von biblischen Impulsen aus. Die Gleichnisse Jesu sind ihm Beispiele für kommunikative Sprachakte und die Kommunikation des Evangeliums. Die paulinische Charismenlehre ist ihm eine Antwort auf die gegenwärtige Amtsproblematik des Pfarramtes. Diese biblischen Impulse werden ergänzt durch Martin Luthers Lehre vom allgemeinen Priestertum und Dietrich Bonhoeffers Gedanken von der Gemeinde als der Stellvertreterin Christi. Aus diesen Impulsen verdichtet sich für Bäumler die Erkenntnis: „Wird nämlich als Inhalt des Evangeliums die sich in Jesus Christus durchsetzende Gottesgerechtigkeit erfaßt, dann entspricht diesem Inhalt ein kommunikatives Grundelement der Gemeindepraxis. Der Begriff der Gottesgerechtigkeit schließt ein, daß den Menschen neue, gemeinsame Lebensmöglichkeiten eröffnet werden. Die Rechtfertigung der Gottlosen gilt dem einzelnen Menschen und ermöglicht ihm zugleich gelungene Kommunikation mit anderen Menschen. Die Rechtfertigung der Gottlosen durch die Gottesgerechtigkeit wird im Glauben angenommen und in der Liebe praktiziert."[55] Durch diese inhaltliche Bestimmung wird schon deutlich, daß in Christof Bäumlers Entwurf theologische Aussagen maßstäblichen Charakter besitzen. Legitimerweise werden sie daher als *leitendes Interesse* vorgestellt. Ein weiterer Leitbegriff für die weitere Untersuchung ist der Gedanke von der Gemeinde als der *Gemeinde der Befreiten.* Er drückt aus, daß die Gemeindemitglieder ihre Freiheit nicht sich selbst verdanken, und er umfaßt eine *Freiheitsordnung,* die im Umgang der Gemeindemitglieder untereinander als ihr neues Leben sichtbar werden will. Diese Freiheit muß in einem kommunikativen Prozeß gestaltet werden. Die

[54] Bäumler 1984
[55] Bäumler 1984, S. 19

Grundregeln dieser Kommunikation, von Bäumler *Spielregeln* genannt, sind: Offenheit, Herrschaftsfreiheit, Partizipation und Solidarität.[56] Diese Zielvorstellungen erfordern eben eine Gemeindepraxis, die kommunikativ ist.

9.4.2 Gemeinde und Amt

Diese Gemeindepraxis kann nicht im luftleeren Raum konstruiert werden, sondern muß im Sinne einer zu entwerfenden Realutopie am Bestehenden anknüpfen. Das erfordert eine Analyse der Realität und zugleich einen Entwurf der Realutopie, die es dann kritisch mit der Realität zu vermitteln gilt.

Dieser Aufgabe ist das 2. Kapitel gewidmet: Funktionen und Strukturen christlicher Gemeinden. Als Analyseinstrument dient die strukturell-funktionale Theorie, die aber mit Hilfe der Leitvorstellung einen kritischen Bezugspunkt erhält. Die Bezugnahme auf die Leitvorstellung erlaubt, neben der vorfindlichen Wirklichkeit die gewünschte Wirklichkeit aufzuzeigen, die durch Kritik der bestehenden Wirklichkeit schon sichtbar wird. Zuvor wird darauf hingewiesen, daß die Subjekte des Handelns, die sich eine Analyse der Bedingungen kommunikativer Gemeindepraxis vornehmen, nicht nur die Pfarrer oder hauptamtlichen Mitarbeiter, sondern alle am Prozeß Beteiligten sind. In diesem Kontext wird auch deutlich die Problematik von Amt und Gemeinde angesprochen. Schon die Redeweise *Amt und Gemeinde* ist in Christof Bäumlers Verständnis problematisch, da sie das Amt aus der Gemeinde herausnimmt und ihr gegenüberstellt. Statt dessen ist festzuhalten, daß durch Ordination zum öffentlichen Dienst in der Gemeinde Männer und Frauen nicht herausgehoben werden, sondern stellvertretend für die Gemeinde handeln, der insgesamt der Auftrag der Wortverkündigung als Dienst der Versöhnung aufgetragen ist.[57]

Die Analyse der Gemeindewirklichkeit setzt mit der Erläuterung der Begriffe Funktion und Struktur ein. Unter Funktion ist die beabsichtigte oder erreichte Wirkung gemeindlichen Handelns zu verstehen, unter Struktur die Ordnung bzw. Organisation des Handelns. Beide Begriffe sind kritisch aufeinander zu beziehen, denn Strukturen können Funktionen behindern oder fördern und umgekehrt. Von der Leitvorstellung *Gemeinde der Befreiten* aus lassen sich Funktionen und Strukturen kritisieren und verändern. Als gegenwärtig ausgeübte Funktionen der Gemeinde werden Sinnvermittlung und Hilfe in Krisensituationen aufgefunden. Diese Funktionen sind gemäß der ökumenischen Studienarbeit der 60er Jahre in die Funktionen Zeugnis, Gemeinschaft und Dienst umzuwandeln. In diesen gewünschten Funktionen sind sie aufgehoben, aber die Gemeinde ist nicht mehr nur ein Dienstleister,

---

[56] Bäumler 1984, S. 44
[57] Bäumler 1984, S. 59

sondern selbst ein Zeugnis. Um nun zu einem Ansatz der Veränderung zu kommen, werden Funktionstypen der Gemeinde aufgestellt.[58] Innerhalb der Beschreibung dieser Typen kommt auch wieder die Rolle der Pfarrer zur Sprache. Es zeigt sich, was schon die kirchensoziologische Durchsicht ergab, daß die Vorstellungen zur Ausgestaltung der Pfarrerrolle von der vorgegebenen theologischen Bestimmung des Auftrags der Gemeinde abhängen.

9.4.3 Funktionstypen der Gemeinde

Die *bewußtseinsorientierte Gemeinde* ist vorwiegend an Sinnvermittlung orientiert und somit vor allem lehrend tätig. Dem entspricht der Einsatz der Pfarrer als Verkündiger und theologische Lehrer. Alle anderen Dienste sind diesem Verkündigungsdienst zugeordnet. Damit ist bereits angesprochen, was an diesem Typ die Gefahr und als solche zu kritisieren ist. Es ist zum einen die Pfarrerzentrierung, zum anderen die Ausblendung der Realitäten und damit eine unbewußte Stabilisierung der Verhältnisse.

In der *bedürfnisorientierten Gemeinde* dominiert die helfende Begleitung der Mitglieder. Der Pfarrer nimmt seine Schlüsselrolle wahr, indem er die Bedürfnisse aufspürt und in der Gemeindearbeit zur Geltung bringt. Die Gefahr dieses Typs liegt in einer mangelnden theologischen Theoriebildung und an einer gewissen Oberflächlichkeit in den aufgenommenen Bedürfnissen.

In der *handlungsorientierten Gemeinde* schließlich wird als Auftrag der Kirche bestimmt, daß die Kirche für die Welt da ist. Dieser Ansatz ermöglicht eine Grenzüberschreitung und ein Verlassen selbstgenügsamer binnenkirchlicher Arbeitsfelder. Der Pfarrer ist in diesem Konzept als theologischer Fachmann Berater von Dienstgruppen verantwortlicher Mitarbeiter, die an konkreten Projekten arbeiten. Die Gefährdung dieses Typs liegt in einem Aktionismus, der vergißt, nach dem Sinn des Handelns zu fragen.

Wenn man diese Funktionstypen, die es natürlich nicht in Reinform gibt, kritisch vermittelt, so ergibt sich für Christof Bäumler als realutopischer Weg die Anknüpfung an die *wirklichen Bedürfnisse* der Gemeindeglieder. Diese wirklichen Bedürfnisse zeigen sich vor allem als Wunsch der Subjekte, als solche *angenommen* zu werden. Daraus folgt ein Ansatz zur Gemeindearbeit, der sich auch theologisch mit der Offenbarung des wahren Gottes im leidenden Gott begründen läßt, also der versöhnenden Annahme des Menschen durch den Menschen. Von da aus ergibt sich als weiterer Schritt der Bearbeitung eine Verbindung zum bewußtseinsorientierten Typ, indem nun sachgerecht die Überlieferungsimpulse zur Bearbeitung der Situation aufzunehmen und schließlich handlungsorientiert auszugestalten sind.

---

[58] Bäumler 1984, S. 73ff.

9.4.4 Der Prozeß Gemeinde

Der Kirchenvorstand wäre der Ort, an dem die Entdeckung der Bedürfnisse und damit der Prozeß Gemeinde in Richtung bedürfnisorientierten Handelns beginnt. Der Ausdruck *Prozeß Gemeinde* beschreibt, daß eine Gemeinde kein abgeschlossenes, statisches Gebilde ist, sondern eine sich in der Geschichte wandelnde Gemeinschaft. Das Handeln dieser Gemeinschaft kann deshalb nicht unkritisch geschehen, sondern muß im Sinne von *Versuch und Irrtum* offengehalten werden, da das Ziel der Arbeit nicht irgendeine Handlung oder Aktion an sich ist, sondern die Erfüllung oder Aufhebung eines Bedürfnisses durch das Licht des Evangeliums. Betrachtet man die Realitäten in den Gemeinden, zeigt sich, daß besonders die Strukturen der Gemeinden reformbedürftig sind, um einen solchen *Prozeß Gemeinde* überhaupt erst zu ermöglichen. Die parochiale Organisation ist der Normalfall, innerhalb dieser zeigt sich eine bürokratische Organisationsstruktur, die hierarchisch aufgebaut ist, sich als Ein-Mann-Betrieb mit Ein-Weg-Kommunikation kennzeichnen läßt. Statt dessen wäre eine kommunikative Gemeindestruktur notwendig, in der es zu echten Interaktionen kommt. Diese braucht und kann auf organisatorische Strukturen nicht verzichten, aber diese müßten kooperativ und für die Mitglieder durchsichtig und mit einer hohen Autonomie in einzelnen Bereichen angelegt sein.

9.4.5 Strukturtypen der Gemeinde

Wenn man die Gemeinde nach ihrer Struktur untersucht, zeigen sich ähnlich wie bei den Funktionen gewisse Typen[59]. Die *verwaltungsorientierte Gemeinde* ist durch den Ein-Mann-Entscheidungsbetrieb zu kennzeichnen. Die Gemeinde dieses Typs ist eine kirchliche Verwaltungseinheit, die kirchlich mit Wort und Sakrament versorgt wird, die Gemeindeglieder leben isoliert nebeneinander. Der Pfarrer ist der Hauptverantwortliche. Die *organisationsorientierte Gemeinde* versteht sich als Organisation zur optimalen Ausführung von Funktionen. Hierarchische und kommunikative Elemente sind verbunden, trotz der hierarchischen Leitung durch den Pfarrer und eine klare Kompetenzabgrenzung sind die einzelnen Mitarbeiter in den verschiedenen Handlungsfeldern relativ selbständig. Gemeindeglieder werden *taktisch beteiligt,* d.h., sie dürfen und sollen mitwirken, aber die Ziele werden von den Mitarbeitern und jeweiligen Leitern vorgegeben. In der *kommunikationsorientierten Gemeinde* wird Kommunikation gesucht, um Konsens in der Gemeinde zu verwirklichen, damit die Gemeinde ihre Stellvertreterfunktion wahrnehmen und ganz für die Welt da sein kann.[60] Die Grundvoraussetzung für diesen Gemeindetyp ist die Anerkennung der Leitvorstellung von der Ge-

---

[59] Bäumler 1984, S. 90ff.
[60] Bäumler 1984, S. 93

meinde der Befreiten. In diesem Gemeindetyp liegen die konkreten Ziele noch nicht fest, sondern werden im kommunikativen Prozeß erst gemeinsam entdeckt und verwirklicht. Strukturelemente dieses noch kaum in Ansätzen realisierten Typs sind: weitgehender Verzicht auf hierarchische Strukturelemente; Gruppengemeindeamt als Alternative zum Ein-Mann-Prinzip bzw. zur pfarrergeleiteten Mitarbeitergruppe; umfassendes Informationsnetz in jeder Richtung; gemeindeleitende Gremien aus Delegierten der Basisgruppen und den Mitgliedern des Gruppen-Gemeindeamtes. Die Kommunikation verläuft als echte Interaktion von Partnern. Die sich nach ihren Bedürfnissen organisierenden Basisgruppen kooperieren um der Gemeinschaft und Gemeinsamkeit willen mit anderen Basisgruppen in der Gemeinde, aber auch mit Gruppen außerhalb dieser, da die elementaren Bedürfnisse, die durch die Basisgruppen vertreten werden, meist über diese hinaus in das Gemeinwesen reichen. Freilich sind die Organisationsformen dieses Gemeindetyps, der dem Ziel der Gemeinde der Befreiten am ehesten entspricht, möglicherweise mit Hilfe einer Gemeindeberatung erst noch zu entwickeln.

9.4.6 Religiöse Rollen

In den Kontext der Überlegungen zur Entwicklung einer kommunikativen Gemeindepraxis gehören auch Überlegungen zur Personalstruktur, wobei allerdings aus den bisherigen Ausführungen deutlich ist, daß für den kommunikativen *Prozeß Gemeinde* alle Beteiligten verantwortlich sind. Dabei gibt es allerdings Unterschiede in den religiösen Rollen in diesem Prozeß, die bewußt sein müssen, um Frustrationen, die die Kommunikation stören könnten, zu vermeiden. Diese Unterschiede sind dadurch bedingt, daß es religiöse Berufsrollen der Hauptamtlichen und religiöse Freizeitrollen der Ehrenamtlichen und Teilnehmer in diesem Prozeß gibt. Die religiösen Freizeitrollen müßten in Richtung Eigenarbeit als selbstbestimmtem eigenverantwortlichem Tun weiterentwickelt werden. Dadurch könnte die Verantwortung und Gleichwertigkeit mit den hauptamtlichen Berufsrollen gewährleistet werden. Dem Verhältnis von religiösen Berufsrollen und religiösen Freizeitrollen entspricht problemgeschichtlich dasjenige von Amt und Gemeinde. Zwar hat die Reformation das Amt der Kirche der ganzen Gemeinde aufgetragen, doch hat sich die Wiederentdeckung des allgemeinen Priestertums in der Personalstruktur der Gemeinde nicht ausgewirkt. Statt dessen wurde der Pfarrer Vertreter der gesamtkirchlichen Obrigkeit und nicht selten zugleich Vollzugsbeamter dieser Obrigkeit, z.B. als Standesbeamter. Durch die Problemgeschichte bedingt, hat sich die dem allgemeinen Priestertum unangemessene hierarchische Struktur der Kirche ergeben, die vor die Aufgabe stellt, diese in kommunikative Strukturen umzuwandeln, welche allein dem allgemeinen Priestertum entsprechen. Je nach Gemeinde-Strukturtyp läßt sich für die Schlüsselrolle des Pfarrers wieder zeigen, daß diese vom Strukturtyp her bestimmt und ausgeführt wird. In der verwaltungsorientierten Gemeinde geschieht die Amtsführung bürokratisch und monokratisch; in der organisationsorientierten Gemeinde ist der Pfarrer vor allem Integrationsfigur, der delegiert und das Delegierte integrieren muß. „In einer kommunikationsorientierten Gemeinde ist die Schlüsselrolle des Gemeindepfarrers in die kommunikative Struktur hinein aufgehoben."[61] Das ist vorerst Realutopie, für die ein Pfarrer, der kommunikative Gemeindepraxis anstrebt, seine Schlüsselrolle einsetzen muß. Das erfordert von ihm ein hohes Maß an Selbstreflexion und Kommunikationsfähigkeit bzw. -willen, damit er nicht in frühere Rollenmuster der Pfarrerrolle zurückfällt. Eine Möglichkeit, in dieser Richtung Gemeinde zu gestalten, ist das Teampfarramt, das neben der beibehaltenen Sprengelarbeit eine Spezialisierung im Team erlaubt, allerdings auch die Gefahr der Entfernung von der Basis mit sich bringt. Der kommunikationsorientierten Gemeinde entspricht am besten ein Gruppengemeindeamt, in dem die Hauptamtlichen zusammen mit anderen Mitarbeitern eine Kooperative in der Leitung und Entwicklung der Gemeinde bilden. In Fällen, wo es gelang, ein solches Gruppengemeindeamt zu installieren, war allerdings auch eine Desorientierung bei Gemeindemitgliedern zu beobachten, die noch nicht ganz gebilligt hatten, daß das Gemeindepfarramt aufgehoben war. Statt des vertrauten Gemeindepfarrers, zu dem sich Vertrauen erst allmählich aufgebaut hatte, begegneten sie nun einer Gruppe von Spezialisten. Darin liegt nicht nur ein Problem des Gruppengemeindeamtes, sondern das ist auch ein Punkt, über den weiter nachgedacht werden muß. Eine weitere Möglichkeit kommunikativer Gemeindepraxis stellen die Basisgemeinden Südamerikas dar. Es wäre im Experiment zu prüfen, ob dieses Modell nicht auf volkskirchliche Verhältnisse übertragen werden kann.

9.4.7 Die Rolle des Amtes im Prozeß Gemeinde

Die bisherigen Ausführungen zu Bäumlers Theorie zeigen, daß von Bäumler die Gemeinde als ein lebendiger *Prozeß Gemeinde* aufgefaßt wird. Dem Amt des Pfarrers kommt in diesem Prozeß eine besondere Rolle zu.[62] Es ist zunächst als Faktum festzuhalten, daß es in den reformatorischen Kirchen nicht gelungen ist, die Rechtfertigungslehre mit Hilfe der paulinischen Charismenlehre für eine Ekklesiologie fruchtbar zu machen, die dem allgemeinen Priestertum entspricht. Faktisch hat sich das Amt gegenüber dem *Prozeß Gemeinde* verselbständigt. Es muß demnach Aufgabe sein, diesen Prozeß der Verselbständigung des Amtes rückgängig zu machen. Dazu wäre ein Modell notwendig, daß allen am *Prozeß Gemeinde* Beteiligten sowohl Rol-

[61] Bäumler 1984, S. 107
[62] Bäumler 1984, S. 129f.

lendistanz als auch kritische Rollenreflexion ermöglicht. „Aus dem allzuständigen und allkompetenten Amtsträger der verwaltungsorientierten Gemeinde und dem Funktionär der organisationsorientierten Gemeinde würde der Gemeindepfarrer in der kommunikationsorientierten Gemeinde zu einem kritisierbaren Moderator, der selbständige Person unter selbständigen Personen ist.“[63] Es ist eine Aufgabe der Gemeindepfarrer von heute, durch ihre Art der Wahrnehmung der Schlüsselrolle in diese Richtung zu wirken und zur Entwicklung einer diskursiven Kultur in der Gemeinde beizutragen.

Damit ist ein realutopisches Programm für künftige Gemeindepfarrer und ihre Gemeinden entwickelt.

9.4.8 Weiterführende Fragen

Es wäre zu wünschen, daß Gemeinden und Theologen über dieses Konzept und seine möglichen konkreten Schritte weiter nachdenken, da es in der Sicht des Autors dieses Buches in der Tat am ehesten dem allgemeinen Priestertum und der Kommunikation des Evangeliums entspricht. Eine offene Frage für diesen *Prozeß Gemeinde* ist z.B., ob für die Rolle des Moderators eine theologische Fachausbildung erforderlich ist, ob überhaupt in basisgemeindlich sich organisierenden Gruppen ein spezieller theologischer Sachverstand gebraucht wird, und wenn ja, wie und wo dieser so eingesetzt werden soll, daß er funktional bleibt. Eine weitere Frage ist, wie der *Prozeß Gemeinde* seine Kasualien und sonstigen diakonischen Funktionen organisiert. Er könnte das zum Beispiel nach Art der Israelitischen Kultusgemeinde tun, wonach zehn religionsmündige Männer selbständig Gottesdienst halten, wo auch Kasualien zum Teil ohne Theologen stattfinden und diakonische Arbeit Sache einer Art Gemeindevereines ist, die Finanzierung der gemeindlichen Einrichtung eine Angelegenheit der Spendenbereitschaft der Mitglieder und des Gemeindevorstandes.

Überblickt man die Beschäftigung der Praktischen Theologie mit dem Pfarrerberuf, so wiederholen sich Erkenntnisse und Probleme, die in den vorausgegangenen Kapiteln bereits auftauchten. Sie werden wissenschaftlich bearbeitet und treten dadurch in größerer Klarheit hervor. Es gibt dabei völlig verschiedene Ansätze der Betrachtung des Problems. Je nach dem Ansatz fallen die Beiträge unterschiedlich aus. Allerdings ist auch diesen Entwürfen wie den vorausgegangen dargestellten Überlegungen zum Pfarrerberuf gemeinsam, daß sie zwar viel *über* die Pfarrer diskutieren, ihre Gedanken jedoch nicht im Dialog mit ihnen und ihren Problemen entwickeln, jedenfalls nicht so, daß dies in den Darstellungen erkennbar wäre. Es ist daher notwendig, gerade um einer Kommunikation des Evangeliums und einer

---

[63] Bäumler 1984, S. 130

dialogischen Struktur der Konfliktlösungen willen, nun sie selbst zu Wort kommen zu lassen. Diesem Anliegen ist der Hauptteil dieses Buches im folgenden gewidmet.

Teil 3: Berufung und Beruf: Erfahrungen von Pfarrerinnen und Pfarrern

10. Zur Anlage und Auswertung der Erhebung

10.1 Zur Erhebung und Darstellung von Primärerfahrungen

Die Ausgangsthese dieser Arbeit war, daß zwar viel über den Pfarrerberuf gedacht und geschrieben, daß bislang aber wenig bis gar nicht mit den Pfarrern selbst über ihren Beruf erarbeitet wurde. Die Durchsicht der verschiedenen Ebenen, auf denen man sich mit dem Beruf des Pfarrers befaßt, hatte diese These bestätigt.

Es gibt nur wenige Arbeiten aus dem Ende der 60er und dem Anfang der 70er Jahre, die sich empirisch mit der Berufsrolle der Pfarrer direkt befaßt haben. Doch waren diese Arbeiten trotz der Möglichkeit freier Äußerung meist thematisch eingeschränkt und keine wirklich freien Berichte zur beruflichen Situation. Zudem wurden in diesen Arbeiten die Beiträge von Pfarrern nicht als Diskussionsbeiträge von eigenständigem Wert aufgenommen. Die Pfarreräußerungen dienten in der Regel nur der Illustration einer Meinung des Referenten. Von dieser Meinung war dann aber nicht immer klar, ob sie aufgrund der Interviewbeiträge entstanden ist, oder ob der Referent sie schon vor den Interviews hatte und das Interviewmaterial ihm dann nur mehr als Belegstellensammlung für seine Meinung diente.

Neueres empirisches Material zum Thema fehlt bislang. So ist es nicht möglich festzustellen, ob es in den letzten 30–35 Jahren vielleicht doch einen Wandel in der beruflichen Situation der Pfarrer gegeben hat.

Eine Ausnahme von der Regel bilden die reinen Pfarrer-Arbeitszeitstudien, die ohne Mitbeteiligung der direkt Betroffenen nicht zustande gekommen wären. Von diesen setzt die Züricher Studie wohl nach wie vor den Maßstab.

Neben solchen Arbeiten gab es auch einige, in denen die Befragungen mit Hilfe der Methode durchgeführt wurden, die auch in dieser hier vorliegenden Arbeit Anwendung fand und die noch näher zu beschreiben ist. Es ist die Methode der freien Stegreiferzählung oder des narrativen Interviews. Doch bezogen sich diese Befragungen auf Sondergruppen von Pfarrern, entweder auf Studienwechsler oder Vikare und Studenten.

So ist festzustellen, daß bei der Durchsicht der Arbeiten zum Thema zwar zahlreiche Aspekte der Berufsproblematik sichtbar wurden, am deutlichsten dort, wo mit organisationssoziologischen Methoden gearbeitet wurde. Aber eine Bearbeitung der Berufsrolle des Pfarrers unter Einbeziehung der Betroffenen als gleichberechtigte und in diesem Thema erfahrene Gesprächspartner ist nirgends erkennbar.

Allerdings war das nicht den Arbeiten aus der Vergangenheit zum Vorwurf zu machen: Es lag außerhalb der Blickweite wissenschaflichen Arbeitens jener Zeit, mit den Probanden *Pfarrer* anders zu verfahren als mit beliebigen anderen Probanden. Um der *Wissenschaftlichkeit* willen mußte damals der *subjektive Faktor* möglichst eleminiert werden, damit *objektive* Ergebnisse über die Wirklichkeit erlangt werden könnten.

Verwunderlich ist im Rückblick nur, daß dieses Wissenschaftsverständnis fest in Geltung stand, obwohl man gleichzeitig eine Demokratisierung auf allen Ebenen forderte und diese Forderung auch auf die Kirche anwendete. Dafür ist die Arbeit von Yorick Spiegel „Der Pfarrer im Amt“[1] ein beredtes Beispiel. Er hatte das Stichwort *Demokratisierung* zu einer Leitfrage seiner Auswertung empirischen Materials gemacht. Es wäre also angemessen gewesen, wenn er sich mit den Beteiligten seiner Untersuchung an einen *runden Tisch* gesetzt hätte, um Ziele, Methoden und Ergebnisse mit ihnen zu diskutieren. Dieser Weg hätte nicht ausgeschlossen, für bestimmte Fragebereiche auch *verdeckte* Methoden zu verwenden, um zu sachgerechten Aussagen zu einem Thema zu kommen. Denn es liegt durchaus im Interesse einer Gruppe, die eigene Wirklichkeit möglichst umfassend in all ihren Vernetzungen wahrzunehmen, wenn Probleme in ihr anstehen, die durch einfache Überlegungen nicht zu lösen sind. Aber es lag eben – wie erwähnt – völlig außerhalb des Blickwinkels damaligen Wissenschaftsverständnisses, so zu verfahren.

So bleibt die Aufgabe bestehen, ein solches Gespräch anzubahnen. Es sind Primärerfahrungen von Pfarrern zu sammeln, um überhaupt erst einmal zu entdecken, wovon ihr beruflicher Alltag bestimmt wird und wie die handelnden und betroffenen Personen sich in ihm verhalten.

Diese Aufgabe wird in diesem Teil des vorliegenden Buches aufgenommen. Sie stellt den bislang ersten neueren Versuch dar, Berufung und Beruf der Pfarrer mit ihnen gemeinsam in den Blick zu bekommen, damit ihre Berufswirklichkeit einer kritischen Reflexion zugänglich wird.

10.2 Die Auswahl der geeigneten Methode

Soziale Institutionen, Berufe, Beziehungsnetze etc. werden mit soziologischen Methoden untersucht, wenn man über sie Auskunft in soziologischer Hinsicht erhalten möchte. Die dafür am häufigsten verwendete Methode ist der Fragebogen, der entworfen, getestet, standardisiert und nach dem Prinzip der Zufallsauswahl auf ein vorher abgegrenztes Feld angewendet wird. Es ist naheliegend, dieses Instrument auch auf den Pfarrerberuf anzuwen-

[1] Spiegel 1970

den, so wie das in den früheren empirischen Arbeiten zum Pfarrerberuf geschehen ist. Als Ergebnis erhält man dann quantifizierbare Meinungsverteilungen in der Gesamtheit der Befragten. Ein Problem dieser quantitativen Sozialforschung ist folgendes: Wenn die erfragten Tatbestände oder Sachverhalte nicht klar definiert sind, erhält man zwar eine genaue Meinungsverteilung der Zustimmung oder Ablehnung zum erfragten Tatbestand, ob aber dieser Tatbestand, so wie er formuliert wurde, existiert oder ob die Wirklichkeit nicht doch anders konstruiert ist, das kann nicht deutlich werden. Beispiele solcher Umfrageforschung finden sich vor allem in den Medien.[2]

Eine weitere Grenze der quantitativen Sozialforschung liegt darin, daß sie nur die Meinungsverteilung zu vorgegebenen Fragen ermitteln kann. Das ist auf der einen Seite äußerst zweckmäßig, wenn man etwa herausfinden will, welche Parteien vom Wahlvolk am kommenden Sonntag gewählt werden. Auf der anderen Seite aber ist diese Grenze dann lästig, wenn man einen sozialen Tatbestand in seiner Vielschichtigkeit wahrnehmen will.

Diese und andere Gründe führten in der Soziologie dazu, neben der quantitativen Sozialforschung eine qualitative Sozialforschung zu entwickeln, die sich etwa seit den 70er Jahren allmählich auch etabliert hat. In der qualitativen Sozialforschung geht es also nicht um die Verteilung von Merkmalen in einer Gesamtheit, sondern um die Erfassung eines *sozialen Aggregates* in seiner Vielschichtigkeit. Wie relevant die einzelnen dabei gefundenen Merkmale oder Zustände für die Gesamtheit sind, kann dadurch nicht ermittelt werden. Das wäre wieder eine Fragestellung für die quantitative Sozialforschung. Aber es ist nicht das Ziel der qualitativen Sozialforschung, repräsentative Ergebnisse über Merkmalsverteilungen zu ermitteln, sondern Ziel ist, Dimensionen qualitativer Art zu erschließen, die eben durch die quantitative Sozialforschung naturgemäß nicht erhoben werden können.

---

[2] Der Spiegel. Das deutsche Nachrichtenmagazin Nr. 25/46. Jahrg. vom 15.6.1992: Abschied von Gott. Spiegel-Umfrage: Was glauben die Deutschen? S. 36–57: Als Ergebnis dieser Umfrage wurde gefolgert, daß nur noch jeder vierte Deutsche ein Christ sei. Diese Feststellung basiert auf der Zustimmung der Befragten zu Sätzen, die als christlich gelten. Zum Beispiel: Es gibt Gott. Diese Frage wurde bei der Vorgängerbefragung von 1967 auch schon einmal gestellt. 1967 antworteten 68 % der Deutschen, daß sie an Gott glauben, 1992 sind es nur noch 56 %. Ein weiteres Beispiel: In der Umfrage war der Satz enthalten: Jesus ist Gottes Sohn. Ihm stimmten 1967 42 %, aber 1992 nur noch 29 % zu. Aus solchen und ähnlichen Ergebnissen folgert Der Spiegel: „Gesamtergebnis des Vergleichs der Westdeutschen von 1967 und 1992: Die Zahl der Christen ist stark zurückgegangen, sowohl der Kirchenzugehörigkeit nach als auch dem Glauben nach. Die Kirchen kranken an Schwindsucht." Mag man dem Diktum für die Abnahme der Kirchenzugehörigkeit zustimmen, da es dafür konkrete Zahlen gibt, die belegen, daß die Zahl der Konfessionslosen steigt, so gilt das nicht in gleicher Weise für die Behauptung, der christliche Glaube nähme ab. Die vorgelegten Zahlen belegen nur, daß die Befragten den Satz, den man ihnen vorgelegt hat, nicht mehr in gleicher Weise annehmen wie 25 Jahre vorher. Ob damit auch eine Abnahme des christlichen Glaubens verbunden ist, ließe sich erst feststellen, wenn vorab definiert worden wäre, was unbedingt zu diesem Glauben gehört.

Der Neuansatz der qualitativen Sozialforschung war wegen der Frage der Repräsentativität der Ergebnisse und der Einbeziehung des *individuellen, subjektiven Faktors* in die Forschung umstritten.[3] Aber wenn man sich bewußt ist, daß mit den Methoden der qualitativen Sozialforschung nicht Merkmalsverteilungen, sondern Dimensionen eines Themas oder Problemfeldes aufgefunden werden sollen, werden Grenzen und Möglichkeiten beider Forschungsansätze sichtbar und lassen sich fruchtbar aufeinander beziehen.

Man könnte als Prämisse der qualitativen Sozialforschung formulieren: Wenn es Gesellschaft und gesellschaftlich vermittelte Wirklichkeit gibt, dann muß sie sich in individuellen Handlungsabläufen und Erfahrungen zumindest spurenweise auffinden lassen, sonst gibt es sie nicht.

Für den Themenbereich dieser Arbeit, der im empirischen Teil *Wahrnehmungsforschung* ist, verbietet es sich, mit quantitativen Methoden vorzugehen, um eine Berufswirklichkeit zu erforschen, die noch gar nicht richtig bekannt ist. Deshalb wurden für den empirischen Teil der Arbeit Methoden der qualitativen Sozialforschung angewendet, und zwar insbesondere das narrative Interview.[4]

10.3 Das narrative Interview

Die Entdeckung des narrativen Erzählzwanges und des narrativen Detaillierungszwanges in autobiographischen Stegreiferzählungen führte zur Entwicklung der Methode des narrativen Interviews[5]. Das Doppelphänomen des Erzähl- und Detaillierungszwanges wirkt sich in der Gestaltung autobiographischer Stegreiferzählungen so aus, daß eine biographische Geschichte, die in der Vergangenheit beginnt, bis zur Gegenwart erzählt werden muß. Der Erzähler empfindet gegenüber dem Zuhörer einen inneren Zwang, seine Geschichte, die in irgendeiner Vergangenheit beginnt, bis zum Heute, wo er dem Zuhörer gegenübersitzt, zu erzählen. Dieses Phänomen nennt man narrativen Erzählzwang. Der narrative Erzählzwang ist ein allgemeines Phänomen in biographischen Stegreiferzählungen. Jeder, der schon einmal eine Geschichte aus seinem Leben erzählt hat, wird sich erinnern, daß er sich tatsächlich innerlich genötigt fühlte, seinen Erzählfaden, der mit einem Ereignis vor Jahren begann, bis zum Jetzt des Erzählens fortzuführen. Innerhalb dieses Phänomens kommt auch das zweite Phänomen zum Vorschein, der narrative Detaillierungszwang. Mit dem Begriff ist gemeint, daß ein Erzähler sich während einer Stegreiferzählung genötigt fühlt, bestimmte Details einer Situation zu schildern, um sie dem Zuhörer

---

[3] Eine gute Übersicht über den Stand der biographischen Forschung gibt Kohli/Robert 1984.

[4] Über die biographische Forschung und ihre Methoden berichtet einführend, umfassend und zuverlässig Fuchs 1984.

[5] Vgl. dazu bes. Schütze 1977, S. 26ff.

bekannt zu machen, damit er das Verhalten des Erzählers in dieser Situation versteht.[6]

Zunächst führt sich der *Biographieträger* in einer biographischen Stegreiferzählung selbst ein und gibt damit zumeist auch den Beginn und das Ziel des Haupterzählstranges an. Eine fiktive Anfangssituation einer autobiographischen Stegreiferzählung könnte sein: „Also wenn ich zurückdenke an die Zeit im Kindergarten, da erinnere ich mich ..." Damit ist als Haupterzählstrang die Biographie von der Kindergartenzeit bis in die Jetztzeit umspannt. Es ist offen, ob alle biographischen Ereignisse von damals bis heute erzählt werden, aber es ist notwendig, zu erzählen, wie man von dort in die Gegenwart des Erzählmomentes gelangt.

Im Verlauf dieser Zeit sind dem Erzähler eine Menge Personen begegnet, die auf ihn eingewirkt haben. Diese sind *Ereignisträger* und werden als solche vom *Biographieträger* eigens vorgestellt. Erzählt werden innerhalb des Anfangs- und Enddatums der Biographie einzelne, in sich selbständige Ereignisse, die durch Erzählsätze zu lebensgeschichtlichen Prozeßabläufen verbunden werden. In die Erzählung können auch Rückblenden eingebettet werden.

Wichtig ist, daß diese Darstellung von Prozeßabläufen von der Gegenwart aus erfolgt, also nach dem Ereignis, das in der Zeit seines Erlebens noch unabgeschlossen und offen auf die Zukunft hin war. Das heißt, die Erzählung wird vom gegenwärtigen Stand der Erfahrung geleitet. Dies ist anders auch gar nicht möglich, bedeutet aber, daß die *Ereigniserfahrung* in die Erzählung bewertend eingeht.[7] In der Darstellung dieser lebensgeschichtlichen Prozeßabläufe kommt daher auch der soziale Rahmen zum Vorschein, der die Ereignisse samt ihren Wertungen bedingt. Durch diese Strukturelemente einer Stegreiferzählung ist es möglich, sie zu analysieren. Diese Analyse wird zumindest ansatzweise vom Erzähler im Erzählvorgang bereits selbst vorgenommen. Der Erinnerungsstrom wird in Erzähleinheiten segmentiert; die Erzählsegmente werden hierarchisiert in wichtig und weniger wichtig; die Bedeutung des Ereignisses für die Erfahrung des Erzählers wird an bestimmten Stellen mitgeteilt und dadurch das Ereignis mit seiner einzelnen Ereigniserfahrung in einen Gesamtzusammenhang der Deutung eingeordnet. Dadurch wird in der Regel die Veränderung des Selbst des Biographieträgers innerhalb seiner Lebensgeschichte begründet. Durch diese *kognitiven Strukturen* im Erzählvorgang erhält man auch Hinweise für die Analyseschritte.[8]

Dadurch ist es möglich, narrative Interviews nicht nur sprachwissenschaftlich oder für psycho-soziale Studien zu verwenden, sondern auch so-

---

[6] Vgl. hierzu und zum folgenden: Schütze 1984, bes. S. 84ff.
[7] Vgl. Schütze 1984, S. 94
[8] Vgl. Schütze 1984, S. 112 und 113

ziologisch, um Auskunft über Wissensbestände, Einstellungen und Interessen der Erzähler zu erhalten, sowie über die Fähigkeiten sozialer Gruppen, die Wirklichkeit zu konstruieren.[9] Um Erfahrungen einzelner miteinander vergleichen zu können, sind Rahmenbedingungen zu schaffen. Dies ist überall dort leicht möglich, wo man eine Gruppe zu demselben Themenbereich erzählen läßt. Ein fiktive Situation könnte zum Beispiel sein: „Liebe Frau Meier, Herr Konrad war mit ihnen im Kindergarten. Er hat mir von dieser Zeit erzählt. Wie haben Sie diese Zeit damals erlebt und was ist in der Zwischenzeit geschehen ..."

Dieses einfache Beispiel zeigt schon, daß qualitative Sozialforschung in Bereichen stattfindet, die erst noch zu entdecken sind. Das gilt natürlich besonders auch in Zeiten sozialer Krisen und Umbrüche.[10] In diesen Zeiten wird nach Grundlagen von gesellschaftlichen Wirklichkeiten und ihrer Gültigkeit gefragt, neue soziale Wirklichkeiten können entstehen, die mit Hilfe der qualitativen Sozialforschung zu erkunden sind. In anderen Zeiten, die von gesellschaftlicher Stabilität geprägt sind, oder in Situationen, die bekannt sind, kann man stärker an Meinungsverteilungen innerhalb der *sozialen Aggregate*[11] interessiert sein und wird zu diesem Zweck die bekannten Methoden der quantitativen Sozialforschung einsetzen.

Nachdem seit mehr als 30 Jahren über die Problematik des Pfarrerberufs diskutiert wird, ohne daß grundlegende Veränderungen in diesem Beruf angebahnt wurden, besteht offensichtlich ein Informationsdefizit über die Wirklichkeit dieses Berufes. Dieses läßt sich mit Hilfe der Methode des narrativen Interviews, also mit Hilfe der qualitativen Sozialforschung, beheben. Deshalb wurde diese Methode für die Erhebungen, die den Ergebnissen dieses Buches zugrunde liegen, angewendet.

10.4 Erhebungsvorgaben

10.4.1 Hinweis zur äußeren Technik des narrativen Interviews

Bevor die Anlage dieses Interviews und der Interviewsituation beschrieben wird, ist noch ein technischer Hinweis für die Durchführung des narrativen Interviews erforderlich.[12] Die Aufgabe des Interviewers während des Interviews ist, dieses in Gang zu halten. Das soll so geschehen, daß er weder wertend noch manipulierend eingreift, sondern sich als aktiver Zuhörer betätigt. Er gibt nur verstehende Äußerungen von sich oder stößt das Gespräch erneut an, wenn der Erzählfluß zu versiegen droht.

---

[9] Vgl. Schütze IJB 10, S. 26ff.

[10] Vgl. Schütze IJB 10, S. 29 sowie Fuchs 1984, S. 131

[11] Soziale Aggregate sind gesellschaftliche Gruppen oder Teilgruppen, die sich durch bestimmte gemeinsame Verhaltensweisen und Leitvorstellungen von anderen gesellschaftlichen Gruppen unterscheiden, z.B. Konfessionen oder Parteien.

[12] Vgl. dazu Fuchs 1984, S. 253f.

Der Zweck der Zurückhaltung und der emphatischen Begleitung des Erzählens liegt darin, möglichst viel originales Erzählmaterial hervorzulocken. Erst wenn offensichtlich der Erzähler an ein Ende gekommen ist, sind Nachfragen zu speziellen biographischen Abschnitten oder zu Themen gestattet.

Das ganze Interview wird mit Hilfe eines Tonbandgerätes aufgezeichnet und anschließend transkribiert. Da bei den meisten narrativen Interviews eine starke emotionale Beteiligung des Biographieträgers festzustellen ist, und es zu einer der Bedingungen der qualitativen Sozialforschung gehört, die Betroffenen in den Forschungsprozeß so weit wie möglich einzubeziehen, ist es nach der Transkription erforderlich, sich die Veröffentlichungsgenehmigung der Beteiligten einzuholen.

10.4.2 Überlegungen zur Anlage der Erhebung

Mit *Erhebungsvorgaben* ist neben der Anlage der Untersuchung und der Auswahl der Beteiligten auch der Leitfaden für das narrative Interview gemeint.

Ein reines narratives Interview beginnt mit einer thematisch bezogenen Vorgabe, die sich auf eine bestimmte Situation bezieht. Die Frage ist dann, wie weit die Vorgabe gehen kann, damit ein narratives Interview noch ein solches bleibt, oder nicht schon ein Interview mit einem Interviewleitfaden wird. Das sog. Leitfadeninterview ist ein Interview, in dem frei geredet werden kann, aber zu Punkten, Themen und Fragen, die festgelegt sind. Dies hat den Vorteil, daß neben der Offenheit in der Beantwortung der Fragen vergleichbare Daten bei unterschiedlichen Interviewpartnern zustande kommen. Es hat den Nachteil, daß möglicherweise Informationen aus einem Feld nicht gefunden werden, weil sie in den Fragen nicht erfaßt werden.[13] Aus diesem Grund wird eine Art Mittelweg versucht. Schon Fritz Schütze hatte darauf hingewiesen, daß in Situationen, in denen eine krisenhafte Situation vorliegt, eine gleiche thematische Vorgabe für verschiedene Interviewpartner sinnvoll ist, wenn man davon ausgehen kann, daß die Interviewpartner in bezug auf die thematische Vorgabe gleiche oder ähnliche Interessen an Aufklärung oder Bewältigung haben. Da diese Situations- und Interessenlage bei den Pfarrern in bezug auf ihren Beruf vorauszusetzen ist, wurde das narrative Interview so angelegt, daß die Vorgaben für alle Interviewpartner gleich waren. Die Vorgaben des narrativen Interviews in diesem Buch besitzen insofern eine gewisse Nähe zum Leitfadeninterview. Um dessen Nachteile auszugleichen, wurde mit Hilfe einer Phantasievorstellung eine Situation für den Erzähler geschaffen, die ihm erlaubt, die Leitfadenfragen aufzunehmen oder auszulassen, je nachdem, wie es sich im Erzählvorgang ergibt, die andererseits aber für alle die gleichen thematischen, inhaltlichen

[13] Vgl. dazu Fuchs 1984, S. 180f.

Voraussetzungen schafft. Ergänzt wurde diese Vorlage für ein narratives Interview durch Fragen, die je nach Situation verschieden auszuformulieren waren.

Es wird zum einen nach einem *Rat für Theologiestudierende* gefragt. Durch diese Frage sollte die Berufserfahrung zu Vorschlägen für eine mögliche Veränderung der Ausbildung führen. Sie wurde auch gestellt, weil sich in der Antwort auf diese Frage die Summe der Erfahrungen mit dem Beruf niederschlägt.

Eine zweite Frage bezog sich auf eine *Vision von Kirche.* Die Vision zeigt die Zielrichtung an, in die sich die bestehende Kirche in der Sicht des Befragten verändern müßte. Gleichzeitig wird in der Antwort auf diese Frage die Orientierung sichtbar, die das Handeln der Interviewteilnehmer leitet. Ergänzt werden diese Fragen dann gelegentlich durch eine weitere Frage nach dem Erleben und der Funktion der Kirchenleitung, wenn nicht schon im Interview von den Erzählern selbst auf diesen Themenbereich eingegangen wird.

10.4.3 Überlegungen zur Interview-Teilnehmergruppe

Zur Teilnahme am Interview wurden Pfarrerinnen und Pfarrer aus der Evangelisch-Lutherischen Landeskirche Bayern eingeladen, die der Autor durch verschiedene Kontakte kannte oder die ihm durch Beteiligte empfohlen worden waren. Die Auswahl wurde nach bestimmten Kriterien getroffen. Diese Kriterien waren: Die Teilnehmer sollten vorwiegend aus der Gemeindearbeit kommen, da nach wie vor die meisten Pfarrer im Gemeindedienst stehen und Reformvorstellungen über die Änderung des Pfarrerberufes vom Gemeindedienst ausgehen. Dieser Gemeindedienst geschieht vorwiegend in drei sozio-ökonomischen, kulturell-religiösen Milieus, die sich einigermaßen klar voneinander unterscheiden lassen: Im Großraum einer Großstadt, einschließlich ihrer selbst; in der konfessionellen Diaspora, welche an die Bewahrung der eigenen Konfession besondere Herausforderungen stellt; in ländlich und mittelstädtischen protestantischen Traditionsgebieten, die seit der Reformationszeit evangelisch sind und ein nachwirkend eigenes kulturell-religiöses Milieu hervorgebracht haben. Die Vermutung liegt nahe, daß diese Milieus nicht nur die Arbeitsschwerpunkte der Pfarrer bestimmen, sondern auch deren Einstellung und kirchlich-theologisches Urteilen. So sollten gleichmäßig je 10 Vertreter aus diesen typischen gemeindlichen Arbeitsfeldern in die Interviewreihe einbezogen werden. Der Erfahrungsschatz von Pfarrern im Gemeindedienst sollte aber durch den von Pfarrern in kirchlichen Spezialdiensten einschließlich kirchenleitender Tätigkeit ergänzt werden. So entstand die vierte Gruppe von Interviewpartnern. Diese Gruppe sollte ebenfalls 10 Teilnehmer umfassen. Aus ähnlichen Gründen wurde noch eine spezielle Frauen-Interviewgruppe gebildet, um herauszufinden, in welchen Problemfeldern sich deren Erfahrungen von denen ihrer männlichen Kollegen unterscheiden, gleich nun, ob sie in einem Spezialdienst oder in der Gemeinde tätig sind. Auch diese Gruppe sollte wieder 10 Personen umfassen. Die damit angestrebte Gleichrangigkeit der Gruppen ist nicht repräsentativ, da sie nicht in Relation zur wirklichen Verteilung der Pfarrer und Pfarrerinnen in der Evangelisch-Lutherischen Kirche in Bayern auf diesen verschiedenen Arbeitsgebieten steht. Repräsentativität in statistisch-quantitativem Sinn kann aber durch qualitative Verfahren auch nicht erreicht werden, wie oben ausgeführt. Dennoch sollte durch diese Art der Gruppierung und zahlenmäßigen Auswahl eine möglichst repräsentative Menge an Erfahrungen zusammenkommen, so daß der sog. *Sättigungsgrad* (vgl. unten) erreicht wird. Innerhalb dieser Gruppen sollte ferner die Altersschichtung berücksichtigt werden. Neben Berufsanfängern sollten Vertreter höherer Dienstjahre bis hin zum Ruhestand als Interviewpartner gefunden werden. Schließlich sollten außerdem die verschiedenen Frömmigkeitsrichtungen vertreten sein. Liberale, hochkirchlich orientierte, charismatische und richtungsfreie Pfarrer und Pfarrerinnen sollten zu Wort kommen.

Das Ergebnis dieser Bemühung gehört bereits zum Interviewbericht, der im übernächsten Abschnitt dargestellt wird.

Es geht bei der Festlegung der Interviewpartnerzahlen um den erwähnten, sogenannten *Sättigungsgrad.* Darunter ist ein spezielles Phänomen der qualitativen Sozialforschung zu verstehen, das zwar theoretisch begründbar, durch jeden Versuch nachweisbar, aber dennoch nicht exakt mit quantitativen Mitteln beschreibbar ist. Beobachtet und untersucht man bestimmte abgrenzbare Handlungsfelder, so kann man davon ausgehen, daß es in ihnen nicht beliebig viele Handlungsablaufformen oder Strukturmuster des Handlungsfeldes gibt, sondern nur eine begrenzte Anzahl. Von diesen kann es Variationen geben, aber auch diese wiederum nicht in beliebiger Menge, sondern ebenfalls nur in begrenzter Anzahl. Wenn man das Auswahlverfahren für Interviewpartner als *Verfahren der theoretischen Sättigung*[14] konstruiert, d.h. die Auswahl so trifft, daß möglichst viele Varianten einbezogen sind, kommt man relativ schnell nach 10 bis 30 Interviews zu einer *Sättigung* der Aussagen über das Handlungsfeld. Es kommen keine neuen Informationen hinzu.

Diese Theorie der *Sättigung* war also maßgebend sowohl für die Strukturierung der Auswahl als auch für die Bestimmung der Anzahl der Interviewpartner (10 Interviewpartner pro formales Merkmal). Dabei wirkte die Überlegung mit, daß man durch Hochsetzen der Anzahl der Interviewteilnehmer auf die Erfahrungsgrenze, ab der der *Sättigungsgrad* erreicht wird, den *Sättigungsgrad* in jedem Fall erreichen müßte, so daß von vornherein der Kreis der Teilnehmer an den Interviews so groß ausgelegt wurde, daß die-

14 Vgl. zu den Ausdrücken und zum Ganzen Fuchs 1984, S. 228ff.

ses Ziel theoretisch erreicht wird. Deshalb wurden statt 30 Interviewteilnehmer insgesamt 50 Interviewteilnehmer gesucht. Die Probe auf diese Überlegung wird sich in der Durchführung der Interviews dadurch ergeben, daß nach einer bestimmten Anzahl von Interviews bereits die Sättigung erreicht wird, d.h., es treten keine neuen Informationen auf. Für den Fall, daß immer noch neue Informationen zur Struktur des Handlungsfeldes nach jedem Interview hinzutreten, wäre dann die Interviewzahl erneut zu erhöhen, auch über 30 bzw. 50 hinaus. Obwohl also gewisse quantitative Überlegungen bei diesem Verfahren eine Rolle spielen, gilt dennoch: „Natürlich erlaubt dieses Auswahlverfahren keine Aussage über die quantitative Verteilung von Strukturmustern in einer Großgruppe. Das ist im Rahmen dieser induktiven Strategie der Theoriegewinnung auch nicht von Interesse; hier geht es um die Entwicklung von Begriffen und Erklärungen, die die strukturelle Varianz von Prozessen, Merkmalen und Gegebenheiten in einem sozialen Handlungsfeld erfassen und erklären können.“[15]

10.4.4 Einladung und Interviewvorgaben

Zum Interview wurde mit der Beschreibung der Absicht des Vorhabens und der Methode sowohl mündlich als auch schriftlich eingeladen. Die schriftliche Einladung erfolgte nach der mündlichen Zusage, an der Interviewreihe teilzunehmen, und diente vor allem der Vorbereitung des verabredeten Interviews.

Zudem wurde beschrieben, daß die Interviews per Tonband aufgezeichnet, anschließend wörtlich transkribiert werden, daß aus den Transkriptionen eine anonymisierte Fassung hergestellt wird und daß schließlich dem Interviewten Originaltonband und Originaltranskription zum Verbleib zugestellt werden, die anonymisierte Fassung mit der Bitte um Durchsicht und Genehmigung zur Veröffentlichung und weiteren Bearbeitung.

Der Text zur Erklärung des Zweckes der Interviewreihe sowie die Phantasievorstellung zur Gestaltung des Interviews werden hier im folgenden leicht gekürzt wiedergegeben[16]:

„Manche von Ihnen/Euch wissen, daß ich mich seit einiger Zeit mit der Berufsrolle des Pfarrers, ich könnte auch aus Überzeugung sagen ‚mit der Berufung des Pfarrers‘ beschäftige. Dabei zeigte sich, daß man über die berufliche Überbelastung der Pfarrer schon lange Bescheid weiß, aber viel zu wenig über ihre beruflichen Entwicklungen und Probleme, zu wenig auch über die Glaubensgeschichte der Pfarrer ...

Was wäre konkret zu tun für die, die mitmachen?

Es wäre etwas zu tun, was gar nicht schwer und außerdem noch angenehm

---

[15] Fuchs 1984, S. 230

[16] Vollständig enthalten ist die Interviewreihe in der Dissertationsschrift von Busch 1994, S. 191ff.

ist. Nur etwas konzentrierte und zugleich entspannte Zeit braucht man dazu und ein bißchen Technik: eine Reise in die eigenen Erinnerungen, ausgesprochen und auf Tonband festgehalten. Das Kassetten-Tonband wird gleich mitgeliefert.

Was soll möglichst umfassend erinnert und damit vergegenwärtigt werden?

Es geht um die eigene Glaubensgeschichte und die Geschichte der beruflichen Entwicklungen mit Rückblicken und Ausblicken.

Die Leitidee ist: Ich bin Zeitzeuge, nach mir und neben mir kann keiner mehr die Geschichte meiner Zeit in der Sicht, wie ich sie erlebt und erlitten habe, erzählen. Wenn ich nicht erzähle, wie das war mit meinem Glauben und meinem Beruf, werden meine jungen Kollegen, die Kirchenleitung oder meine Enkel und vor allem der Mensch, dem ich meine wichtigen Geschichten einmal erzählen möchte, nie erfahren, wie das war mit diesen Inhalten/Problemen/Freuden und mit mir ...

Wie und wo fange ich meine Erzählung an?

Wie: Ich stelle mir vor, meinem Enkel oder einem anderen mir wichtigen Menschen zu erzählen, wie das war mit meinem Glauben und mit meinem Beruf. Ich erzähle also zwei zusammenhängende Geschichten, die jedoch genaugenommen zwei verschiedene sind: Jeder Mensch hat eine Glaubens-/Unglaubensgeschichte, aber nicht jeder von ihnen eine, die diesen Glauben zu seinem Beruf, seiner Berufung macht. Deshalb erzähle ich zwei Geschichten: die Geschichte meines Glaubens und die Geschichte meines Glaubensberufes.

Zuerst also die Geschichte meines Glaubens: Ich erinnere mich an die Zeit, als mein Glaube begann, versetze mich in diese Zeit und erzähle von den Menschen und Orten und Situationen dieser Zeit, die meinen Glauben hervorgerufen haben, die mir einen Anstoß gegeben haben, zum Glauben zu finden. Dann erzähle ich weiter, wie mein Glaube sich entwickelt hat mit seinen Höhen und Tiefen, seinen Zweifeln und Freuden und erzähle auch, wer wann wo wie daran negativ oder positiv beteiligt war. Diese Erzählung setze ich fort bis heute ...

Sodann, nach einer Pause oder gleich im Anschluß, erzähle ich meine Berufsgeschichte. Wie war das eigentlich, warum habe ich mich entschlossen, Theologie zu studieren, wer hat mich gefördert, gehindert. Als ich studierte, wollte ich da schon Pfarrer werden oder nur einfach mehr über Gott wissen. Wollte ich mein Studium aufgeben, abbrechen, ergänzen durch Zweit- oder Aufbaustudium oder Promotion, warum habe ich das dann getan oder nicht getan. Was hat mir im Rückblick das Studium gebracht. Wenn ich noch einmal studieren würde, worauf würde ich heute den Schwerpunkt setzen, welche Empfehlung könnte ich heutigen Studenten geben, welche Bücher oder Lehrer sollten sie kennenlernen. Wie habe ich die Vikarszeit erlebt, die Kollegen von damals, die Pfarrer, die mich ausgebildet haben oder bei denen ich wirken durfte/mußte. Welche Höhen und Tiefen habe ich damals durchgemacht. Wie ging es dann weiter mit meiner ersten Stelle, wie war die Gemeindesituation, wie waren die Kirchenvorsteher, die Mitarbeiter, wie war die Zusammenarbeit, auch die mit Kollegen. Welche Schwerpunkte in der Arbeit habe ich gesetzt, welche Höhepunkte und Tiefen erlebt, welche Freuden und schweren Situationen. Wie war es dann mit den Stellen danach, falls es diese gab. Wo stehe ich heute, wo liegt heute das Hauptgewicht meiner Arbeit. Unter welchen Sachzwängen stehe ich, wie ist die Gemeindesituation, wie sind die Kirchenvorsteher, Mitarbeiter und Kollegen hier, wie steht es mit der ökumenischen und der übergemeindlichen Arbeit. Welche sozialen Probleme gibt es in der Gemeinde. Gibt es Anfragen oder Probleme mit dem interreligiösen Dialog oder ist das kein Thema bei uns. Wenn ich ganz allein entscheiden könnte, wie wir und was wir in der Gemeinde tun sollten, und ich dazu auch die nötigen Mitarbeiter hätte, die genauso denken und sich genauso engagieren wie ich, wie würde ich dann Gemeinde aufbauen, welche Schwerpunkte würde ich setzen, was weglassen und warum, was neu aufnehmen, weil ...

Zur technischen Vorbereitung gehört weiter nichts, als die Erinnerungen zu aktivieren und einen Raum zu haben, in dem man in der Zeit der Erzählung nicht gestört wird. Ich würde dann gerne in die Rolle des Zuhörers und eventuellen Nachfragers schlüpfen und die Erzählung per Kassettenrecorder aufnehmen."

10.5 Allgemeiner Interviewbericht

Die endgültige Zahl der Interviewteilnehmer lag höher, als die Planvorgaben vorsahen. Das hatte seinen Grund darin, daß erwartet wurde, daß einige der Angefragten möglicherweise am Interview aus zeitlichen oder anderen Gründen nicht teilnehmen könnten. Um zu sichern, daß die Planzahlen erreicht werden, wurden deshalb mehr Personen angefragt, als der Plan vorsah.

Es nahmen 55 Personen an den Interviews teil: 9 Frauen aus Spezial- und Gemeindedienst, 12 Pfarrer aus Diasporagemeinden, 12 aus einer Großstadt mit dem dazugehörigen Großraum, 11 aus protestantischen Traditionsgebieten, 11 aus Sonderdiensten. Die Teilnehmer verteilten sich geographisch auf die Regierungsbezirke Bayerns mit Ausnahme der Bezirke Unterfranken und Niederbayern. Innerhalb dieser Gruppierungen konnten die Dienstaltersgruppen weitgehend berücksichtigt werden, wobei der größte Teil der Interviewteilnehmer aus den mittleren und höheren Dienstjahren kommt, darunter auch zwei in kirchenleitenden Ämtern. Ein weiterer Interviewteilnehmer übernahm während des Zeitraumes der Interviewreihe ebenfalls ein kirchenleitendes Amt.

Interessant ist, daß von den Interviewteilnehmerinnen und -teilnehmern genau 20 Pfarrerskinder sind, was sich erst während der biographischen Stegreiferzählung herausstellte.[17]

Der Versuch, die Frömmigkeitsstile in die Interviewreihe einzubeziehen, gelang im Fall der liturgisch-hochkirchlichen und der charismatischen Bewegung. Die überwiegende Zahl der Interviewteilnehmer läßt sich nicht einer bestimmten Richtung zurechnen, was nicht bedeutet, daß ihnen eine Orientierung ihrer Arbeit an bestimmten Zielen fehlt.

In qualitativer Betrachtungsweise ist der Frömmigkeitsstil ein Aspekt unter anderen, er wird in keinem Fall unterdrückt, kommt aber erst relativ spät in den Interviews selbst zum Vorschein, jedoch spätestens bei den Nachfragen, die auf einen Ratschlag für Theologiestudierende oder auf eine Vision von Kirche zielen. Dies ist auch sachlich begründet. Während Ratschläge und Vision nur auf dem Hintergrund eines eigenen, für den Ratgeber oder Visionär gültigen Kirchenbildes und auf dem Hintergrund von Erfahrungen entworfen werden können – mag dieses ihm bewußt sein oder nicht –, geht eine autobiographische Stegreiferzählung, wie sie in der hier vorliegenden Arbeit zeitlich einsetzt, von der Zeit vor der Entwicklung dieses Hintergrundes aus und kommt erst allmählich zu den Punkten und Ereignissen, die schließlich zum eigenen *Weltbild* führten. Die Zahl der ausgewählten Interviewteilnehmer sorgte dafür, daß keine qualitativen Informationen verlorengehen. Wie diese sich in der Gesamtheit der Pfarrerschaft verteilen, das war und ist nicht die Frage dieses hier vorliegenden Buches. Insofern ist die nicht-repräsentative Auswahl von Frömmigkeitsstilen bei den Interviewpartnern kein Mangel, zumal bewußt darauf geachtet wurde, daß diese, soweit bekannt und zugänglich, einbezogen wurden. Das Ergebnis, daß die Mehrzahl der Interviewteilnehmer keiner bestimmten Frömmigkeitsrichtung zuzurechnen ist, läßt sich aber auch dadurch erklären, daß innerhalb volkskirchlicher Strukturen eine große Bandbreite von Frömmigkeitsstilen möglich und daher eben auch anzutreffen ist.

Die Interviewvorgabe in Form einer thematischen Phantasie ließ auch die Möglichkeit offen, selbst seine Erzählung auf Band aufzuzeichnen, ohne daß dabei weitere Zuhörer anwesend sind. Dieser *Selbstversuch* wurde von zwei Interviewteilnehmern genutzt, die dadurch aus der Reihe der narrativen Interviews, streng methodisch betrachtet, herausfallen. Ihre Beiträge dienen daher auch nicht für eventuelle Belege. Das schließt nicht aus, daß ihre Themen und Darstellungen echte Beiträge zum Gesamtthema der Arbeit bieten, so daß sie in die Gesamtauswertung über die Berufssituation der Pfarrer einbezogen wurden.[18]

---

[17] Das bedeutet, daß die Pfarrerskinder sich nicht in ihren Problemen, ihrer Erscheinung, ihrer Selbstdarstellung von anderen Pfarrern unterscheiden. Allerdings verläuft ihre kirchliche Sozialisation intensiver, was aber nicht unbedingt zu einem *glatten* Übergang in den Beruf führen muß. Vgl. dazu z.B. Interview 40 im Materialband der Dissertation.

[18] In forschungspraktischer Hinsicht sind diese Beiträge aber besonders wertvoll, da sie einige

Die Interviews fanden überwiegend an den Wohn- und Arbeitsstätten der jeweiligen Teilnehmer statt, drei Interviews im Arbeitszimmer des Interviewers. Sie dauerten von 35 Minuten für das kürzeste Interview bis zu 2 Stunden und 20 Minuten für das längste Interview. Das dabei entstehende autobiographische Material hing in der produzierten Menge allerdings nicht nur von der Dauer des Interviews ab, sondern vor allem auch von der Sprech- und Erinnerungsgeschwindigkeit der Interviewteilnehmer sowie von der Menge ihrer Erfahrungen. Ein weiterer Einflußfaktor für die Menge des autobiographischen Materials war nach Einschätzung des Autors dieses Buches die Art der Vorbereitung auf das Interview. Die meisten Teilnehmer haben die Vorgaben zum Anlaß genommen, sich auf das Interview einzulassen, haben aber erst zum Zeitpunkt der Durchführung des Interviews den Interviewrahmen aufgenommen, indem sie sich vom Interviewer noch einmal seine Vorgaben vortragen ließen. Fünf Teilnehmer (nicht eingerechnet die zwei *Selbstversuche*) hatten sich genauer anhand der Interviewphantasie auf das Interview vorbereitet, einer davon schriftlich. Auch bei den vorbereiteten Interviews entwickelte sich dann doch eine autobiographische Stegreiferzählung, was durch die Funktion des Zuhörers erklärbar ist.

Die Interviews konnten nach den Interview-Regeln des narrativen Interviews durchgeführt werden, d. h. emphathisches, die Erzählung in Gang haltendes Zuhören, gelegentliche Zwischenfragen, Nachfragen nach Abschluß. Nur in drei Fällen gab es größere oder öfter stattfindende Unterbrechungen, so daß der Interviewer versuchen mußte, den Erzählfaden wieder aufzunehmen und neu zu knüpfen. Auch während einer ungestörten Stegreiferzählung kam es in zwei Fällen zum Abriß des Gedankenfadens und zur Bitte, dem Erzähler zu helfen, den Erzählfaden wieder zu finden.

---

forschungstheoretische Annahmen der Technik des narrativen Interviews bestätigen. Es zeigte sich einerseits, daß es die Vorgabe eines Fragerahmens, wie des oben dargestellten, ermöglichte, eine biographische Stegreiferzählung im Selbstversuch durchzuführen. Es zeigte sich andererseits, wenn man auf die Länge dieser Beiträge blickt, daß diese Beiträge offensichtlich durch ein fehlendes Gegenüber, durch einen fehlenden aktiven Zuhörer relativ kurz ausgefallen sind. Das bedeutet, der aktive Zuhörer hat im narrativen Interview eine eminent evozierende Rolle, nicht nur die Möglichkeit der Nachfrage sorgt für die Erzeugung einer größeren Menge biographischen Materials, sondern allein seine Anwesenheit, die den Erzähler durch erkennbare Aufmerksamkeit ermutigt, offen und frei zu erzählen. Zugleich bedingt die Anwesenheit des Zuhörers den Rechtfertigungs- und Detaillierungszwang in den Stegreiferzählungen. Beim Entwerfen seiner biographischen Erinnerungen ist der Erzähler durch die Anwesenheit des Zuhörers aufgefordert, vor sich selbst und ihm zu erklären, warum ein gegebener Zustand sich in den gewandelt hat, den der Erzähler dann erlebte. Schließlich bedeutet die Anwesenheit des Erzählers auch, daß die Stegreiferzählung *coram publico* erfolgt, d. h., seine stumme und ermutigende Zuhörerschaft bleibt nicht ohne Einfluß auf die Art des Erzählens und die Menge des Erzählten. Daraus folgt, daß keine Stegreiferzählung der anderen gleicht, da Zuhörerschaft und Situation des Zuhörers in der Zeit unwiederholbar sind; daraus folgt weiterhin für die Methode des narrativen Interviews, daß autobiographische Stegreiferzählungen immer eines Zuhörers bedürfen, sollen sie sachgerecht erfolgen, wie der Selbstversuch beweist.

Die Interviews fanden im Zeitraum von August bis Dezember 1991 statt. Sie wurden im Zeitraum von Dezember 1991 bis Juni 1992 transkribiert, im gleichen Zeitraum anonymisiert, indem Namen, Orte und Daten gestrichen und an ihrer Stelle andere Namen und Zahlen oder auch nur Buchstaben und Punkte bzw. Striche gesetzt wurden. Die Tonbandaufnahmen, Originaltranskriptionen und anonymisierten Interviews wurden den Teilnehmerinnen und Teilnehmern mit der Bitte zur Beurteilung vorgelegt, die Originale zu behalten, bei den anonymisierten Fassungen Korrekturen anzubringen, der Veröffentlichung zuzustimmen und sie alsbald zurückzusenden. In einem Fall hat ein Teilnehmer sein Interview zurückgezogen, weil er der Überzeugung war, trotz Veränderungen in der anonymisierten Fassung erkennbar zu bleiben. Damit standen nur mehr 54 Interviews zur weiteren Auswertung zur Verfügung. In zwei Fällen wurden kleinere Korrekturwünsche vorgebracht, die umgehend eingearbeitet wurden. In zwei weiteren Fällen wurden weitergehende Korrekturen gefordert, auf die auch eingegangen wurde. Einer von diesen zwei Teilnehmern an der Interviewreihe hat seine Korrekturfassung selbst eingebracht, so daß sich damit unter den Interviews eine originäre anonymisierte Fassung befindet. Zwei weitere Interviewte haben größere Umarbeitungen gewünscht und zum Teil auch selbst vorgegeben. Der Wunsch zu den Umarbeitungen hatte seinen Grund in einem Phänomen, das in der qualitativen Sozialforschung bekannt ist.[19] In Schrifttext umgesetzte gesprochene Rede ist oft schwer lesbar, wenn man nahe an der gesprochenen Rede bleibt. Es hängt dann von der weiteren Verarbeitung der Interviews ab, wie nahe man an der gesprochenen Rede bleibt. Wenn man ein narratives Interview psychologisch auswerten will, sind auch Schriftzeichen zu verwenden, die Pausen, Sprechtempi und Sprechhöhen berücksichtigen, und es sind auch alle Füllwörter wie „äh", „hm" aufzuzeichnen. Wenn es um Inhalte geht, wie im Falle der narrativen Interviewreihe dieses Buches, ist es sowohl möglich, die Füllwörter wegzulassen, auf Sprechtempivermerke etc. zu verzichten und das Interview in Schriftdeutsch zu übertragen. Aber auch Schriftdeutsch ist noch nicht Hochdeutsch. In Hochdeutsch übertragene Interviews sind gut lesbar und unterscheiden sich inhaltlich nicht von den Originaltranskriptionen und den Übertragungen dieser in Schriftdeutsch. Allerdings geht ihnen die Authentizität verloren. Weil die Interviews, auf denen die weiteren Ausführungen dieses Buches basieren, ihre Authentizität belegen mußten, um nachzuweisen, daß echte und nicht erfundene Interviews zur Auswertung vorlagen, wurde das Verfahren der Übertragung der Originalinterviews in Schriftdeutsch dort angewendet, wo die Originalübertragung sonst unverständlich gewesen wäre. Für dieses hier vorliegende Buch wurden die Interviews und Interviewzitate allerdings noch einmal überarbeitet, um eine besser lesbare Fassung zu erzielen, die nun zwi-

[19] Fuchs 1984, S. 272

schen Schriftdeutsch und Hochdeutsch liegt. In den Überschriftszeilen der veröffentlichten Interviews wurde der Wirkungsbereich des Interviewten und seine Altersgruppe vermerkt. Alle Interviews wurden in einem eigenen Materialband gesammelt.[20]

In das hier vorliegende Buch wurden acht von diesen 54 Interviews vollständig aufgenommen, dazu Zitate aus anderen Interviews.

10.6 Zur Auswertung der Interviews

Die Fülle des Materials bringt ein weiteres Darstellungsproblem mit sich. Es wäre zwar möglich, auf der Grundlage der Interviews eine Beschreibung des Pfarrerberufes in der Sicht der Pfarrer zu geben, die man mit Zitaten aus den Interviews belegt. Aber dann wäre genau das geschehen, was früheren empirischen Arbeiten vorgeworfen wurde, daß sie sich zwar auf authentisches Material stützen, dieses aber nur als Belegstellensammlung für mehr oder minder vorgegebene Meinungen zum Beruf heranziehen. Deshalb sollen in dieser Arbeit im ersten Ergebniskapitel die Pfarrer selbst mit den erwähnten acht Beiträgen zu Wort kommen.

Diese Interviews werden nicht kommentiert, sondern stehen für sich. Es sind originale und zum Teil auch originelle biographische Beiträge von Pfarrerinnen und Pfarrern zu ihrer Glaubens- und Berufsgeschichte. Ihnen vorausgestellt sind nur einige Angaben zur Situation. Diese Interviews werden von 1 bis 8 durchnumeriert, erhalten aber in Klammern die Originalnumerierung, damit sie im Materialband der Dissertation, die an den Universitäten zugänglich ist, leicht auffindbar sind und ihre Übertragung in das Schriftdeutsche nachprüfbar bleibt. Auch die Originalzitate sind mit der Nummer versehen, unter der sie im Materialband aufzufinden sind. So kann sich jeder überzeugen, daß die in diesem Buch vorgestellten Zitate zum einen sehr nahe am Originalzitat bleiben und zum anderen keine inhaltliche Veränderung darstellen. Auf die für eine weitere wissenschaftliche Verarbeitung notwendige Zeilennumerierung und die Inhaltsgliederung der in die Veröffentlichung einbezogenen vollständigen Interviews wurde bei den hier vorgelegten acht Interviews im Gegensatz zur Dissertation – ebenfalls im Interesse besserer Lesbarkeit – verzichtet.[21]

Im sich anschließenden Ergebniskapitel (Kap. 12) dieses Buchteiles wird auf der Basis aller im Materialband veröffentlichten Interviews eine zusammenfassende Darstellung der Berufungs- und Berufsaspekte des Pfarrerdaseins gegeben. Zum Beleg wird dabei auf die Einzelinterviews verwiesen oder es werden direkt Belegstellen zitiert. Dabei werden jedoch nicht alle Stellen angeführt, die die Darstellung unterstützen, sondern nur jeweils eine,

---

[20] Vgl. Materialband zur Dissertation von Busch 1994

[21] Zu dieser Methode vgl. Völzke 1990, S. 68ff.

die die Darstellung bestätigt. Gemäß dem Ansatz qualitativer Sozialforschung ist das auch völlig ausreichend.

Durch diese zweischichtige Verfahrensweise – Selbstdarstellung in vollständigen narrativen Interviews und Darbietung von Meinungen zu einzelnen Themen- und Problembereichen – soll gewährleistet werden, daß sich Pfarrer und Pfarrerinnen gleichsam im Originalton selbst zu ihrem Beruf äußern können und daß alle ihre thematischen Beiträge zum Beruf einbezogen sind. Es entsteht dadurch so etwas wie eine Berufs- und Berufsrollenbeschreibung aus der Sicht von Pfarrern, die als notwendige Ergänzung aller bisherigen Bemühungen um das Berufsbild der Pfarrer verstanden werden kann und soll.

11. Die Interviews

Interview 1 (01)

Gruppe: 20–25 Dienstjahre; Pfarrer
Wirkungsbereich: Diaspora

(Beginn mit der Glaubensgeschichte:) Ich bin in einem Pfarrhaus aufgewachsen, wie das ja oft ist in Bayern. Und ich bin von klein auf irgendwo in den Glauben hineingewachsen, ohne daß ich relativ stark in Zweifel geraten wäre. Alles verlief so seine normalen Bahnen.

Vielleicht eine kleine Erinnerung am Anfang: Eigentlich hätte ich gar nicht das erste Lebensjahr überleben dürfen. Denn nach einem Vierteljahr bin ich so schwer erkrankt und lag ein weiteres Vierteljahr in der Klinik in Warburg. Die Ärzte fanden nichts und konnten nicht helfen. Ich hab kein Gramm zugenommen in dieser Zeit, wo man als Kind relativ schnell wächst und zunimmt. Und die Krankenschwester, die gab dieses schreiende Bündel dann schließlich meiner Mutter zurück und sagte: „Da nehmen Sie es, das Kind stirbt Ihnen ja doch." Das erzählte meine Mutter immer wieder, und das war vielleicht so eine Erinnerung, daß über meinem Leben jemand wacht und einen Schutz ausübt, und das konnte ich auch später im Laufe des weiteren Lebens erfahren. Wahrscheinlich hat mich das unbewußt mehr geprägt, als ich es mir bewußt klargemacht habe.

Einer meiner älteren Brüder studierte auch Theologie und erzählte ganz begeistert vom Studium, wie vielseitig das sei. Mich schreckten zwar zunächst die Sprachen ab, aber nach dem Abitur hab ich es relativ schnell geschafft, und das Studium machte Spaß.

Während des Studiums gab es nach dem Wechsel von Mitan nach Norge einmal eine Zeit, in der ich in existentielle Glaubenszweifel hineingeraten bin, wo mir aber ein Freund aus früherer Zeit sehr gut weitergeholfen hat.

(Wodurch kam diese Krise?) Sie wurde im Grunde durch die historisch-kritische Betrachtungsweise der Bibel ausgelöst. Mir schien es so, als ob der ganze Boden unter meinen Füßen brüchig geworden sei. Und dieser Freund wies mich darauf hin, einmal zu überlegen, ob die Kirche hätte werden und entstehen können, wenn alles nur „Interpretamente" gewesen wären. Von der Tatsache der Auferstehung Jesu her, die auch historisch einsichtig gemacht werden kann, durch das Entstehen der Kirche, wurde der Boden wieder fest.

(Wenn wir zurückschauen, vielleicht in Kindergottesdienst- und Konfirmandenzeit, was stellt sich da an Erinnerung ein?) Ich hab den Kindergottesdienst brav besucht, auch den Religionsunterricht, da sind mir keinerlei tiefe Eindrücke vorhanden. Auch den Konfirmandenunterricht, den ich bei meinem Vater bekommen hab. Was da erzählt wurde, das hat mir eingeleuchtet, aber es hat mich damals nicht sonderlich bewegt. Es gab eine Zeit, wo eine gutmeinende Tante mich während der Sommerferien in eine Bibelschule geschickt hat, nach Briesa. Was ich da erlebte, das fand ich dermaßen abstoßend, ein Glaubensleben unter Zwang und Druck gesetzt, daß ich dann einen Brief schrieb, ich möchte geholt werden. Und das wurde als einen großen Mißtrauensantrag verstanden bei den Leuten in Briesa. Und danach wurde ich einmal abends aus dem Bett geholt und gefragt, was denn da vorläge. Ich fand das alles sehr unangenehm. Ich hab auch den Zwang, öffentlich und laut beten zu müssen, was mir überhaupt nicht lag, innerlich abgelehnt. Das hat mich damals mehr bedrückt als irgendwo aufgebaut, das mitmachen zu müssen. Damals. Viel später hab ich mir vorgenommen, als bei uns hier in Saula die Glaubenserneuerung begann, daß ich meinen Schülern, meinen Jugendlichen solche negativen Erfahrungen ersparen will, daß ich sie nicht geistlich unter irgendeinen Druck setzen werde. Das war das einzige Erlebnis, wo ich auch etwas Negatives im Umfeld von Kirche erlebte. Als ich das zu Hause meinem Vater erzählte, da hat er das relativ schnell zurechtgebogen. Und eben auch gesagt, daß im Glaubensleben leider viele Übertreibungen passieren. Und ich war gut aufgehoben. Es war also nichts Dramatisches auf meinem Glaubensweg, sondern mehr ein schrittweises Hineinwachsen in tiefere Erkenntnisse. Vielleicht habe ich dann aus der Dankbarkeit der Gottesführung gesagt: Pfarrer braucht man, und warum soll ich das nicht werden. *(Und das Studium selber?)* Das Studium selber hat mir Spaß gemacht. Ich fand die vielen Fächer interessant: Von der Geschichte der Kirche – ich bin also historisch stark interessiert –, das hat mich stark angezogen; auch die Exegese. Eigentlich alles, bis auf Kirchenrecht, das hat mich maßlos gelangweilt. Kirchenrecht und Stimmbildung, das sind bis heute die Schwachpunkte. Aber das kam eigentlich erst in den allerletzten Semestern, und vorher gab es für mich spannende Dinge: Philosophie und Didaktik. Es hat mich beeindruckt, als wir in Pons bei einer Klasse einmal zusehen durften, wie die Lehrerin ihre Klasse begeistern konnte für Religion.

(Ja, dann nach dem Studium, wie ging es dann weiter?) Erst einmal Predigerseminar. Das waren die Vorläufer der ganz wilden 68er Generation. Das war ziemlich hart, weil unsere Kurse im PS fast polarisiert waren durch Leute, die sehr weit links standen, und einige andere, die ziemlich konservativ dachten. Da waren die Verständigungsprobleme sehr schwierig. Nach unserem Kurs hat der Rektor des Predigerseminars mehr oder weniger das Handtuch geworfen und ist Oberkirchenrat geworden. Also es muß auch für ihn ein frustrierender Kurs gewesen sein. Trotzdem, wir hatten eine ganz gute Gemeinschaft und auch Spaß gehabt miteinander, auch Blödsinn getrieben, was eben dazu gehört.

Ja, die Vikarszeit, die hab ich in Ruda in einer Altstadtgemeinde zugebracht mit der ganzen Problematik einer unzerstörten Altstadt. Ruda war eine der wenigen Großstädte, die nicht zerstört worden sind. Als ehemalige Stadt der Juden wurde sie von den Alliierten geschont. Also da war die Problematik einer nicht zerstörten Altstadt mit dem engen Milieu und den vielen Verflechtungen, aber auch mit der gewachsenen Struktur, beide, das Positive und das Negative, war da sichtbar.

(Zusammenarbeit mit Kollegen?) Das war eine Gemeinde mit vier Pfarrern, wobei der vierte Pfarrer der Vikar war. Ich hatte zwei sehr verschiedene erste Pfarrer. Mein erster Vorgesetzter war ein älterer Herr, der sehr volksnah predigte und außerordentlich beliebt war. Er pflegte auch eine ganz väterliche Art gegenüber seinen Vikaren. Einmal in der Woche wurde man eingeladen zum Gespräch, und dann gab es belegte Brote, und man durfte erzählen, was einen gefreut oder bekümmert hat. Und er gab Ratschläge. Das war ein sehr menschliches Miteinander. Der wurde dann pensioniert in dieser Zeit. Und der zweite Pfarrer rückte auf, ein sehr ehrgeiziger Mann. Mit dem gab es viele Schwierigkeiten. Das ging so weit, daß ich mir gedacht habe, das tust du dir nicht wieder an, eine Pfarrstelle mit mehreren Pfarrern. Obwohl es von der Arbeit her viel leichter gewesen wäre. Das schrieb ich dann auch in meine Bewerbung rein, daß ich eine Einzelpfarrstelle will. Das gelang dann auch relativ bald mit der zweiten Bewerbung.

Was ist mir noch sicher erinnerlich aus der Zeit in Ruda? Ein gutes Lehrerkollegium in der dortigen Hauptschule, in der ich unterrichtete. Das war die einzige Schule, die ich kennenlernte. *(Auf der Vikarsstelle?)* Auf der Vikarsstelle, und die Lehrer, die mit relativ schwierigen Schülern auskommen mußten, bildeten ein ganz herzliches Kollegium. Das ist mir in sehr guter Erinnerung. Und da war auch der Vikar, der seine ersten Gehversuche im Religionsunterricht machen mußte, gut aufgehoben. Und die haben toll zu einem gehalten.

Dann kam meine erste und bisher einzige Pfarrstelle. Ich bin jetzt zwanzig Jahre hier. Diese Gemeinde hatte den Vorteil, daß sie keinerlei Traditionen aufwies und man das einbringen konnte, was einem selber lag. In dem Jahr x kam eine charismatische Gruppe in unsere Nähe, nach Sala, und ein

Jugendlicher brachte mich dazu, mich mit ihnen auseinanderzusetzen. So ist unser Kontakt entstanden, der sich dann vertieft hat. Und aus diesem ersten Kontakt ist ein Jugendgebetskreis entstanden, den ich zunächst mit ganz mißtrauischen Augen ansah, weil ich mir nicht vorstellen konnte, was Jugendliche am Beten Großes finden könnten. Die waren so begeistert, daß ich das auch mit beobachten wollte, auch um sie zu schützen vor Unter-Druckgesetzt-werden, aufgrund meiner eigenen Erfahrung. Die Jugendlichen haben uns da eigentlich etwas vorgelebt. Dann sind die Erwachsenen neugierig geworden. Wir sagten: Ja, was haben die, da ist irgend etwas, was wir nicht haben. Und so haben wir einige Erwachsene auf Tagungen geschickt, nach Kara, wo Kurse gehalten wurden, so ein paar Monate lang: Neues Leben im Heiligen Geist. Und auch die Erwachsenen kamen ganz verändert und erfüllt zurück und erzählten davon. Und so bildete sich ein kleiner Bibel- und Gebetskreis. Nach einigen Monaten hatten wir das Gefühl, wir sollten uns auch mit den Jugendlichen treffen, hin und wieder, nicht wöchentlich, aber vielleicht monatlich. Und aus diesem Treffen ist unser Abendgottesdienst in freier Form entstanden, den es jetzt ca. 15 Jahre gibt. Und so ist im Grunde immer Stück um Stück dazu gewachsen. Ein weiteres Element waren die Glaubensseminare, die wir jedes Jahr in der Gemeinde abhalten. Ein Seminar erstreckt sich meistens über sieben Wochen. An einem Wochentagabend etwa zwei Stunden lang, werden Fragen des Glaubens, je nach Themen, bearbeitet und miteinander besprochen. Es kommt ein Vortrag, eine Aussprache und Gruppengespräche und am Ende des Glaubensseminars steht dann fest, wo man etwas verbindlich machen kann, wenn man es möchte. Und sehr viele wollen danach weitermachen. Das war der Beginn von unseren Hauskreisen. Und so kommt eigentlich jedes Jahr ein neuer Hauskreis dazu. *(Was für Themen haben die, machen die weiter Bibelarbeiten oder bestimmen die ihre Themen frei?)* Sie machen in der Regel Bibelarbeiten, die sie aber selber bestimmen. Es wird sehr stark auch am Wohlergehen der andern Anteil genommen. Man hilft sich gegenseitig und spricht sich aus. Das ist ein wesentlicher Baustein im Gemeindeaufbau.

Inzwischen machen wir auch Glaubensseminare überregional in Tagungshäusern. Mit Grundkurs, Vertiefungsseminar, wo es um persönliche Erneuerung geht, und dann noch ein Fortsetzungsseminar, das der Zurüstung zum Dienst gewidmet ist. Das ist zum Beispiel etwas für jemand, der Hauskreisleiter werden will. Daneben gibt es Familienfreizeiten, Berufsfreizeiten, so das ganze Programm. *(Da ist man voll ausgefüllt.)* Das stimmt.

Seit Januar dieses Jahres haben wir etwas Neues, etwas für uns Neues. Für andere ist das sicher nicht neu. Das ist die gemeinsame monatliche Geburtstagsfeier. Da werden die Geburtstagskinder des Monats, die über 65 sind, eingeladen, und es kommt etwa ein Drittel der Angeschriebenen. Manchmal kommt auch die Hälfte. Sie erzählen dann auch aus ihrem Leben. Das wird meistens ein ganz lebendiger Nachmittag.

(Rückblick Studienzeit als Ratschlag für heutige Studenten) Also mir persönlich hat es geholfen, daß ich Freunde hatte aus anderen Fakultäten und daß man so ein bißchen hineingerochen hat in das Leben eines Juristen oder eines Medizinstudenten oder eines Wirtschaftswissenschaftlers und so weiter. Und: Diese Zeit, die nicht direkt mit dem Studium selber verbunden war, aber eine Horizonterweiterung bedeutet hat, die hat mir viel bedeutet, auch gemeinsame Unternehmungen, Ausflüge, Abende. Das würd ich eigentlich jedem wünschen, daß er nicht nur auf der Spur der Theologie fährt, sondern auch Freunde gewinnt aus anderen Fakultäten. Ja, was würde ich anders machen? Ich denke, daß das Studium viele Themen überhaupt nicht aufgreift, die wir später im Leben brauchen. Etwas, was wir in diesem Jahr für unsere Mitarbeiter gemacht haben, war ein Managementseminar, über Gewinnung und Führung von Mitarbeitern, über das Loben und über die verschiedenen Typen der Leitung und der Leitungsstile.

Ich denke, daß solche Punkte in der Zukunft immer wichtiger werden, weil die Volkskirche wahrscheinlich ihrem Ende entgegengeht und wir neue Formen der Gemeindegründung und des Aufbaus innerhalb der traditionellen Kirche brauchen. Außerhalb gibts die schon, aber innerhalb noch nicht.

Auch Seminare für Kreativität, wo man Pantomime erlernt oder wo die musikalischen Gaben sich entfalten können. Das wär etwas, was ich – vielleicht über das Angebot von entsprechenden Kursen – den Studenten raten würde, so etwas mitzumachen. Ich weiß nicht, wo man kürzen kann. Ich denke, daß die Exegese so wichtig ist, daß man an dieser Stelle nicht kürzen soll, weil man dann die Texte nicht im Ursprung verstehen würde. *(Zukünftiger Gemeindeaufbau?)* Ich denke, daß wir missionarischen Gemeindeaufbau brauchen, missionarisch in dem Sinne, daß die Mission vor unserer Haustüre beginnt bei unseren Freunden, daß wir sprachfähig werden, über unseren Glauben zu reden, uns hinterfragen lassen, aber auch andere hinterfragen. Sprachfähig werden ist etwas, was wir vielleicht auch einüben müssen, damit unsere theologische Sprache sich nicht so sehr abhebt von dem, was andere und wie andere reden, damit wir überhaupt verständlich bleiben. Ich denke, über das Grundbedürfnis nach Glaubensvertiefung und Glaubensbegründung wird man immer aufbauen können. Mir hat die These von Bonhoeffer, daß wir einer religionslosen Zeit entgegengehen, nie eingeleuchtet. Ich glaube, an dieser Stelle hat er sich geirrt, sonst hat er sehr viel Richtiges gesagt. Da war er im Gefolge von Gogarten doch irgendwo eingeengt. Der Mensch ist, soweit ich sehe, unheilbar religiös. Das ist ein bekanntes Wort und das stimmt. Denn die Menschen suchen an allen möglichen Ecken und Enden, bloß wie ich meine, oft nicht an der richtigen Stelle. Das wird offensichtlich, wenn man jetzt so erfährt, wie viele von den giftigen Quellen des Okkulten trinken. Und wie schwer es ist, ihnen dann zu helfen. Also da wird ein Grundbedürfnis bleiben, und es wird für die christliche Theologie darauf ankommen, an dieser Stelle mit den richtigen Fragen und in der richtigen Sprache einzusteigen. Eine Frage, die es eigentlich immer geben wird, ist die Frage nach dem bleibenden Sinn unseres Lebens. Das ist auch die Einstiegsfrage bei unseren Glaubensseminaren. Und dann entwickelt sich sehr schnell ein tiefes Gespräch. Ein zweiter Punkt, wo man ansetzen kann in der jetzigen Struktur, das sind durchaus die Kasualien. Da wäre, wenn man es zeitlich schaffen würde, ein zweiter oder dritter Besuch nach einer Beerdigung nötig. Da ist eine große Leere, die ausgefüllt werden könnte, so in verschiedenen Abständen, nach einem Monat, nach einem Vierteljahr, dann weiß man, wer weiter Hilfe braucht und wem das etwas gibt. Ich hab durch die Einschränkung, wenn man die Zeit hätte, schon das Problem angedeutet. Aber so könnte ich mir in einer traditionellen Umgebung auch Gemeindeaufbau vorstellen. Ein dritter Ansatzpunkt für Gemeindeaufbau liegt bei den jungen Familien: Taufe, Kindererziehung, wo sie oft sehr hilflos sind.

(Gemeinde der Zukunft, Pfarreraufgabe, Laienaufgabe) Ich kann mir denken, daß ein Pfarrer nicht nur von seinem Pfarrergehalt leben wird in der Zukunft, sondern daß er einen zweiten Beruf hat, der ihm ein Stück seines Einkommens sichert. Und ich wünschte mir, daß viele, die das Theologiestudium beginnen, so ein Handwerk besitzen, so wie Zeltmacher, von dem sie auch leben können. *(Mein Rat an Theologiestudierende ist auch Zweitberuf)* Ja, auch weil der Theologiestudent dann ein Stück weit in die Arbeitswelt hineinriecht, die er sonst gar nicht wirklich kennenlernt. Spaßeshalber würde ich sagen, ich würde Reiseunternehmer. *(Und die Gemeinden und Pfarrer, das Verhältnis Geistliche/Laien)* Ich will es mal von der anderen Seite her anpacken. Fast unsere gesamte Mitarbeiterschaft ist über die Hauskreise dazu gekommen. Es scheiden immer wieder alt gewordene Mitarbeiter aus. Und die wurden stets ersetzt durch Leute, die über die Hauskreise gewonnen wurden. Und die sind relativ selbständig und selbstbewußt, nehmen ihre Aufgaben wahr und wollen aber auch weiter geschult werden. Deswegen haben wir einmal im Monat ein Leitertreffen mit einem Thema der Fortbildung. Ganz konkret meistens über seelsorgerliche Fragen, denn das kommt auf sie zu. Und daß wir sie hier nicht hängen lassen und auch verantwortungsvoll mit ihnen umgehen, so daß sie später auch eine gute Arbeit leisten können in ihrem Hauskreis und nicht sehr dilettantisch herumfuchteln, das ist ein wichtiges Ziel im Gemeindeaufbau. Konkret entwickelt das sich also so: Aus den Glaubensseminaren kommen die Hauskreise. Und wir machen das meistens so, daß wir ein oder zwei Ehepaare bitten, noch mal ein Glaubensseminar mitzumachen, die dann in der Lage wären, einen Hauskreis zu eröffnen. Und so funktioniert das auch meistens. Der Hauskreis ist dann relativ schnell gefüllt. Zur Zeit kommen zu den Glaubensseminaren etwa 20 Leute, wenn alle bleiben, was nicht der Fall ist – aber die Hälfte bleibt –, dann wären es zwei Hauskreise, und so ist es in der Regel einer, der dann entspringt.

Verhältnis Mitarbeiter-Pfarrer: Ich glaube, daß der Pfarrer an einigen Stellen noch einen Ausbildungsvorsprung hat, den er einbringt, aber das Wesentliche ist seine eigene Person oder Persönlichkeit, wenn die anerkannt ist, dann ist ein gutes Miteinander, auch Zueinander da, ohne daß dann Eifersucht und Konkurrenz entsteht.

Ich denke, es ist das A und O, ob sich der Pfarrer selber etwas sagen läßt, ob er Kritik annimmt und auch in welcher Haltung er seinen Mitarbeitern entgegentritt. *(Pfarrer als Wegbegleiter, der Kritik annehmen kann?)* Ja, es handelt sich noch mehr um die Persönlichkeit, wieweit seine Persönlichkeit schon geformt ist, und ob er in sich ruht. Und wenn ich an einer Stelle feststehe, dann kann ich auch mit dem andern Bein wieder etwas bewegen. Standbein und Spielbein. Also wir haben das so gemacht, daß ich einen aus unserer Mitarbeiterschaft gebeten habe, mich zu korrigieren, auch mir zu sagen, wenn etwas nicht stimmt. Und dann hat er das ausdrückliche Recht dazu. Und ich fordere auch die Mitarbeiter auf, daß sie selber jemand aussuchen, der dazu die Gabe hat, ihnen in Liebe etwas zu sagen, wo es bei ihnen nicht stimmt, und das ist nicht unbedingt ein Seelsorger, sondern man könnte ihn Mentor nennen. *(Also eine Art Supervisor?)* Ja, das ist noch mal auch ein Stück Rückkopplung. Das kann ich aber erst dann verlangen, wenn ich es auch selber an mir zulasse. Wenn ich der Meinung wäre, ich bräuchte das nicht, dann dürfte ich es auch nicht von anderen erwarten. *(Gut, ich glaube, das war jetzt alles, was ihnen so spontan einfällt?)* Ja. *(Ende)*

Interview 2 (06)

Gruppe: 35–40 Dienstjahre, Pfarrer
Wirkungsbereich: Diaspora

Soweit ich mich zurückerinnern kann, ist es so, daß meine Eltern zunächst dem christlichen Glauben gegenüber verhältnismäßig gleichgültig waren. Das heißt, weniger meine Mutter, die war evangelisch geprägt. Mein Vater aber war Katholik, und dadurch gab es natürlich manche Spannung. Mein Vater war wegen seiner Mischehe auch aus seiner katholischen Kirche ausgeschlossen, und aus diesem Grund hat er sich mehr ins Berufsleben zurückgezogen. Er war auch parteipolitisch ziemlich gebunden, damals sogar als Nationalsozialist. Und die Mutter war treu und brav immer in ihren Gottesdienst gegangen. Sie brachte es aber dann fertig, durch eine Entwicklung, die sie selbst genommen hat – sie war in einer Erweckungsbewegung zur Evangelischen Landeskirchlichen Gemeinschaft gekommen –, den Vater immer mehr auch für den Glauben zu interessieren. Und eines Tages war er dann auch bereit, in die evangelische Kirche einzutreten, in den dreißiger Jahren. Zu diesem Zeitpunkt war er sogar noch Ortsgruppenleiter und hatte doch den lutherischen Katechismus auswendig gelernt bei dem damaligen

Pfarrer, der den Konvertitenunterricht gegeben hat. Ein mir sehr lieb gewordener Pfarrer, der mich auch konfirmiert hat. Mein Vater wurde aus der Partei fast ausgeschlossen. Er wurde strafversetzt, weil er die Sache nimmer mitmachen wollte. Das machte auf mich tiefen Eindruck. Es hat mich auch bestimmt – da haben allerdings meine Eltern mitgeholfen –, Farbe zu bekennen. Ich war nicht immer der Tapfere. Wenn meine Mitschüler und Kameraden zur HJ gingen und ich dann als einziger zum Gottesdienst, war es nicht immer ganz leicht für mich. Aber da mein Vater Farbe bekannt hatte, tat ich es allmählich auch, so daß ich als einziger meines Jahrgangs damals nicht in die Partei aufgenommen wurde, weil ich schon in der Hitlerjugend dagegen opponiert hatte. Man wollte mir den Lebensweg, wie man mir erklärte, verbauen. Das hat mich in meinem Glauben eigentlich gefestigt. Allerdings muß ich dazu wiederholen, daß die Eltern sehr viel dazu beigetragen haben. Sie taten das durch ihre ganz regelmäßigen Gottesdienstbesuche, an denen die ganze Familie teilnahm, auch mein jüngerer Bruder, meine Großmutter noch, was damals ja sehr selten war, weil kaum jemand noch in die Kirche ging. So hatten wir viel Platz in der Kirche zur Verfügung. Ja, dann wurde ich eingezogen.

(Konfirmandenzeit?) Ahja, die Konfirmandenzeit war so, daß also dieser Pfarrer – das war der spätere Dekan Sieger, damals noch in Obernau –, der hat großen Eindruck auf uns alle gemacht. Zunächst war die evangelische Jugend ganz im Pfarrhaus, im Gemeindehaus dort, auch während der nationalsozialistischen Zeit. Der hat deswegen so großen Eindruck gemacht, weil er uns erzählt hat, wie er zum Glauben kam. Er war Offizier, war in Riga während der Revolution gefangen worden und sollte hingerichtet werden. Doch in der Nacht vor der Hinrichtung hat ein litauischer oder deutscher, also jedenfalls ein Soldat ihn und noch einen Kameraden fliehen lassen. Und das war seine Lebensrettung. Er hatte dann gelobt, sollte er herauskommen, würde er Pfarrer werden. Er war künstlerisch sehr begabt und wollte eigentlich Künstler, Maler werden, hat aber dann diesen Beruf genommen. Dieser Pfarrer hat mich also dann auch konfirmiert und hat mir einen sehr schönen Konfirmationsspruch gegeben, nämlich Joh 15, Vers 5 „Ich bin der Weinstock, ihr seid die Reben“, wobei der letzte Satz, der meistens unterschlagen wird, „denn ohne mich könnt ihr nichts tun“, sich eigentlich immer dann bei mir ausgewirkt hat, wenn ich abspringen wollte. Dieser Satz hat mich immer wieder gehalten. Der war auch letztlich dann der entscheidende Satz für mein Theologiestudium.

Ich wurde eingezogen, kam zur Luftwaffe, habe da nur zwei Einsätze fliegen müssen, bin überraschend schnell nach Hause gekommen, ich wurde von den Amerikanern am Schluß gefangengenommen, bin aber vier Tage nach der Ergreifung durch die Amerikaner schon wieder raus gewesen, weil ich mich am Rhein dort der Gefangennahme schnellstens wieder entzogen hatte. Ich bin dann in dreiwöchiger Wanderung nach Hause gekommen. Dort wurde mein Vater verhaftet. Ihm wurde sein nationalsozialistisches Vorleben vorgeworfen. Er wurde zweieinhalb Jahre eingesperrt, hat dort viel erlebt. Währenddessen mußten wir daheim, die Mutter, Großmutter, mein jüngerer Bruder und ich, uns sehr kümmerlich durchschlagen. Es wurde auch unser Haus unter Verwaltung gestellt. Wir mußten im eigenen Haus Miete zahlen, obwohl wir keinerlei Einkünfte hatten, außer der Großmutter, die eine kleine Pension hatte. Und wir haben zweieinhalb Jahre lang gebetet, daß der Vater frei werden sollte. Die ersten drei Monate wußten wir nichts von ihm. In dieser Zeit wurde es immer schwieriger, die Familie zu versorgen. Ich ging zu einem Bauern, der abgebrannt war. Dem war in den letzten Kriegstagen das ganze Gehöft zusammengeschossen worden. Wir kannten diese Leute von der Gemeinschaft her. Da ging ich zu denen und habe gegen Naturalien dort gearbeitet. Auf die Weise haben wir uns die ersten Monate im Juni, Juli, August, September auch noch bis Oktober 1945 durchgefristet.

Eines Tages kam ich einmal zu dem nunmehr neuen Pfarrer in meiner Heimatgemeinde, der mich aber schon vom Religionsunterricht aus dem Gymnasium her kannte. Und der fragte eines Tages: „Na, Roger – er war per du mit mir –, was machst du jetzt eigentlich, du kannst doch nicht bei dem Bauern bleiben?“ – „Naja“, hab ich gesagt, „Was soll ich denn machen, ich wüßte nicht, wie ich studieren soll, wir haben ja kein Geld, und wie soll meine Mutter, meine Großmutter, wie sollen die durchkommen?“ – „Na trotzdem, es muß ein Weg gefunden werden“, sagte er. Und weiter sagte er: „Hättest du nicht Lust, Theologie zu studieren?“ Da hab ich geantwortet: „Von der Sache her wäre ich schon überzeugt, aber ich weiß nicht, ob ich predigen kann.“ – „Ach“, sagt er, „das findet sich, das kriegst du schon hin. Erst mußt du einmal studieren.“ So machte er mir Mut. Er setzte sich mit mir in sein DKW, und wir fuhren nach Hochburg zum Professor Stern. Diesen kannte er als Bundesbruder aus seiner Burschenschaft schon ganz gut. Er hatte damals gerade die Aufgabe, von der Militärregierung her, das Studium der Theologen also wieder in Schwung zu bringen. Er wurde danach selbst wieder suspendiert, aber zu diesem Zeitpunkt war er noch im Amt. Dieser versicherte mir, es gibt keine Sippenhaftung, auch wenn der Vater eingesperrt ist. Ich war ja ohne Parteizugehörigkeit geblieben, also da gibt's kein Hindernis. So hat mich der gute Pfarrer Nebel eingeschrieben. Seine Mutter wohnte in Hochburg, bei der habe ich auf dem Dachboden umsonst wohnen dürfen. Allerdings erst später. Zunächst mußte ich erst einmal 10 Mark monatlich zahlen, die wurden dann auch gestrichen. Die Frau Nebel und ihre Tochter bekamen dadurch ein kleines Zimmer mehr vom Wohnungsamt zugebilligt, das war also meines. Ich konnte auch drin arbeiten, nur geschlafen hab ich auf dem Dachboden, wo die Mäuse über meinen Kopf hinwegsprangen und meine Haferflocken wegfraßen. Aber es ging, bei Tagestemperaturen und Nachttemperaturen, wie sie auch draußen waren: im Sommer sehr heiß, im Winter war das Wasser eingefroren. So mußten wir kümmerlich leben. Die Brotration war klein. Mit gelben Rüben habe ich mich ernährt. Daheim hatten wir einen Garten. Ich war nie so erfolgreich im Gartenbau wie damals. Das waren gute Ernten, die ich da eingebracht habe als einer, der eigentlich gar nichts auf diesem Gebiet verstand, so nach dem Spruch „dümmster Bauer – größte Kartoffel". So bin ich also zu dem Studium gekommen. Dort habe ich dann auch wieder meinen alten Pfarrer wieder getroffen, der Dekan geworden war. Dieser hat mir monatlich, nein, nicht ganz monatlich, vierteljährlich, immer einmal 50 Mark zukommen lassen. Da haben wir dann miteinander gegessen. Eine Tochter des Dekans hatte bei der Uni-Bibliothek ihre Arbeitsstelle. Da habe ich sie entdeckt, und sie hat mir auch geholfen, daß ich immer die Bücher bekam, die ich brauchte. Und er hat mich da sehr unterstützt. Und die Landeskirche – das muß ich auch sagen –, bei der ich mich sehr bald in die Liste der Anwärter für das Geistliche Amt habe eintragen lassen, die waren auch sehr entgegenkommend. Die haben mir also auch immer ein Stipendium gegeben. Sie hatten inzwischen auch erfahren, daß mein Vater in der Gefangenschaft eine Bruderschaft und Gemeinde gegründet hatte. Er hat Pfarrer von außen als Evangelisten und Lagerpfarrer hereingeholt und durch ihre Verkündigung Gemeinde gebaut. Diese Gemeinde hat er bis zu seinem Tod geleitet. Das war im Landeskirchenrat bekannt geworden. Das war erstaunlich, weil mein Vater ursprünglich Stadtkämmerer war. Ich stamme nicht aus einer Pfarrersfamilie. So wurde ich vielleicht auch aus diesem Grund von der Landeskirche gut unterstützt. Es waren keine Riesensummen natürlich, aber es ging. Und ich hab sehr schnell mein Examen gemacht. Ich hab also eigentlich auf dem Papier acht Semester studiert, aber von den acht Semestern war das erste fast nichts, und das letzte war ich zum Lernen zu Hause. Ich war also genaugenommen nur sechs Semester an der Uni und immer nur am gleichen Studienort, schon wegen des billigen Aufenthalts. Trotzdem habe ich in einem Herbst mein erstes Examen gemacht und überraschenderweise bestanden. Wir haben damals lange, bis kurz vor Weihnachten, auf die Ergebnisse warten müssen und haben sehr gezittert, ob wir durchgekommen sind oder nicht. Wir waren damals eine Riesengruppe gewesen. Ich war danach im Predigerseminar, wo eigentlich Herr Meier Rektor gewesen wäre, aber der hatte damals gerade eine Blinddarmoperation hinter sich, und die Fäden eiterten wieder heraus, so war er eigentlich nicht im Dienst. In den fünf Monaten Predigerseminarzeit damals war er nur einen Monat im Dienst. Sein Stellvertreter war Herr Bauer, der mich später hier, nunmehr Dekan geworden, installiert hat. Und Herr Schreiber war unser Inspektor. Ich war von Oktober, glaub ich, bis Ende Februar im Predigerseminar. Die Zeit hab ich, das muß ich ehrlich sagen, ganz gut genossen.

(Was haben Sie da gemacht?) Da haben wir Bombentrichter zugeschüttet. Ich war der Arbeitsminister. Ich mußte immer alle Kursteilnehmer dazu

bewegen, daß sie so und so viele Stunden in der Woche Bombentrichter zuschütteten, und ich natürlich mit. Wir haben aber selbstverständlich trotzdem im Predigerseminar eine Ausbildung gehabt. Wir haben noch einmal Dogmatik, Ethik, Exegese getrieben. Wir haben zum ersten Mal in den Schulen richtig hospitieren können, was beim Studium nur in ganz geringem Umfang, also nur zwei Stunden einmal, möglich war. Dann aber haben wir relativ regelmäßig hospitiert und dann auch selbst Probeunterricht gehalten. Die andern Kursteilnehmer haben kritisiert. So verfuhr man auch beim Predigtlernen. Ich hab damals zum Beispiel in der Reformationsgedächtniskirche die Predigt gehalten. Da haben sie hinterher zu mir gesagt, du hast ja „geschiedert". Wir haben immer den Oberkirchenrat Schieder so ein bißchen nachgemacht. Das war mir so in Fleisch und Blut übergegangen, daß das bei Gebeten und so weiter zu hören war. Im übrigen waren wir ein sehr fröhlicher Jahrgang und Kurs. Das wurde uns auch später immer noch nachgesagt und nachgerühmt. Wir waren kein Problemkurs. Wir haben uns beschäftigt mit all diesen Dingen, die damals wichtig wurden. Damals kam gerade die Entmythologisierungsdebatte, Bultmann. Es gab natürlich Gespräche, große lange Gespräche darüber, aber ich muß ehrlich sagen, wir stammten fast alle aus Kriegsjahrgängen, waren Kriegsteilnehmer, viele waren viel älter als ich. Ich war einer der jüngsten und war aber doch auch schon im Krieg gewesen. Und irgendwie ging es uns eigentlich nur darum, daß wir bald fertig werden, damit wir in die Gemeinden kommen. Es gab damals einen großen Pfarrermangel. Es waren viele vom Examen aus gleich direkt in den Dienst gekommen, bei irgendeinem Pfarrer, unter Aufsicht zwar, aber doch schon mit vollem Einsatz.

Also da hatten wir noch Glück, daß wir diese Vorbereitungszeit hatten. Danach kam ich auf die erste Stelle. Das war die Stelle des zweiten Stadtvikars in der größten Gemeinde von Hausen, zu Grupa. Grupa war berühmt und berüchtigt. Ein großer Könner, aber zwischen ihm und seinem zweiten Pfarrer gab es bis auf die Kanzel hinauf ständig Streit. Die haben sich also bis dahinauf die Dinge an den Kopf geworfen, und da war es nicht ganz einfach. Ich wurde gleich vom Oberkirchenrat instruiert: „ Sie sind nicht Privatvikar vom Herrn Grupa, sondern sie sind der Stadtvikar." Das war sehr gut, daß mir das gesagt worden war. Grupa wollte mich nämlich gerne als seinen Adlatus einsetzen. Da konnte ich ihm dann ganz klar sagen, daß ich das nicht bin. Doch war ich immer bereit, ihn, der doch sehr unter Angina Pectoris litt, zu vertreten. Nur eines habe ich verlangt, daß ich keinen Gottesdienst halten muß, ohne daß eine Nacht dazwischen gewesen ist. Ich muß wenigstens die Nacht zum Arbeiten und zum Lernen dazwischen haben. Ich bekam bis zu 24 Stunden Unterricht, Berufsschulen, Volksschulen, Waldorfschulen. Ich habe einen Sprengel gehabt, der sich über einen ganzen Stadtteil erstreckt. Da mußte ich überall mit dem Fahrrad herumfahren, anders war es gar nicht zu schaffen. Mit dem Auto ist man langsamer hingekommen als mit dem Fahrrad, auch damals schon. Ich habe in drei Jahren 330 Beerdigungen gehalten. Ich habe als Vikar zwei große Altersheime in meinem Bezirk gehabt. Dabei war mein Bezirk der kleinste, hatte 3000 Seelen und beim Grupa mußte ich noch mit helfen, der hatte 5000 Seelen. Also das waren Riesengemeinden. Wir waren nur 4 Pfarrer in einer 20.000- Seelen-Gemeinde. *(Wie haben Sie das geschafft?)* Ich weiß heute auch nicht mehr wie. Das Schönste war ja, daß uns gesagt wurde, von einem Oberkirchenrat zum Beispiel, der bekannt war als guter Katechet, der hat auch so Bücher herausgegeben damals, die damals up do date waren: „Man braucht zu einer Stunde Unterricht mindestens zwei Stunden Vorbereitung." Bei meinem Stundenmaß wären das also 48 Stunden zur Vorbereitung gewesen, 72 insgesamt für Unterricht. Dazu aber hatte ich Bibelstunden zu halten, mindestens drei in der Woche, d.h., eine vorbereitete Bibelstunde, diese aber dreimal. Dazu kamen selbstverständlich die Gottesdienste, Trauungen, Taufen und wie schon erwähnt viele Beerdigungen. Taufen wurden von Beginn des Dienstes an von mir gehalten, obwohl ich nicht ordiniert war. Auch beim Abendmahl, da wurde nicht gefragt, ob ich da irgendeinen Befähigungsnachweis oder eine Erlaubnis hatte. Es wurde einfach gemacht. Es war anders gar nicht möglich. Wenn ich z.B. im Altersheim war, da haben die Leute das natürlich dann von mir gewünscht. Man ist bei fast jedem Sterbefall zur Aussegnung in die Wohnung gerufen worden. Da mußte man immer eine Stegreifrede halten. Wir haben Morgenandachten gestaltet, da haben wir uns abgewechselt, der erste Stadtvikar und der zweite. Es hat immer einer eine Woche die Andacht gehabt, jeden Morgen um 8 Uhr, eine Morgenandacht. *(Und wo?)* Im kleinen Gemeindesaal bei der Kirche. *(Und wer hat da teilgenommen?)* Da kamen hauptsächlich immer die Hausfrauen, bevor sie zum Einkaufen gingen. Da kamen manche Leute mit Sorgen, Witwen, oder Frauen, deren Männer noch nicht aus dem Krieg heimgekehrt waren. Das war, glaube ich, um 1948 herum. Da gab es noch manche Frau, deren Mann noch draußen in Rußland war oder so. Da gab es sehr viele Seelsorgegespräche. Aber es gab auch sehr viel Schönes, so die Geburt unseres ersten Kindes. Da hat sich die Gemeinde mitgefreut in einer herrlichen Weise, das war eine große Verbundenheit. Und erstaunlich vor allem war, wenn ich mit meiner Frau oder auch allein auf der Straße unterwegs war, da kamen die Schüler herangestürzt und haben mir die Hand gegeben und einen Knicks gemacht, die Mädchen, und die Buben einen Diener, bis hin zur 8. Klasse. Die sind also gekommen und haben sich gefreut, einen zu treffen. Man hat da natürlich auch manches noch strenger handhaben können als später. Ich habe da auch manchem Jugendlichen eine Watschen gegeben, wenn er zu frech war. Mir hat da ein Vater beim Abschied eine extra große Spende gegeben. Er sagte, ich sei der erste gewesen, der seinem Sohn einmal eine geschmiert hat, so daß dieser hernach wieder gespurt hat, wir sind nämlich als Eltern mit ihm nicht mehr zurechtgekommen. Also man ist da nicht gleich im Gefängnis gelandet deswegen.

Das war also das Stadtvikariat. Da war ich drei Jahre. Ich habe in dieser Zeit sehr schnell das zweite Examen gemacht, das durfte ich als Kriegsteilnehmer. Dann wurde ich ordiniert und konnte mich also dann auf eine Stelle bewerben. So habe ich dann am 1. März die dritte Pfarrstelle von Lundi bekommen. Da fand ich ganz andre Kollegen vor natürlich, auch ein ganz anderes Verhältnis. Ich war also dann der 3. Pfarrer, d. h., der erste war der Dekan, der zweite war ein noch älterer Pfarrer, der hatte grade seinen 60. Geburtstag gefeiert, als ich hinkam, und dann der nächste war ich, ein ganz junger Spund, und dann noch ein Vikar. Das war ausgerechnet der Müller, der mit mir zusammen ordiniert worden war. Der hat dann möglichst bald das Weite gesucht und hat dann auch eine Pfarrstelle bekommen. Weil ich der jüngste war, hab ich natürlich auch die meiste Arbeit übernommen, das war klar. Ich bekam die Seelsorge am Krankenhaus, die Jugendarbeit und wurde, das war etwas leichter jetzt, am vierwöchentlichen Predigtturnus beteiligt. Dafür wurde ich meistens auf Vertretung nach draußen geschickt. Es war ja immer irgendeine Stelle vakant, wo einer aushelfen mußte, und das war immer nur durch die Gemeinden möglich, wo mehrere Pfarrer tätig waren. Dazu kamen wieder Bibelstunden. Wochengottesdienste haben wir gehabt, auch im Turnus, da kam man so vierzehntägig bis dreiwöchentlich dran. Und wieder viel Religionsunterricht, diesmal am Gymnasium. Also einen freien Tag gab es nicht. Wir haben natürlich von Montag bis Freitag Unterricht halten müssen, damit wir unseren Stundenplan erfüllen konnten. Aber immerhin, es waren dann oft nur noch 21 oder noch 18 Stunden, aber das hat auch gereicht. Man muß dazu sagen, obwohl auch dort die Schülerzahlen hoch waren, disziplinär hatte ich keine Schwierigkeiten gehabt. Ich hab die dann also schon auf Vordermann gebracht. Ich bin oft in – das darf man eigentlich fast nicht laut sagen –, ich bin oft in den Unterricht gegangen, habe schnell nachgeschlagen, was bei der Klasse heute laut Lehrplan dran ist, und habe dann mehr oder weniger aus dem Stegreif Unterricht gehalten. Meistens ist das geglückt, damals schon noch. Manchmal hat man auch eine Bauchlandung erlebt, ist aber auch irgendwie durchgekommen. Aber im großen und ganzen war der Unterricht noch relativ gut, von der Disziplin her, durchführbar. In Lundi war ich sehr gerne, der Dekan hatte zum Anfang gesagt: „Gell, wir gehen nicht an den Altar“ , er war Michaelsbruder, „wenn etwas zwischen uns ist. Das muß vorher bereinigt sein.“ Es gab nur einmal eine Sache, das war eine ganz private Sache, da ging es um die Heizung. Drei Pfarrerswohnungen hingen an einer Heizung. Er war nur zu zweit, wir hatten die Kinder dann, und auch der obere Pfarrer, der zweite Pfarrer, hätte es auch ganz gern warm gehabt. Der Dekan wollte die Heizung aber noch nicht anstellen. Da bin ich zu ihm hinübergegangen, als einmal alles krank war bei uns, mit Ausnahme von mir, und habe gesagt: „Jetzt haben Sie die

Entscheidung, entweder Sie machen die Heizung an, dann kann ich zur Arbeit, zum Dienst gehen, oder ich muß frei nehmen und von einem Ofen zum anderen springen, um bei mir drüben die Wohnung einigermaßen warm zu bringen – wir hatten große Kachelöfen –, denn bei uns sind alle krank, von meiner Frau bis zu den Kindern." Naja, erst hat er ein wenig geschimpft, da war ich natürlich auch sauer und bin ärgerlich hinausgegangen, aber dann hat er sofort anschüren lassen, und die Sache hatte sich. Wir haben uns halt sehr gut verstanden. Aber wir blieben immer per Sie. Das sag ich ganz bewußt und ich war dankbar dafür, das hab ich ihm später einmal gesagt, denn er hat mich später hier in Weiling besucht, und da das Du angeboten. Ich bin froh, daß er es nicht anders, nicht früher angeboten hat. Da ich ein etwas lockeres Mundwerk habe, war das immer ein Schutz, daß ich also nicht zu schnell irgendwas sagte. Das hat mir persönlich sehr geholfen, und er war einer von denen, dem ich weit über seinen Tod hinaus ungeheuer dankbar bin. Er war wirklich ein väterlicher Freund, ein gläubiger Mensch, aber offen auch. Wir haben zusammen in einem Verein gewirkt. Lutherstiftsverein hieß der, da haben wir Schafkopf gespielt und Skat, mehr Skat als Schafkopf, auch mit andern Gemeindegliedern zusammen. Wir sind miteinander – er war einmal krank und mußte danach viel spazierengehen – , da hab ich mir die Zeit genommen und bin mit ihm mitgegangen, bis er sich sicher fühlte. Dabei habe ich viele gute Erfahrungen von ihm mitgeteilt bekommen. Auch er ließ sich sehr viel sagen. Er hatte mit manchen Kollegen Nöte und Sorgen. Da hat er immer wieder einmal gefragt. „Wie würden Sie es denn machen, was meinen Sie denn dazu?" Er war da sehr offen und vertrauensvoll. Also, es war ein gutes Verhältnis zueinander. Auch zu dem andern Pfarrer. Dieser hatte mir gleich als der Ältere das Du angeboten. Er war auch ein ehemaliger Offizier aus dem ersten Weltkrieg. Er hatte auch noch den Anfang des zweiten miterlebt, war aber bald wieder entlassen worden. Er war auch ein feiner Mensch, aber ganz anders, der seine besonderen Interessen als Historiker hatte, also auch die kirchengeschichtlichen Dinge unserer Kirche und Gemeinde, die haben ihn sehr interessiert.

Ja, und dann bin ich nach neun Jahren, die ich dort war, eigentlich durch Zufall, hierher nach Wieling gekommen. Ich wollte mich einmal verändern. Das hat dem Dekan eigentlich ziemlich leid getan. Er hat gesagt, er kann es aber verstehen, daß ich einmal selbständig werden will. Und dann war Wieling gerade ausgeschrieben, und meine Frau hatte gemeint: „Warum meldest du dich nicht einmal nach Wieling?" Da hab ich gesagt: „Naja, das kriegen doch bloß die Oberen, das ist doch sicher schon vergeben." Es war auch schon so. Es war einem gegeben worden, den wollte man halten, der ist dann doch abgewandert, und dann dauerte es auch vier Monate, bis der Bescheid kam von der Ausschreibung an, von meiner Meldung. Der Dekan hatte mir sogar Mut gemacht, er kannte nämlich einen Michaelsbruder hier von Wieling. Ich hatte vermutet: „In Wieling muß es schwierig sein, sonst würde doch nicht so schnell wieder einer gewechselt haben nach fünf Jahren.“ – „Ach ja, da kann ich Sie beruhigen“, sagte er, „das waren persönliche Gründe bei dem Pfarrer, so schlimm wird das wohl nicht sein.“ Ich habe mich also gemeldet, wie gesagt. Es rührte sich erst lange Zeit nichts, plötzlich, wo ich gar nicht mehr daran gedacht habe – auch der Dekan nimmer, er hatte noch zwei oder drei Tag vorher gefragt, ob ich etwas erfahren hätte – kam halt die Meldung, daß ich nach Wieling komme. Ich hätte nie gedacht, daß ich da 25 Jahre bleiben werde, 25 Jahre und zwei Monate waren es dann genau. Ich habe die Stelle mit großem Herzklopfen angetreten. Es war auch nie leicht, muß man sagen. Hier lebt eine sehr individualistische Gemeinde. Mit der überregionalen Bildungsstätte hier hat es nie Schwierigkeiten gegeben. Weil wir gleich von Anfang an – der Leiter lag damals gerade im Krankenhaus und ich besuchte ihn da – , weil wir gleich von Anfang an ausgemacht haben, daß wir uns nicht Konkurrenz machen wollen. Die Bildungsstätte macht Bildungsarbeit, die Gemeinde Gemeindearbeit. Man unterstützt sich, wo möglich. Die Besucher der Bildungsstätte kamen am Anfang sehr regelmäßig in die Kirche. Aber das hat sich dann später noch anders entwickelt, ganz natürlich durch den Lauf der Zeit. Wir haben das besprochen. Die Tagungsteilnehmer wurden immer unkirchlicher und die waren nimmer zu bewegen, den Weg zur Kirche zu machen, sondern die machten da unten einfach blau oder gingen spazieren oder sonst was. So hatte sich das noch stärker auseinanderentwickelt.

Aber als dann die ökumenische Arbeit begann, da hat dann also in der Bildungsstätte Bahnbrechendes stattgefunden. Große Veranstaltungen wurden dort durchgeführt, für die wir keine Räume hatten, gemeinsam mit der Bildungsstätte, führenden Katholiken, bis hin zu ökumenischen Gottesdiensten.

Das haben wir dann auch im kleineren durchgeführt, in unserer Kirche und auch in der katholischen Kirche, was großen Zulauf zunächst hatte. Im Lauf der Zeit ließ das dann allerdings wieder nach. Wir haben dann die ökumenische Arbeit – davon werd' ich gleich noch weitererzählen – in einer anderen Weise weitergeführt. Und zwar hatte ich einmal mit dem katholischen Ortspfarrer angefangen, so Kirchenvorsteherfreizeiten, erweiterte Kirchenvorstehertagungen abzuhalten. Da kam plötzlich einmal der Wunsch von einem katholischen Ehepartner, der immer mit auf diesen Freizeiten war, ob man nicht auch ökumenische Freizeiten machen könnte, und das hat also in einer ganz besondern Weise schön geklappt. Das war wahrscheinlich lange Zeit sogar einmalig, daß wir, der katholische Pfarrer, der jetzige, der noch hier ist, und ich eingeladen haben zur ökumenischen Freizeit einmal im Jahr vom Freitagnachmittag, -abend bis Sonntagmittag und zwar immer so: in einem evangelischen Heim, dann waren die Referenten katholisch, und der Gottesdienst wurde vom katholischen Kollegen gehalten oder gemeinsam von beiden, und umgekehrt im katholischen Heim evangelische Referenten.

Wir haben zum Beispiel von der Universität, von Neuendettelsau oder von München Professoren da gehabt, die eben dann die ganze Freizeit gehalten haben, oder den Professor Frieder, der hier als Ruheständler war, und der hat uns mehrmals Vorträge gehalten. Und da kamen doch immer so 60, also zwischen 40, sehr oft 60 Personen mit, wobei die Evangelischen, die ja hier bloß ein Viertel der Bevölkerung ausmachen, doch die Hälfte der Teilnehmer gestellt haben. Das hat eigentlich immer sehr viel Kontakte auch innerhalb des Ortes geschaffen, war sehr erfolgreich und sehr schön. Da sind sehr viele Kontakte entstanden, und dann haben wir auch immer in jedem Jahr Glaubensseminare veranstaltet. Das wird heute noch gemacht, sowohl die Freizeiten noch, als auch im November ökumenische Glaubensseminare. Z.B. heute abend ist der Dr. Schmid hier und hält einen Vortrag „Mit Luther ins Jahr 2000". Vorigen Freitag hatten wir einen katholischen Referenten hier und der hat über das Buch vom Alt „Jesus, der erste neue Mann" gesprochen und referiert. Und so haben wir das also seit vielen Jahren getrieben. Und in Gang gekommen war das neben diesem Wunsch von dem Katholiken eigentlich in erster Linie auch durch den Bischof Stimpfle. Als der Bischof wurde und seine erste Visitation hier bei den Katholiken hielt, fragte er, wie es bei uns mit der ökumenischen Zusammenarbeit stehe. Und da war noch nichts. Da fühlten sich die Katholiken natürlich getrieben, etwas aufzuweisen in der nächsten Zeit. Und da kamen die Kontakte zwischen Kirchenvorstand und Kirchengemeinderat, wie die das nennen, zustande. Aus diesen Kontakten gingen auch die Beschlüsse für die ökumenischen Gottesdienste und die anderen Veranstaltungen hervor. Zuerst haben wir das auch kontroverstheologisch gemacht. Das waren dann auch schöne Abende über Abendmahl, über Taufe, auch gut besucht, da hat uns die Bildungsstätte ihre Räume zur Verfügung gestellt. Die Bildungsstätte hat uns auch geholfen, als ich die Kirche umgebaut habe. Da durften wir den großen Saal in der kalten Jahreszeit für Gottesdienste, auch an Weihnachten, benutzen. Zuvor durften wir aber auch – das ist auch ein Zeichen der Ökumene – die katholische Friedhofskirche benutzen, bis es dann zu kalt wurde, die war nicht heizbar. Ja, diese Arbeit war sehr schön und die geht eigentlich bis heute. Da ist so etwas wie eine ökumenische Freundschaft gewachsen. Ich bin mit dem Wort „Freundschaft" ein wenig vorsichtig, aber zumindest eine gute nachbarliche Beziehung zwischen dem katholischen Pfarrer und auch mir persönlich ist dadurch entstanden. Ja, also leicht war die Arbeit, wie gesagt, hier nicht, weil es hier viele Individualisten gibt. Allen Menschen kann man es aber nicht recht machen. So muß man sich manchmal auch ein wenig ein dickes Fell wachsen lassen. Und es gab Stunden, wo wir, meine Frau, die sehr mitgeholfen hat – ohne sie hätte ich die Arbeit gar nicht leisten können –, manchmal fast geheult haben, wenn sehr schwierige Dinge liefen. Aber auf der anderen Seite haben wir auch später unheimlich viel Schönes und Ermutigendes erlebt. Ich habe mich ja nie – ich weiß nicht, man soll sich, man kann sich nicht selber so beurteilen –, aber ich wollte nie Pfarrherr sein. Auch das Wort „Pfarrer“ gefällt mir nicht so besonders. Ich wollte eigentlich nur einer von allen, von den Gemeindegliedern sein. Darum sitze ich auch heute gern unter der Kanzel und bin in keiner Weise gekränkt oder böse, wenn ich nicht auf der Kanzel stehe. Und deswegen ging es mir also mehr um die menschliche Beziehung. Dazu haben auch die vielen Krankenhausbesuche beigetragen. Das Krankenhaus war halt immer eine meiner Aufgaben. Ich habe jeden Evangelischen besucht. Also auch die von den auswärtigen Gemeinden, soweit ich nur konnte. Und das hat natürlich auch sehr viele Bekanntschaften gebracht. Mit manchen Patienten ist man doch auch durch die häufigen Besuche sehr verbunden gewesen. Und ich muß sagen, das war eine schöne Arbeit. Auch die Arbeit in der Schule war nicht unangenehm. Manchmal freilich schon. Hier in Wieling merkte man schon die freiere Art der Menschen. Da kamen auch die 60er Jahre, der Umbruch, die ganzen Schwierigkeiten mit dem Religionsunterricht, der dann am Schluß doch fast ohne Lehrplan verlief, zumindest lange Zeit. Und dann diese komischen Lehrpläne, mit denen ich mich nie richtig anfreunden konnte. Alle diese Experimente, immer weiter weg von der Bibel und immer mehr so periphere Dinge. Auch diese Vorverlagerung der so ethisch wichtigen Fragen, die man doch eigentlich mit reiferen Menschen als mit den 8. oder 9. oder 10. Kläßlern, die heute alle so frühreif daherreden, besprechen sollte. Wenn ich noch dran denke, wie ich anfing, haben wir noch Abiturarbeiten geschrieben, die vom Ministerium kamen. Man hat sie erst kurz vorher aufgemacht und dann den Schülern gegeben, wo man mit ihnen gebangt hat, hoffentlich ist es ein Thema, das man besprochen hat. In dieser Zeit hat man noch strenge Noten erteilt und so weiter.

Aber auch hier im Gymnasium war eine gute Zusammenarbeit, besonders mit einem Lehrer. Dem war ich sehr verbunden, und der ist leider schon weggestorben, gleich nach dem Eintritt in den Ruhestand.

Dann kam allerdings ein Religionslehrer, also auch ein Kollege, der aber in den Staatsdienst gekommen war. Der kam dann ans Gymnasium, dadurch war dann der Unterricht wieder einigermaßen zu schaffen. Ich bin dann übergewechselt zur Mädchenmittelschule, wobei ich sagen muß, daß der Unterricht manchmal schwieriger war bei den Mädchen als der mit gemischten Klassen oder überhaupt mit Buben. Ich bin manchmal ein wenig kräftig gewesen in der Aussprache, da war das besser bei den Buben als bei den gleich sich schockiert zeigenden Mädchen. Aber es machte im großen und ganzen Freude. Am schwierigsten war es an der Hauptschule. Wenn ich da die Oberklassen hatte, dann waren die halt dann so ausgesucht, daß es da manchmal schon schlimm war. Große Freude machte mir mal zwei Jahre lang der Unterricht bei den Behinderten, das war also mehr so ein Religionsunterricht, der zugleich ein Konfirmandenunterricht war. Da haben wir einige davon in einem Gottesdienst konfirmiert, den die Gemeinde auch in einer lieben

Weise mitgetragen hatte, einschließlich Nachfeier mit den Eltern im Gemeindehaus. Das war ein schönes Erlebnis. Und so bin ich halt alt geworden, bin mit vielen Leuten verbunden. Wenn ich heute zurückschaue, ob ich den Beruf des Pfarrers wieder ergreifen würde, dann würde ich ohne weiteres und sofort sagen: „Ja." Ich habe es eigentlich nie bereut, so schwer es mir manchmal wurde, mich entschlossen zu haben, Pfarrer zu werden.

Ja, das habe ich vorhin vergessen vielleicht zu erzählen. Als ich mich dazu entschloß, war das so, daß ich auf dem Weg zur Kirche zu meiner Mutter sagte: „Weißt du, ob es Gott will oder nicht, das würde ich gern wissen. Wenn heute zum Beispiel über meinen Konfirmationsspruch gepredigt würde, oder er würde wenigstens irgendwo erscheinen, dann wäre das ein Zeichen." Es konnte kein Mensch davon wissen. Aber als wir in den Gottesdienst kommen, ist der Predigttext: Joh 15 Vers 5, also die ganze Weinstockrede. Und da war das also für mich so klar, daß ich nimmer zweifeln konnte. Auch meine Mutter, die sich zwar freute, daß ich diesen Weg gehen wollte, aber auf der andern Seite auch immer Angst hatte, daß ich mich nur ja nicht hineinpressen lasse, war da sehr beeindruckt. Vater war damals noch nicht zurück, so daß wir also dann diese Entscheidung allein getroffen haben. Und in der Rückschau muß ich sagen, es hat sich bewahrheitet „ohne mich könnt ihr nichts tun". Aber es hat sich auch bewahrheitet, daß viel Frucht entstanden ist. Ich weiß nicht, wie weit, Frucht kann man oft nicht sehen, aber man spürt doch manche Zustimmung auch heute noch, wenn man in der Gemeinde ist. Und es ist auch noch recht schön, wenn man den einen oder anderen kennt und weiß, das oder jenes hat man mit ihm zusammen getragen, was die Leute ja einem auch nicht vergessen. Ja, das wars so ungefähr, der Ablauf.

(Rückblende, Jugendarbeit?) Ja, das hab ich jetzt gar nicht erwähnt, die Jugendarbeit gab es eigentlich laufend. Ich habe auch nicht erzählt, daß ich – also zuerst hab ich einmal die Kirche umgebaut – *(Nein, ich meine jetzt mehr die eigene Kinderzeit).* Ach, wie ich herangewachsen bin?! Kindergottesdienst gab es, aber zum Kindergottesdienst bin ich wenig gekommen, hin und wieder schon, das war noch die Zeit, wo meine Eltern noch nicht so ganz stark kirchlich sich gebunden fühlten. Das heißt, der Vater hat mich mit auf das Büro genommen, und die Mutter ging in die Kirche. Als dann die Nazis am Drücker waren, bin ich bewußt in Erwachsenengottesdienst gegangen. Ich bin ja auch konfirmiert worden, und alle Altersgenossen auch noch. Da ist überhaupt keiner gewesen, der sich nicht hätte konfirmieren lassen. Bei uns war der ganze Nationalsozialismus noch nicht als Ideologie bekannt. Das Jungvolk, wo ich begeistert dabei war, HJ auch, das hat man eigentlich als Kameradentreffen genommen. Das war doch schön, das war doch wunderbar für uns. Da gab es eine Turmstube, und die war für uns frei, und wir waren die Klassenkameraden, die da beisammen waren. Auch die sogenannten Führer waren die Klassenkameraden. Da hat es geheißen, du

hast mir gar nichts zu sagen. Also, da hat man sogar besondere Möglichkeiten gehabt, ich habe es dann versucht bei der sogenannten Flieger-HJ. Da hat man dann Modelle gebaut. Ich habe dann auch die A-Prüfung gemacht im Segelflug. So etwas hätte man sonst, außerhalb der HJ, gar nicht machen können. *(Hatte die kirchliche Jugendarbeit keinen Platz?)* Die war dann langsam verdrängt. Ich hab ja erzählt von dem Pfarrer. Das ging ziemlich lang, die kirchliche Jugendarbeit, aber dann mußte er das aufgeben. Da war ich viel zu unbedarft damals, das hab ich gar nicht so mitgekriegt. Plötzlich war da einfach nichts mehr. Und er hat da eines Tages erklärt, daß leider – es waren auch immer weniger gekommen – und da hat er uns halt erklärt, den paar wenigen, die noch da waren, daß das jetzt halt nicht mehr geht, die Verhältnisse erlauben es nicht. Und dann war diese Jugendarbeit eingeschlafen. Aber dann die Jugendarbeit hier in unserer Gemeinde, das war also dann natürlich wieder eine andere Seite. Zunächst hatten wir keine Räume. Das war dann sehr schwierig. Da hatten wir nur in der Sakristei einen ganz engen Raum. Aber das war dann oft doch auch eine erfolgreiche Jugendarbeit. Aus dieser Arbeit sind einige Pfarrer hervorgegangen. Doch die Jugendarbeit konnte sich natürlich dann entfalten. Als wir das Gemeindehaus nach großen Schwierigkeiten gebaut hatten, allerdings erst 10 Jahre später, da wurde das besser. Ein Oberkirchenrat hat mir bei einer Visitation einmal gesagt, als wir den kleinen Raum hinter dem Altar in die Kirche einbezogen hatten: „Jetzt haben Sie überhaupt keinen Gruppenraum mehr, aber Sie kriegen so schnell auch keinen neuen." Da habe ich gesagt: „Das weiß ich, aber solange der kleine Saal da ist, krieg ich auch nichts. Da wird von der Kirchenleitung immer gesagt, ich hätt ja was." Aber die Kirche mußte umgebaut werden. Sie war zu klein, zu eng, und der zweite Ausgang mußte hinein. Das wurde mir einmal bei einem Schulgottesdienst deutlich. Nach diesem Schulgottesdienst war ein kleiner Kirchenbrand entstanden. Damals wurde noch mit Stricken geläutet. Da hatten Läutbuben von der Klasse geraucht, dann die Kippen hinausgeworfen auf das Dächle, und das war mit Schindeln gedeckt, es lag lauter Laub darauf, und das fing an zu brennen. Die Kirche war gestopft voll mit Menschen. Und gerade als die alle wieder draußen waren, kommt die Vertreterin der Mesnerin hergestürzt: Der Turm brennt. Es war nicht der Turm, es war das Dach der Kirche. Noch war es ein Schwelbrand, und es rauchte alles gewaltig. Wir konnten ihn löschen. Aber mir ist dann immer vorgeschwebt, was passiert wäre, während die Kinder drin waren und einer gerufen hätte: „Feuer!" Was wäre das für eine Panik gewesen, denn keiner hätte gewußt, daß wir hinter der Kanzel noch einen kleinen Ausschlupf hatten. Da habe ich also die Kirche so umgebaut, daß die Tür nun einbezogen wurde. Das war eigentlich der Grund meines Umbaus. Das hat dann auch 80 Plätze mehr gebracht. Und dann habe ich das Gemeindehaus gebaut. Ich hab immer im Siebenjahresturnus gearbeitet. Sieben Jahr hab ich gebraucht, bis ich die Kirche bauen durfte, dann hab ich sieben Jahr gebraucht, bis ich das Gemeindehaus hatte, weil ich das wollte, mit Wohnung und Mesner. Und das hat mir die Kirchenleitung nie genehmigt, bis ich eines Tages doch Glück hatte. Da hat es mir der zuständige Oberkirchenrat doch genehmigt und hat endlich die Zustimmung zum Bau gegeben. Und dann habe ich noch eine Orgel zum Schluß in die Kirche einbauen dürfen, eine von der teuersten Firma von ganz Deutschland, vom Klais aus Bonn, aber es ist eine schöne Orgel geworden. Ja, das waren die Hauptdinge. Die Gemeinde hat immer wunderbar gespendet, also habe meistens das Geld zusammen gehabt, bevor eine Baumaßnahme begann. Nur beim Gemeindehaus, da haben wir Schulden machen müssen. Aber das lag an dem damals geforderten hohen Eigenanteil der Gemeinde. Das hat die Landeskirche dann später auch anerkannt.

(Vision von Kirche) Also mein Bestreben war immer, möglichst nicht modernistisch zu werden und zu sein, daß man sozusagen jede neue Richtung gleich mitmacht. Ich bin ein Konservativer wahrscheinlich. Ich weiß nicht, wie ich in der Konferenz eingeschätzt wurde, aber ich war wohl immer rechts außen, kein radikaler Rechtsaußen, aber doch immer so mehr konservativ. Meine Meinung ist, nicht was anders ist oder was anders gemacht wird, ist von vornherein besser als das bisherige. Diesem Irrtum sollte man nicht verfallen. Das bedeutet aber nicht, daß man nicht auch etwas anderes ausprobieren kann. Darum habe ich auch vieles probiert, aber immer so, daß ich das Alte nicht einfach weggetan habe. Das geht bis hin zur Liturgie, wo wir heute noch die alte haben, wobei wir nur die Introiten aus der neuen Agende übernommen haben, auch erst viel, viel später, erst in den letzten Jahren, wo ich da war. Und mein Nachfolger hat das so beibehalten. Und gelitten habe ich in den letzten Jahren, – wenn man vom Leiden spricht, man soll das nicht übertreiben, meine Kirche hab ich immer lieb gehabt –, daß unsere Kirche in vielen Dingen dann so standpunktlos sein konnte. Da habe ich überhaupt nicht gewußt, was sie eigentlich ist. Und auch die vielen Worte, die man heute in den Synoden zu jeder Sache macht, die nutzen sich so ab, daß kein Mensch sie mehr wahrnimmt. Das wird genauso wenig gehört wie die vorherigen Worte. Es gibt ganz selten einmal solche Dinge, wo man wirklich dann aber dazu stehen müßte. Ich meine, das sind so Dinge, was soll die Kirche tun oder wie sollte sie sich entwickeln. Ich würde meinen, die ehrliche und möglichst wahrhaftige Verkündigung bleibt das A und O. Da sollte sich die Kirche nicht davon abbringen lassen. Das schließt nicht aus, daß man neuere theologische Erkenntnisse mit einbezieht. Aber das muß auch behutsam geschehen, um der Menschen willen. Es gibt Menschen, die sich nicht so mit theologischen Fragen befassen. Es könnte sein, daß man mit seinen neuen Meinungen denen nur Einsichten abbaut, aber nichts aufbaut oder weiter entwickelt. Wenn man zum Beispiel sagt, man muß die Aussagen der Bibel nicht so wörtlich nehmen – gut, das ist ganz richtig, das wissen wir alles –, aber was bedeutet das für einen Laien? Da wird nach dieser Mei-

nungskundgebung gefolgert, die ganze Bibel taugt nichts. Jesus ist dann auch nur ein ganz einfacher Mensch, der sich ein wenig hervorgetan hat, aber sonst nichts. Also muß man bei neuen Einsichten schon versuchen, eine wirkliche Übersetzung zu machen, und das war jetzt nur so ein Beispiel. Also es käme darauf, nicht den Leuten nach dem Mund zu reden, damit sie gehalten werden, sondern umgekehrt, die Leute müssen merken, daß sie hier etwas gesagt, angeboten bekommen, das für das Leben etwas bringen kann, selbst wenn es manchmal vielleicht weh tut. Es wird immer noch am meisten wirken, wenn der Betreffende merkt, daß der, der ihm das Evangelium weitersagt, selbst davon überzeugt ist. Das kann man natürlich nicht machen, auch die Pfarrer kann man nicht so aussuchen. Es wird auch kein Zeugnis darüber Auskunft geben können. Da gehört eben viel Vertrauen dazu, daß Gott aus schwachen Kräften auch viel machen kann. Und ich leide auch ein wenig darunter, daß unsere Kirche so einseitig politisch ist. Politisch darf sie ruhig sein, nur nicht parteipolitisch. Naja, das ist ein altbekanntes Wort, aber das ist wirklich manchmal bei uns so, daß sie sehr, sehr einseitig parteipolitisch ausgerichtet ist, in den weitesten Schichten und das ist eigentlich schade. Es sollen eigentlich alle in der Kirche Heimat finden können. Das muß in einer Gemeinde auch sein. Darum habe ich mich zum Beispiel auch trotz mancher Aufforderung bei keiner Partei – ich hab gute Freunde in allen Parteirichtungen – eingeschrieben. Auch wenn ich einen Vortrag halten sollte für eine Partei, dann habe ich das als Gemeindepfarrer nicht gemacht. Zum Beispiel Diskussion um § 218. Ich sollte als Theologe da an einer Podiumsdiskussion der Parteien teilnehmen. Da habe ich gesagt, daß ich das jetzt vor der Gemeinde hier nicht machen werde. Da holt man sich am besten erstensmal beschlagenere Leute und neutralere, die wieder verschwinden und nicht mich als Gemeindepfarrer, der ich mit den Leuten wieder zusammenkommen muß, nach der Diskussion. Das wurde auch respektiert.

(Rat an Theologiestudierende) Tja, das ist natürlich heute sehr schwer, ich weiß gar nimmer so, wie das Studium heute im einzelnen abläuft. Es ist ja viel mehr miteinbezogen worden, gerad auch die psychologischen Dinge, das schadet bestimmt nicht, die soziologischen und sozialen und so, alle diese Fragen sind heute wahrscheinlich im Studium viel mehr mit dran. Aber die jungen Leute, die schätze ich heute wieder sehr. Es gab einmal eine Zeit, wo es nicht so günstig aussah. Ich habe den Eindruck, sie sind heute wieder sehr, sehr ehrlich und ringen und bemühen sich. Ich würde sagen, dieses Bemühen und Ringen sollen sie nie aufgeben. Und eines noch, sie sollen darauf achten, daß sie am Puls der Zeit sind, daß sie menschlich bleiben, daß sie nicht im Wolkenkuckucksheim studieren, sondern daß sie wirklich den Alltag der einzelnen Menschen im Auge behalten. Man kann als Student leicht den Kontakt mit andern und den Problemen des Alltags verlieren. Daß man die Probleme der andern auch noch sieht, auch die Probleme der anderen Fachrichtungen, das wäre wichtig, damit man da nicht ganz so eng ist.

Ich habe zum Beispiel ganz gern beim Studium auch bei der Gerichtsmedizin hineingeschaut. Das hat mich interessiert. Vielleicht wäre ich, wenn ich nicht diesen Weg zum Pfarrerberuf geführt worden wäre, Mediziner geworden. Das hätte mir auch Spaß gemacht. Das Blut schmeißt mich nicht um. Das wär vielleicht mein Rat. Und dann soll man sich natürlich schon fragen, ob man wirklich Pfarrer werden will. Denn Pfarrersein, das muß man also wirklich sein wollen. Das ist nicht ganz einfach, das erfordert die ganze Existenz. Irgendwie sitzt man im Glashaus, und es wird von einem viel erwartet. Man sollte vollkommen sein, das wünschen die andern. Das kann man aber nie. Man sollte auch nicht so tun, als ob man es könnte. Und wenn die Leute merken, daß es ehrlich ist, dann nehmen sie auch Dinge von einem an und ab, die ihnen vielleicht gar nicht immer so einleuchten und so gefallen. Aber sie merken, es ist halt ehrlich gemeint.

Interview 3 (28) (vom Interviewteilnehmer bearbeitet und autorisiert)

Gruppe: 15 – 20 Dienstjahre; Pfarrer
Wirkungsbereich: Protestantisches Traditionsgebiet/Großraum/Großstadt

Ja, die Geschichte meines Glaubens beginnt im Schatten der Kirche. Und zwar in Franken – bewußt – , da war ich vier Jahre, drei Jahre, als wir nach Wald kamen. Der Vater wurde dorthin versetzt. Er kam krank aus der Gefangenschaft nach Hause, wo ich geboren war. Im Schatten der Kirche von Wald fängt dann so eigentlich alles richtig an, für mich, immer im Schatten: der Sandkasten, der Garten, die Wiese, auf der wir spielten – alles um den Berg herum, auf dem die Kirche stand, das Dorf, die Menschen.

Als wichtigste Person, denke ich, die Glauben mich gelehrt hat, muß ich die Mutter nennen, in Verbindung mit den Festen der Kirche – ganz besonders schön die Adventszeit. Ich denke, die Adventszeit hat sie am schönsten gestaltet. Weniger Weihnachten oder so, das war dann zu aufregend – die gestreßten Eltern und die überkandidelten Geschwister. Ich erinnere mich eigentlich eher, daß die Mutter an Weihnachten immer fast krank war, oder an Ostern – Vater überspannt, alles etwas komisch –, aber dann doch sehr erhebende Gottesdienste. Die Adventszeit war wichtig. Der Gang in den Wald, um Moos zu holen für die Krippe an Weihnachten, das Moos, mit dem auch die Zwischenräume der Winterfenster ausgepolstert wurden, damit's nicht so kalt reinzieht. Und zwischen diesen Winterfenstern haben wir dann gespielt. Wir hatten so kleine Puppen, kleine Figuren, und mit denen haben wir Rollenspiele, Märchenspiele zwischen den Fenstern, im Zwischenraum der Fenster gespielt. Das kleine Haus – der kleine Raum, der wohl grad entsprechend war, und das Moos war das gleiche wie das in der Krippe. Da sind so Entsprechungen. Dann das Binden des Adventskranzes – die Zweige für jedes Kind –, einen Zweig über dem Bett mit einem besonderen Stern – alles das war mit großer, mit einer unglaublichen Lebenskunst erfüllt und mit einer Kultur, das Warten zu üben – unglaublich.

Und ich denke, das ist etwas, was meinen Glauben bis heute prägt, dieses Warten – daß ich dieses Warten gelernt habe. Im Glauben habe ich eigentlich nie oder ganz selten irgendwelche Momente von Erfüllung. Das wären die Momente, in denen ich so im tiefsten dankbar sein kann. Es gibt wenige Stunden, in denen dieses Gefühl da ist. Jetzt, ja jetzt ist alles da, oder – jetzt ist's ganz klar. Nicht einmal die Ordination, die ich in etwas spröder Erinnerung habe. Das Warten macht's, die eschatologische Existenz des Wartens auf das Reich Gottes, das in Momenten greifbar, sichtbar, fühlbar wird. Und genau dieses ist, denk' ich, für mich grundgelegt im Erlebnis der Adventszeit zu Hause und wie sie gestaltet worden ist – vor allem von der Mutter.

Der Vater kam dazu, wenn dann am ersten Advent, am Samstag vor dem ersten Advent, die erste Kerze angezündet wurde, Samstag vor dem zweiten Advent die zweite Kerze. Das war immer so ein Sabbatereignis. Der Adventskranz hing an zentraler Stelle im Wohnzimmer, und da standen auch irgendwo die Adventskalender von uns Kindern. Jeder hatte seinen eigenen, ohne Süßigkeiten – gab's damals sowieso nicht. Und dann wurde gesungen. Da kam dann der Vater dazu, der wohl irgendwo in seinem Studierzimmer, Amtszimmer gewesen war – für uns Kinder sowieso fast nicht greifbar oder fühlbar, immer irgendwo ziemlich weit weg, und dann wurde gesungen und mit Flöte begleitet. Der Vater hat sich später eine Hausorgel machen lassen. Die Orgel mußte es wohl gewesen sein, mit der gespielt und begleitet wurde. Sehr viel Musik gab's in der Kinderzeit.

Wenn ich zurückdenke, ist eigentlich mein Glaube immer verbunden mit Musik, in irgendeiner Weise Musik, Lob Gottes. Und da hat mein Vater einen sehr großen Anteil, weil er mit Energie immer wieder das betrieben hat, auch mich selber dazu angeleitet und dazu gebracht hat. An Weihnachten zum Beispiel – Christvesper, Gottesdienst – mußte ich seit Kindertagen immer singen: Ich steh' an deiner Krippe hier. Wenn ich sage „mußte", ist es verkehrt. Das hab' ich sehr gerne getan. Das hat mich eigentlich mit großer Freude erfüllt, es zu tun in der Kirche, die mit Kerzenlicht erfüllt war, oben von der Orgel zu singen: Ich steh' an deiner Krippe hier. Und ich denke, da ist, da hängt auch so Glauben für mich drin. Diese Paul-Gerhardt-Verse: „Da ich noch nicht geboren war, da bist du mir geboren und hast mich dir zu eigen gar, eh ich dich kannt, erkoren, eh ich durch deine Hand gemacht, da hast du schon bei dir bedacht, wie du mein wolltest werden."

Also, da ist ganz früh Glaube, oder ich würd' sagen, was ich dann später mit Theologie nachvollziehen kann, rübergekommen, ein Stück von mir geworden. Da bin ich, ja, da ist mein Glaube festgemacht, genau da, ja! Der Gottesdienstbesuch hat von Anfang an zu meinem Leben gehört. Ich kenn' eigentlich keinen Sonntag, ohne im Gottesdienst gewesen zu sein. Immer im

Schatten der Kirche passierte alles. Ich kannte keinen Kindergottesdienst. Ich war einmal in Purgk hier, als ich die Tante besuchte, im Kindergottesdienst. Das kam mir sehr komisch vor. Drüben in der Martinskirche, wahnsinnig viele Kinder, ich glaub' 200 Kinder in diesem Kindergottesdienst. Unglaublich, aber es war für mich keine Erfahrung als Kind.

Wir waren dann mit dem Schulbeginn Läutbuben oder, ab der dritten Klasse glaub' ich, auf der Läutbubenbank oben neben der Orgel. Das war dann eine eigene Erfahrung. Aber immer war ich im Gottesdienst, an Festtagen zweimal. Einmal, erinnere ich mich, am Karfreitagnachmittag – zur Todesstunde Jesu gab's immer Gottesdienst –, es war ein sehr schöner Vorfrühlingstag, und da war ich nicht mit drin. Ich weiß nicht, aus welchem Grund, den kann ich nicht sagen. Ich weiß jedenfalls, daß ich im Garten war und aus der Kirche höre ich die Orgel und den Gesang: Es ist vollbracht, er ist verschieden, mein Jesus schließt die Augen zu. Und ich – in Tränen aufgelöst im Garten – saß da, ganz für mich allein.

Ja, zu meinem Glauben gehören allerdings auch die ersten Erfahrungen von Unglauben oder Zweifel. Denn genau in den gleichen Garten hab' ich mich immer zurückgezogen, wenn ich sehr wichtige Wünsche hatte. Und immer mit dem Jesuswort im Ohr: So ihr Glauben habt, könntet ihr Berge versetzen. Und wo ich also innigste Gebete gen Himmel geschickt habe, um diese Wünsche erfüllt zu bekommen. Dann ist doch sehr vieles in eine andere Richtung gegangen, jedenfalls gingen diese kindlichen Wünsche nicht in Erfüllung. Für mich geht dann die Zeit zu Hause zu Ende.

Eine Geschichte muß ich noch erzählen, weil sie so zu der Spur gehört, die ich heute in meinem Leben finde, in meinem Glauben finde. Wir hatten Nachbarn, und die hatten einen alten Knecht, wie das damals noch so war. Bei den Bauern gab's also auch Knechte. Der saß grundsätzlich mit Hut in der Küche, in der Wohnküche, da war'n die Hühner, und da war der große Reisighaufen, und da saß auch dieser Knecht. Und ich – irgendwo aufgeschnappt, weiß nicht wo – war wohl fünf Jahre alt, singe „In unsrer Stube sitzt ein Jud, der seinen Hut nicht runter tut“. Ich komm' nach Haus. Es gab eigentlich wenig Strafen bei uns zu Haus. Geschlagen wurde ich nicht, aber ich weiß noch den Zorn, die zornigen Gesichter meiner Eltern – alle beide. Sonst war ich in Strafsituationen, wenn es sie gab, immer nur mit einem konfrontiert. Aber da war'n sie alle beide dagestanden und völlig fassungslos. Ich mußte in den Keller. Ich weiß nicht, ich glaub', zweimal war ich in diesem schrecklichen Keller, ein tiefes Verlies. Das Pfarrhaus stammte aus der Zeit vor dem 30jährigen Krieg. Das war schon ein ordentliches Gewölbe, und ich war da unten und wußte nicht, warum ich da unten war. Ich konnte mir's nicht erklären.

Ich weiß es heute. Ich bin in der Mitte der vierziger Jahre geboren. Das Ereignis mußte dann vielleicht Ende der vierziger Jahre geschehen sein, also einige Jahre nach dem Ende des Krieges. Mein Vater hat in der Kriegszeit

Sachen drucken lassen gegen die Judenverfolgung in Deutschland. Die hat er mit der Feldpost verschickt, heimlich und heimlich verteilt. Mein Großvater war sehr engagiert im Widerstand. Daß jetzt der Sohn gesungen hat: „In unsrer Stube sitzt ein Jud, der seinen Hut nicht runter tut“, da konnten beide, die Eltern, nicht mit umgehen, wahrscheinlich. Die waren völlig fassungslos, die waren außer jeder Fassung. Und die Spur, die muß ich da aufnehmen.

Ich kam dann nach Bach. Da geht so eine eig'ne Glaubensgeschichte weiter mit sehr hierarchischen Vorzeichen, aber immer wieder die Musik auch. Ich war im Chor und hab' diese Seite des Daseins in Bach eigentlich immer geliebt. Das war immer ganz wichtig. Die Schule, die hat mich mit Grausen erfüllt, auch das Internat hat mich mit Grausen erfüllt. Alles, es hat immer alles nach Bohnerwachs gestunken. Aber das Singen im Chor, das war einfach großartig. Und wir sind einmal im Monat nach Berg gefahren, in die Moritzkirche zur Motette und am Sonntag darauf zum Gottesdienst. Das war immer unheimlich schön, auch wenn's manchmal schief ging, der Dirigent uns damals gestrietzt hat wie nur irgendwas. Manchmal fürchterlich zornig war – aber das macht ja nix. Ich bin jedenfalls über den Südturm der Moritz-Kirche auf die Empore hinaufgestiegen. Das ist die Treppe, in der *die* Grabsteine Treppenstufen war'n, die Dreizehnhundert – sag' ich die Jahreszahl richtig? – 1348 beim ersten Pogrom in Berg vom jüdischen Friedhof genommen wurden, um sie dort als Treppenstufen einzubauen – die Buchstaben der Grabsteine, Gottseidank, auf der Unterseite. Und über diese Treppenstufen bin ich immer gelaufen. Ich hab' das nicht gewußt, die sind ja erst 19nochwas ausgebaut worden, nach einem schrecklichen Hickhack sind sie ausgebaut worden aus der Moritz-Kirche. Die jüdische Gemeinde hat sie bekommen. Die hängen jetzt in der Aussegnungshalle im jüdischen Friedhof, diese zwei Treppenstufen, über die ich gelaufen bin zum Gotteslob.

Also diese, die Geschichte der Judenverfolgung und der Juden und uns und der jüdischen Wurzeln in unserem Glauben, die verfolgt mich eigentlich jetzt ziemlich konsequent. Ich geh' diesen Spuren nach, die werden mir immer wichtiger. Daß ich mein „Der Geist hilft unsrer Schwachheit auf“ nur singen konnte, weil ich über diese Treppenstufen gelaufen bin – sonst wär' ich da nicht raufgekommen –, weiß ich heute! Es hätten auch andere Steine sein können, aber es war'n eben genau die. Jetzt war ich mit den Konfirmanden dort. Die Konfirmandengruppe hab' ich mitgenommen in die Aussegnungshalle der jüdischen Kultusgemeinde, und wir haben die Grabsteine miteinander angeschaut. Da wird denn so eine Spur, die es für mich gibt, ganz praktisch.

Wir war'n ja dann vom Chor her ein bißchen privilegiert. Wir sind immer rumgefahren, auch immer zu besonderen Festen, war'n wir dann da, wo es irgendwas besonderes gab, also wo man sich besonders angestrengt hat mit dem Gottesdienst. Dieses Ganze ergibt so ein unheimlich dichtes Gemälde von Glauben und schönen Erlebnissen. In Bach selber waren die Gottesdienste immer etwas ernüchternd. Die täglichen Andachten morgens und abends, bestimmt von dem Ärger, den es im Internat gab.

Die großen Ohren von dem Herrn Polo bei der Morgenandacht. Die Fenster gingen nach Osten, und wenn da die Sonne aufging, sah man den, der da predigte oder die Andacht hielt, nur in der Silhouette. Auch diese Riesenohren von dem Polo, die gehören für mich zu meiner Glaubensgeschichte. Er hat manchmal ganz schreckliche Sachen gesagt. Einmal versuchte er uns aufzuklären. Da war's zu irgendwelchen sexuellen Spielen gekommen. Nein, jemand war erwischt worden mit einem Hausmädchen – einer von den Großen. Hellste Empörung im ganzen Internat und Aufklärungsversuche in allen Richtungen.

Im Konfirmandenunterricht hat uns dann der Vogel erzählt, wie das mit der Sexualität ist. Das wußten wir allerdings alle schon etwas besser. Ich bin dann aus Bach weg. Ich bin wieder zu Hause gewesen. Die Pubertät erlebe ich dann. Die Konfirmation spielt keine so große Rolle. Ich bin im Konfirmandenunterricht in Bach gewesen, dann zu Hause konfirmiert worden mit Leuten, die ich nicht kannte. Das war also alles ein bißchen unerfreulich. Am erfreulichsten immer noch das Fest, das es da gab, aber so wichtig war das nicht.

Es gab dann eine innere Kündigung, würde ich jetzt das mal so nennen von meinem heutigen Standpunkt aus. Innere Kündigung. Nach außen hin hab' ich alles, was es so an Glauben gab für die Familie, rein formal vollzogen. Ich hab' dann nicht nach außen opponiert, hätt' ich nicht tun können. Irgendwie hab' ich ein Riesenharmoniebedürfnis, und mein Vater hat sich über so viel aufregen müssen. Da hätt' ich ihm nicht noch irgendwelche andern Aufregungen zumuten wollen. In dem Religionsunterricht hatte ich dann so 'ne fünf in Wesel, an der Schule. Irgendwie hab' ich da mein Desinteresse dort ausgelebt oder meine Obstruktion.

Dann gab's wieder noch einmal einen Wechsel nach Wind. Die Eltern zogen nach Wind. Dort hat sich dann eigentlich mehr verdichtet, diese ganze Geschichte – Kirche und Glauben –, also das ist alles ‚was ewig Gestriges'. Und wir hatten einen schrecklichen Religionsunterricht von einem alten Deutschen Christen[1], der irgendwie wieder in die Kirche aufgenommen wurde. Der hat also nur irgendwelche Stories erzählt, uns mit grauslichen, abstrusen ethischen Theorien konfrontiert. Ich weiß es überhaupt nicht mehr, ich kann's nicht mehr sagen. Es war eigentlich alles ziemlich schlimm. Ich hab' mich dann verabschiedet.

Es war Gottseidank das Abitur. Es kam mein Zivildienst. Auch diese Kriegsdienstverweigerung, die ich da praktiziert hab', die war ziemlich we-

---

[1] Mit „Deutscher Christ" ist nicht ein christliches Mitglied des deutschen Volkes gemeint, sondern ein Anhänger der nationalsozialistischen Bewegung „Deutsche Christen" – deshalb hier Eigenname.

nig vom Glauben her motiviert, die war mehr so ganz formal motiviert: Ich will 'was Gescheites machen in der Zeit. Ich kam mir natürlich damals einigermaßen wichtig vor, weil Kriegsdienstverweigerer gab's damals noch nicht so sehr viele. Und eines war schon wichtig in dem ganzen Prozeß: Begleitet hat mich zu der Kriegsdienstverweigerer-Anhörung oder Verhandlung nach Burg der Wieser. Der war ein Freund von meinem Vater. Und mein Vater hatte das irgendwie so arrangiert, das ging eigentlich ohne mich. Mein Vater hat gesagt: „Der Wieser geht mit als Begleiter. Er ist Beraterpfarrer." Und der kam da extra von Obermar. Weiß ich noch – eine unglaublich eindrückliche Gestalt für mich –, auch so in seinem Glauben ganz echt und wichtig, wortgewaltig. Und so wortgewaltig hat er dann in diese Verhandlung eingegriffen, als mir so die Luft ausging und ich nicht mehr weiter wußte. Dann hat er der Vorsitzenden, die da war, gesagt, wie das jetzt weiterzugehen hätte, also, und da wurde ich auch anerkannt. Ich hab' eigentlich wenig dazu getan. Mehr hat er getan.

Das ist auch so eine Erfahrung in meinem Leben, daß immer sehr viel Leute was getan haben. Ich hab' wenig dafür getan, hatte aber die Erfolge dann. Das ist ja auch so ein Glaubenserlebnis. Ich kam dann zum Zivildienst nach Thal. Die Arbeit war nicht so wichtig, aber die Begegnungen waren wichtig, die ich da hatte. Ich hab' dort 'n ernsten Versuch gemacht, als Atheist zu leben, hab' mich mit atheistischer Literatur versorgt *(Konsequenz der vorherigen Entwicklung, innere Verabschiedung?).* Ja, die war dann da konsequent, da konnte ich sie vollziehen. Der Abstand vom Elternhaus hat dabei geholfen. Ich hab' da nix von mir aus dazu getan, möglichst oft nach Hause zu kommen. Außerdem war ich damals verliebt in meine jetzige Frau, und auch dies hat das Seine dazu getan. Ich hab' wirklich versucht, ganz mich abzulösen. Die Gottesdienste gemieden. Es waren Andachten im Haus, die mußte man halt über sich ergehen lassen, das war nicht zu umgehen. Aber genau an dem Punkt sind dann ganz entscheidende Begegnungen gewesen mit einem Arzt, der dort im Haus arbeitete, der in Indonesien und in Ghana gewesen war.

Da kommt auch so eine Spur von ganz früher von der Kindheit wieder. Diese Albert-Schweitzer-Veröffentlichungen, die es gab – immer für Kinder vor allem zu Weihnachten auf dem Weihnachtstisch –, die hab' ich ja eigentlich doch wahnsinnig gern gelesen. Und nun hat dieser Doktor überhaupt nicht dem Bild entsprochen, das ich von Albert Schweitzer hatte. Aber so eine glaubende Existenz, wie dieser Mann war, das hat mich mit unglaublichem Interesse erfüllt – dieser Mann, der so gescheit ist und der so viel von der Welt weiß und der so viel kennt. Er hat mich als erster aufmerksam gemacht auf die Umweltproblematik zu einer Zeit, als noch keiner davon sprach. Für uns hat die ganze Umweltproblematik weder im Glauben noch sonst irgendwo 'ne Rolle gespielt. Also das ist ja unglaublich. Und er hat erzählt, was da eigentlich nötig ist von uns Christen von unserem Schöpfungsverständnis her, wie wir Verantwortung übernehmen müssen. Und wie er sie übernommen hat, das war so eindrücklich. Wir sind bis heute befreundet.

Natürlich war ich irgendwo hellwach oder geweckt, sag' ich mal so, von 'ner ganz andren Seite her. Dieser Versuch, ohne Gott zu leben, der war einfach von dem, was ich an Negativem erlebt hatte – im Schatten der Kirche, muß ich jetzt wieder sagen – so geprägt auch von diesem schrecklichen Religionslehrer. Ich dachte immer: Kirche und Glaube, wenn's das ist, da will ich nichts mehr damit zu tun haben. Jetzt kommt von einer andern Seite Glaube für mich ganz neu und interessant und Interesse weckend und Glauben weckend dazu.

Dazu kam das Gespräch mit Theologiestudenten, die bei uns oben Mittagstisch hatten, weil sie Diät brauchten. Auf diesem Weg bekam ich eine Predigt vom Ernst Lange in die Hand zu den Seligpreisungen, diese Predigt war für mich einfach ein neues Wecken von Glauben. Was da war aus meiner Kindheit, ist neu geweckt worden. „Selig sind" hat er übersetzt: „Voll Vertrauen sind die". Und das hat mir ganz neue Dimensionen von Glauben geöffnet. Der Ernst Lange hat eben – da auf einmal, da war der Glaube nicht mehr etwas, was außerhalb der Welt war, sondern da stand der Glaube wirklich in der Welt,wie sie ist und wie sie sich plagt mit den Problemen, die wir halt haben bis heute. Und so ist das meine Position geworden: Der Glaube, der in dieser Welt wächst, sich müht, ja, Vertrauen findet, immer wieder unter dem Hinweis auf Jesus Christus. Und wichtig waren diese Begegnungen, die ich hatte. Es waren jetzt mehr Leute. Ich kann die gar nicht aufzählen. Entscheidend war irgendwie diese Predigt vom Ernst Lange.

Ich hab' dann meiner versammelten Familie, Paten einschließlich, mitgeteilt, daß ich Theologie zu studieren gedenke. Das war 'was ganz Neues. Ich wollte eigentlich nach dem Zivildienst Jura studieren. Ich habe allen diese Predigt geschickt von dem Ernst Lange.

Und bin dann nach dem Zivildienst mit den Theologiestudenten vom Mittagstisch nach Berlin gegangen. Die einen haben dort studiert, einer hat an der Ladenkirche von Ernst Lange Vikariat gemacht, und ich war an der Kirchlichen Hochschule und hab' da Sprachen gelernt, und diese Zeit war sehr wichtig. Ich kam nach Berlin zwei Wochen nach dem Attentat auf Dutschke. Die Straßen waren voller Leute, alle Leute in der Kirchlichen Hochschule war'n nur auf der Straße – ich immer in dem Zwiespalt zwischen dem, was ich eigentlich machen soll, und zwischen dem, was nötig gewesen wäre. Also Sprachen lernen oder jetzt dann demonstrieren, hat mich alles ein bißchen hingenommen, mitgenommen. Wir hatten einen sehr regelmäßigen sich zusammenfindenden Kreis, eben die besagten Theologen, zu denen ich dann auch gehörte.

Und wir haben Glauben gelebt, und wir haben miteinander nachgedacht darüber, wie in der Kirche zu arbeiten wäre, wenn man die Kirche dann jetzt richtig noch mal von vorn anfangen würde und anfangen könnte. Die Ladenkirche vom Ernst Lange war ja ein Versuch und da waren wir auch immer zum Gottesdienst.

Es kommt dann die Zeit, ich kam dann wieder zurück von Berlin, ich will das, muß das abkürzen jetzt, nach Burg zum Studium. Dort fand ich wiederum einen Kreis von Theologen. Eigenartig, wie wir uns da gefunden haben.

Es war damals noch nötig, daß die Pfarrer bei Verlöbnissen das Verlöbnis anzeigten mit allen möglichen Papieren über die Frauen. Diese Papiere war ich nicht bereit zu erbringen. Und es gab also einen Kreis in Burg, die hatten die gleiche Idee. Und so fanden wir uns und haben miteinander versucht dann, Theologie zu studieren. Haben aber uns auch ereifert über das universitäre Leben, sind so unsern eignen Interessen nachgegangen: Kritische Theorie von Frankfurt und so weiter gelesen, alles so ein bißchen, nicht so ganz verdaut – jedenfalls bei mir.

Aber es war eine gute Zeit auch für das, was an Glauben, der Glaube an Tiefe erfahren hat. Durch das Theologiestudium, muß ich sagen, konnte ich das auf einmal. Das, was ich bei dem Lange gefunden hab', hat sich mir auf einmal begründet. Vom Vertrauen in Gott zu reden, im Alten Testament dies schon zu finden, mit den alten Bildern aufzuräumen, diesen Kinderglauben richtigzustellen, und so. Mir hat das Studium, die Exegese geholfen, sehr vieles zu klären. Es war also überhaupt kein Bruch. Sondern da – es war fast wie eine Erlösung, daß ich Erklärungsmuster und -modelle fand, Bilder für den Glauben, schöne Bilder.

Dann kam die Heirat und die Geburt unserer Kinder. Da kommt jetzt noch einmal ein wichtiger Teil meines Glaubens. Mit den Kindern Glauben lernen, etwas, was ich in meinem Beruf jetzt auch mit Eltern, die Kinder taufen lassen, was da im Gespräch auch eine Rolle spielt, wie man mit Kindern glauben lernt. Noch einmal ganz anders und ganz neu, so Vertrauen zu üben, wie soll man sagen, weil's bei den Kindern gar nicht anders möglich ist. Und dann auch Formen zu finden, in denen die Kinder wiederum im Glauben leben können oder ihren Glauben finden können.

Ich glaube, ich hab' nicht so eine adventliche Kunst entwickelt im Zusammenleben mit meinen Kindern, aber das weiß ich jetzt nicht. Das müßten die dann sagen.

Ja, wie geht's mit meinem Glauben weiter, der dann sehr stark sich in den Beruf hinein entwickelt und immer wieder aus dem Beruf heraus entwickelt und neben dem Beruf steht und hinter dem Beruf steht, mitunter verlorengegangen ist.

Da ist dann wieder das von dem Schatten der Kirche wichtig, dieser kirchenkritische, stark kirchenkritische Impuls, der da am Anfang meines Theologiestudiums steht, der hat sich eigentlich durchgehalten. Es kommt da jetzt ein Erlebnis, das ziemlich bedeutend in meiner Berufsarbeit ist. Ich bin ein Woche in Taizé gewesen – bin eine Woche ausgerissen, um die Familie und alles hinter mir zu lassen. Ich hab' mich sehr gesträubt eigentlich gegen diese, ja, gegen diese Form, Glauben zu leben, die da in Taizé möglich ist, also mit diesem Kerzengeschummere und diese ewigen Brahmanengesänge. Das hat ganz starken Widerstand in mir hervorgerufen. So benebelnd kann man den Glauben nicht leben. Der Glaube ist was Nüchternes und gehört in die Welt und muß in Auseinandersetzung mit der Welt gelebt werden und nicht da droben auf'm Berg mit lauter Halleluja. Ich hab' dann einmal in der Kirche, in der Versöhnungskirche erlebt, wie ich da sitze und versuch' zu meditieren und hinter mir die Stimme von meinem Paul höre, der – ich weiß nicht wie alt er damals war – vier oder fünf. Ich hör' seine Stimme, wie er mich fragt: „Papa, ist hier Weihnachten?" Und ich hab' das dann aufgeschrieben, hab' mir gedacht, ich wär' ganz bescheuert, wenn ich ihm sagen würde, hier ist nicht Weihnachten. Genau dieses Weihnachten, also Inkarnation, daß Gott Mensch wird, da kann ich, ich muß das auch leben und muß das zulassen in meinem Leben – kann nicht nur alles immer so auf die rationale Auseinandersetzung des Glaubens mit der Welt schieben. Nein, es muß gelebt werden und muß tief gelebt werden. Und hab' dann andere Sachen entdeckt in Taize, die mir große Freude gemacht haben.

Zum Beispiel beim Singen, mit welcher Konsequenz dort das Singen geübt wird. Also: Da ist dieser Bertier, der dann mittags immer Singstunde macht. Und es gibt immer Leute, die sich in Taizé durch diese Stimmung benebeln lassen. Die singen dann ständig Überstimmen und noch mal Überstimmen und Suprastimmen. Und er bricht in dem Moment immer ab, wenn irgend so eine Überstimme ertönt, und sagt, nein, es heißt so: So geht die Liturgie der Kirche, die kann nicht anders gehen als so. Diese Konsequenz, mit der versucht wird, das auf dem Boden zu halten, die hat mir da eingeleuchtet, im wahrsten Sinn des Wortes. Und eine Regel aus der Taizé-Regel von Roger Schutz: „Wenn du mit deinem Glauben an die Grenze kommst, wenn's dir damit gar nicht mehr gut geht, dann entzieh' dich nicht körperlich." Also etwas, was mir in der Seelsorge sehr geholfen hat schon bisher in meinem Beruf und was mir auch das Leben in der Kirche neu wichtig gemacht hat.

Zum Beispiel auch das Tragen des Talars. Das war mir immer früher so ein bißchen ein Problem. Wenn ich mit meinem Glauben an die Grenze gekommen bin – und wie schnell kommt man mit der ganzen Predigtarbeit an die Grenze des Glaubens –, obwohl's immer wieder auch praxis pietatis ist, dieses Sichhineinvertiefen in einen Bibeltext, Umgehen mit dem Wort Gottes, andauernd, immer wieder – aber wie schnell kommt man da an die Grenze. Und in dem Moment, in dem ich in den Talar schlüpfe, ich mir sagen kann, ich bin nicht allein, dieser Talar sagt mir, da stehen ganz viele Leute, da ist eine ganze Kirche und nicht nur die Lutherische, sondern viele Menschen, die mit Ernst Christen sein wollen, die stehen neben mir, und ich muß mich da jetzt nicht allein – muß nicht auf mich allein bauen, brauch' nicht allein zu bauen. Also, das ist, denk' ich, gelebte Rechtfertigung, so ein Stück in meinem Leben und in meinem Beruf.

Ja, wie weit sind wir? *(Ergänzungen, zum Beispiel zur Berufsgeschichte oder Kirchenkritik, Hierarchien, Zusammenarbeit der Verantwortlichen, der Impuls, der sich durchgehalten hat, wo macht der sich fest?)*

Also, ich hab' gute Erfahrungen gemacht im Raum der Kirche, auch mit den Mächtigen – muß ich jetzt mal sagen. Ich hab' viel von dem, was mein eigener kirchenkritischer Impuls war, wiedergefunden bei denen, die mir wichtig geworden sind im Raum der Kirche. Also, wenn ich jetzt mal so eine väterliche Figur nenne wie den Kistner: Es gibt keinen im Raum der Kirche, der mich so intensiv und konsequent begleitet hat wie ihn. Also, von meinen Anfängen her ist er mir ein Begleiter in der Pfarrerbruderschaft. Das müßt' ich jetzt dazu wohl sagen, die Pfarrerbruderschaft ist für mich genau der Ort, wo das gelebt wird, wo dieser kritische Geist Gestalt gewinnt, ja, aber in positiver Weise umgesetzt wird dann. Da ist für mich der Kistner der konsequenteste Begleiter gewesen, schon vor, noch im Studium, nein als Lehrvikar. Mein Mentor war Lanz, Freund vom Kistner, also da gab's immer wieder Begegnungen. Dann kam ich nach Gola, und das hat schon mit 'ne Rolle gespielt, daß er hier in Berg war, daß wir dann auch hier nach Berg wollten. Und ich hab' ihn an wichtigen Punkten meines Lebens immer wieder zu Rate gezogen, gefragt, seinen väterlichen Rat – würd' ich mal sagen – eingeholt. Sein Tod hat mich sehr bewegt – wie kaum ein Tod in meinem Umkreis.

In dem Kreis, in dem kritischen Kreis, den wir in Burg hatten, dieser Studentenkreis, war ich der erste, der auf einmal gesagt hat, ich werd' in die Kirche gehen, ich werd' Pfarrer werden. Das hat damals sehr viel verwunderte Blicke ausgelöst. Wir haben ja alles mögliche an Zielen gehabt, der Walter hat Pädagogik studiert. Alle haben 'was nebenher – Psychologie oder sonst was – studiert. Aber ja nicht mit dem Gedanken an die Kirche, an irgendein Amt in der Kirche. Ich hab' damals viel Karl Barth gelesen. Und der Ansatz hat mir eingeleuchtet, nicht irgendeine, sondern die „Kirchliche Dogmatik" zu schreiben, weil der Glaube Gestalt gewinnen muß. In irgendeiner Form muß er Gestalt gewinnen, es gibt keinen gestaltlosen Glauben. Und deswegen war ich dann der erste, der gesagt hat, ich werde Pfarrer.

Aber es hing dann wiederum auch mit den Begegnungen zusammen, die ich eben im Raum der Kirche hatte, daß mir so etwas möglich wurde, daß die andern das vielleicht noch nicht so konnten. Am Ende sind sie ja dann alle als Pfarrer gelandet, diese ganze Gruppe. Und sind es ja mit Lust und Freude bis heut.

Ja, was wollt' ich da noch sagen *(Kirchenkritischer Impuls)*. Wo ich heute meine Probleme habe: Ich bin jetzt auch als erster Pfarrer einer, der sozusagen auch Macht hat. Meine Probleme hab' ich mit denen, die das nicht akzeptieren, daß es in der Kirche, in dem Raum, in dem Glaube Gestalt gewinnt, daß da auch mit Macht umgegangen wird, mit viel Geld umgegangen wird und mit Positionen. Und mein Problem ist dann immer wieder mit denen, die's nicht akzeptieren und das nicht mit Leben füllen, sondern immer denken, sie müssen irgendwie denen, die die Macht haben, ans Bein pinkeln. Das ist dann so bissel das Leiden an dem Amt, was ich jetzt manchmal aushalten muß.

(Vision Kirche) Also, wir sind ja immer auf dem Weg, das zu versuchen irgendwie, dem Gestalt zu geben, nachdem, was wir hier bei uns halt vorfinden. Hier gibt es zum Beispiel eine Familienarbeit in unserer Gemeinde, die ich jetzt nicht selber verantworte, aber die ist da, und die seh' ich als eine unglaubliche Bewegung innerhalb dem, was Gemeinde ist, mit ganz neuen Gottesdienstformen. Ich meine jetzt nicht den Familiengottesdienst, wie er sich so eingebürgert hat, sondern so eine ganz schlichte Form von Gottesdienst, wo Kinder und Erwachsene zusammen sind, haben wir hier als Kindergottesdienst. Jeder kommt auf seine Rechnung, um's mal so zu sagen. Die Kinder, die Erwachsenen sitzen zusammen und reden miteinander, und die Kinder haben ihr Thema, bearbeiten das. Da geht's einfach auch immer wieder darum, wie der Glaube in der Welt Gestalt gewinnt – selbst in der Art und Weise, wie die Kinder das Thema verhandeln oder mit den Kindern das Thema verhandelt wird. Und das Ganze ohne großen Aufwand mit Team und sonst 'was und Theaterspiel – Anspiel, sondern wirklich ganz schlicht: Man trifft sich zum Gottesdienst. Am schönsten ist's dann, hintennach 'n Tee zu haben oder im Gespräch zu bleiben. Aber das ist noch nicht die Gestalt, das ist eben die Vorfindlichkeit hier. Da entwickelt sich was, denke ich.

Wie kann diese Kirche offen sein für viele Menschen, wie kann sie möglichst viele Menschen, wie kann sie möglichst vielen Menschen Evangelium predigen, eben diese Botschaft vom Vertrauen. Ich lebe da so ein bißchen in einem Riß hier zwischen Sein und noch nicht Sein. Die Gemeinde hier ist vom Anteil der Gemeindeglieder her eine sehr reiche Gemeinde. Also es sind sehr viele Gemeindeglieder hier, sehr einflußreiche Leute in Berg, in verantwortungsvollen Positionen, die genau aufpassen, wie Kirche sich darstellt, was in die Öffentlichkeit geht. Da gibt's dann immer wieder Konflikte, wenn das Wort der Predigt politische Anklänge hat oder wenn, wie's bei uns war, ein Asylant Kirchenasyl bekommt in unserer Gemeinde. Da gibt's Auseinandersetzungen, sehr intensive Auseinandersetzungen – schmerzliche auch –, noch nicht so sehr mit Kirchenaustritten.

In dem Zusammenhang kommt immer wieder die für mich nicht ganz verständliche Sehnsucht nach der Minderheitenkirche. Auch in Blick auf die frühere DDR jetzt. Als ob da die Kirche bei ihrem Eigentlichen gewesen wär', weil sie dort eine Minderheit war. Natürlich konnten die entschiedener reden. Der Feind war klar, und wir sind auf dem Weg in eine Minderheitenkirche. Aber ich reiß' mich da nicht drum. Ich werd' versuchen, solang' ich kann, möglichst viele Menschen, für möglichst viele Menschen offen zu sein, sie möglichst miteinander ins Gespräch zu bringen und ins Gespräch zu ziehen, solange es geht, und nicht sagen, die geh'n mich nix mehr an, ich geh' in die Minderheit, und da fühl' ich mich wohl. Also, das ist nicht mein Weg. Diese Sehnsucht kann ich nicht nachvollziehen.

(Rat an Theologiestudenten) Über die Theologie, wie sie zur Zeit betrieben wird, was ich davon seh', an Literatur nur, oder kennenlerne in Gestalt von Lehrvikaren oder Studenten bei der Pfarrerbruderschaft – d.h., da ist es dann wieder ein bißchen anders bei der Pfarrbruderschaft. Da kommen ja dann doch mehr andere Typen – das erschreckt mich schon ein bißchen. Diese Art Theologie zu treiben in einer Buchstabenmanier. Diese anödende Literatur mit ellenlangen Literaturlisten, wo immer vermieden wird, eigene Positionen einzunehmen, sondern wo man immer referiert, was andere wiederum zum Thema gesagt haben.

Das gab's also zur Zeit des Studentenaufbruch's, zur Zeit der Celler Konferenz oder zweiten Celler Konferenz, denk ich, nicht. Da gab's so unheimlich wichtige Papiere: Da stand drin Theologie – Texte über Texte – als unendliche Aufgabe. Also, dies genau erleb' ich zur Zeit in der Theologie und bei den Theologiestudenten oder bei den Vikaren, wenn sie dann kommen – auch diese Angst, ja alles richtig zu sagen. Und dann wird alles so langweilig und so fade und so, daß das Leben wirklich aus der Kirche verbannt wird, irgendwie, muß ich sagen. Das hat dann mit dem Leben fast nichts mehr zu tun. Das Wort Gottes – wie soll das Wort Gottes noch irgendwie zu den Menschen kommen, wenn man andauernd immer wieder sich selbst bespiegelt in dem, was man selber gesagt hat? Da ist für mich eine große Ratlosigkeit. Ich weiß das nicht. Aber wie gesagt, ich hab' auch nur einen schmalen Einblick, einen begrenzten Einblick. Es gibt sicher da auch andere.

Also raten würd' ich dann immer bloß, sich wieder mit, sich mit den Leuten zu befassen, die es anders gemacht haben, die gesagt haben, was sie glauben und was sie denken – nicht erst, was die andern sagen und denken. Also eine Gestalt wie der Karl Barth oder Josuttis, oder ja, die theologischen Väter dieses Jahrhunderts, Käsemann, das denk ich.

Ich hab' eine Diskussion erlebt in der Prodekanatssynode über's Abendmahl. Da wurde ein Referat gehalten mit einem unglaublich steilen Ansatz von Abendmahlstheologie und das führte dann auch zu einer Abendmahlsfeier, in der also wirklich der Pfarrer fast wie ein katholischer Priester agiert. Das Abendmahlsbrot und den Wein jedem zumessend, nicht aus der Hand gebend, weil nur der Pfarrer selbst teilt, da austeilen kann. Wie schnell solch Lehrer der Kirche vergessen wird, der sagt: Wir sind beim Abendmahl Gäste des Gekreuzigten. Das müßten wir leben und mit Leben erfüllen. Und unwürdige Feier des Abendmahls ist die, wenn Menschen ausgegrenzt werden. Wie das in Vergessenheit gerät, das ist für mich erschreckend. Man kann sich lang und breit ergehen in ganz tollen theologischen Sätzen und vergißt dabei und verliert dabei, was dringend notwendig ist.

Interview 4 (30)

Gruppe: 15–20 Dienstjahre; Pfarrer
Wirkungsbreich: Protestantisches Traditionsgebiet/Großraum/Großstadt

Also meine Glaubensgeschichte ist relativ klar und auch sehr knapp zu skizzieren, weil ich darüber schon oft nachgedacht habe: Elternhaus, da war von religiöser Sozialisation kaum was da, außer einem Gutenachtgebet, und wenn man das dann ernst genommen hat, mit 14 mal, dann wurde es schon kritisch. Ich bin dann mit 14 so wie ein normal Durchschnittsjugendlicher unbewußt konfirmiert worden, Passivform. Und hab dann mit gut 15 so meinen Auszug aus dem Elternhaus dadurch geplant, daß ich in die Jugendgruppe gegangen bin – in die evangelische Jugendgruppe – und dort so eine Peargroup gefunden hab, die mir gelegen hat, mit der nötigen Unverbindlichkeit untereinander, aber auch mit der nötigen Distanz von zu Haus. Das war in der Diaspora. Das war dann auch im Nachbarort, also einfach räumlich auch schon klar, und im Rahmen dieser Jugendgruppe, die also mit Tischtennis und ein bißchen Diskutieren sich vor allem beschäftigt hat, gab es dann einen Seitenableger, das war ein Jugendbibelkreis, in den ich gegangen bin. Der dann, nachdem wir drin waren, relativ stark dominiert worden ist vom pietistischen Pfarrer. Ich erinnere mich auch an Situationen, wo ich selber ein bißchen damals schon das Drängen auf Bekenntnis hin zum Beispiel, also wo ich da auch ein wenig die Stacheln aufgestellt habe. Aber ich bin dabei geblieben, das hat mich interessiert, das fand ich auch ganz spannend, vor allem diesen Jesus. Also typischer Einstieg über Jesusfrömmigkeit. Und bis also auch Kennenlernen von Gebetsgemeinschaft, auch Ernstnehmen von Gebetsgemeinschaft. Unter den Jugendlichen, die da beieinander waren, das waren nicht viel, das waren vielleicht fünf, sechs Leute, einer davon hat also über Radio – Heukelbach hieß der Mensch – eine Bekehrung da erlebt, war also mit Abstand der Frömmste, das hat mich relativ kalt gelassen. Ich war irgendwie ein wenig nüchterner, aber ich war auch sehr geprägt. Und ich hab das auch sehr gerne akzeptiert. Auch die Form der Frömmigkeit, auch die biblische Arbeit, und das war für mich an sich sehr, im großen und ganzen, stimmig. Dann ist der Frankl, also dieser, unser Bekehrungsfreak, ist also dann abgezogen in irgendeine Bibelschule. Dessen Spur hab ich verloren. Er hat sich nicht bemüht, ich hab mich nicht bemüht, Kontakt zu halten. Und kurz darauf wechselt der Pfarrer die Gemeinde. Pfarrerlose Zeit, und jetzt kommt der Clou. Ich hab versucht, in dieser pfarrerlosen Zeit den Bibelkreis aufrechtzuerhalten. Damals war ich also Ende 17, Anfang 18. Naja, also ein Wahnsinnsunternehmen eigentlich. Aber da war noch die nötige Naivität da, und da macht man das. Und dann kam ein neuer Pfarrer, der ganz anders geprägt war. Jung, noch keine 30, offen, locker, kein Pietist, der dann auch Jugendarbeit anders aufgezogen hat. Das hat mich sehr angesprochen, mehr problemorientiert, auch ein Stückl kritisch, gesellschaftliche Fragen. Und dem habe ich jetzt eigentlich zu verdanken, muß ich schon sagen, daß ich Theologie studiert hab. Der hat mich einfach gefragt, zwei Monate vorm Abitur, was machst du dann. Und ich hatte vor, irgendwas Sinnvolles und Heilbringendes und so weiter. Meine sicher nicht ausgelotete Perspektive war, ich studiere Medizin und gehe dann in die missionarische Arbeit. Das war so eine Utopie. Und der hat mich glatt angesprochen, warum studierst du nicht Theologie. Und dann hab ich gesagt: „Du spinnst." Und dann hat er erzählt, was so alles zu seinen Aufgaben gehört. O.k., die Hälfte wußte ich, die andere Hälfte nicht. Also was mir zum Beispiel nicht bewußt war, war die seelsorgerliche Dimension der Arbeit. Ich habe also den Unterricht gesehen, ich habe die Gottesdienste gesehn, aber ich habe die Seelsorge nicht gesehn. Das hat mich angesprochen, damals. Ich bin dann ins Nachdenken gekommen. Ich bin dann 6 Wochen später mal zum nächsten Studienort gefahrn, habe mir den Betrieb angeschaut, habe mir ein Vorlesungsverzeichnis mitgenommen, habe mich da so reingedacht und fand das ganz interessant. Ich habe mir eine Kirchengeschichte gekauft, habe die dann durchgelesen und irgendwie habe ich mich da angefreundet mit der Materie. Ich habe mich dann relativ kommentarlos, ohne große Auseinandersetzung – außer mit meinen Eltern, die waren nicht einverstanden, die wollten, daß ich etwas Gescheites lerne – dann zum Theologiestudium entschlossen. So von meiner – also hier mischt sich schon Glaubens- und Berufsgeschichte – von meiner Glaubensgeschichte her, war einfach klar, ich möchte etwas machen, wo ich den Eindruck, das Gefühl habe, ich bin für Menschen da. Das war so mein Impetus, und das dann mit dem Beruf des Pfarrers zusammenzukriegen, war mir dann durch diesen anderen Pfarrer und durch die zwei Gespräche, die ich mit ihm hatte, möglich. Ich hab ein Hindernis gehabt bis zuletzt, Theologie zu studieren, nämlich die Vorstellung, daß meine Kinder dann Pfarrerskinder sind. Das war mir ein großes Problem. Wir haben also mit den Pfarrerskindern wirklich Katz und Maus gespielt und haben die also veralbert nach Strich und Faden, und das wollt ich eigentlich meinen Kindern nicht zumuten. Ja, ich muß sagen, daß ich in meinem Glauben und in meinem Beruf während des Studiums keine Brüche habe. Das war, ich war also nie in der Situation gewesen, das mag dich überraschen, ich war nie in der Situation, daß ich gesagt habe, ich schmeiße den Beruf hin oder ich höre mit dem Studium auf. Für mich war das, war da eigentlich eine grundlegende Entscheidung, jawohl, war stimmig, und dann ist es eigentlich sehr linear für mich durchgegangen. Mich haben also auch die exegetischen Erkenntnisse im zweiten, dritten Semester nicht verunsichert. Mich hat auch eine kirchliche Praxis, die ich immer für veränderbar gehalten habe, nicht verunsichert. Also, da habe ich irgendwo so eine wahnsinnige Power in mir verspürt, daß ich eher gedacht habe, die Kirche ändert sich wegen mir, als umgekehrt, das weißt du ja auch ein bißchen, mit dem

Verlöbnis Kirche und andere Sachen. Also da gab es eigentlich nie die Stelle, wo ich gesagt habe, ich kann das Anliegen nimmer vertreten oder ich kann, ich hab in dieser Kirche keinen Raum. Gab es eigentlich nicht.

(Rückfrage zum Kindergottesdienst und Religionsunterricht) Kindergottesdienst gab es in der Diasporasituation nicht, von daher fällt das aus. Religionsunterricht im Gymnasium, den fand ich mäßig. Und da war eigentlich so eine Spur eher des Protestes, wenn ich Pfarrer werde, dann nur, weil ich's ganz bestimmt anders mache. Aber was eine Rolle gespielt hat, ist der Kirchenchor. Ich bin nämlich mit 17 in den Kirchenchor gegangen. Mein Vater war im Gesangsverein, da konnte ich nicht hin, die Stelle war ja besetzt. Ich wollte aber gern was Musikalisches machen und bin damals in' Kirchenchor auch wegen einer hübschen anderen, die da auch drin war. Und das hat, also das war für mich irgendwie, das war für mich sehr gut, weil ich da so das Kirchenjahr miterlebt habe, Lieder kennengelernt habe, Sprache, Glauben, also religiöse Sprache kennengelernt habe und so. Das hat, glaube ich, mehr als wie es mir lange bewußt war, auch mich so in die Normalität von Kirche hineingebracht. Ja, doch, einen Bruch in meinem Glaubensleben muß ich doch anführen. Ich bin sehr, sehr stark von einer klaren Jesusfrömmigkeit hergekommen, und ich erinnere mich noch an eine wahnsinnige Auseinandersetzung mit dem Norbert, wo er mir vorgeworfen hat, daß ich keinen richtigen Glauben habe, weil ich die Dimension Gott nicht theoretisch verankert habe und so. Ich habe dann darüber nachgedacht und ich meine, auch einiges entdeckt. Theologisch ist das ja klar, daß das zusammengehört und so, aber warum ich da eigentlich mich gescheut habe oder auch meinte, mir diesen Aspekt ersparen zu können, das hing mit meinem eigenen Vater zusammen. Den habe ich immer als eine sehr schwache oder – neutraler gesagt – unentdeckte Figur in meinem Leben erlebt. Und das habe ich also erst relativ spät im Studium mir auch erarbeitet, daß mein Glaube nicht nur Jesus als Anhalt haben kann oder muß, sondern ein Gottesverständnis braucht, das relativ locker so dazu gewachsen ist. Ja, das wär so schon der Spannungsbogen über das ganze Studium hinweg – wenns dir denn genügt. Frag nach. Und mein Bruch kommt oder mein Haarriß kommt nach dem Studium. Ins Vikariat, ich kanns eigentlich immer noch nicht so genau ausmachen, warum ich damals gerne ein Jahr zu Haus geblieben bin, oder fast anderthalb Jahre waren das ja, ob es eine Scheu oder ein Stück Verweigerung war, dem Pfarrerberuf gegenüber. Ob ich mir selber einfach noch einmal so eine Bedenkzeit einräumen wollte, ich kanns also immer noch nicht ausfindig machen, aber ich bin damals – im August oder im Julai war Examen – dann bis November übernächsten Jahres zu Hause gewesen, und dann wars familiär sinnvoll oder nötig. Die Susi war klein, und die Marie war in ihrer Lehramtsanwärterzeit. Also, es hat auch da gepaßt eigentlich. Aber es war für mich auch wichtig, da noch mal so ein Stück Distanz hineinzubekommen, zum Nachdenken, zum Vergewissern, ist es wirklich o.k.

Es war in der Zeit für mich eines schwierig, daß ich in der Zeit nirgendwo Kirche oder Kirchengemeinde positiv erlebt habe. Ich habe mich da also bemüht, mit Gottesdienstbesuch und noch einmal Einstieg in die Jugendarbeit irgendwie einen Anhaltspunkt zu haben als fertiger Theologe, und das ist mir in der Kirchengemeinde damals nicht gelungen. Das waren sehr ernüchternde Erfahrungen, auch ein wenig traurig machende. Ich bin dann ausgewandert, wir sind damals mit dem Helmut zusammen gewesen, haben auch zusammen gewohnt. Ich bin dann ausgewandert in die Gemeinde nach Feld, wo der Helmut als Lehrvikar war. Ja, und dann Beruf: Also das ist, würde ich sagen, eine ganz heikle Schaltstelle, wie kommst du in die Praxis der Kirche hinein, wie bleibst du dir selber treu in dieser Umbruchssituation, wie bleibt Glaube und Beruf beieinander. Und ich hatte – ich kann sagen, das war wirklich eine sehr glückliche Geschichte –, ich hatte das Glück, in der Kirchengemeinde, in Berg damals, Arbeitergemeinde, viel soziale Fragen, Randgruppenarbeit, auch die Notwendigkeit, Sozialkritisches zu arbeiten, ich hatte also das Glück, da in diese Gemeinde zu kommen, und würde formulieren, daß diese Gemeinde eigentlich stimmig war zu meinem ganzen Background. Also erweitertes Elternhaus. Es war für mich überhaupt keine emotionale Schwierigkeit, dort in die Familien zu gehen, Besuch zu machen, weil ich da so von der ganzen Mentalität, von der Einfachheit der Verhältnisse, von der Schichtarbeit eigentlich zu Hause war. Und ich glaube, daß das auch eine ganze Portion meiner beruflichen Arbeit begünstigt hat. Ich hatte da keinen Verschleiß, keinen emotionalen Verschleiß, ständig umsteigen, ständig Zweifel, bin ich hier am richtigen Ort und so, das war eigentlich klar. Und von meinem Glauben her auch den Jesus in den Mittelpunkt zu stellen, der sich den Armen zuwendet, der für Gerechtigkeit eintritt, das war also einfach stimmig. In dieser Zeit haben sich die Dimensionen meiner Frömmigkeit noch einmal sehr geweitet, positiv geweitet, was vorher schon im Studium angesetzt war und auch Gestalt gefunden hatte, aber so im studentischen Milieu geblieben ist. Gesellschaftskritische Arbeit ist jetzt auf einmal sehr praktisch geworden in der Stadtteilarbeit, im Engagement gegen Arbeitslosigkeit und in der Friedensfrage. Das ist also ein sehr tolles Wachstum, das ich da durch die Praxis der Gemeindearbeit erfahren habe, auch im Glaubensbereich. Ja, das, wie soll ich sagen, das ist eigentlich so der ganze Werdegang, der sehr klar, denke ich, strukturiert ist. Das muß ich jetzt gar nicht ausweiten. Es gab sehr viele Verästelungen, aber das kann man sich im Grunde denken, doch das Schema ist klar. Und jetzt schließ ich den Bogen ab, letzte Station hier, ich war fast 12 Jahre in Walsburg und mußte dann wechseln. Es gab äußerlich überhaupt keinen Grund, aber ich habe gemerkt, daß ich mich einlasse und auch einpendle auf ein bestimmtes, doch eingeschränktes Kirchenverständnis und so die gesamte volkskirchliche Breite mir abhanden kommt im Erfahrungsschatz und habe dann eine ganz andere Situation gesucht. Ich bin jetzt hier in der Gemeinde mit CSU-Regierung, mit sehr viel Pomp und Reichtum. Es hält sich zwar in Grenzen, aber wenn man so ein bißchen dahinterschaut, sehr satte Verhältnisse, kein Bonzentum oder nur gelegentlich Bonzentum, aber so eine sehr satte Situation, saturierte Situation. Das Quadrat, das dem Pfarrer zugewiesen wird, ist sehr klein und eng. Wenn man sich darüber hinausbeugt, kriegt man eine auf's Haupt, also es ist alles sehr festgezurrt. Gut, die Leute in der Gemeinde, also von den Personen her, von der Kirchengemeinde her, ist hier eine gute Situation. Aber gesellschaftlich halt alles „abgekartelt". Die Kirchengemeinde soll sich gefälligst auf Sonntagvormittag beschränken, auch die Gedanken des Pfarrers dürfen in den Kosmos hinaus und auf den Sonntagvormittag, aber bitte nicht sonst irgendwo mitdenken oder mitgestalten. Und es war für mich eine sehr spannende Situation, ob ich mir treu bleiben kann in meinem Ansatz und in dem, was ich auch vom Glauben her für wichtig halte. Und da merk ich jetzt, verflixt noch mal, diese Kirche, die so mitmacht und die fett auf der Suppe schwimmt, auf der gesellschaftlichen Suppe schwimmt, ist mir verdächtig. Ich hab jetzt eigentlich einen Teil von den Schwierigkeiten nachzuholen, die ich vor, die ich beim Umstieg vom Studium in den Beruf mir ersparen konnte. Ich merke da auch, wie ich auf einmal anfange und auch theologisch nachgrabe, etwas am Jesusbild, am Christusbild, wie ich hier in der neuen Situation, wie mir da auf einmal die Bibelarbeit wichtiger wird, weil ich sag, Mensch Leute, ihr seid abgedriftet, ihr bewegt euch so auf gesellschaftlich unreflektierten Ebenen und produziert da einfach so vor euch hin eine Frömmigkeit, die eigentlich keinen kritischen Ansatz mehr liefert. Und wandere da eigentlich in eine Innerlichkeit, um Grund zu kriegen, mit andern Leuten zusammen Grund zu kriegen, Vergewisserung zu kriegen, ist das wirklich die Kirche, die Christus will. Das kombiniert sich auf der andern Seite mit der gelernten und gefestigten Fähigkeit des Managers, des Kirchenmanagers, der zerstrittene Gemeinden zusammenbringen kann, der die Ökumene in sinnvoller Weise voranbringen kann, der sich für den Kindergarten einsetzt, den Diakonieverein mitgegründet hat, und so. Also, das Management auch mit einem Stück geistlicher Dimension. Versöhnung und diakonischer Auftrag der Kirche ist die eine Schiene, und die andere Schiene ist die – ich sag jetzt einmal – Verinnerlichung, also dieses Rückgreifen auf Bibel und sehr viel Wert legen auf den Gottesdienst, und zwar nicht auf einen, der umgreift, sondern auf einen, der pointiert ist.

(Erneuerung der Spiritualität?) Ich habe immer so ein bißchen Schwierigkeiten mit zu weiten Begriffen. Ich hätte es gern ein bißchen operationalisierbarer: also wirklich Bibelarbeit. So habe ich die Bibelstunden auf den Dörfern wieder eingeführt. Ich überlege mir, ob ich ein Bibelseminar anfange, und im Gottesdienst sind wir insgesamt dabei, ihn wirklich ganz neu zu begreifen als unser Fest und als Festigung im Glauben, einschließlich Lobpreiselementen und sowas, kein Ausbruch, sondern Inte-

gration, die, denke ich, uns miteinander in gute Tiefe des Gottesdienstes führt.

(Vision von Kirche: Hierarchie, Mitarbeiter; Ratschlag an Theologiestudenten) Also, es klingt vielleicht ein bißchen überheblich, aber ich habe die Hierarchie in der Kirche nie so ganz ernst genommen. Vielleicht kommt das so aus dieser 68er Generation her, aber ich glaube, es hat auch noch mit etwas anderem zu tun. Ob es überheblich ist oder gesund, laß ich jetzt einmal offen. Das ist die Geschichte mit der Berufung. Ich habe eigentlich nie daran zweifeln müssen, wer mich auf den Weg gebracht hat. Und dieses Wissen, von Jesus her getragen zu sein, hat mir eigentlich immer eine Zuversicht gegeben, es wird mir ein Weg gezeigt, wo ich auch für ihn tätig sein kann. Und dann hat mich das nicht geniert, daß ich damals 19nochwas gesagt bekommen habe, es ist kein Platz in der Bayerischen Landeskirche für dich. Wenn du hier die Formalitäten nicht beibringst, steuern wir dich aus. Das hat mich eigentlich nie verunsichert, nie tief getroffen. Es sollte ja treffen, aber es hat mich nie getroffen. Ich hab dann ja Theologie weiterstudiert und Lehrer nebenbei gemacht und fertig gemacht, und irgendwie war ich immer getragen von der Zuversicht, es wird dir der Platz gezeigt, wo du zu wirken hast. Und von daher hat mich das also nie interessiert, was jetzt Kirchenleitung über mich denkt. Ich habe da auch nie irgendwie rebelliert. Das hatte auch die Folge, daß ich mich auch innerkirchlich nie engagiert habe, in Richtung auf AEE[2]-Engagement oder irgendsowas. Sondern ich war eigentlich immer an der Sache orientiert, Friedensfrage z.B. Und wo es im Bereich der Kirche die Tagesordnung der Welt notwendig machte, etwas zu organisieren, da auch wirklich etwas zu organisieren. Im Bereich der Kirche kam ich dadurch dann eben zur Kriegsdienstverweigerungsberatung oder dann auch zur Ostermarschbewegung. Aber ich habe nie meine Energie in irgendeiner Opposition oder in dem Versuch, jetzt die Oberen umzuwenden, verschwendet. Also, das hat mich eigentlich nie so richtig interessiert. Und daneben kommt aber auch, kommt auch was anderes, nämlich die Freude, wenn Obere einem ja auch nichts in den Weg legen. Also, zum Beispiel unser zuständiger Oberkirchenrat in bezug auf mein Friedensengagement. Ich habe das natürlich gemeldet, ist ja Vereinstätigkeit, wenn man da Ostermärsche organisiert. Ich mußte das als nebenamtliche Tätigkeit des Pfarrers selbstverständlich melden. Und dann kam die Rückfrage, kann ich also frei handeln oder bin ich weisungsbefugt in dieser ganzen Geschichte? Ich konnte da gut antworten, ich habe selbst nichts durchzuführen, was ich nicht selber auch abdecken kann von meinem Gewissen her. Und dann kam die Antwort: „Ja, dann machen Sie mal." – Also auch Ermöglichung, nutz den Freiraum, und das wollt

[2] Arbeitskreis Evangelische Erneuerung: eine innerkirchliche, vor allem innersynodale Laien- und Pfarrerbewegung in Bayern, um kirchliche Strukturen in Richtung auf mehr Durchlässigkeit, Öffentlichkeit und Demokratie zu verändern.

ich auch. Die Möglichkeiten, die Kirche bietet und die von der Botschaft her da sind, die wollte ich ausschöpfen.

Erfahrungen mit Mitarbeiterschaft, da meinst du jetzt also Kollegenschaft und darüber hinaus? *(Ja)* Auch das sind Sachen, da ist mir die Situation in Berg sehr entgegengekommen. Da gehörte die Teamarbeit ins Gemeindekonzept, in den Gemeindeaufbau hinein, und das genau wollte ich. Ich habe damals mit anderen zusammen im Studium Teampfarramt gewollt. Wir haben im Vikariat uns verbünden wollen, damit wir in eine Region kommen und so. Und das ist ja dann alles sehr unterlaufen worden von kirchlichen Strukturen und kirchlichen Personen. Und daß ich das dann in der Gemeinde vorgefunden habe und mittragen konnte, war also ein Segen für mich. Und das war auch das, was ich hier sofort wieder gesucht hab. Wo sind Kollegen und wo ist ein Kirchenvorstand, der mit mir arbeiten will, wo sind Kollegen, die wirklich das geschwisterliche Miteinander suchen, nicht die Gleichschaltung, sondern das geschwisterliche Miteinander, das Sich-gern-haben in der Verschiedenheit, das Engagiertsein in der gemeinsamen Suche nach dem Richtigen und ein Kirchenvorstand, der sich als Gemeindeleitung versteht. Denn das bin nicht ich, sondern ich nur zusammen mit den anderen Kirchenvorstehern. Ja, und damit gehts mir nach wie vor gut.

(Rat an Theologiestudenten) Also mir selber ist wichtig, und ich denk, das tät auch anderen gut, wenn man das Studium mit handfester Praxis verbindet; also dieser Frage nach kirchlicher Wirklichkeit und gesellschaftlicher Situation nicht ausweicht, sondern sie mit hineinwebt in sein Studium. Das zweite: Ich hab während des Studiums ein Landpraktikum gemacht, sechs Wochen lang, Bauernhof. Ich bring von meiner Familiengeschichte her die Arbeitersituation mit, und ich bin Akademiker. Und ich halte diese Weite der Erfahrung für wahnsinnig wichtig. Wie kriegt ein junger Mensch diese Erfahrung? Die versuchen ja jetzt mit dem Praktikumsjahr da was einzufangen, find ich ganz wichtig. Aber das ist mir schon fast wieder zu eingeengt, weil man da nur einen Bereich der Wirklichkeit kennenlernt. Es wäre wichtig, Möglichkeiten zu nutzen, wo man diese unterschiedlichen gesellschaftlichen Erfahrungsfelder abhaken kann. Und das dritte Stichwort: Kirchenchor bei mir persönlich, aber ich weite es. Das sind Sachen, die sind mir erst sehr spät bewußt geworden, die Verwandtschaft von Religion und Kunst oder Musik. Und daß man sich um diese Spannung oder um diese Erfahrungen bemüht und das nicht draußen vorläßt. Also, ich würde jedem Theologiestudenten raten, prüfe, wo du – und sei es nur für zwei Jahre – einmal in einem Chor mitsingen kannst. Das bildet religiös, da lernt man seine Identität zu haben in einer Stimme, und nur, wenn ich meine Identität habe und sie einsetze und aushalte, diene ich dem ganzen Geschehen. Und nur mit den anderen gemeinsam und während ich deren Identität belasse, gelingt die Sache. Das sind tiefe Weisheiten, die in der Kunst und die in der Musik verborgen sind, die uns in der Theologie, im Glauben, im Gemeindeaufbau helfen.

Interview 5 (50) (vom Interviewteilnehmer bearbeitet und autorisiert)

Gruppe: 35 – 40 Dienstjahre; Pfarrerin
Wirkungsbereich: Großraum/Großstadt

Also, die ersten Spuren waren im Religionsunterricht in der Grundschule und dann die zweiten Spuren im Kindergottesdienst hier in Minas. Das war in den dreißiger Jahren. Danach gab es erst einmal einen Bruch durch die Nazizeit.

Also, konfirmiert wurde ich mit 14 Jahren, aber mehr gegen meinen Willen, nur weil meine Eltern das wollten. Ich war eigentlich nicht sehr davon überzeugt. Also, ich wäre viel lieber zu der Jugendweihe gegangen. Damals gab es ja auch so eine Art Jugendweihe – da wäre ich viel lieber hingegangen.

Ich war Jungmädel. Und das kann man schon sagen, daß das ein ganz deutlicher Bruch war zu dem, was da vorher gelaufen ist.

Dann kam das Kriegsende. Da habe ich dann durch die Predigt vom alten Berger – den haben Sie nicht mehr gekannt, der war hier Studentenpfarrer –, da gab es so einen Neuansatz. Ich bin sehr vorsichtig mit dem Begriff „Bekehrung". Aber auf jeden Fall habe ich dann zunächst einmal zur Gemeindejugend gefunden, in der Apostelkirche, die ich vorher total abgelehnt hatte. Ich war dann sehr tätig in der Jugendarbeit. Das kam eigentlich durch die Predigt. Es war eine Neujahrs-, eine Silvesterpredigt, zu einem Psalm: „Dennoch bleib ich stets an dir!" Das weiß ich heute noch, daß es dieser Text war: „Dennoch bleibe ich stets an dir." Das war damals natürlich eine Zeit, in der für uns junge Menschen ziemlich viel zerbrochen war, und da hat man dann auch so eine Neuorientierung gesucht. Wie gesagt, kam ich dann in die Gemeindejugendarbeit, so hieß das damals. Dort war ich dann sehr tätig in den verschiedenen Gruppen. Ich habe dann auch schon bald eine kleine Jungschargruppe gehabt, war in der Kindergottesdienstarbeit, damals noch bei Pfarrer Niklas in der Apostelkirche. Da sind überdies einige berühmte Leute hervorgegangen. Der Jürgen Rohloff, falls Ihnen der Name etwas sagt. *(Der Neutestamentler?)* Ja, wir waren zusammen Kindergottesdiensthelfer in der Apostelkirche. Also, aus dieser Zeit kennen wir uns schon. Damals war alles sehr viel intensiver, meine ich. Wir hatten praktisch für jeden Gottesdienst, in dem wir Geschichten erzählen sollten, bis in die Nacht hinein theologische Gespräche mit dieser Gruppe. Das wäre heute gar nicht mehr möglich. Also, wir sind manchmal in der Nacht um 23 Uhr erst heimgekommen. Ich weiß noch, bei uns war damals alles kaputt, die ganze Straße lag in Trümmern, bis auf das Haus, in dem wir wohnten, und der Pfarrer Niklas hat uns junge Mädchen immer noch in der Nacht heimgebracht, weil das doch kurz nach dem Krieg nicht so ganz sicher war. Ja, das ist also eine Strähne: sehr stark evangelische Jugendarbeit.

Und dann Religionsunterricht an der Schule. Ich bin in die Evangelische Schule hier in Minas gegangen. Das war eine rein evangelische Privatschule, und meine Eltern hatten beschlossen, mich in diese Schule zu schicken. In der ersten Klasse war der alte Lohmeier noch mein Religionslehrer. Und ich weiß noch, wie er einmal zu mir gesagte hat: „Wenn du nicht so faul wärest, dann könntest du auch die Lieder auswendig." Nach dem Krieg, auf's Abitur zu war dann der Professor Walter Religionslehrer. Dieser Professor war einer der führenden evangelischen Leute hier, mittlerweile ist er gestorben. Mit ihm hatten wir ziemliche Auseinandersetzungen. Denn zur selben Zeit war hier auch ein junger katholischer Religionslehrer, der uns viel besser gefallen hat, der uns sehr beeindruckt hat und modern war. Ich habe dann bei Meier die Augustana ausgeliehen, und wir haben Wortgefechte geführt. Und da ist eigentlich in dieser Zeit in mir so der Entschluß entstanden, Theologie zu studieren. Zwar nur so in der Richtung: Ich möchte wissen, ob das stimmt, was da drin steht. Zunächst einmal ohne ein Berufsziel, d.h., man müßte vielleicht noch anders sagen. Es gab eine Schwester Herta bei uns. Sie war Jugendleiterin. Sie hat mir sehr imponiert, und da hatte ich mir eingebildet, ich würde Schwester werden und würde dann in die Jugendarbeit gehen – das war also so eine „Strebe". Meine Eltern waren davon nicht so furchtbar begeistert. Doch eigentlich kam es auch durch den Walter, der gemerkt hat, daß ich interessiert war. „Sie könnten eigentlich Theologie studieren."

Ich habe also dann aus Wissensdurst heraus, um theologisch etwas zu erfahren, in Erlangen angefangen, Theologie zu studieren. Und dann lag es natürlich nahe zu sagen, ich will in die Jugendarbeit. Ich kam aus der Jugendarbeit, so lag das nahe. Da war der alte Althaus, der alte Künneth, der alte Elert, der Steinwand, also die ganze lutherische Garde, war noch in Erlangen vertreten, und ich bin damals dann auch nicht von Erlangen weg. Das war einfach ein Finanzproblem in der damaligen Zeit. Ich mußte also sehr darauf schauen, daß es möglichst billig war. Erlangen war halt einfach das Günstigste, etwas anderes in der Nähe gab es noch nicht. Das war insofern meine erste Berührung mit Theologie, denn ich komme nicht aus einem theologischen Elternhaus. Mein Vater war Architekt, und das war alles ganz neu für mich. Alles. Es gab auch schon eine ganze Reihe von Frauen, die da studiert haben. Gegen Ende des Studiums fing die Auseinandersetzung mit Bultmann an. Aber alles, so an theologischem Wissen, das habe ich mir dann eigentlich selbst erarbeitet, beziehungsweise dann im Bildungszentrum. Na ja, und nach dem Studium habe ich dann in Minas in der Jugendarbeit angefangen. Es gab für uns nur zwei Möglichkeiten, entweder in den Religionsunterricht zu gehen oder ganz schlicht als Jugendleiterin zu arbeiten *(oder Krankenhaus?)* – oder Krankenhaus.

Ich war in der Jugendarbeit und dann gab ich Religionsunterricht an Berufsschulen, auch hauptberuflich, vier Jahre. Danach war ich eben elf Jahre im Bildungszentrum. Und ich muß schon sagen, daß sich also mein Glaube da auch verändert hat, durch die Arbeit mit den Jugendlichen. Vor allem auch durch die Arbeit an den Berufsschulen und dann natürlich ganz stark auch durch die Arbeit im Bildungszentrum, weil ich da auch sehr gezwungen war, theologisch zu arbeiten. Da habe ich mich eigentlich auch sehr weit von der Enge Erlangens weg entwickelt. Denn Erlangen war damals sehr lutherisch ausgeprägt. Da gab es noch – das kann man sich heute gar nicht mehr vorstellen – Elert, der sagte, es gibt zwischen Lutheranern und Reformierten keine Abendmahlsgemeinschaft. Das kann man sich alles gar nicht mehr so vorstellen. Naja, die Leuenberger Konkordie ist aber auch noch nicht so alt. Mein alter Hauslehrer, der Baumgärtel, war natürlich der Liberalste. Altes Testament. Er war der Lehrer, von dem ich eigentlich theologisch viel gelernt habe, und dann auch vom Steinwand. Der alte Schmidt war noch der Religionspädagoge, der Katechetik machte. Aber der ist dann gleich in meiner Anfangszeit in Erlangen verunglückt.

(Wie war das unter den Kolleginnen, man studiert Theologie und weiß, man kann nicht Pfarrer werden. Hat man darunter gelitten oder war das einfach klar?) Also, wenn ich von mir ausgehe, ich hatte ja zunächst einmal das erklärte Ziel: Jugendarbeit. Insofern war das für mich der Weg. Ich habe dieses Ziel erreicht und hatte mich vorher nicht mit der anderen Geschichte auseinandergesetzt, mit den ganzen Rechtsfragen, die dann auch zu theologischen Fragen werden. Abendmahls-, Sakramentsverwaltung durch Frauen und diese Fragen alle. Doch wir haben dann eigentlich schon sehr früh angefangen, gegen unsere älteren Kolleginnen etwas Opposition zu machen, denn die waren immer so devot: „Der Landeskirchenrat hat uns das und das erlaubt.“ Und wenn dann Theologinnenkonvent war, dann haben sie sich hunderttausendmal beim Landeskirchenrat bedankt. Wir Jüngeren wollten weniger danken, dafür mehr unser Recht. Und da fingen wir dann eigentlich erst an, uns damit auseinanderzusetzen. Gerade als das dann ins Pfarrergesetz überführt wurde, die Integration passierte, habe ich in verschiedenen Ausschüssen mitgearbeitet, gemischten Ausschüssen zwischen Synodalen und Landeskirchenrat und von uns Betroffenen. Das ist noch nicht so lange her. Ich muß sagen, daß ich natürlich einen ziemlich günstigen Ausgangspunkt hatte durch die Bildungszentrums-Position. Ich war da von der Landeskirche beurlaubt, ihnen also gar nicht unterstellt. Der alte Nagel sagte einmal zu mir: „Sie brauchen mich gar nicht zu fragen, Sie tun ja doch, was Sie wollen.“ Zu seiner Ehre muß man sagen, daß er sich dann wirklich zwischen alle Stühle gesetzt hat, nämlich gegenüber seinen Kollegen und gegenüber uns. Er saß immer so dazwischen. Damals gehörten wir noch ins Kandidatenreferat, obwohl wir schon längst fertig waren. Ich bin schon viel früher eingesegnet worden. Als wir anfingen, waren wir schlechter bezahlt als die Männer. Dann haben die Synodalen durchgedrückt, daß die Frauen den Männern gleichgestellt werden. Ich erinnere mich gut. Da gab es nur Gesamt-

konferenzen hier in Minas und in der zentralen Kirche. Welcher Triumph, daß sie das durchgesetzt hatten. Es war damals so, daß der, der eingesegnet wurde, anders bezahlt wurde. Heute ist das nicht mehr gekoppelt, Ordination und Bezahlung. Aber damals war das so. Das hing mit dem Beamtenrecht zusammen. Nach dieser Einsegnung – ich habe die Urkunde noch – „zum Dienst an Mädchen und Frauen“ ging es erst richtig los. Da kamen dann so die ganzen Auseinandersetzungen, daß man das alles einmal eingeholt hat, was es in anderen Landeskirchen schon lange gab. Später hatten wir dann noch einmal eine Zusammenkunft in Rula mit den Gegnern der Frauenordination und der Gleichstellung der Frauen im Dienst der Kirche. Es wurde nicht theologisch diskutiert, sondern wirklich sozialpsychologisch. Die Frauen wurden als Verführerinnen dargestellt und so weiter, also ganz in diese Richtung – es war abstrus. Bis der Nagel sagte: „Ich kann das jetzt nicht mehr anhören.“ Auch der damalige Präsident der Synode hat sich unheimlich eingesetzt. Er fuhr immer mit seinem Wohnwagen zur Synode. Und wir haben so manches ausgeheckt: Wie das gemacht wird, daß das in der Synode eingebracht werden soll.

(Für Sie kam dann irgendwann der Entschluß ins Pfarramt zu gehen?) Ja. Ich war am Ort der entscheidenden Synode dabei, d. h., ich war schon im Hotel, als der Beschluß durchkam. Sie haben mich noch in der Nacht um halb zwei, oder wann, herausgeklingelt. Am anderen Morgen hat der Nagel zu mir gesagt: „Jetzt haben wir uns so dafür eingesetzt, jetzt müssen Sie auch ins Pfarramt gehen.“ Dazu muß man noch sagen, daß so eine Teamstelle, wie ich sie hatte, keine Stelle auf Lebenszeit ist. Da muß man einfach wechseln, und das stand sowieso an. Die beamtenrechtliche Integration der Pfarrerinnen ins Pfarrergesetz geschah im Herbst nach dieser Synode, und ich bin dann bald auch ordiniert worden. Ich war unter den ersten drei, die ordiniert wurden. Dann habe ich erst einmal eine Zeitlang gesucht. Mir schwebte eine Kombination von Behindertenarbeit und Pfarramt vor. Allerdings wollte ich nicht ins Behindertenwerk, also nicht nur Behindertenarbeit machen. Auf diese Gemeinde hier bin ich gestoßen, weil mein Vorgänger sich stark in der Behindertenarbeit engagiert hat, und so kam ich dann auch darauf, daß diese Stelle hier ausgeschrieben wird.

(Und wie war das von der Gemeinde her? Sie waren eine der ersten Pfarrerinnen?) Der Kirchenvorstand hatte das Stellenbesetzungsrecht, und es wurden ihm außer mir noch zwei Herren vorgeschlagen. Nachdem man sich umgehört hatte, fiel die Wahl auf mich. Das hat mir damals unheimlich den Rücken gestärkt, weil ich damit eigentlich kaum gerechnet hatte. Es passierte noch etwas ganz Lustiges, und zwar: Der Diakon, der damals hier war, der wurde bei uns im Bildungszentrum fortgebildet – in einem Jugendleiterseminar. Er verschaffte also dem Kirchenvorstand einen Jahresbericht vom Bildungszentrum. Und ich hatte in dem Jahr mit einem Kollegen „Kreative Theologie“ gemacht, und darüber gab es einen herrlichen Bericht in die-

sem Jahresbericht. In dem stand, daß wir Leute in Eierschachteln eingebunden hatten, um sie so einmal ein Befreiungserlebnis erfahren zu lassen. Dazu haben wir dann „Go down Moses“ gespielt – verrückte Geschichte.

Ich werde nie vergessen – ich wußte nicht, daß die den Bericht hatten –, als ich da in dem Kirchenvorstand antanzte und wie der Kirchenvorstand mit mir so ein Vorstellungsgespräch führte, als dann die Frau Heiner fragte: „Aber in Eierschachteln woll'n Sie uns doch nicht packen?“ Da wußte ich natürlich, daß die den Bericht kannten und habe mir gedacht: Jetzt ist es gelaufen. Zu meiner Verteidigung hab' ich gesagt, daß ich mit einem Kirchenvorstand wohl doch anders umgehen werde als mit Jugendleitern. Das war so die Zeit der gruppendynamischen Spielchen und so. Ich war eigentlich ganz erstaunt, daß sie mich dann doch gewählt haben. Das war schon eine schöne Stärkung. Einer der alten Kirchenvorsteher, mittlerweile ist er verstorben, sagte mir einmal, daß er die Gegenstimme gewesen sei, aber jetzt sei er auch einverstanden. Das hätte er ja nie sagen müssen. *(Und mit den Kollegen in Minas?)* Da ging es eigentlich sehr gut. Nur eine hochkirchliche Gruppe in der Landeskirche hatte nach wie vor etwas gegen Frauen als Pfarrerinnen. Hier in Minas gibt es davon auch einen Vertreter, aber wir leben schiedlich, friedlich miteinander. Mit den meisten Leuten kann man reden, auch mit denen, die der Hochkirche angehören. Ich kann mir nicht vorstellen, daß es da im Kapitel jemanden gegeben hätte, der dezidiert gesagt hätte: Wenn die Frauen ins Amt kommen, dann gehen wir oder so. Also, da müßte ich mich sehr täuschen. Seit ich hier bin, gab es dann sowieso die kleineren Konferenzen, und da gab es eigentlich keine Schwierigkeiten, da war ich sofort akzeptiert. Daß sie mich jetzt zum zweitenmal zur Seniorin gewählt haben, zeigt das ja auch. Da war ich also sofort akzeptiert.

Noch etwas war interessant für mich. Es wurde früher vom Landesbischof immer behauptet, wir würden mit der Frauenordination den Graben zur Ökumene hin aufreißen. Doch als ich hier anfing, wurde ich sehr freundlich von der katholischen Nachbargemeinde empfangen. Ein oder zwei Tage später war gleich ein Requiem für einen verstorbenen Priester, und ich habe mich noch nicht getraut, im Talar hinzugehen, sondern bin schlicht im schwarzen Kostüm erschienen. Aber ich wurde sofort als Pfarrerin akzeptiert in der katholischen Kirche. Heute ist es gang und gäbe, daß ich bei bestimmten Anlässen in der katholischen Kirche predige. Wir machen sehr viel gemeinsam, z. B. haben wir gestern den Martinszug zusammen gestaltet. Ich bin von den katholischen Mitchristen völlig akzeptiert. Es gibt natürlich Levebreanhänger, aber die akzeptieren ihren eigenen Pfarrer auch nicht. Man muß dazu sagen, daß in dieser Pfarrei a) Mädchen Ministranten sind; b) Gemeindeassistentinnen und Pastoralassistentinnen predigen. Dieser Pfarrer hier wandert auch am Rande der Legalität.

(Glaubensspuren – Mutter – Großmutter – Kindergarten als Vermittler?) Also, ich war nie im Kindergarten. Ich stamme aus der Zeit, in der man ge-

sagt hat, wenn die Mutter zu Hause ist, gehört das Kind nicht in den Kindergarten. Sicher war meine Mutter sehr gläubig, das kann man schon sagen, auch meine Großmutter, also überhaupt unsere Familie. Aber sie waren keine Kirchgänger in dem Sinn, daß sie jeden Sonntag in die Kirche gegangen wären.

(Nach der Konfirmandenzeit brach das weg. Da muß vorher doch etwas da gewesen sein?) Da war schon etwas da, meine ich. Meine Eltern haben mich ja in den Kindergottesdienst geschickt.

(Später ist da also wieder allmählich etwas gewachsen?) Ja. Also das Studium hat mich nicht – wie soll ich sagen – nicht davon abgebracht. Einmal gab es vielleicht einen kritischen Punkt, aber den habe ich eigentlich sehr bald überwunden. Und zwar ging es um die christologische Deutung des Alten Testaments. Damals gab es den Vischer, ich glaube mit „V" hat er sich geschrieben. Er interpretierte alles vom Neuen Testament her. Als ich bei Hofman, einem jungen Assistenten vom Baumgärtel, eine Seminararbeit schrieb, über Isaaks Opferung, und das Ganze auf Christus ausgedeutet hatte, also unheimlich fromm, schrieb er darunter: Theologie studieren heißt nicht: „Hier steh ich, ich kann nicht anders". Die Erlanger Schule kam stark von der historischen Seite her, also von Gunkel. Trotzdem war das für mich nicht der Bruch, daß ich mir etwa gesagt hätte: Ja also, wenn ich nicht so fromm sein darf, dann kann ich auch nicht Theologie studieren. Im Gegenteil. Ich habe eben dann angefangen mich mehr hineinzuknien und zu fragen, welche Möglichkeiten es noch gibt und wie kann man das noch sehen.

(Ratschlag für Studierende?) Ich würde sagen, auf jeden Fall sich möglichst offen und unvoreingenommen mit den Texten befassen und sich auch sehr genau mit den Sprachen befassen. Den jungen Leuten, die hier sind, sage ich immer wieder, daß es ganz wichtig ist, Griechisch und Hebräisch zu können. Über Worte kriegt man manchmal eine exegetische Erleuchtung. Für mich wäre das also ganz wichtig. Ebenso wichtig ist es dann, exegetisch sauber zu arbeiten und auch die historisch-kritische Seite zu betrachten. Die Augen nicht zu verschließen und den Sitz im Leben zu sehen, weil sich uns die Texte von daher dann erschließen. Außerdem erscheint es mir wichtig, sich mit Kirchengeschichte zu befassen, um auch zu wissen, wo die dunklen Punkte liegen. Und vor allem sollte man vor der neuesten Kirchengeschichte die Augen nicht verschließen. *(Und ich nehme an, auch das Thema Frauen, weil Sie schon darüber gearbeitet haben!)* Die feministische Theologie sollte man als ein Beispiel von Theologie nicht verachten. Ich bin keine Feministin in dem Sinn, aber ich denke, es sind viele Anstöße von der feministischen Theologie gekommen. Sie zeigt als Beispiel von Theologie, wo kritische Ansätze sind, und ist somit auch ein Korrektiv zu manchem.

(Vision von Kirche) Sie sollte mehr eine Kirche werden, die sich nicht scheut, Partei zu nehmen für die, die unsere Gesellschaft mehr oder weniger hinauswerfen will. Sprich Asylbewerber, um aus der jetzigen Zeit ein Bei-

spiel zu nehmen. Stärker eine Kirche, die auf die Mißstände hinweist, eine kritische Kirche, und weniger eine Kirche, die danach schielt, denen oben oder den Regierenden angenehm zu sein. Sie sollte eigentlich mehr eine unangenehme Kirche werden, eine kritische Kirche. In diesem Zusammenhang vielleicht auch noch etwas zur Freiwilligkeitskirche – obwohl das leicht gesagt ist und sicherlich noch -zig Jahre dauern wird. Aber vielleicht kommen wir doch eines Tages weg von der Kirchensteuerkirche, obwohl das natürlich schon schwierig ist, weil sehr viel an Sozialem daran hängt. Nicht nur unsere Pfarrersgehälter, sondern auch die ganzen sozialen Einrichtungen. Wer würde das dann machen? Insofern muß man da, glaube ich, vorsichtig sein und fragen, ob solche Vorstellungen dann nicht doch eine Fata Morgana sind, die für die Menschen nichts bringen. *(... und von der Spiritualität her?)* Von der Spiritualität her denke ich, sollte die Kirche stärker auch wieder den emotionalen Bereich mit einbeziehen. Das ist vielleicht auch gerade ein Vorteil von uns Frauen, daß wir da bis in die Gottesdienstgestaltung hinein noch andere Ebenen ansprechen, als nur dieses Protestantische, Verkopfte. Daß Kirche auch wieder sehr viel mehr mit Symbolen arbeitet, Symbole, die vergessen worden sind. Sie wieder mit hineinnehmen. Ich habe damit gute Erfahrungen gemacht. Etwa mit Taufkerzen oder Meditation oder der Mehrbetonung auf das Gebet. Ich stelle fest, daß gerade Leute, die politisch sehr engagiert sind, auf der anderen Seite sehr stark Spiritualität erwarten, um sich selbst nicht nur in der Aktion aufzuarbeiten. Und ich denke, da müßte unsere Kirche eigentlich wieder mehr in diese Richtung gehen bis dahin, daß sich vielleicht auch wieder kleinere Gruppen in Häusern treffen. Ich glaube, wenn man die ganze Sonntagsgemeinde damit konfrontiert, würde es schwieriger werden.

(Rolle der Kirchenleitung in diesem Prozeß?) Eine fördernde, begleitende. Es ist die Frage, ob die Kirchenleitung das überhaupt kann. Also, im Augenblick, wenn man das jetzt im Zusammenhang mit der Spiritualität sieht, im Augenblick ist im Gespräch, daß es für die Pfarrer bzw. für die einzelnen Kirchenkreise einen Spiritual geben sollte. Die Kirchenleitung hat hier also auch ein Defizit gesehen oder sieht ein Defizit. Sie hat bereits Beraterpfarrer eingesetzt, besser gesagt, vorgeschlagen. Jeder hat die Möglichkeit, sich aus der Liste der Beraterpfarrer jemanden auszusuchen und ein Gespräch zu führen, möglichst auch nicht in seinem Kirchenkreis, sondern ganz wo anders. Ich bin selbst Beraterpfarrerin und wurde schon mehrmals in Anspruch genommen. Ob die „Beraterpfarrer“ allerdings so eine glückliche Einrichtung sind, weiß ich nicht. Wie gesagt, die Kirchenleitung gibt eigentlich zu, daß sie dieses Defizit sieht, denn der Personalchef kann das zum Beispiel nicht machen. Von den Beraterpfarrern aus gibt es jetzt so eine Überlegung, daß ein Spiritual geschaffen werden sollte. Allerdings müßte es eine deutliche Unterscheidung geben zwischen Kirchenleitung auf der einen Seite, die eben die juristischen Kompetenzen hat, und Spiritual auf der anderen

Seite, der mit den seelsorgerlichen Inhalten beauftragt ist. Die Vermischung von beiden Ebenen, die jetzt auch in der Funktion des Kreisdekans gegeben ist – einerseits beurteilend und andererseits seelsorgerlich –, das halte ich auf die Dauer nicht für gut. Da müßte es eigentlich eine Trennung geben.

Interview 6 (18)

Gruppe: 5–10 Dienstjahre; Pfarrer
Wirkungsbereich: Großraum/Großstadt

Der Anfang meiner Glaubensgeschichte:

Also, wenn ich mich zurückerinnere, so weit ich kann, dann ist mein Elternhaus zunächst 'mal prägend für mich gewesen, wie überall, das sowohl von väterlicher Seite, wie von mütterlicher Seite ausgesprochen christlich geprägt war. Meine beiden Großväter waren Pfarrer, die habe ich aber persönlich nicht erlebt. Prägend waren meine, zumindest eine, Großmutter, und zwar die mütterliche, von der mütterlichen Seite, das war eine ausgesprochen fromme Frau, die hatte so, wenn man's irgendwie genauer beschreibt, eine Art pietistischen, einfachen, festen Glauben, biblisch fundiert. Und die hat uns als Kinder – da kann ich mich noch gut dran erinnern – viel vermittelt an biblischen Geschichten. Ich erinnere also diese ganzen Geschichten, wo starke Glaubensgestalten aus der Bibel vorkommen. Ich kann mich erinnern an die ganzen Mosegeschichten, die sie mir erzählt hat, an David … *(Wie alt warst du da ungefähr?)* Da war ich in einem Alter von vier, fünf Jahren. Da kann ich mich noch dran erinnern. Ich kann mich auch noch dran erinnern, daß wir eine Kinderbibel selbst hatten, die da so im Hausgebrauch war. Und wo es auch Zeichnungen darin gab, die mich da in meiner Phantasie noch weiter beschäftigt haben. Ich kann mich auch erinnern an die Posaunen von Jericho, an Daniel in der Löwengrube. Das hat meine Oma also so erzählt und hat uns Kinder da so ganz gut mit reingenommen. Auch einige Jesusgeschichten, aber schon deutlich blasser. Also, am Anfang waren so die Geschichten des Alten Testaments. Auch vielleicht Abraham noch, und so was, Abraham und Isaak und solche Geschichten. Und das habe ich zunächst einmal einfach mit Selbstverständlichkeit aufgenommen und habe, glaube ich, da schon so ein gewisses Glaubensbild mitbekommen anhand dieser Gestalten, die ja alle sehr, sehr kräftige, glaubende Menschen, zwar auch mit allen Höhen und Tiefen sind, aber die doch mir so etwas vermittelt haben wie: Glaube ist etwas, was einen tragen kann. Und so kam es auch von meiner Großmutter rüber.

Ja, das waren so die ersten Anfänge. Ich kann mich auch erinnern, daß wir in der Familie so gewisse Riten hatten, die eingehalten wurden. Also, wir haben so in diesen Jahren meiner Kindheit Andachten miteinander gehalten. Das hat dann mein Vater gemacht, das war meistens abends. Auch nicht ganz regelmäßig dadurch, daß er eben so viel weg war. Aber unregelmäßig abends: ein Bibelwort, ein paar Worte der Auslegung dazu, Gebet, manchmal wurde Luthers Abendsegen gebetet. Und es wurde gesungen. Also, wir hatten so Liederbücher. Und einige traditionelle Abendlieder sind mir dadurch auch aus dieser Zeit noch haftengeblieben. So „Mein schönste Zier und Kleinod bist“ und solche Dinge, das wurde bei uns gepflegt. Und auch einige Morgenlieder, also „Die güldene Sonne“. Und „Weißt du wieviel Sternlein stehen“ und diese ganzen Traditionsstücke habe ich aus dieser Zeit noch einfach lebendig in Erinnerung.

Dann, wenn ich in der Kindheit ein bißchen weitergehe, ist es so, daß ich als Kind schon einiges auch vom Beruf meines Vaters mitbekommen habe, was das für ein Beruf ist, wenn man Pfarrer ist. Was allerdings dadurch immer etwas getrübt war, daß er doch sehr viel außer Haus war. Also als Jugendpfarrer war er sehr viel aushäusig. Da habe ich also nicht so viel mitbekommen. Ich habe dann später mehr mitbekommen, da gabs dann auch unten das Arbeitszimmer, wo er oft saß und wo ich manchmal auch war. Also da war er irgendwie präsenter. Auch dadurch, daß er im Gottesdienst gepredigt hat und ich manchmal in den Gottesdienst mitgenommen wurde, solche Dinge. Da hat mich in dieser etwas späteren Kindheit, da war ich vielleicht so sechs, sieben Jahre – ich konnte dann also schon schreiben und lesen –, da zu dieser Zeit bin ich dann auch in den Kindergottesdienst gegangen. Daran habe ich auch noch ziemlich genaue Erinnerungen. An diese alte, düstere Markuskirche in Eineustadt, die für mich als Kind irgendwie unheimlich war. Also es wurde zunächst eine Geschichte erzählt, dann durfte man sich in dieser Kirche verteilen, in irgendeine Ecke, auf eine Empore zum Beispiel. Das war für mich als Kind einerseits lustvoll, andererseits hat es auch meine Ängste geweckt, diese riesige Kirche. Und wir haben uns auch dann zwischendurch auch ‘mal absentiert und sind durch die Kirche gerannt und haben irgendwelche dunklen Ecken gesucht und Verstecken gespielt. Aber auf jeden Fall insgesamt war das eben doch, auch diese Kirche, so ein Stück Heimat für mich. Etwas Selbstverständliches, was so da war und wo ich öfter auch drin war. Ich bin auch öfter in den Erwachsenengottesdienst mitgenommen worden zu der Zeit. Ich war ein ziemlich braves Kind, kann man sagen. Und so habe ich das also zunächst einmal hingenommen, wie es da ist. Also mir war es wohl langweilig, aber ich habe jetzt nicht aufgemuckt und dagegen rebelliert und so. Es war selbstverständlich, daß ich da mitgegangen bin. Ja, das war die Kindergottesdienstzeit.

Wo ich natürlich dann auch wieder stark biblische Geschichten vermittelt bekommen habe, hauptsächlich durch Erzählung. Und ich kann mich noch erinnern – da muß ich so sechs, sieben gewesen sein – da bin ich ab und zu einmal, so ein oder zweimal im Jahr, zur Zeltmission mitgenommen worden. Und das war etwas Tolles. Da war so der nächste Schritt irgendwie schon, daß die biblischen Geschichten auf Flanelltafeln mit Figuren dargestellt wurden. Da kann ich mich heute noch daran erinnern. Das hat mich sehr fasziniert, und da war so eine etwas andere Atmosphäre als das, was ich vom Kindergottesdienst gewohnt war. Und das fand ich als Kind toll. Also ein Zelt, und damals war so eine Zeit, sechziger Jahre, wo dann wirklich sicher Hunderte von Kindern da in diesem Zelt saßen und da dem gelauscht haben. Das hat mich eben also als Kind sehr beeindruckt und hat mir gut gefallen. Das war aber so punktuell.

Dann kommt eine Zeit, wo ich jetzt in punkto Glauben mehr so die Erinnerung habe, daß es so eine latente Zeit war. Das hat mich jetzt nicht so interessiert wie als kleines Kind. Ich hatte in der Schule ... *(In welchem Alter war das?)* Das war jetzt so ab acht, neun, vielleicht auch zehn. Ich hatte in der Schule wohl unterschiedliche Religionslehrer, die mich aber nicht so beeindruckt haben. Ich war im Fach Religion immer interessiert und habe da sicher auch einiges mitbekommen und mitgenommen, aber so die Faszination der Kinderzeit war etwas vorbei. Ich habe mich dann auch zwischendurch gelangweilt oder ich habe mit den anderen Kindern irgendwelchen Blödsinn gemacht, falls die Gelegenheit dazu da war. Ich kann mich also an diese Lehrerinnen oder Lehrer auch nicht so erinnern. Es war nicht so wichtig für mich scheinbar, ich kann mich da an niemand erinnern, der mich da stark beeinflußt hätte. Und das war auch eine Zeit, wo ich wohl die innerfamiliären Spannungen auch stärker schon wahrgenommen habe. Das Glaubensbild eines vertrauensvollen, starken Glaubens, der auch irgendwie in sich ruht und Harmonie auch bedeutet, der ist da etwas ins Wanken geraten, und zwar mehr gefühlsmäßig, würde ich sagen. Also, daß ich gesehen habe, zum Beispiel, daß mein Vater sich hart tut als Vater, der seine Kinder erzieht, weil er meinen älteren Bruder öfter geschlagen hat. Und daß es in der Familie zum Teil chaotisch zuging. Da waren also schon so Brüche drin, daß ich gemerkt habe: „Aha, das, was da verkündet wird, von Nächstenliebe und so, das zieht daheim dann nicht mehr so, das wird nicht gelebt.“ Und das zweite, was ich auch in der Zeit so ein wenig schon mitgekriegt habe, ist der Anspruch gewesen, jetzt zwar nicht besonders fromm zu sein, aber sich doch immer vorbildlich zu benehmen. Und das fand ich immer doof. Also das habe ich, innerlich zumindest, immer abgelehnt, daß man als Kind von einem Pfarrer sich irgendwie besonders benehmen muß, oder so. Und ich kann auch sagen, daß wir als Familie diesem Bild wohl nie entsprochen haben.

Es war einfach zu wurlig da mit acht Kindern, das war ein zum Teil wirklich chaotischer Haufen. Aber der Anspruch war da, und das wurde auch signalisiert von den Eltern, daß man sich so und so zu benehmen hat. In diese Zeit fällt auch der stärkere Einfluß, meine ich, von meiner Mutter. Die kommt, was Glauben betrifft, von ihrer eigenen Mutter her. Also ein Glaube, der so ein wenig pietistisch ist, einfache Frömmigkeit, und auch stark geprägt gewesen ist von äußeren Sitten, das und das darf man und das und das darf man nicht, wenn man ein guter Christ sein will. Also, so Gebote, Verbote, das war ziemlich klar, Christsein heißt, daß man eigentlich wenig darf. Heute kann ich darüber lachen, aber ich glaube, daß das schon ein Einfluß gewesen ist, der mich später dann bewogen hat, mich mit manchen Sachen eben sehr intensiv auseinanderzusetzen, weil mir eben dann vieles später fragwürdig wurde. Aber in dieser Zeit wurde es einfach von mir aufgenommen. Das war halt so. Also, da war meine Mutter sicher jetzt in meiner Glaubensgeschichte wichtiger in diesen Jahren, so mit sieben, acht, neun und zehn, als mein Vater. Und dann später in der Pubertät, also ab 12 ungefähr, da wurde dann, glaube ich, wieder der Einfluß meines Vaters stärker. Und was für meinen Glauben da wichtig war, ist, daß mein Vater also einen stärker intellektuell geprägten Glauben hatte und uns mitgegeben hat, daß man über alle Sachen diskutieren darf und soll. Also, daß man sich genauer auch anschauen soll, was man sich persönlich vom christlichen Glauben annehmen will und was nicht. Und er hat sogar, jetzt so aus der Sicht von heute, uns da fast zu wenig von seinen eigenen Überzeugungen mitgegeben, weil er also ganz bestrebt war, uns einen großen Freiraum zu lassen und eben seine Kinder nicht zu irgend etwas hin zu pressen. Was ich auch gut finde. In unserm Haus wurde natürlich von den Erwachsenen gelegentlich diskutiert. In dieser Zeit habe ich das dann eben wahrgenommen. Man orientiert sich auch stärker an den Erwachsenen: Was diskutiert man, was wird da diskutiert über den Glauben. Und da wurden kritische Fragen gestellt. Man setzte sich also mit Hilfe von Verstand und Vernunft mit Problemen der Gegenwart auseinander, und das hat mich also interessiert. Da habe ich sicher mit offenen Ohren oft dabeigesessen. Meine Beiträge waren nicht gefragt als Kind, auch als Jugendlicher eigentlich nicht. Und ich habe in dieser Zeit, heute würde ich sagen leider, keinen so guten Zugang gehabt zu meinem Vater, so daß ich mit ihm diskutieren konnte. Sondern ich habe es halt mehr als Beobachter wahrgenommen, was sich da im Hause abspielte. Wie diskutiert mein Vater, mit welchen Leuten, welche Argumente lehnte er um den Glauben ab. Aber da habe ich, glaube ich, so das mitgenommen, dieses Kritische, Aufgeklärte: Glauben heißt auch, etwas wissen, auch etwas von Geschichte wissen. Glaube heißt differenzieren, Glaube heißt, die Bibel nicht einfach wie ein Kochbuch verwenden, daß jeder Satz wahr ist, sondern etwas kritisch prüfen. Glaube heißt auch, daß Zweifel da sind. Glaube heißt, daß es Atheisten gibt, mit denen man sich auseinanderzusetzen hat, auch geistig. Das war so diese Zeit. Ansonsten war es so, daß ich mich da in dieser Zeit vom Kindergottesdienst, überhaupt von Kirche, relativ fernhielt und es auch im Gottesdienst langweilig fand. Ich muß dazu sagen, daß ich da auch oft im Gottesdienst langweilige Predigten gehört habe, die schon damals wohl nicht besonders waren. Sicher gab es zu dieser Zeit bessere Prediger als die, die ich so erlebt habe.

Der nächste Anknüpfungspunkt war dann wieder der Konfirmandenunterricht, der meinen Glauben geprägt hat. Wobei ich da schon, so mit 14, so weit war, daß ich eigene Urteilsfähigkeit sicher mitbrachte und mir also schon über manche Dinge, die da auftauchten, Gedanken gemacht hatte. Und ich war derjenige, der am meisten gefragt hat, zusammen mit zwei anderen. Es war ein traditioneller Unterricht, wo eben notiert wurde, was der Pfarrer sagt. Vorher hat er das Ganze, was er so vermittelt hat an Stoff, schon mit Geschichten gewürzt, mit persönlichen Erfahrungen. Also ich habe ihn, den Konfirmator, als einen integren Mann empfunden, der auch etwas zu sagen hatte, der auch auf die Fragen von mir einging. Aber es war sehr, sehr traditionell in dieser Zeit. Es war ja immerhin schon Ende der sechziger Jahre. Da war ringsum schon sehr viel in Bewegung, aber er hat den Unterricht so ganz traditionell durchgezogen.

Das war also die Konfirmandenzeit, die ich dann irgendwie so ganz gut hinter mich gebracht habe. Schön war das Zusammensein mit den anderen. Ich kann mich auch so dunkel an eine Freizeit erinnern. Aber für meinen persönlichen Glauben war es nur noch eine Wiederholung von Dingen, die ich vielfach schon wußte, traditionelle Kirchenlehre, und die ich mittels meines Verstandes kritisch prüfte, in dieser Zeit. Und da schien mir vieles eben nicht mehr zeitgemäß zu sein, manches auch fragwürdig.

In dieser Zeit, dann so bißchen später, vielleicht mit 16, war so die Phase, wo ich mich dann mehr an meinen Altersgenossen orientiert habe. Also, da hat man dann mehr mit seinen Kumpels diskutiert oder mit Schülern, die schon zwei Klassen höher waren. Da war das fällig, da hörte man Musik und saß bei billigem Rotwein und hat dann diskutiert über Gott und die Welt, auch über den Glauben. Ich habe in dieser Zeit, da war ich glaub ich so 16, öfter einmal Kontakt gehabt mit einem Mädchen, die etwa gleich alt war wie ich, die mich vertraut gemacht hat mit hinduistischen Gedanken. Wir haben in dieser Zeit unheimlich viel Hesse, Hermann Hesse, gelesen, Siddharta, was ich ganz toll fand. Und sie hatte das tibetanische Totenbuch gelesen und hatte sich mit diesen Dingen befaßt, hat auch Rauschgift genommen und hat da wilde Erfahrungen gemacht. Diese Erfahrungen habe ich so nicht nachvollzogen. Aber es war unheimlich interessant, sich mit jemand ganz anderem auseinanderzusetzen, geistig, und das haben wir dann also schon intensiv gemacht. Und da war es auch so, daß mein Glaube dann stark in Frage gestellt wurde durch sie. Da ging es dann wirklich auch „ans Eingemachte". Und wenn das eben so jemand Gleichaltriges ist, dann ging das schon tief. Klar war auch irgendwie etwas Erotisches noch drin, also Freundschaft, aber es war auch ein toller geistiger Austausch. Das hat mich also bewegt, hat mir Spaß gemacht, hat mich auch manchmal in meine Zweifel gestürzt. Und das hat mir noch einmal zu meiner eigenen christlichen Sozialisation oder zu meiner eigenen christlichen Tradition eine andere Religion zumindest in Ansätzen danebengestellt. Und das find ich schon sehr produktiv, daß ich auch noch etwas anderes, vermittelt durch andere, kennengelernt habe, die sich da heimatlich fühlten. Sie hat diesen hinduistischen Glauben, natürlich in ihrer Version, aber sicher mit den Grundelementen, die dazu passen, sehr ernst genommen und hat auch versucht, danach zu leben.

Ja, das war so mit 16, 17, und da kann ich mich dann erinnern, was für meine Glaubensgeschichte sehr wichtig war, daß ich in dieser Zeit einen ausgezeichneten Religionslehrer hatte. Wir waren damals wohl in der 9., 10. Klasse. 16 war ich, als der kam. In der 9.– 11. Klasse war so eine Phase, wo er da war, in der Schule. Er ging dann weg. Und er hat einen lockeren Unterricht gemacht. Wir waren damals in kleinen Gruppen von 10, 12 Schülern. Und er hatte also einen lockeren Stil und hat uns aber, es war sicher ein problemorientierter Religionsunterricht, und hat uns aber unheimlich viel geistige – also mir jetzt – viel geistige Nahrung gegeben. Und viel Mut, mich auseinanderzusetzen mit eben dieser ganzen biblisch-christlichen Tradition, in der ich groß geworden bin. Aber auch so etwas, wie eine Bestätigung und einen Halt. Also, es gibt außer meinem Elternhaus, das ich da sehr kritisch zeitweilig gesehen habe, auch noch andere Leute, die für mich glaubwürdig waren zu dieser Zeit. Das waren also Christen, aber sehr aufgeweckt und sehr lebendig, und das war für mich sehr wichtig. Also, da wurden Sachen diskutiert, wie Joachim Kahl, Das Elend des Christentums. Also, es wurde die Kritik, die am Christentum da war, formuliert, Ende der 60er, das wurde im Unterricht besprochen. Da wurden Referate drüber gehalten. Wir haben von Tailor gelesen, Die biologische Zeitbombe, oder wie das heißt, und haben uns über diese Dinge unterhalten. Was bedeutet das überhaupt für eine Ethik, und dann auch, was für christliche Werte gibt es, die da in diesem Zusammenhang wichtig sind. Das eine war also der Unterricht. Aber es ging dann auch so bißchen über den Unterricht hinaus. Also, ich kann mich erinnern, daß ich ihn auch ein-, zweimal persönlich besucht habe, daheim, und daß wir geredet haben, einfach erzählt haben. Er hatte einfach ein Charisma, weniger jetzt für die Unterklassen, die haben immer über ihn gestöhnt. Aber so Mittelstufe, Oberstufe, da war er ein unheimlich beliebter Lehrer, der auch bei anderen, die nicht so christlich sozialisiert waren wie ich, unheimlich gut angekommen ist. In diese Zeit fällt auch noch etwas Wichtiges. Das war so das zweite Standbein: Schulgottesdienste. Wir hatten ein Team und eine Band, und es wurden neue Lieder gesungen. Man hat versucht, Texte zu finden oder Texte selber zu formulieren. Also es war da schon Drive drin für uns, die wir es mit vorbereitet haben. Das war für uns sehr wichtig. Das war ja auch was ganz Praktisches, wo wir uns auf die Suche machen konnten. Ja, gut, Glaubensgeschichte, das war also diese kritische Phase, zu der aber eben dann doch durch den Religionsunterricht, durch Schulgottesdienste und so, dann auch was Bestätigendes dazu gekommen ist. Also der Glaube kann und muß sich entwickeln, er muß sich kritischen Fragen unterziehen, aber er kann auch tragen. Das habe ich da nahegebracht bekommen, an diesem Jesus von Nazareth ist etwas dran. Er ist kein lammfrommer Typ, der alles mitmacht, sondern er ist eher ein Revolutionär, der viel über den Haufen wirft, aber der einem auch Mut macht, man selbst zu sein, zu leben, so etwas wie Sinn im Leben zu finden. Das war für mich also sehr prägend, sehr wichtig. Ich habe mich dann, wohl auch stark mit beeinflußt durch diesen Lehrer, entschlossen, da war er aber allerdings schon nicht mehr mein Lehrer, da war er nicht mehr da an der Schule. Er war wieder nach Kissing zurückgegangen, so in der 12. Klasse, Theologie zu studieren. Und jetzt könnte man es also vielleicht berufs- und glaubensgeschichtlich ein wenig sich überlappen lassen. Das geht dann so in die Berufsgeschichte noch hinein. Ich will also nicht extra jetzt absetzen. Dieser Entschluß, zunächst einmal Theologie zu studieren, geschah in dem Bewußtsein, ich möchte für mich persönlich herausfinden, was ist an diesem Christentum dran für mich, was nicht. Das war also noch keineswegs mit dem Gedanken verbunden, du wirst einmal Pfarrer sein oder so, oder du wirst einmal im kirchlichen Bereich arbeiten.

Das hatte ich eigentlich eher nicht vor, sondern ich wollte zunächst einmal in Theologie einsteigen. Welche Alternativen hätte es gegeben? Die Alternativen, die ich mir damals überlegt habe, waren Journalismus oder Literaturgeschichte, Germanistik. Also, ich hatte immer eine sehr gute Beziehung zur Sprache, ich habe immer sehr gute Aufsätze geschrieben. Ich hatte auch eine gewisse Sprachbegabung, obwohl ich da recht faul war. Aber diese Seite ist mir immer leicht gefallen. Also wäre die Alternative in diesem Bereich für mich gelegen. Ich hatte am Anfang auch immer vor, neben Theologie noch Kommunikationswissenschaften oder irgendein anderes Fach zu studieren. Das habe ich aber nie geschafft. Das wollte ich eigentlich immer. Das war immer mein Ziel. Zunächst habe ich dann das Abitur gemacht und habe das auch immer genossen, daß ich keinen Numerus clausus zu bestehen hatte, und habe so ganz individuell mir meine Lernportionen eingeteilt und habe mich über die anderen amüsiert, die Einsernoten haben mußten. Und war dadurch ganz munter in dieser Zeit. Dann begann das Studium, was für mich am Anfang noch mit Elternhaus verbunden war. Ich war also noch zu Hause, bin mit der Bahn in die Universität gefahren. Und das war ja eine Zeit, wo mein Vater an der Uni war. So bin ich also wieder auch auf Vaters Spuren – an der Universität natürlich gestoßen – klar, und es war zunächst einmal eine Zeit auch, wo ich dann meine spätere Frau kennenlernte, ziemlich am Anfang des Studiums. Mit ihr habe ich dann auch praktisch mehr oder minder zusammengelebt. Dadurch gab es dann auch eine starke Ablösung vom Elternhaus. Ich bin dann auch von zu Hause ausgezogen, hatte eine eigene winzige Wohnung. Ich war dann natürlich auch öfters bei meiner zukünftigen Frau und habe dort auch manchmal Tage verbracht und auch Nächte, klar. Es war so eine Zeit der Abnabelung. Insgesamt war das eine spannungsvolle Zeit, würde ich sagen, auch dadurch, daß meine zukünftige Frau sehr temperamentvoll war, meinen Eltern nicht paßte. Sie war nicht so eine Lammfromme, wie sie sich für ihren Sohn ausgedacht hatten, offensichtlich, die auch gar nicht so eine christliche Sozialisation mitbrachte, sondern eher einen harten Katholizismus, den sie eigentlich innerlich nicht so toll fand.

Ja, wie sah es an der Uni aus? Ich habe also intensiv die Sprachen studiert und habe die nötigen Prüfungen auch bewältigt. Ich hatte am Anfang viele, relativ viele Freunde, die diese Sprachen dann nicht gepackt haben und dann zum Teil von Theologie absprangen. Aber da war ich dann ehrgeizig genug, daß ich gesagt habe, das wird jetzt durchgezogen und fertig. Was schade war, daß ich diese Leute dann aus dem Blick verlor, daß wir dann auseinandergingen. Also die Anfänge, die ja immer spannend sind und wo man neue Leute kennenlernt und interessante Leute, das hat sich dann eben ein bißchen verlaufen dadurch, daß eben manch andere es nicht gepackt haben, und dann doch noch einmal Griechisch machen mußten. Ich hatte es hinter mir, habe dann Hebräisch gemacht mit allen Punkten. Ich habe mich in dieser Zeit auch mehr zu den Leuten gehalten, die auch so wenig kritisch waren und ihren eigenen Weg gehen wollten, und wo noch nicht alles klar war, die ganze Berufslaufbahn vor ihnen lag, sondern wo es auch eine Lust war, sich eben mit Theologie auseinanderzusetzen. Am Anfang habe ich mich eigentlich auf die Sprachen konzentriert, habe aber mich dann auch ganz früh mit praktischer Theologie befaßt und mit Exegese, also Textauslegung, Neues Testament. Das waren so die Anfänge. Ich habe an der Universität eine Art Theologie kennengelernt, die sehr verkopft war. Auch und gerade in der systematischen Theologie, die für mich schon immer so ein wenig die Königin dieser Wissenschaft Theologie war, die mich einesteils fasziniert, andernteils durch die Professoren, die das gelehrt haben, aber abgeschreckt hat, die mir sehr fragwürdig vorkam. Eine sehr verkopfte, komplizierte Materie war das für mich, die mir schwergefallen ist. Und es gab wirklich immer so ein paar Überflieger in irgendwelchen Seminaren, die mir über waren und die viel gescheitere Fragen stellen konnten als ich. Und ich habe mir gedacht, o Gott, o Gott, o Gott, sind die schon weit, haben die schon viel gelesen, und wo krebst du noch herum. Aber andererseits habe ich mir dann so meine eigenen Gedanken zu machen versucht und habe versucht zu sortieren. Was ist dir persönlich wichtig.

Also, in der Studienzeit war es für mich nicht so, daß das – wie es manch andere erzählt oder erlebt haben – die harte Prüfung des persönlichen Glaubens wurde. Sondern die harten Prüfungen, die lagen bei mir deutlich vorher. Eben so mit 16, 17, wo ich mich stärker auseinandersetzen mußte als jetzt im Studium, weil ich die kritischen Argumente und die Zweifel schon kannte. Das war mir also nichts Neues, und ich wurde dadurch auch nicht in irgendwelche Abgründe gestürzt, sondern habe eben versucht, mein eigenes theologisches Weltbild ein wenig aufzubauen. Ich habe von Anfang an mich viel mit Paul Tillich befaßt. Wenn man jetzt fragt nach dem Studium, was war prägend in diesem Studium, dann kann ich sagen, daß mich die Beschäftigung mit Tillich sehr geprägt hat. Wir hatten auch eine Arbeitsgruppe. Es wurde über seine Ansätze diskutiert, er wurde in Frage gestellt. Aber mit ein paar anderen habe ich da so eine Weite der Gedanken gefunden und eine erstaunliche, moderne Sprache, wo manch andere Theologie doch sehr traditionell war und trocken , zum Teil auch kirchlich. Also der Tillich war mehr ein Philosoph unter den Theologen, so haben wir es damals empfunden. Das hat uns aber sehr angesprochen. Damit haben wir uns dann auch intensiv befaßt. Von den theologischen Lehrern, die ich kennengelernt habe, war ich nicht so arg beeinflußt oder beeindruckt. Zwei von ihnen waren so die Könige an der Fakultät, unumstritten eigentlich. Zu denen habe ich aber persönlich keine Beziehung gehabt und auch keine gefunden, wie manch andere, die sich da so richtig hineingesteigert haben. Das habe ich nicht gemacht, das habe ich eigentlich abgelehnt. Vielleicht war das auch so ein verborgener Autoritätskonflikt. Das war für mich also nicht so einfach, dann auch als der Sohn eines Professors da irgendwie damit klar zu kommen. Auch den anderen Professoren gegenüber hatte ich also deutliche Reserven, und ich habe mich da ziemlich ferngehalten. Ich habe also da auch nicht die geistige Auseinandersetzung gesucht, habe mich auch nicht getraut, muß ich sagen. Ich hatte das Gefühl, also die sind so gescheit, wenn du mit denen diskutieren willst über deinen persönlichen Glauben, deine Theologie, dann mußt du wirklich lange hingearbeitet haben.

Natürlich war die Kehrseite, ich hatte da schon so einige, wenige Freunde, daß wir uns dann auch das Maul zerrissen haben über die. Wir haben uns lustig gemacht und haben gesagt, als der schaut aus wie ein kleiner Konfirmand, mein Gott, was hat er alles im Kopf, aber was hat er sonst alles nicht. So haben wir versucht, das Ganze etwas satirisch zu betrachten und uns nicht in diesen etablierten Unibetrieb fraglos, klaglos zu integrieren. Das war uns immer zuwider. Wir hockten statt dessen stundenlang in irgendwelchen Kneipen herum, so wie es eben die Normalstudenten, die nicht schon auf ein Diplom oder einen Doktortitel spekulierten, getan haben. Insofern war das auch eine Zeit, die ich dann wieder genossen habe. Und die dann für mich schön war. Auch bei aller Spannung, die da in der ganzen Sache trotzdem drin war. Ich habe dann einige Semester an dieser Uni studiert. Das war so in der Mitte des Studiums, wo ich dann schon einiges mitbekommen hatte. Ich hatte ein gutes praktisches Proseminar absolviert, ich hatte ein gutes neutestamentliches Proseminar absolviert, wo ich auch in der Arbeit endlich mal einen Einser schrieb. Und wo der Assistent gesagt hat, Sie haben das Wesentliche erfaßt. Da wurden also nicht mehr Härchen geklaubt, und das hat mir imponiert, das hat mir Spaß gemacht, weil das sonst bei den anderen Exegeten überhaupt nicht der Fall war. Entweder waren es Chaoten, die nichts vermitteln konnten. Oder sie waren so in ihrem Sumpf drin, daß ich da über die Leute, die mir das eigentlich im Studium vermitteln sollten, keinen Zugang zur Thematik gefunden habe. Ich habe dann gelesen und habe versucht, mich mit den wesentlichen Gedanken vertraut zu machen. Ich bin dann nach Tübingen gegangen ein Jahr. Das war in jeder Weise wichtig für mich. Ich habe andere Theologen kennengelernt, habe den Moltmann kennengelernt, ein wenig auch den Küng, habe den Jüngel kennengelernt, den Stuhlmacher. Ich habe mich in dieser Zeit in Tübingen stark mit Rudolf Bultmann und mit Karl Barth beschäftigt. Also über den Tillich dann wohl hinausgehend, habe ich mich mit diesen beiden Theologen ziemlich befaßt, bei Moltmann ein Seminar gemacht über Karl Barths Prädestinationslehre. Und bei dem Stuhlmacher habe ich über Rudolf Bultmanns NT-Theologie ein Seminar gemacht. Der Käsemann war leider nicht mehr da. Der hatte mich interessiert, von dem, was er geschrieben hat. Aber der war damals schon emeritiert. In Tübingen war die Situation anders, ich habe also eine andere Theologie kennengelernt. Ich war durch den Moltmann sehr angeregt, muß ich sagen. Also diese Art Theologie zu treiben, hat mir imponiert, das gesellschaftspolitisch Engagierte, auch der Versuch, traditionelle Dogmatik in einer Sprache von heute zu vermitteln, Probleme aufzuarbeiten, neue Wege nach vorn zu suchen. Also, es war noch diese Theologie der Hoffnung. O.k., der Gekreuzigte Gott, den hat er wohl damals auch schon geschrieben gehabt. Und er hat sich mit Trinitätslehre befaßt, die ich bei ihm gehört habe. Also es war schon eine Substanz da, mit der man sich auseinandersetzen konnte. Was ich dann auch getan habe. Ich habe dann auch bei Moltmann eine Arbeit geschrieben, beim Stuhlmacher auch, mit unterschiedlichem Erfolg, aber es hat mich auf jeden Fall theologisch weitergebracht. Ich habe dort in Tübingen mich wohl gefühlt. Privat gab es einige Spannung. Meine künftige Frau konnte wegen ihrer Arbeitsstelle nicht mitkommen, ich war in Tübingen allein, eigentlich wollte sie mich nicht gehen lassen. Aber es war schön dann, wenn sie zu mir kam oder wenn ich zu ihr kam. Insgesamt aber war Tübingen eine Massenuniversität, noch stärker als da, wo ich vorher war. So hatte ich das Gefühl, daß du als einzelner in diesem Theologiestudium eigentlich nicht ausgebildet wirst durch theologische Lehrer, sondern daß du nur versuchen kannst, so als einer in einer Masse da mitzugehen und für dich jetzt etwas zu holen. Es war also keinem möglich, ein persönliches Verhältnis zu den Lehrenden zu bekommen. Gut, wir gingen einmal mit dem Moltmann auf der Straße und haben uns eine halbe Stunde unterhalten, und er war offen und ging auch auf uns zu und hat dann mit uns geredet, was ich auch gut fand. Und dann haben wir auch mehr bei ihm im Seminar uns engagiert und haben stärker auf ein Thema vorbereitet und auch etwas gesagt. Dadurch waren wir im Dialog mit ihm. Er hat dann auch seine Meinung dazu gesagt. Aber es war nicht so, daß man eben Zeit hatte, mit so einem Prof. mal in einer Runde von 10 Leuten zu sitzen und einen Nachmittag lang zu diskutieren. Mit manchen Leuten ist man hinterher noch nach den Veranstaltungen in eine Kneipe gegangen. Dann wurde da diskutiert. Aber das war mehr mit den Assistenten als mit den Professoren. Also diese Massenuniversität, das hat mir zu schaffen gemacht. Da habe ich das Gefühl gehabt, dadurch, daß ich doch mehr so jetzt von meiner Glaubensgeschichte auch immer stark durch Personen geprägt war und von denen Wesentliches immer erfahren habe und mit denen auch in der Diskussion und in der Auseinandersetzung stand – das heißt mit meinem Vater und dem Religionslehrer oder so –, daß mir da etwas fehlt, was eigentlich wichtig wäre in dieser theologischen Ausbildung. Ich bin dann wieder zurückgegangen. Da war dann schon das letzte Drittel meines Studiums angebrochen. Ich habe dort noch einmal den Käsemann kennengelernt, auch persönlich. Ich habe da die Fachschaftszeitung eine Zeitlang mit herausgegeben. Und da sind wir einmal zu ihm hingegangen und haben auch über die theologische Ausbildung mit ihm gesprochen. Ich habe mich da sehr bestätigt gefühlt durch das, was er uns sagte. Und die Meinung war, ordentlich ausgebildet als Theologen, so wie es früher war, daß man bestimmte Schulen kannte und daß man bestimmte wichtige Grunddaten einfach intus hatte und das gelernt hatte, so ist es heute nicht mehr. „Sie sind in einer Massenuniversität. Ich kann Ihnen nur raten, versuchen Sie, so gut Sie es können, sich mit einigen theologischen Grundproblemen vertraut zu machen, holen Sie sich, was Sie können, aber ich sage Ihnen gleich, daß ich diese Art von Theologie und Vermittlung der Theologie für eine Katastrophe halte." Also das hat er uns so gesagt. Und das hat mir imponiert, wie auch so die ganze Person, das, was er da so vermittelt hat. Mir hat auch dieses sehr Kritische, auch Kirchenkritische und Universitätskritische sehr imponiert bei ihm. Also, da hatte ich das Gefühl. Aha, das ist ein Mann, der hat so ungefähr die gleiche Einstellung wie du. Diese Masse, diese Eintönigkeit in diesem Studium, dieses sich vielfach durch theologische Spitzfindigkeiten und nur durch Fleiß Hindurcharbeiten, das liegt mir nicht, und das ist auch das, was der Käsemann da jetzt für mich so griffig formuliert hatte, daß man da in der Ausbildung sozusagen selber schaun mußte, wo man bleibt, und von den Herren Professoren wenig bekam. Ich habe mich dann noch einmal mit systematischer Theologie befaßt in dieser Zeit, bin auch noch einmal in die praktische Theologie eingestiegen, habe in dieser Zeit ein Konfirmandenpraktikum gemacht, das auch wichtig war, das mich sehr beeindruckt hat. Da arbeitete ich bei einem aufgeklärten, flotten Theologen mit, der es auch unheimlich verstanden hat, mit Jugendlichen umzugehen, der sehr frei auch in seinem Unterricht war, dialogfähig, der mich da auch ganz gut begleitet hat. Aber es war auch eine Zeit, wo ich gemerkt habe, wo ich auch persönlich Probleme hatte, meine Theologie zu formulieren und aus mir herauszugehen. Das war eine Zeit des introvertiert für sich Lernens und vielleicht in kleinen Grüppchen. Aber so einmal auch an die halbe Öffentlichkeit zu treten oder so in einem größeren Rahmen und was Griffiges zu machen oder Einsichten festzuhalten, das war selten. Oder auch einmal zu formulieren und festzuhalten, mit anderen gemeinsam, was in der Theologie anders laufen sollte, das habe ich nicht geschafft. Und soweit ich sehen konnte, die anderen auch nicht, die so mit mir einer Meinung waren. Das würde ich also im nachhinein als ein Manko ansehen. Daß ich da keinen Mentor oder keine Mentoren hatte, seien es ältere Studenten oder Assistenten oder Profs, die mir da Anleitung gegeben hätten. Das habe ich stark vermißt. Gut, durch den Gemeindepfarrer kam also diese schöne Praxiserfahrung dazu. Dann habe ich beim Praktologen ein Konfirmandenunterrichtsseminar gemacht, da kam die Theorie dazu, und das war wieder was Wichtiges. Verbindung Praxis – Theorie kennenlernen, also reflektieren, in der Praxis was machen, Erfahrung sammeln, die Erfahrung wieder reflektieren, damit noch mal ins Seminar gehen. Und das diskutieren. Das habe ich da dann doch intensiv gelernt, und das ist mir für meine ganze Berufspraxis eben wichtig geworden, daß man es eigentlich so auch machen sollte. Ich habe dann mein Examen gemacht, damit kam der Schluß der Studienzeit. Das Examen hat mich einige Magenschmerzen gekostet, also das war auch eine persönliche Überlastung, die deutlich war, mit der ich lange herumgedoktert habe. Das war sicher etwas Psychosomatisches, also dieser Streß und dieser Vater im Hintergrund, der immer überall so als Einserkandidat durchlief und alles ganz toll machte. So hat er es zumindest behauptet, vielleicht sind da Zweifel auch einmal angebracht. Aber er eben, das war da noch sicher stark in mir. Ich konnte mich da noch nicht so gut damit auseinandersetzen. Das kam erst später. Also, es war eine Zeit, die dadurch auch so ein wenig belastet war. Aber irgendwann hatte ich dann das Gefühl, o.k., jetzt mußt du es machen, das Examen, sonst schaffst du es nicht mehr. Ich habe dann doch nach 12 Semestern, was eine normale Studienzeit ist, wenn man bedenkt, daß ich Griechisch und Hebräisch nachlernen mußte, mein Examen gemacht und habe es ordentlich bestanden. Ich war also wohl am Ende des ersten Drittels, wenn man so drittelt. Es waren also sicher einige, die noch besser waren, aber ich habe so im Rahmen meiner Möglichkeiten das ganz gut gemacht.

Wir haben noch lange Urlaub gemacht, und dann kam ein großer Sprung, muß ich sagen, in die Vikarszeit. Das war ein großer Sprung für mich, weg von der Uni in die Praxis. Und es war auch schon in manchen Bereichen ein deutlicher Praxisschock. Es war jetzt für mich weniger schwierig, z.B. im gottesdienstlichen Bereich auch mal eine Predigt auszuarbeiten und zu halten. Oder auch die Liturgie da irgendwie zu lernen. Das hat mich weniger in Anspruch genommen als zum Beispiel Schule. Also, vor einer Klasse stehen und denen etwas vermitteln, 5., 6. Klasse, 7. Klasse, hippelige Schüler, zum Teil auch verhaltensauffällige, mit Disziplinproblemen sich herumzuquälen, ein schönes Konzept zu haben und dann zu merken, so geht es nicht. Da habe ich durch meinen Mentor in diesem Schulbereich wohl zu wenig Unterstützung gehabt. Er hat mir dann eine Klasse wieder abgenommen, weil er gesehen hat, das pack ich nicht. Das fand ich auch gut. Er hat gesagt: „Also ich sehe, es geht noch nicht, Sie arbeiten sich da auf und kommen nicht durch. Jetzt nehme ich die ‘mal wieder, und dann machen Sie da und da weiter.“

Ja, wie war die Sache mit meinem Mentor?

Am Anfang vorsichtig, distanziert ein bißchen, tastend, aber an manchen Ecken und Enden doch auch freundlich. Gesprächsbereitschaft von ihm. Es hat Zeit gebraucht, bis wir uns aneinander gewöhnt hatten, auch persönlich, und dann kam so eine Wohnungsgeschichte noch. Die Vikarswohnung war unter aller Sau, ich wollt da nicht hineinziehen. Wir hatten kurz vorher geheiratet, vor dem Berufsanfang. Wir wollten also in diese Bruchbude nicht einziehen, das war ihm wieder nicht recht. Da blieben wir in unserer alten Wohnung, die war nicht allzuweit entfernt. Das hatte er dann innerlich nach einer gewissen Zeit akzeptiert, weil er gesehen hat, daß ich trotzdem komme und mich damit auseinandersetze. Die Vikarszeit war eine intensive Lernzeit. Manches war bedrohlich, zum Beispiel Schulunterricht. Manches war nicht einfach, zum Beispiel Jugendgruppe leiten, mit Jugendlichen umzugehen, schaun, wie die sind. Einmal kamen fünf, einmal kamen sieben, mal kamen zwei, also, es war oft eine schwierige Gemeinde. Es war nicht einfach, von den Zahlen her etwas zu machen. Aber andere Sachen habe ich gut gelernt dort. Es war eine sehr gute Konfirmandenarbeit, die wir gemacht haben, mit einer starken Konfirmandenelternarbeit. Konfirmandeneltern wurden zugerüstet als Mentoren, drei Unterrichtseinheiten zu machen mit Kleingruppen von Konfirmanden, alles mit wahnsinnig viel Arbeit verbunden. Aber ich habe da auch Entwürfe vorgelegt für die Eltern, dann wurde diskutiert, wurde wieder verbessert. Also, war schon eine intensive Arbeit, die mich auch sehr motiviert hat, muß ich sagen. Und ich hatte dann schon das Gefühl, daß mein Mentor mich schätzt und daß er mich irgendwie auch akzeptiert, daß er mich meinen Weg gehen lassen kann und daß er mir aber auch viel zeigt und beibringt. In manchem übergenau, in manchem auch zu ernst und zu schwer. Ich habe auch gespürt, daß er schon viel trägt und sich auch überbelastet durch das immense Pensum, das er so im Detail dann geleistet hat, weil er auch so perfektionistisch in manchem gewesen ist. Aber wir haben miteinander – je länger, je mehr – uns zusammengerauft und sind richtig gut zusammengewachsen. Wir waren am Schluß ein wirklich gutes Team. Wir haben zusammen Kirchenvorsteherwochenenden vorbereitet. Und es wurde diskutiert, wie macht man was am besten, didaktisch, auch pädagogisch, also es war eine insgesamt gute Lernzeit für mich, aus der ich sehr viel mitgenommen habe.

Wie war das Predigerseminar? So ein anderer Schwerpunkt in der Vikarszeit? Schön war die Gemeinschaft dort, schön war, daß ich neue Leute kennenlernte, mit denen mich zum Teil heute noch eine Freundschaft verbindet. Schön war das Herauskommen aus der Praxis, um noch einmal reflektieren zu können. Etwas schwierig war die Beziehung zum PS-Leiter, überhaupt zur Leitung des Predigerseminars, das da neu aufgebaut wurde.

Wir waren der erste Kurs im neuen PS. Die waren noch etwas ungeübt und sind auch zum Teil dilettantisch mit uns umgegangen. Sie haben wenig gruppendynamische Erfahrung mitgebracht, so daß wir die manchmal auch regelrecht auseinandergenommen haben. Oder wir hatten das Gefühl, jetzt dürfen wir nichts mehr sagen, sonst klappen unsere Leiter zusammen. Das haben wir dann auch gelassen. Jedenfalls war es doch so, daß mich diese Zeit motiviert hat, jetzt zunächst einmal bei diesem Beruf Pfarrer zu bleiben. Ich habe auch gemerkt, daß ich durchaus manche Gaben mitbringe, die mir in diesem Beruf zugute kommen werden. Also, daß ich Freude habe, etwas zu formulieren, daß auch die Menschen Rückmeldungen geben, die Gemeindeglieder, die zum Teil recht positiv sind. Ich hatte das Gefühl, als Vikar hat man eine gewisse Narrenfreiheit. Man wird längst nicht so kritisiert wie der Gemeindepfarrer, wie mein Mentor, sondern man wird mit einem gewissen Wohlwollen betrachtet. Aha, das ist der Vikar, und der lernt noch und der darf ruhig auch mal etwas sagen, was in manchen Augen schräg klingt.

Ich habe aber auch schon das andere erfahren, die negative Kritik, sich auseinandersetzen müssen. Das war mit konservativen Gemeindegliedern. Mit denen bin ich einmal aneinandergeraten. Ich habe Predigtnachgespräch gemacht nach meinen Gottesdiensten, ganze Serien, wo ich auch lernen mußte, mit Kritik aus der Gemeinde umzugehen und damit klarzukommen. Aber es waren doch insgesamt Erfahrungen, die mich eher ermutigt haben, bei dem Beruf Pfarrer zu bleiben. Und nicht auszusteigen oder etwas anderes zu machen. Ja, das war so die Vikarszeit. Das muß man vielleicht noch dazu sagen. Es war ein Vorort der Großstadt mit sozialen Problemen, mit einer wahnsinnig kritischen Jugendsituation dort, Jugendbanden, die auch einmal das Jugendzentrum anzündeten, gewalttätig wurden, wo einige ins kriminelle Milieu absackten. So manche Randsiedler habe ich dann auch in der Jugendarbeit mitgekriegt, die waren aber dann schnell wieder von der Kirche weg. Das war eine brisante Mischung. In der Gemeinde war eine gute Bandbreite der Bevölkerung vertreten, sowohl Akademiker als auch einfache Leute. Es war also eine relativ gut gefächerte Situation, wo ich verschiedene Leute verschieden ansprechen mußte und konnte.

Dann Z.A.-Zeit. Die Anfänge waren etwas schwierig dadurch, daß meine Frau noch gependelt ist und gearbeitet hat. Also, familiär war es nicht so ganz einfach zu starten. Aber ich habe mich eigentlich doch relativ schnell wohlgefühlt, habe mich an die Diaspora gewöhnt, habe mich an die Entfernungen gewöhnt, daran, daß ich doch etwas mehr Verantwortung habe als Pfarrer z. A. wie als Vikar, daß man nicht mehr so behütet ist, daß man auch selber schaun muß, wo liegen die Schwerpunkte, welche Ideen willst du einbringen. Ich habe diese Gemeinde als ein sehr offenes Feld empfunden. Wo vieles möglich ist, wo auf der anderen Seite auch signifikante Probleme sind. Wo man Sachen anbietet, wo dann zwei, drei Leute kommen, wo in Gottesdiensten zwölf alte Weiblein saßen am Anfang und das nächste Mal acht alte

Weiblein und dann vielleicht 'mal fünfzehn. Ich denke aber, daß ich da gut reingewachsen bin. Die Zusammenarbeit fand ich von Anfang an sehr positiv. Ich hatte das Gefühl, daß ich nicht in eine Rolle gepreßt werde, sondern daß ich so sein kann, wie ich bin, und daß ich mich entfalten, entwickeln kann. Und daß die Herausforderung eher in der Gemeindesituation liegt. Daß es darauf ankommt, in der Diaspora etwas auf die Beine zu stellen, Anstöße zu geben, so Gemeindeentwicklung, Gemeindewachstum. Auch als der neue Vikar dazukam, änderte sich da nichts, wurde der Kreis erweitert. Auch der Kirchenvorstand ging sehr offen auf uns zu. Was mich am Anfang fast erschreckt hat, aber dann habe ich gemerkt, das ist wirklich so gemeint. Und da habe ich mich dann auch getragen gefühlt: durch die Mitarbeiter, durch den Kirchenvorstand, die Kollegen, also auf der Seite hat es gestimmt. Und die Herausforderungen lagen woanders, eben in der Gemeindesituation oder an Einzelpersonen. Das hat unnötige Konflikte verursacht, die alle einiges gekostet haben, mich auch persönlich. Also, das Echo in der Gemeinde war wohl doppelt, würde ich sagen. Auf der einen Seite hat man gemerkt, der ist gar nicht so viel anders wie unser Pfarrer, weil er auch manchmal politisch etwas deutlich in seinen Predigten unterbringen kann und weil er eher auch so rotgrün angehaucht ist. Die ziehen an einem Strang. Aber das hat natürlich manche Leute irritiert und auch abgehalten mitzumachen. Auf der anderen Seite hat es mir Wege geebnet, deutlich. Es fiel in diese Zeit Tschernobyl, es fiel in diese Zeit dieser ganze Aufbruch mit dieser Elterngruppe, wo ich versucht habe, mich von Anfang an einzubringen, zu engagieren, die zu begleiten, aber selber auch ein Teil der Gruppe zu sein, also ein Mitarbeiter unter Mitarbeitern. Und ich denke, das war so ein Schlüsselereignis, daß doch die Gemeindesituation insgesamt geprägt hat, was über mein Dasein so ein bißchen hinausgewirkt hat, weil ich Leute erreicht habe, die vorher nicht in der Kirche präsent waren. Und die sich dann zum Teil auch engagiert haben. Und das war etwas, was mich persönlich auch sehr weitergebracht hat, was mir viel gegeben hat, wo ich auch viel investiert habe, viel Zeit, viel Kraft. Der Thomas wurde da geboren, also auch die familiäre Situation muß man da immer berücksichtigen. In dieser Zeit hatte ich auch Gelegenheit, ein tiefenpsychologisch orientiertes Seminar in Gesprächstherapie mitzumachen, vier Jahre lang. Das war für meinen Glauben, für meinen Beruf und auch für meine persönliche Entwicklung noch einmal ein wesentlicher Wachstumsring. Da habe ich einen anderen Zugang zur Welt gefunden und bin persönlich deutlich gewachsen. Ich habe es gelernt, besser mit mir umzugehen, besser auch manchmal mit anderen umzugehen, obwohl ich dadurch nicht unbedingt handsamer geworden bin. Das wohl weniger, aber da lagen für mich jetzt auch nicht die zentralen Probleme. Ich glaub, daß ich schon immer ganz gut irgendwie mit andern Menschen umgehen kann. Wo eine gewisse Basis da ist, da fällt mir das nicht schwer. Aber das persönliche Wachstum, mit psychosomatischen Problemen wie Magenschmerzen, Brustschmerzen umgehen lernen, das abbauen können, dann wieder zur Gesundheit finden, also sich mit Krankheit und Gesundheit auseinandersetzen, das war auf der Ebene der Therapie stark. Sich auch mit Eheproblemen auseinandersetzen können.

Aber wenn man jetzt fragt, was für heute wichtig wäre, solche Punkte sollte man nicht alleine tragen müssen, finanziell, weil sie für den Beruf so wichtig sind. Man sollte bei solchen Ausbildungen oder Therapien zumindest die Hälfte ersetzt bekommen oder auch Leute vermittelt bekommen, die mit der Kasse abrechnen oder wie auch immer. Zum Teil ist man da heute schon auf dem richtigen Weg, meine ich, mit Supervision, das geht alles in diese Richtung. Daß man da begleitet wird. In dieser Zeit war auch gut diese FEA-Gruppe, Fortbildungsgruppe für Pfarrer in den ersten Amtsjahren. Das war etwas, was ich nicht missen möchte und was eigentlich irgendwie weitergehen müßte. Daß man also auch als gestandener Pfarrer, der ich nun nach 10 Berufspraxisjahren irgendwie schon bin, in weiten Bereichen, wenn man von Pfarramtsführung absieht, mit der ich mich noch nicht befassen mußte, daß man da auch so eine Gruppe braucht und Begleitung braucht und Anleitung auch irgendwo noch braucht, durch erfahrene Pfarrer. Und sei es nur, daß man eben einfach im Dialog mit denen bleibt, das müssen nicht besondere theologische oder psychologische Cracks sein, das erwarte ich gar nicht. Aber den Dialog mit den anderen gleichaltrigen Pfarrerinnen und Pfarrern in einer Fortbildungsgruppe, den vermisse ich.

Das Pfarrkapitel kann diese Aufgabe im allgemeinen nicht übernehmen. Das Pfarrkapitel ist in der Regel zu groß, zu unüberschaubar. Es werden auch zu viele Dinge verhandelt, die wirklich um den praktischen Vollzug des Berufes gehen und die jetzt für das persönliche Wachstum, für das spirituelle Wachstum meines Erachtens nicht so wichtig sind. Da meine ich, könnte man also noch von der Konzeption der Fortbildung, die ich für die FEA-Zeit unheimlich gelungen fand und anregend und wichtig. Hier weiterschreiten, auch unter finanziellem Aufwand, das wäre es wert, meine ich.

Ja, wie geht es mir mit dem eigenen Amt?

Also in der Z.A.-Zeit habe ich mich relativ frei in meinem Amt gefühlt, habe ich mich nicht durch Tradition so stark festgelegt gefühlt oder durch Kollegen oder sonst wie und hatte das Gefühl, das eigentliche Problem des Amtes liegt jetzt nicht auf der kollegialen Ebene, auf der Mitarbeiterebene – von wenigen Ausnahmen abgesehen –, sondern in der Frage, wie man eben in dieser säkularisierten Zeit Gemeindearbeit betreiben kann. An dieser Stelle kann man auch den Sprung machen zur ersten eigenen Pfarrstelle, auf die man sich bewirbt, wo man dann hingeht. Dort empfinde ich die ganze Situation deutlich anders. Die Erwartungen der Gemeinde sind deutlich konservativer, die Bandbreite ist geringer, die Flexibilität auch wohl, die Schatten der Vergangenheit sind sehr mächtig durch die Vorgänger, durch einzelne herausragende Persönlichkeiten, die diese Gemeinde geprägt haben und die diese Menschen auch auf sich fixiert haben. Ich bin deutlich anonymer dort, als Pfarrer in der Großstadt. Auf dem Land, auch in der Diaspora, hatte ich das Gefühl, so nach drei Jahren wußte man, das ist der evangelische Pfarrer, der junge Pfarrer. Die einen haben gesagt, der ist so, die anderen, der ist so, aber man hatte irgendwie ein Image, einen Bekanntheitsgrad. Man wurde zu den Feuerwehrfesten eingeladen, zu Vereinsjubiläen, zu Einweihungen, alle selbstverständlich mit ökumenischem Gottesdienst. In der Großstadt herrscht stärkere Anonymität, das Verhältnis zu den Kollegen ist komplizierter. Da ist zum Teil mehr Spannung drin, aber bei mir auch nicht die Lust vorhanden, mich mit denen auseinanderzusetzen, weil ich das Gefühl habe manchmal, daß es sich nicht lohnt, weil die älter sind, festgelegter als ich und weil die einen anderen Status in der Gemeinde anstreben, nach meinem Gefühl. Also, die sind noch mehr traditionell mit der Pfarrerrolle verwachsen, mit der Rolle des Pfarrherren, was ich nicht bin. Sie sind wohl methodisch flexibel, sie sind beide gebildet, auch theologisch, zum Teil jedenfalls, sie haben auch ihre Schwerpunkte, wo sie etwas können, was ich auch akzeptiere. Aber sie sind nicht so, wie ich mir Pfarrer vorstelle: fröhliche Partisanen Gottes zwischen allen Linien, die etwas anregen, die mal quergehen, die Ungewöhnliches ausprobieren, die auch ‘mal den Mut haben, sich in die Nesseln zu setzen, etwas Unbequemes zu sagen. So sind sie nicht. Ich empfinde sie als angepaßter, dem System angepaßter. Und das spüre ich jetzt im Pfarramt dort deutlich, das System saugt einen fast auf. Man muß sich gegen das System innerlich und auch manchmal nach außen deutlich abgrenzen. Das habe ich als Pfarrer z. A. nicht so empfunden. Da krähte auch kein Dekan nach mir. Die Situation ist jetzt deutlich anders. Daß man jemand hat, der einem auf die Finger schaut, der mir zwar nicht hineinquatscht – das steht ihm auch nicht zu, als Pfarrer sind wir auch Kollegen –, aber wo man doch das Gefühl hat, daß da deutliche Grenzen – Entwicklungsgrenzen – für mich sind und auch so Reservate, wo man machen kann, was man möchte, und dann deutlich andere Bereiche, wo nichts möglich ist. Der Kirchenvorstand ist zu zwei Dritteln ein repräsentativer Honoratiorenclub, mit gesellschaftlich bedeutenden Leuten, die gute Berufe haben, die führende Positionen innehaben, sei es in Unternehmen, sei es als Richter, sei es in irgendwelchen Versicherungen. Nur zu einem Drittel besteht er aus neuen Leuten, die jetzt bei der letzten Wahl hineingekommen sind. Darunter sind einige junge Frauen, die noch etwas ändern wollen, die vielleicht für ein paar Gedanken noch offen sind. Insgesamt anders als in der Diaspora ist mir aufgefallen, daß die Gedanken dort und auch die Konzepte um sich selber kreisen, um die eigene Gemeinde. Die gesellschaftliche, soziale Wirklichkeit ist fast total ausgeblendet, sie erscheint allenfalls als intelligentes Predigtzitat. Daß man die ganze Säkularisierung und ihre Folgen bedenken muß und berücksichtigen muß, wenn man die Leute erreichen will, das steht nicht im Mittelpunkt.

Der zweite Unterschied ist: Die Jugendarbeit, die ich mache, läuft auch etwas anonymer, die Jugendlichen kommen, bleiben aber kürzer, gehen auch schnell wieder weg, sind wahnsinnig beschäftigt, abgelenkt. Die Freizeitindustrie ist deutlich stärker. Also, die sind weg am Wochenende. Sie sind sonst auch oft weg. Außerdem hat die Jugendarbeit in der Gemeinde nicht den Stellenwert, den sie haben sollte. Den Hauptstellenwert hat die Seniorenarbeit, würde ich sagen. Vernünftige Erwachsenenarbeit wird eigentlich keine gemacht, nach meinem Eindruck. Und momentan habe ich auch nicht die Kraft dazu, mich da zu engagieren. Also, was meine jetzige Gemeinde betrifft, da würde ich sagen: Prägung durch das Pfarramt, Prägung durch die Verwaltung, durch die Institution Kirche. Die Gottesdienste sind konservativer als in der Diaspora, der Gottesdienstraum ist konservativer, die Menschen insgesamt sind konservativer, zumindest was die Kerngemeinde betrifft. Bei den Randsiedlern, bei den Kritischen, bei den Konfirmandeneltern besteht allerdings schon, manchmal deutlich artikuliert, die Sehnsucht nach etwas anderem. Da kann man hören: Ihr müßtet euch eigentlich ändern, diese Gemeinde, warum ist sie so konservativ, warum geht es hier so steif zu, warum hat man diesen Zug in's Vornehme. Mit diesen Leuten habe ich gute Kontakte. Oft entstehen sie bei Kasualien, da gibt es dann auch intensive Gespräche. Das wirkt sich aber noch nicht auf das Gemeindeleben signifikant aus. Dazu bin ich auch noch zu kurz da.

Erfahrungen, die ich wichtig finde? Es ist manchmal eine Erleichterung, eine gute Verwaltung zu haben, und manchmal ein Hindernis. Ich muß mich um manche Dinge, um die ich mich in der Diaspora kümmern mußte, nicht kümmern. Gemeindebrief wird, wenn die Austräger langsam wegbröckeln, per Postvertrieb versandt, also, es läuft auf dem Verwaltungsweg. Manches Problem kann man dadurch lösen. Die Sekretärinnen sind fähig, arbeiten geschickt, und das empfinde ich als entlastend. Die Arbeitsbereiche sind dadurch, daß es drei Sprengel gibt, besser abgegrenzt und aufgeteilt. Ich muß nicht für alles zuständig sein und kann aber auch mit gutem Gewissen sagen, darum kümmert sich der Kollege. Das empfinde ich als deutliche Entlastung, was dazu führt, daß ich mir meine Arbeit etwas besser und klarer einteilen konnte. Manchmal belastet mich, daß ich das Gefühl habe, daß sich in dieser Gemeinde, in der Kerngemeinde wenig ändert. Und daß man, um etwas ändern zu wollen und zu können, zunächst einmal als Hauptamtlicher voll einsteigen müßte, Programm machen müßte, Mitarbeiter gewinnen müßte, und dieses alles wäre mit einem großen Aufwand verbunden. Zeit, die ich mir momentan nicht nehmen kann und will.

Ich bin gespannt, wie es jetzt weiter wird, ich krieg eine Vikarin. Ich habe jetzt ein halbes Jahr Vertretung in der Nachbargemeinde, wo ich auch Pfarramtsführung machen muß, und da werde ich also mit dieser Arbeitszeitproblematik sicher noch einmal ganz anders befaßt sein. Was mir jetzt zugute kommt, ist, daß ich eben schon in manchen Dingen so etwas wie Routine habe. Ich fange nicht jede Beerdigungsansprache bei null an, sondern ich habe, ich habe „Konserven". Ich überlege mir, ob ich diese Situation schon einmal erlebt habe. Ähnliche Menschen, ähnliche Konstellationen, kannst du da den einen oder anderen Gedanken verwenden. Das ist eine Erleichterung, eine deutliche. Ich habe meinen Konfirmandenkurs so strukturiert, daß ich sagen kann, in der Situation, in der ich mich jetzt befinde, stimmt das irgendwie, und so wird das jetzt durchgezogen. Ich kann dann meine Energie mehr auf die Gruppendynamik wenden, daß ich mit denen klar komme, daß da menschlich etwas rüberkommt und daß nicht der Rahmen in Frage gestellt ist. Ja: Sehnsüchte? Mehr Menschen, die ähnlich denken wie ich, mehr junge Erwachsene, mit denen man ein Stück Leben auch teilen kann, was ich so jetzt nicht erlebe. Mehr das Klima oder das Gefühl: Es sind Aufbrüche möglich, es ist auch noch etwas anderes möglich als das, was jetzt da ist, dieser Status quo, diese gut verwaltete, insgesamt etwas langweilige, traditionelle, konservative Situation.

Ich muß mich fragen: wo willst du jetzt anpacken, wo willst du deine Kräfte investieren. Ich sehe da genug Möglichkeiten dazu. Aber ich mache zur Zeit einen Schritt zurück zugunsten meiner Frau, die jetzt ihre Berufsausbildung macht. Das erzeugt deutliche Spannungen. Ich habe für meine Kinder eine ganz gute Hand und komme da zurecht, aber manchmal belastet es mich dann doch, daß zur Zeit vorrangig gilt: Familie, Familie, Familie, und dann muß ich dann doch noch eine Beerdigung machen und dann doch noch dieses und jenes, also es sind so diese Zusatzdinge, die dann kommen, die ich aber eigentlich für wichtig halte. So komme ich sogar auf dieser relativ ruhigen Pfarrstelle – wenn man alles läßt, wie es ist, und nichts ändern will –, dann auch an meine Grenzen der Belastbarkeit durch die innere Spannung, die durch Familienarbeit und Gemeindearbeit und den Wunsch, manches zu ändern, entsteht.

Perspektive ist für mich: Abwarten, wie das mit der Berufsausbildung der Frau sich entwickelt, wo wird das einmal eine Bereicherung für uns beide als Pfarrersehepaar. Vielleicht muß ich mich auch in Richtung Psychologie weiter ausbilden. Perspektive wäre auch das „Wort und Antwort"-Programm, also eine intensive Schulung noch einmal für mich, die ich in der Gemeinde weitergeben kann, womit man eben junge Erwachsene auch gewinnen kann. Das wäre in dieser Gemeinde zu probieren. Wenn ich jemals die Zeit habe, werde ich das machen. Und wenn ich sehe, auch das geht nicht, dann ist für mich klar, daß ich hier nicht weiterarbeiten kann. Oder die andere Perspektive: Es kommt noch einmal ein neuer Kollege, der ähnlich strukturiert ist wie ich, der vielleicht mutiger in meine Richtung geht, so daß wir dann schneller gemeinsam etwas verändern können und sagen können: „Jetzt aber Pepp." Perspektive ist sicher auch der Umbau von Kirche, Gemeindehaus und Kindergarten, dieser ganze zusammenhängende Komplex. Aber das läuft so nebenher, da schiebe ich aus dem Hintergrund, da bin ich also ganz deutlich auch Nummer zwei. Das vielleicht noch zum Abschluß.

Das ist mir auch deutlich aufgefallen in der jetzigen Gemeinde. Der erste Pfarrer, der Leiter des Kirchenvorstands, das ist der erste in der Hierarchie und wird für viele Dinge auch als erster angesprochen. Er steht vielmehr im Blickpunkt als ich. Das ist mir momentan, wie gesagt, auch sehr recht so, aber es ist überraschend, wie hierarchisch gedacht wird. Es ist ganz klar, der erste Pfarrer ist die oberste Autorität. Das könnte man sicher abbauen, könnte stärker als Team auftreten und arbeiten. Aber da steckt auch ein Problem. Der erste Pfarrer ist nicht Dienstvorgesetzter der anderen Pfarrer, wird aber von den Gemeinden oft noch so angesehen. In dem Fall, wo er Dekan ist, ist er es überdies auch in der Tat: erster Pfarrer, Dekan und Dienstvorgesetzter. Das kann nicht funktionieren, eine vertrauensvolle Zusammenarbeit im Team ist da nicht möglich. Dienstvorgesetzter und Kollege – das funktioniert nirgendwo und hier bei uns eigentlich auch nicht. Es funktioniert auf einer freundlichen Ebene der Zusammenarbeit, wo auch ein gewisses Akzeptieren da ist, gegenseitig, das ist auch unerläßlich, damit man überhaupt zusammenarbeiten kann. Aber es ist also kein Team da, das einen auch irgendwie einmal durch Durststrecken trägt und das einen herausfordert. Das fehlt mir also schon. Also, hier an diesem Punkt, glaube ich, daß die Struktur auch falsch ist und daß man da deutlich etwas ändern muß, um Kreativität und gute Teamarbeit überhaupt erst möglich zu machen.

Ja, ich glaube, das war's.

Interview 7 (51)

Gruppe: 5–10 Dienstjahre; Pfarrerin
Dienstbereich: Diaspora

Also, ich habe gedacht, ich sage am Anfang, daß ich aus einem völlig unkirchlichen Elternhaus stamme. Meine Eltern sind konfessionsverschieden, Vater katholisch, stammt aus dem Bayerischen Wald, und als der dann kurz nach dem Krieg in Franken geheiratet hat, hat er also von seiner Kirche ein Schreiben gekriegt, daß er exkommuniziert ist. Und daraufhin ist er nie mehr in die Kirche gegangen, und meine Mutter hat gesagt, allein geht sie auch nicht in die Kirche. Folglich sind sie beide nicht mehr gegangen. Und ich habe, was mich immer verblüfft, das ist mir schon einmal aufgefallen, ich habe zwei ganz intensive Erinnerungen, die eine aus der frühen Kindheit, die andere aus der Konfirmandenzeit, die mich, glaube ich, wahnsinnig geprägt haben, das ist mir erst 20 Jahre später aufgefallen. Und zwar bei dem einen Erlebnis kann ich höchstens so drei, vier Jahre alt gewesen sein, also ein kleiner Stöpsel, und ich habe damals so einen Kinderbesen in der Hand gehabt und war mit meiner Oma im Zimmer und habe irgendwas getan, weiß nimmer was, wahrscheinlich mit dem Besen irgendwo hingeschlagen, worauf sie gesagt hat: „Dich hat ja der Teufel, dich hat der Teufel." Und ich mit meinen drei oder vier Jahren, ich habe das durchschaut, daß mich nicht der Teufel hat, sondern daß ich nur meine Großmutter geärgert habe und sie deswegen so etwas sagt. Und ich habe dann, das weiß ich noch ganz genau, mich mit diesem Besen gedreht und habe gesagt: „Du, Teufel, schau, daß du wegkommst." Und daraufhin hat sie gesagt: „Du bist ein braves Kind, jetzt hat dich der Teufel nimmer." Seitdem glaube ich nicht an den Teufel, also, der ist für mich ein reiner Erziehungsfaktor. Ich kann mit keiner Rede vom Teufel etwas anfangen. Ich denk, daß das darauf zurückzuführen ist. Und das zweite, was ich stark in Erinnerung habe, ist ein einziger Satz aus dem Konfirmandenunterricht, wo der damalige Pfarrer gesagt hat in irgendeinem Zusammenhang, er meint, wenn eine Frau, die den ganzen Tag gearbeitet und für ihre Familie gesorgt hat, wenn die am Abend dann müde in das Bett fällt, dann ist die dem lieben Gott genauso recht wie jemand, der mordsfromm ist und da noch sein langes Gebet spricht. Das ist das zweite, was mich sehr geprägt hat. Ja, und dann noch etwas, was mir eingefallen ist so aus meiner Kindheit, was vielleicht auch bezeichnend ist, da weiß ich allerdings nicht, wie alt ich war, vielleicht so zwischen 10 und 13, da bin ich eines Sonntagmorgens aufgewacht und habe meine Mutter weinen gehört und zwar ganz arg. Und mein Vater war irgendwie ganz aufgeregt. Die zwei sind dann irgendwie über den Gang da außen gelaufen, und ich habe mir eingebildet, meine Mutter stirbt jetzt. Ich war also fix und fertig und habe dann intensiv gebetet, daß sie doch jetzt nicht sterben möge. Und kurz darauf war es also draußen ruhig, und die zwei sind in ein normales Gespräch übergegangen. Und die Erfahrung, die hat also bei mir ziemlich lang angehalten, so das Gefühl, wenn ich mich an Gott wende, da hört der schon auch und da hilft der schon auch. Bis ich dann ungefähr 15 war, auf jeden Fall war es nach meiner Konfirmation, da habe ich beschlossen, daß es jetzt Zeit wird, erwachsen zu werden. Ich habe also dann auch beschlossen, daß ich jetzt selbständig werden muß und ohne Gott auskommen muß. *(Zwischenfrage: Wer hat von Gott etwas mitgegeben?)* Schon meine Oma. Also die Oma, die ist immer in den Altenclub gegangen. Und dann Religionsunterricht. Kindergottesdienst war ich auch zum Teil. Meine Eltern sind zwar nicht in die Kirche gegangen, haben mich aber alleine in den Kindergottesdienst geschickt, das war halt damals noch so üblich. Ja, und ich habe gedacht, jetzt müßte ich eigentlich ohne dieses ständige Um-Hilfe-bitten auskommen. Und das habe ich dann auch getan. Das ist mir schwer angekommen in der ersten Zeit. Denn durch Kindheitserlebnisse und Erzählungen, die mich als Kind geschreckt haben, habe ich immer eine große Gespensterangst gehabt, so als Kind und früher Jugendlicher, und habe da immer meine Zuflucht zu Gott genommen, dem Beschützer. Ab diesem bestimmten Zeitpunkt war das aber aus. Weil ich mir gedacht habe, bist du blöd, es gibt keine Gespenster, du brauchst dich nicht mehr zu fürchten, und Gott gibt es vielleicht auch nicht, von da ab war es aus. Soll ich Ihnen noch zwei Erlebnisse mit Kirche erzählen, die Negativerlebnisse waren, ich weiß jetzt nicht, ob die so hereingehören, sie liegen eigentlich mehr am Rande? *(Zustimmung)*

In den Kindergottesdienst bin ich immer geschickt worden. Da bin ich eines Tages, so in der Pubertät, so mit 12 oder 13 umgeflogen beim Gebet. Ich habe dann die Augen aufgemacht und lag da in der Marktkirche unten an den Bankreihen. Alle standen neben mir. Dann haben sie mich da – weil die Luft so schlecht war, bin ich umgeflogen –, dann haben sie mich hinausgeführt da, und eine Diakonisse mit Häubchen hat mich 12jährige dann eingehängt heimgeführt. Das war für mich ein derartig schreckliches Erlebnis, daß ich von da ab nicht mehr in die Kirche gegangen bin die nächsten zwanzig Jahre. *(Auch nicht in einen normalen Gottesdienst?)* Auch nicht, meine Eltern haben das dann auch eingesehen, also, wenn ich schon ohnmächtig werde in der Kirche, dann brauche ich da auch nicht mehr hingehen. *(Und das zweite?)* Und das zweite, das ist jetzt ein wenig durcheinander, das war in der ersten oder zweiten Klasse. Da bin ich auf meinem Schulweg immer an einer neugebauten katholischen Kirche vorbeigekommen. Die war auch für die damaligen Verhältnisse modern, sie hat eine besondere Form gehabt, die war so rund gebaut. Und da sind wir als Kinder immer hineingegangen und haben uns das angeschaut. Dann habe ich da einen Weihwasserkessel entdeckt, der also einen Hahn oben hatte und unten kam da das Wasser heraus. Und ich habe da auch gedreht und Wasser herauslaufen lassen und habe das den andern gezeigt. Also, es war meine Entdeckung, und ich war der erste, der da dran herumgedreht hat. Und ich weiß gar nicht, wie das dann gewesen ist, aber es waren einige von meinen Freundinnen, die haben da in der Nähe dieser Kirche gewohnt, die haben dann da öfter gespielt und die haben dann eines Tages – ich bild mir aber ein, daß ich da nicht dabei war – einmal aufgedreht und vergessen zuzudrehen. Da gab's da eine Überschwemmung. Die Schuldigen wurden gesucht, der Pfarrer kam zu meinen Eltern in's Haus und hat gesagt, daß ich also das war, der da diese Kirchenschändung erfunden hat. Und ich habe in der Schule vor der versammelten Klasse eine, eine Watschen gekriegt. Also alle, die da beteiligt waren, haben sich rausstellen müssen, und ich als die Anstifterin, ich habe eine gefangt. Das war mein zweites negatives Erlebnis mit Kirche, daß ich mich als Kirchenschänderin gefühlt habe.

Ja, also wie gesagt, so mit 15 bin ich sehr kritisch worden, veranlaßt wahrscheinlich auch dadurch, daß ich in den Spuren meines Bruders ein wenig wandeln wollte. Der ist achteinhalb Jahre älter als ich und war zur damaligen Zeit schon total gegen Kirche, total gegen Christentum. Der hat inzwischen zwei Töchter, die konfirmiert worden sind in den letzten Jahren, wo er beide Male nicht mit zum Abendmahl gegangen ist, nicht einmal mit in den Abendgottesdienst. Er hat es grade noch geschafft, daß er in der Früh' in den Konfirmationsgottesdienst mitgegangen ist, mit Hängen und Würgen. Also, mit dem, wenn ich ihn treffe und das Thema „Kirche" aufkommt, sitze ich bis nachts um vier da und diskutiere mit ihm. Von ihm habe ich dann Nietzsche ausgeliehen, den Antichristen gelesen und war dann dementsprechend kritisch eingestellt. Und habe dann im Religionsunterricht eine Vier gehabt, bei einem Lehrer, der ganz offensichtlich Barthianer war – jetzt so im Nachhinein seh ich das – der zumindest mir überhaupt keinen Anknüpfungspunkt gegeben hat, zu verstehen, was Glaube eigentlich soll. Also, mir ist das so vorgekommen, daß das einige Formeln sind, die in sich abgeschlossen sind. Luthers Rechtfertigungslehre – weiß ich noch, da haben wir eine Ex darüber geschrieben –, die ist mir immer vorgekommen wie die reinen blöden Formeln, die aber mit meinem Leben überhaupt nichts zu tun haben. Mit dem habe ich wahnsinnig gestritten, jede Stunde. Also, ich habe immer den ganzen Religionsunterricht bestritten, und die andern haben inzwischen etwas anderes getan, *(haben sich gefreut, daß jemand das abnimmt)* genau. Einmal habe ich geschwänzt, da haben sie hinterher gesagt, das darfst du nie mehr machen.

Ja, auf jeden Fall hat mich das dahin gebracht, daß ich mit 17 aus der Kirche austreten wollte. Nur, meine Eltern habens nicht erlaubt, und ich wußte nicht, daß ich religionsmündig bin. Ich habe gedacht, ich muß bis 18 warten, mit 18 war das Thema dann nimmer so aktuell. Was mich gewundert hat, damals, das war, wie so etwas, was der mir darbietet, 2000 Jahre lang halten kann, wie so ein Krampf so lange sich halten kann. Das war also meine Frage, die mir geblieben ist. Dann ist das Thema wieder aktueller geworden, weil ich einen Freund hatte, so nach dem Abitur, der war nämlich religiös, also zumindest war der christlich erzogen, und mit dem habe ich dann solche Auseinandersetzungen gehabt, daß er sich geweigert hat, mit mir über das Thema überhaupt noch zu sprechen. Also, ich wollt ihn überzeugen, daß alles, was mit Kirche und Christentum zu tun hat, unsinnig ist. Er hat sich dann geweigert, darüber zu reden.

Ich habe dann Germanistik studiert, Germanistik und Theaterwissenschaft im ersten Semester. Ich bin aber schon im ersten Semester, weil zufällig Germanistik und Theologie im gleichen Haus waren, auch in theologische Vorlesungen gegangen und zwar eher aus Neugierde, um einmal zu sehen, ob das wirklich alles ist, was ich da im Religionsunterricht immer erfahren habe. Ich bin dann gleich im ersten Semester in einer Dogmatikvorlesung gelandet, und das war natürlich ein völlig anderer Ansatz, also, ich war hellauf begeistert. Der Professor hat versucht, die Theologie und das Christentum in seiner Entstehungsgeschichte zu sehen. Also, der hat klargemacht, daß da auch eine Geschichte dahinter steht und daß das auch etwas mit dem Leben des Menschen zu tun hat. Das hat mich total fasziniert. Das ging dann sogar so: Nach dem ersten Semester habe ich gemerkt, daß ich Theaterwissenschaften nicht machen will, weil ich mir das völlig anders vorgestellt hatte und meine Eltern ständig hinter mir gehängt waren, ich soll dieses brotlose, blanke Germanistikstudium aufgeben und soll doch etwas für das Lehramt machen, so daß ich also, um meine Eltern zu beruhigen, mich dann ab dem zweiten Semester habe einschreiben lassen für Germanistik und Evang. Theologie für das Lehramt. Und so blieb es dann die nächsten sechs Semester über, wobei es immer so war, daß ich eigentlich Magisterabschluß in Germanistik machen wollte und Bibliothekarin werden wollte und deswegen am Anfang jedes Semesters ein Haufen Germanistikvorlesungen belegt habe und vielleicht zwei Theologievorlesungen, und am Ende jeden Semesters war es jedesmal dasselbe, ich habe so gut wie nichts mehr in Germanistik gemacht, das ist alles im Lauf des Semesters flötengegangen, und jedesmal war ich voll dringehängt in der Theologie. So daß ich dann nach dem sechsten Semester gesagt habe, jetzt zieh ich die Konsequenzen, jetzt studier ich Theologie. Das bedeutet aber auch, daß ich ein ziemlich chaotisches Studium gehabt habe. Ich habe dann im sechsten Semester mich auf Volltheologie umschreiben lassen. Da war es mein großes Glück, daß ich bisher immer schon halb Theologie hatte, so daß ich das Bafög weiterbekommen habe. Meine Eltern haben natürlich den totalen Aufstand gemacht, die haben gesagt: „Du mit deiner Unkirchlichkeit und deinem Unglauben, wie kannst du Theologie studieren?" Also, ich habe einen richtigen Streit gehabt daheim, und dann habe ich im siebten Semester langsam einmal angefangen mit den Sprachen. Also chaotisch studiert, habe aber praktisch auch nur das Notwendigste gemacht in allen Fächern mit Ausnahme von Systematik. Man kann sagen, ich habe acht Semester lang den einen Systematiker studiert und anschließend fünf Semester lang den anderen, der kam da grad neu an die Fakultät. In diesem Semester – da konnte ich den einen Systematiker dann in- und auswendig –, da habe ich mir gerade überlegt gehabt, nach Tübingen zu gehen, um den Jüngel als Kontrastprogramm zu hören, habe aber in Tübingen nicht gleich ein Zimmer bekommen, blieb also noch ein Semester an der alten Uni, und genau in dem Semester kam dieser neue Systematiker. Und das war dann Kontrastprogramm genug, da habe ich bei dem weitergemacht. Aus diesem Grund habe ich also auch den Studienort nie gewechselt. Das einzige, was mir neben der systematischen Theologie noch recht imponiert hat, war das Alte Testament. Ich weiß noch, ich war völlig begeistert von der Deuterojesaja-Vorlesung des Alttestamentlers. Für Deuterojesaja schwärme ich noch heute, dieser starke Bezug zum Leben, unser Leben, und was Gott uns für dieses Leben sagen will.

Mit Kirche habe ich mein ganzes Studium über nichts zu tun gehabt. Ich habe dann zwar einmal eine Kollegin getroffen während eines Semesters, die mich mitgenommen hat in so einen Gebetskreis. Das war der blanke Schock für mich. Also, wir saßen alle auf dem Stuhl da, und der Reihe nach hat jeder sein Anliegen vorgebracht, sein Gebet. Seitdem war mir klar, daß ich damit nichts zu tun haben will. Das ist mir also wie eine Zwangsneurose vorgekommen. Über meinen Beruf habe ich mir überhaupt keine Gedanken gemacht. Irgendwie habe ich mir eingebildet, ich bleib an der Uni oder werd freischaffende Schriftstellerin oder sonst was. Ich habe mich aber auch nicht darum gekümmert, was man außer Pfarrer noch werden kann, wenn man Theologie studiert, sondern bin also völlig blauäugig auf das Examen zugegangen und habe im Grund wirklich nur für mich studiert. Ich habe durch das Studium praktisch eine Weltsicht für mich gefunden und eine Ethik dazu, die, wenn ich es überleg, derartig grundlegend und umfassend ist, daß ich seitdem alles, was ich erlebt habe, da integrieren kann oder daß dadurch diese Sicht bestätigt wurde.

(Ist diese Weltsicht ein neuer Glaube, ist der Glaube neu geformt worden oder ist das später gekommen?) Doch, man kann sagen, diese Weltsicht ist mein Glaube, oder mein Glaube ist eine Sicht der Welt.

(Insofern war es nicht so chaotisch, sondern zielstrebig, vom Interesse her.) Von meinem Interesse her, aber von allem, was mit Beruf oder sonst was zu tun hat, war es schon chaotisch.

Und dann bin ich eines Tages aufgewacht und war Vikarin. Und das war wirklich ein Schock. Also, ich bin umgezogen, da haben mir meine Eltern noch geholfen, und dann haben wir da eingeräumt, und dann sind meine Eltern abgereist. Mein erster Arbeitstag war das, ich bin aufgewacht allein da in der Wohnung und war entsetzt und habe gedacht, um Gottes willen, worauf hast du dich jetzt eingelassen. Im Rückblick muß ich sagen, daß diese erste Stelle eigentlich eine ideale Stelle für mich gewesen ist. Erstens einmal, weil ich da nicht so sehr frommen Leuten begegnet bin, zumindestens ist es mir nicht aufgefallen. Und mit denen habe ich mich gut auf einer menschlichen Ebene verständigen und denen begegnen können. Wenn ich an zu Fromme geraten wäre, dann wär es wahrscheinlich aus gewesen mit dem Beruf für mich. Zweitens habe ich einen ziemlich verständisvollen und erfahrenen Mentor gehabt, der natürlich auch ein wenig geschockt war über mich, glaube ich, denn ich bin gekommen und habe also nicht gewußt, was ein Altenclub oder eine Jugendgruppe ist. Ich habe null Ahnung von Gemeinde gehabt, null Ahnung auch von Gottesdienst. Ich glaube, ich habe ihn schon ziemlich angestrengt. Der ist dann aber nach eineinhalb Jahren gegangen. Das gehört jetzt nicht dazu, aber ich habe ihm scherzhaft gesagt, er ist gegangen, weil ich ihn so geschafft habe. Für das letzte halbe Jahr bekam ich dann noch einen anderen Mentor. Die Kollegialität in der Gemeinde dort war gut. Die vier Pfarrer untereinander haben ein recht gutes Verhältnis gehabt.

Was mich fasziniert hat, das war der Umgang mit Menschen. Zum erstenmal habe ich jetzt mit Leuten zu tun gehabt, und das war die Spur an meinem Beruf, die mir gefallen hat. Das muß ich jetzt sagen, daß ich ganz ursprünglich einmal Psychologie studieren wollte, so als Kind. Nur da haben sich auch wieder meine Eltern eingemischt und gesagt, da muß man auch Medizin machen, ein paar Semester. Ich weiß bis heute nicht, ob das stimmt, aber jedenfalls war das für mich das Ende, denn Medizin hätte ich nie studieren können, da wäre ich dauernd ohnmächtig gewesen. Aber daß man in dem Beruf Pfarrer mit Menschen zu tun hat, mit deren Fragen und Problemen, und versucht, da Wege zu finden, das war es dann, was mich an dem Beruf dann doch fasziniert hat. Und es kam dazu das Predigerseminar. Der Rektor von damals ist bestimmt der zweite Mensch, der mich ganz stark in Richtung Glauben geprägt oder beeinflußt hat und zwar deswegen, weil ich jedesmal das Gefühl gehabt habe, wenn ich im Predigerseminar gewesen bin und komme zurück in die Gemeinende, da habe ich etwas Konkretes in der Hand. Vorher war ja alles nur im Kopf bei mir und durch das Predigerseminar, durch die zweite Ausbildungsphase, habe ich ganz toll und genauso, wie ich es gebraucht habe, immer etwas in die Hand bekommen. So weit bin ich jetzt vorhin bei der Vorbereitung des Interviews gekommen, weiter bin ich nicht gekommen mit dem Überlegen. Jetzt erzähle ich ihnen eben so weiter. Ich wollte dann am Ende des Vikariats in der Gemeinde bleiben, eine Pfarrstelle war gerade unbesetzt, aber da hat der Landeskirchenrat mich nicht gelassen. Der zuständige Oberkirchenrat hat gesagt, das geht nicht. Und dann haben sie mich an einen Dekanatsort geschickt. Dort war eine ganz andere Situation, da bin ich zum ersten Mal mit unterschiedlichen Frömmigkeitsstilen konfrontiert worden. Also von Leuten, die völlig offen Drittwelt engagiert waren bis hin zu Leuten, die eigentlich in die charismatische Richtung gegangen sind. Das war bei den Pfarrern, vor allem aber bei den Gemeindegliedern. Was für mich das Bleibende aus dieser Zeit ist, das sind zwei Punkte. Das eine ist die Erfahrung von einem Riesenknatsch. Ich bin nämlich angefragt worden, beim Ostermarsch eine Rede zu halten, auf dem Marktplatz, am Karsamstag, und ich habe das auch getan. Und habe also daraufhin Katastrophen erlebt, eigentlich. Der Kirchenvorstand hat in meinem Beisein zum Dekan gesagt, schon vorher, schon bevor ich die Rede gehalten habe, er solle mir das doch verbieten. Ich hätte keine Ahnung, ich sollte da nur benutzt und von Kommunisten vor deren Karren gespannt werden. Ich sei noch ein wenig unbedarft und überblicke das nicht. Und er soll es mir doch einfach verbieten. Das hat er aber nicht gemacht. Und das zweite war: Als ich da am Marktplatz gestanden war und noch gar nicht dran war, da ist jemand auf mich zugegangen, ein älterer Mann mit einem Stock und hat versucht, mit seinem Stock auf mich einzuschlagen. So daß jemand anderes dazwischengehen mußte, um den abzuhalten. Und das hat also dann hinterher auch noch Wellen geschlagen. Ich habe zwar genau das gesagt, was ich in jeder Predigt auch sagen würde. Und dann kam dazu, es war genau in der Tschernobylzeit, da habe ich in einem Gemeindeteil eine Predigt gehalten. Vom Text her ging es um das Thema Schöpfung, und ich habe gesagt, wir sollten als Christen die Schöpfung bewahren und nicht zerstören. Daraufhin haben die Leute aus diesem Gemeindeteil sich verbeten, daß ich noch einmal bei ihnen predige, weil ich angeblich für die Grünen Werbung mache. Also Knatsch da auf dieser Stelle in einem Dekanatsort. Das ging noch weiter. Die Frau eines pensionierten Pfarrers, die hat mich an den Außenorten immer auf dem Harmonium begleitet, die ist immer mit mir hinausgefahren zu den Gottesdiensten, die hat dann nach dieser Ostermarschsache gesagt, sie spielt nicht mehr, wenn ich Gottesdienst habe. Also, das hat mich so fertiggemacht, daß ich mich dann umgeschaut habe nach einer Stelle. Die Z.A.-Zeit war da gerade herum, aber das hat nur den Anlaß gegeben.

Also, das war das erstemal, daß ich mit meinem Verständnis des Christentums und des Glaubens, so wie ich ihn begriffen, gelernt und bisher erprobt hatte, bei anderen auf so massiven Widerstand und Kritik gestoßen bin und denen das gar nicht verständlich machen konnte, weshalb ich das so sehe und so mache. Das war eine üble Erfahrung. Aber gleichzeitig hat es auch etwas Positives gehabt, so in dem Sinn, man muß Gott mehr gehorchen also den Menschen. Also, dieses Gefühl, daß ich es trotzdem so machen will und daß das auch richtig ist, zumindest nach meinem Verständnis. Dieses Standvermögen oder Selbstbewußtsein habe ich dadurch sehr stark entwickelt. Das Zweite, was mir aus dieser Zeit wichtig geworden ist, das war damals diese Reise nach Tansania. Da war ich dabei, und seitdem kann ich Glauben nimmer denken ohne die weltweite Dimension. Ich denke auch, daß wir von Christen in anderen Ländern durchaus etwas lernen können. Und dann habe ich mich also in meinem Ärger über das Verhalten dieser Menschen und in meiner Enttäuschung bald etwas anderes gesucht und mich hierher beworben. Wenn ich mir meine Predigten aus der Zeit am Dekanatsort jetzt anschaue, dann stimmt es schon, daß die vielleicht ein wenig einseitig waren. So gegen Ende einer Predigt bin ich immer auf meine Lieblingsgedanken zu gelaufen. Das habe ich jetzt hier gelernt, das nicht mehr zu tun, sondern aufzupassen, was ich predige. Ich habe auch gelernt, andere Meinungen zu tolerieren. Also, das habe ich für mich gelernt, vielleicht durch diesen Eklat damals, daß das nicht geht, zu sagen, nur meine Sicht ist jetzt die entscheidende, sondern ich bin wirklich davon überzeugt, daß der eigene Glauben wahnsinnig biographisch bedingt ist. Man kann sich zwar zusammensetzen und sich erzählen, wie es beim einzelnen so gekommen ist, daß ihm jetzt das oder jenes wichtig ist, aber ich kann nicht irgend etwas als objektive, dogmatische Wahrheit vor mir hertragen. *(Das „Wort und Antwort"-Programm hat das ja sehr deutlich gemacht)* Ja, genau, das habe ich ja auch gemacht, Wort und Antwort.

Also, vor diesem Ort hier haben mich einige schon gewarnt und haben gesagt: Das ist ein ganz krasses pietistisches Viertel, wo du da hingehst. Aber mein Vorgänger hier an der Stelle hat mir gesagt, die Pauluskirche ist anders, das ist die liberalste Gemeinde, schon seit jeher, hier in dem ganzen Umfeld. Und das ist sie auch, muß ich sagen. Aber auf der anderen Seite geht es mir hier jetzt so, daß mich das fundamentalistische Umfeld schon belastet. Es belastet mich, das ist auch der Grund, weshalb ich jetzt gerne den Ruf in eine Funktionsstelle angenommen habe. Ich gehe in der Hoffnung, daß man dort wieder etwas freier denken und atmen kann. Ein Beispiel: Letztes Jahr haben wir hier eine Zeltmission gehabt, deutsche Zeltmission. *(Wer regt so etwas an?)* Wir haben in unserer Stadt x freikirchliche Gruppen, x selbständige Gemeinden, und wer sich so ein wenig als Sprecher und Organisator des Ganzen fühlt, das ist ein Prediger der altpietistischen Gemeinschaft. Der hat diese Zeltmission angekurbelt in Absprache mit dem hiesigen Dekan. Die Pfarrer haben es dann erfahrn, als es soweit war, daß alles fest war. Dann sind wir aufgefordert worden, die Gemeinden, wir sollen doch bitte einladen, auf einem Plakat werben. Das haben wir dann noch von uns abgebogen, aber die Zeltmission als solche war da nimmer abzubiegen, und was mich da – das führt jetzt wahrscheinlich zu weit –, aber was mich da auch gestört hat, das war diese wahnsinnige Verlogenheit, die da dabei war. Also zwei Beispiele, das war ein Zelt für zweitausend Leute, und das war so nach der ersten Woche immer ziemlich voll. Also daß bis zu 2000 Leute an einem Abend da waren, kann man tatsächlich sagen. Nur waren das natürlich lauter Leute, die aus den pietistischen Kreisen des ganzen Umlandes mit Bussen angekarrt worden sind. Die wären sowieso da gewesen. Es waren keine Unkirchlichen, die man da zusammgefahren hat, die das Zelt dann gefüllt haben. Und was mich gestört hat daran, das war, daß dann anschließend in der Zeitung stand: „Ausspruch des Zeltmissionsleiters: 20.000 Leute wurden erreicht“ weil man einfach diese 2000, die da zehn mal da waren, zusammengezählt hat. *(Das war das eine Beispiel.)*

Das zweite Beispiel ist die Manipulation, die da getrieben wurde. Also da war eine Mitleiterin, die ist von hinter der Bühne, wo die Klappstühle haufenweise gestapelt standen, von da ist die auf das Podium hinaufgegangen und hat dort ins Mikrophon gesagt, also liebe – ich weiß nicht mehr genau, wie sie es gesagt hat –, liebe Christen, oder was weiß ich, liebe Gekommene, heut ist unser Zelt derartig überfüllt, daß wir einfach keine Stühle mehr haben. Rücken sie doch bitte noch mehr zusammen. Wir werden morgen aus den Gemeindehäusern noch Stühle herbeischaffen, weil uns das hier nicht mehr reicht. Und in Wirklichkeit waren die Stühle zusammengeklappt dahinter gelegen. Aber so diese Masche: Es sind so viele hier, daß man unbedingt etwas versäumt, wenn man hier nicht herkommt, und wir sind ja so wahnsinnig erfolgreich hier und das Ganze dann inhaltlich verbunden mit einer Theologie, bei der es mir den Magen umdreht. Ein in pietistischen Kreisen bekannter Prediger hat einen Abend gemacht, da hat er nacheinander erzählt von fünf Leuten, die er gekannt hat – der ist ja irgend etwas im Fernsehen –, von fünf Leuten aus dem öffentlichen Leben, die er gekannt hat. Mit denen hat er über den Glauben gesprochen, und die haben dann jeweils gesagt, sie wollen davon nichts wissen. Wir leben unser eigenes Leben. Kurz darauf sind sie auf der Straße verunglückt, noch auf der Heimfahrt von diesem Gespräch sind sie gegen einen Baum gefahren und waren tot, und nun war es zu spät. Fünf solcher Beispiele hat er nacheinander gebracht. Das war seine inhaltliche Aussage. Dieses Klima, dieser Fundamentalismus und dieses Drohklima, mit dem Glauben zu drohen, mit dem Evangelium zu drohen, das ist etwas, was ich nicht vertrage.

(Vision von Kirche) Also, ich habe mit der Institution Kirche sowieso Probleme. Mein Traumbild – wobei ich einseh, daß das wohl ein Traumbild ist – ist, daß die Kirche in der Gesellschaft aufgeht, daß also diese Trennung, da bin ich Christ, da bin ich Mensch, daß die wegfällt, daß Menschen, die sich Christen nennen, ihren Glauben völlig in ihrem Alltag leben, in der Familie, im Beruf und in der Nachbarschaft, daß man ihnen da irgendwie anmerkt, daß sie Christen sind. Daß wär so mein Ideal. *(Funktion der Kirchenleitung)* Was die Kirchenleitung da tun kann, weiß ich nicht. Gottseidank habe ich damit nichts zu tun, aber als Pfarrer lege ich den Schwerpunkt darauf, Menschen zu einem eigenverantworteten Glauben zu bringen, zu einem selbständigen. Das wär etwas, was ich vorhin noch sagen hätte müssen. Ich habe eigentlich von Anfang an in sämtlichen Gemeinden einen Schwerpunkt auf der Erwachsenenarbeit gehabt. Also ökumenische Bibelwoche früher schon gemacht und hier eingeführt, Konfirmandenelternarbeit überall ziemlich gewichtet. Hier habe ich jetzt auch das „Wort und Antwort"-Programm durchgeführt, was mir toll entsprochen hat und wo ich auch gemerkt habe, daß Leute, die vorher jahrelang in Bibelstunden gegangen sind, jahrelang, nach fünf Treffen „Wort und Antwort" total entsetzt waren, total den Boden unter den Füßen erst einmal verloren haben, weil eben alles, was bisher so apodiktisch dagestanden ist, sich aufgelöst hat. Das war eine wahnsinnige Verunsicherung, und dann in der Schlußsitzung haben sie reihum alle gesagt, sie sind in ihrem Glauben freier geworden. Also, diese Vorschriften, was zu glauben ist und was eben so zu sein hat, auch wenn man es noch nie kapiert hat, warum das so sein sollte, das ist ihnen plötzlich weggefallen. Sie haben dadurch den alten Glauben erst einmal verloren, aber dann einen neuen, anderen Glauben gefunden. Sie können freier mit der biblischen Tradition umgehen. Und ist für mich ein Arbeitsschwerpunkt. Das möcht ich machen, und da erhoff ich mir auch etwas von der künftigen Stelle, daß das geht.

(Rat an Theologiestudierende?) Ich würde ihm schon raten, das so zu machen, wie ich es gemacht habe, weil ich eben gemerkt habe, wieviel mir das gebracht hat. Daß ich Theologie nicht studieren sollte im Hinblick darauf, wie wende ich das dann alles an, sondern daß ich es so studieren sollte, daß es mich selber weiterbringt in meinem Glauben, im Sinne eines wirklich durchdachten eigenen Glaubens.

(Gab es Probleme mit dem Pfarrerinsein?) Nein. Auf meiner Vikarsstelle war ich bereits die dritte Vikarin, die da war. Das war überhaupt kein Problem. An dem Dekanatsort war es eigentlich auch kein Problem. Dort habe ich mitbekommen, daß einige anfänglich schon entsetzt waren, als sie gehört haben, sie bekommen hier nur eine Frau. Das hat mir aber dann den Vorteil

gebracht, als die gemerkt haben, daß ich das genauso mache wie ein Pfarrer, da waren sie natürlich begeistert. Da ist es dann auch gleich wieder in die andere Richtung übergeschwappt. Hier gibt es schon einige, das hängt mit dem Fundamentalismus hier zusammen, die grundsätzlich gegen Frauen als Pfarrerinnen sind. Aber die haben sich dann aus der Gemeinde abgeseilt.

(Nachtrag) Im Hinblick darauf, daß ich jetzt von hier so schnell wieder weggehe, habe ich mir selber einmal Gedanken gemacht über meinen Werdegang. Ich habe das Gefühl gehabt, daß immer etwas dazugekommen ist, so an jeder Station, und vermutlich wird bis in alle Zukunft immer wieder etwas dazukommen. Im Studium war es für mich selber das Zu-einem-Glauben-finden, ein persönliches Verhältnis zu dem christlichen Glauben zu finden. In der Vikarszeit ist dann der Aspekt Gemeinde dazugekommen; Umgang und Erfahrungen mit andern Menschen, das Gespräch mit andern Menschen. In meiner Z.A.-Zeit habe ich das schlucken müssen, daß die theologischen Positionen unterschiedlich sind. Ich habe lernen müssen, damit umzugehen, also in Richtung auf mehr Toleranz. Und in der Zeit auf der ersten, eigenen, selbständigen Pfarrstelle hat mich ganz arg das Thema Spiritualität beschäftigt, was ich vorher noch nie gehabt habe. Das war einerseits bestimmt herausgefordert durch diese Gruppe, die eben sagt, da müssen bestimmte Formen da sein, und da müssen bestimmte Redewendungen und bestimmte Wörter da sein, bestimmte Formeln müssen da auch da sein, sonst hat das Ganze mit dem Christentum nichts mehr zu tun. Auf der anderen Seite wurde dieses Thema durch die FEA angeregt. Da war das Thema sehr aktuell: Also, meditativer Tanz oder Bibliodrama, was für mich auch in den Bereich ganzheitlicher Spiritualität fällt. Zugang zur Bibel auf neue, emotionale und kreative Weise. Und dann wurde über das Thema Spiritualität auch rational nachgedacht, so daß ich da seither wahnsinnig auf der Suche bin. Ich merke, daß ich so etwas bräuchte, solche stille Zeiten. Aber auf keinen Fall in der traditionellen Art. Und ich überlege mir das, wenn ich in Zukunft mit Erwachsenen zu tun habe und da Wochenenden mache, ob ich nicht mit denen ausprobiere, wenn wir drei Tage zusammen sind, jeden Tag so einen andern Zugang, so eine ganz andere Art von Spiritualität miteinander auszuprobieren. Also, ich bin für mich da auch noch nicht fertig.

Interview 8 (38) (bearbeitet)

Gruppe: 35–40 Dienstjahre; Pfarrer
Wirkungsbereich: Sonderdienste

Eine der frühesten Erinnerungen ist etwa mit zweieinhalb oder drei in Fernburg. Es ist ein schweres Gewitter. Ich sehe mich auf dem Arm meines Vaters sitzend, wie er mir die abziehenden Gewitterwolken und den Regenbogen darin zeigt. Das hat zunächst noch nicht den Anschein, daß es eine Glaubenserfahrung ist. Aber es war der Erfahrungshintergrund für eine spätere Begegnung mit den Noahgeschichten, wie sie mir dann in der Grundschule erzählt worden sind. Plötzlich war der Regenbogen mit tiefen kindlichen Erfahrungen verbunden.

Das zweite, was ganz wichtig ist, das sind die Gebete, die meine Mutter mit mir gesprochen hat, beim Einschlafen. Sie hatte eine Laute, die sie gut spielen konnte, und eine wunderschöne Altstimme. Ich erinnere mich besonders an die Adventszeit und die Lieder, die sie da abends gesungen hat. Es waren eher volkstümliche Advents- und Weihnachtslieder. Aber es waren solche Erfahrungen, an die ich gerne zurückdenke.

Das nächste hat dann schon mit der Gegend zu tun, in der ich groß geworden bin. Vom vierten Lebensjahr an war ich im katholischen Niederbayern. Etwa einhundert Evangelische lebten damals unter 4.000 Katholiken. Wir waren zwei evangelische Buben unter 42 Schülern in der Klasse der Knabenschule. Vom Kindergottesdienst habe ich eigentlich nur die Erinnerung an den Kirchenraum und die Glasfenster in der Apsis. Jesus und die Sünderin ist das eine, das ich jetzt auf Anhieb vor mir sehe. Dann war da einmal ein Vikar, der an und für sich sehr unbeholfen war. Er hat uns in seinem Wohnzimmer unterrichtet. So klein waren unsere Gruppen. Aber die Erinnerung, die bei mir haftet und die sich auch mit diesem Vikar verbindet, das ist ein Apfel, ein kleines Loch darin und eine rote Kerze in diesem Apfel. Und die brannte zu meinem Geburtstag in dieser Religionsstunde.

Ein anderer Splitter: Ich sehe mich im Kindergarten bei den englischen Fräulein. Sie haben natürlich ihre katholische Spiritualität vor uns Kindern und mit uns Kindern gelebt. Die meisten von uns waren ja auch katholisch. Meine Mutter hat mich ungeniert hingeschickt. Ich durfte auch in Theaterstücken mitspielen. Ich habe sogar einmal die Hauptrolle bekommen. Ich weiß aber nicht mehr genau, was es war.

Ja, ich seh mich auch immer noch auf dem Weg zu unserem Kindergarten. Es war eine ganz bestimmte Stelle. Da war eine Bäckerei. Es war unser Bäcker. Ich bin da immer vorbei. Jede Woche einmal hatte ich dann ein 50-Pfennigstück dabei. Ich hatte es im Kindergarten abzuliefern. Mir ist eigentlich erst vor Jahren aufgegangen, was das bedeutet hat: Da hat eine evangelische Frau, meine Mutter, ihren Buben in den katholischen Kindergarten zu den englischen Fräulein geschickt. Das war im Dritten Reich unter den Nazis. Bald danach müssen diese englischen Fräuleins aus Kindergarten und aus der Volksschule für Mädchen entfernt worden sein. Sie sind dann untergekommen in einem Pavillon hinter der katholischen Stadtpfarrkirche.

Wie ich so neun oder zehn Jahre alt war, hat mich meine Mutter zu den englischen Fräuleins zum Violinunterricht geschickt. Natürlich auch mit entsprechenden Honoraren. Erst heute weiß ich, daß das der Protest einer nicht sehr politisch engagierten Frau, einer einfachen Hausfrau, die nur Volksschule hatte, gewesen ist. Sie war einfach nicht einverstanden, daß die Leute vom Dritten Reich den Schwestern sozusagen den Laufpaß gegeben haben und sie auf die Straße, ohne Brot und Verdienst gesetzt haben. Das, was mich heute erstaunt, ist, wie früh hier eigentlich ökumenisch gedacht worden ist und wie anders der politische Protest hat aussehen können.

Ich sehe mich noch als Geiger in einem Konzert bei einer katholischen Primiz mitspielen. Das war auch unter dem „Dritten Reich". Es war im Ocker-Bräu. Als unser Stück vorbei war, haben mich die Schwestern extra noch nach vorne geschoben und gesagt: „Hier ist sogar ein Evangelischer, der da heute mitgespielt hat."

Wenn ich bei diesen „katholischen" Eindrücken bleibe, dann war da natürlich schon ein bißchen der Stolz auf die evangelische Freiheit bei mir mit im Spiel. Auf der anderen Seite war da auch eine tiefe Freundschaft mit einem älteren Jungen und seiner Schwester in der Nachbarschaft. Sie hatten keinen Vater mehr. Er war an den Folgen des 1.Weltkriegs gestorben. Die Mutter war eine eifrige Verehrerin des Bruder Konrad. Das war ein niederbayerischer Lokalheiliger. Ich erinnere mich noch genau, wie sie mir einmal erzählt hat, daß ihre Tochter sich verbrüht hat und schwere Hautwunden hatte, aber daß dann das Gebet zu Bruder Konrad sehr viel geholfen hat. Der Bruder dieses Mädchens ist heute Bischof. Seine Schwester führt ihm den Haushalt. Wenn ich ihm begegne, dann merke ich, was es bedeutet, wenn man miteinander Jugendstreiche gemacht hat und sich dann plötzlich in Amt und Würden wieder trifft. Dann gibt es eigentlich überhaupt keine Rücksicht, die ich oder er in der jeweils eigenen Kirche vor Kollegen habe. Dann kommen wir sofort zwischen Tür und Angel zur Sache. Wir sind dann ganz persönlich. Das ist unwahrscheinlich schön.

Da, noch so ein Eindruck von meiner Mutter. Wir mußten im Krieg natürlich zum Jungvolk und zur Hitlerjugend. Und die Appelle waren jeden Samstagnachmittag um zwei auf dem Pausenhof der Volksschule. Der evangelische Pfarrer, der dann unseren Konfirmandenunterricht übernahm, mußte von Passau bis fast an die Quellen der Rott mit der Bahn fahren, um uns Gymnasialunterricht und auch Konfirmandenunterricht zu geben. Er war total überlastet. Er konnte uns nur am Samstagnachmittag Konfirmandenunterricht geben. Und ich sehe heute noch, wie meine Mutter dem Hitlerjugendführer diese Zeit abtrotzte. Es war eine sehr erregte Auseinandersetzung. Sie hat ihm dabei klargemacht, daß für mich jetzt Konfirmation dran ist und daß sie das vorzieht gegenüber dem wöchentlichen „Appell" der Hitlerjugend, und daß er das einsehen muß. Da sind offensichtlich Sachen gelaufen, die mich beeindruckt haben, aber die ich erst viel später begriffen habe.

Ja, dann kam der Zusammenbruch. Mein Vater war schwer verwundet. Der linke Unterschenkel war amputiert. Als NSDAP-Mitglied konnte er seinen bisherigen Beruf nicht ausüben. Er war Facharbeiter für Obst- und

Gartenbau. Ich erlebe also den inneren Zusammenbruch eines überzeugten Nationalsozialisten. Bald danach haben uns die Amis in die Kinos getrieben. Sie haben uns ungeschnitten und ohne Kommentar die Filme gezeigt, die die SS in ihren Archiven hatte. Es waren Dokumentaraufnahmen aus den KZ's. Wir mußten sie angucken, ich war damals 15 und 16 Jahre alt. Also, was da in den Holocaust-Filmen gezeigt worden ist, ich habe die nicht gesehen, aber was ich so gehört habe, müssen das ja nur winzige Ausschnitte von dem Grauenhaften gewesen sein, was wir stundenlang anschauen mußten.

Wir bekamen natürlich auch das ganze Flüchtlingselend zu spüren. Auch die Tatsache, daß Freunde aus der gleichen Straße gefallen oder einfach nicht wiedergekommen sind, das hat einen innerlich beschäftigt und sehr aufgewühlt. Gegen Kriegsende war ich auch einer, der für die Schule nichts mehr getan hat.

Anfang 1946, als die Schule wieder ihren Betrieb aufnahm, da war uns allen eigentlich klar, daß Lernen unendlich wichtig ist. Und wir wollten alle mit anpacken, daß die Zukunft anders, friedlicher wird und daß solches Unrecht nicht mehr geschieht.

Wir hatten dann auch einen Pfarrer. Es war unser Gemeindepfarrer. Der war während des Krieges als Divisionspfarrer irgendwo immer unterwegs. Er kam aber 1946 relativ früh wieder aus dem Krieg zurück. Ich hatte ihn als Kind vor dem Krieg schon bei manchen Spaziergängen erlebt. Das ging damals noch, daß die Pfarrfamilie und ein paar andere Familien am Sonntagnachmittag spazierengegangen sind. Am Vormittag nach dem Gottesdienst haben sie sich verabredet. Bei diesem Pfarrer war nach seiner Heimkehr plötzlich die soziale Frage im Vordergrund. Er hat es verstanden, alle Kollegen, die mit den Flüchtlingsströmen in den Landkreis verschlagen worden sind, sofort irgendwo amtieren zu lassen. Ob es dafür ein Recht gab oder nicht, das war ihm völlig egal. Er hat dann auch ein Flüchtlingsschülerheim gegründet und dafür das erste Hotel am Platz angemietet. Der Besitzer war nicht in der Lage, das Hotel zu betreiben. Er war Nazi. Aber seine Tochter hat die Küche für unser Schülerheim gemacht.

Und dann hat dieser Pfarrer mich hereingeholt zur Freizeitgestaltung des Schülerheimes. Ich war damals schon gut 16 Jahre alt. Diese Arbeit war schon kombiniert mit seiner Anfrage, ob ich Jugendarbeit machen würde. Das sei jetzt dran. Ich habe erst lange danach erfahren, daß er in meiner Altersstufe zuerst den anderen Evangelischen gefragt hatte, ob er Jugendarbeit machen wolle. Ich war ihm durch meine Vergangenheit in der Hitlerjugend wohl nicht sauber genug. Aber der andere hatte zurückgefragt, was er denn für die Jugendstunde bekommen würde. Damit war seine Kandidatur gestorben. Und dann blieb bloß noch ich übrig. So kam es, daß aus dem Hitlerjungen plötzlich ein Pfadfinderführer wurde. Das hat viele in meiner Heimatstadt verwundert. Heute weiß ich, daß mich schon bei der Hitlerjugend das Sportliche, das Waldläuferische fasziniert hatte. Das Politische hat wohl im katholischen Niederbayern keine große Rolle gespielt.

(Konfirmandenzeit?) Ach ja! Vom Tage der Konfirmation, da habe ich noch einen unvergeßlichen Eindruck. Es war im April 1944, und es war relativ kühl. Für uns waren Konfirmandenprüfung, Konfirmation und erster Abendmahlsgang in einem Gottesdienst am Sonntagvormittag. Der Pfarrer konnte es nicht anders machen. Der Gottesdienst dauerte also fast drei Stunden. Im Konfirmandenunterricht waren wir etwa sieben oder acht gewesen. Im Gottesdienst saßen da aber plötzlich doppelt soviel im Halbkreis vor dem Altar. Die Hälfte waren für mich fremde Gesichter. Sie waren nicht im Unterricht gewesen. Es waren die ersten Evakuierten, die ersten Flüchtlinge.

Ja, die Sache mit der Pfadfinderarbeit lief dann so: Unser Pfarrer sagte auf meine Frage, was denn evangelische Jugendarbeit bedeute, etwa folgendes: „Du kannst dir aussuchen, was du willst. Da gibt es die Pfadfinder. Da gibt es die evangelische Gemeindejugend. Da gibt es sicher auch noch anderes. Schau es dir an und dann entscheide dich! Im übrigen könnt ihr machen, wozu ihr Lust habt als junge Leute: Waldlauf und Spielen und Vorlesen und Erzählen und Singen und so weiter. Aber Bibelarbeit, das gehört dazu!“ So habe ich's dann auch gemacht. Ich habe mich für die Pfadfinder entschieden.

Nun hatte ich wahrscheinlich damals auch schon gewisse Vorstellungen von „Führen“. Ja, ich bin mir sicher, daß das auch zu der Entscheidung in Richtung „Pfadfinder“ führte. Führen hieß für mich damals „es vormachen können“. Ich weiß nicht, ob das mit der Hitlerjugend zusammenhing. Ich glaub's nicht. Ich weiß heute nicht, woher ich's habe, aber ich habe jedenfalls diesen Grundsatz jetzt auch auf die Bibelarbeit übertragen, die wir machen sollten. Ich habe mir gesagt: Wenn du mit diesen jungen Leuten über die Bibel reden sollst, dann mußt du sie vorher selber lesen. So habe ich also angefangen, die Bibel zu lesen, und das hat mir so manchen Schlüssel gebracht für das, was mich durch den Umbruch 45/46 so aufgewühlt hat und was ja ständig noch Realität bei uns war.

Ja, und daraus ist dann sicher auch eines Tages die berufliche Frage entschieden worden. Der Schulrektor wollte mich für Mathematik und Physik haben. Er selber hatte diese Fachkombination. Ich dagegen war bei der Medizin gelandet und hatte auch die Erwägung, ins Ausland zu gehen. Albert Schweitzer war großes Vorbild. Aber dann war doch die andere Frage wichtiger. Man muß doch an die religiösen und moralischen Wurzeln herangehen, wenn man ein solches Desaster wie das Dritte Reich und den Zweiten Weltkrieg in Zukunft vermeiden will in unserem Volk. Und da fiel dann die Entscheidung zum Theologiestudium.

Wir hatten inzwischen auch einen anderen Pfarrer bekommen, der aus dem Fränkischen anrückte. Er war Barthianer, Kirchenkämpfer, ein faszinierender Redner und Religionslehrer. Im Abiturjahr – wir mußten ja in Religion noch Abitur machen – hat er die Reformation durchgenommen. Das waren schon tolle Durchblicke und Einblicke, die er uns da über Luther vermittelt hat.

Also die Bibellektüre und dann dieser Religionsunterricht, das waren schon tolle Sachen und gleichzeitig dann aber auch die praktische Arbeit im Flüchtlingsschülerheim und die ständigen Kontakte mit den engagierten Leuten dort! Na, ich weiß nicht, ob ich etwas vergessen habe.

Also, was für mich sicher wichtig war, auch das sehe ich jetzt im nachhinein deutlicher, daß die Jugendarbeit die Pfadfinder waren. Da sind verschiedene Sachen ganz wichtig gewesen:

Einmal sind die christlichen Pfadfinder – soweit ich sehe – damals die einzige Jugendarbeit gewesen, – vielleicht sind sie es heute noch! – welche Gymnasiasten und Lehrlinge in einer Gruppe zusammenhalten konnten. Und wenn ich darüber nachdenke, dann haben die Gymnasiasten immer dann die Führung gehabt, wenn es ums Reden ging, und die Nichtgymnasiasten, die Lehrlinge, haben dann angeschafft, wenn es um etwas Praktisches ging. Und so hatten beide immer wieder mal Oberwasser. Und das hat einen guten Ausgleich geschaffen, das hat sie auch zusammengehalten. Durch die vielen Treffen und Konferenzen mit den anderen Pfadfinderführern in der Region ist das noch verstärkt worden. Das waren fast alles Leute, die voll im Berufsleben standen, meist einfache Arbeiter oder Angestellte. Es waren prächtige Freunde, ältere Freunde, fromme Leute.

Das zweite, was ich auch den Pfadfindern verdanke, ist so etwas wie „learning by doing". Na, ich laß es mal damit stehen.

Also, vielleicht als Drittes noch, daß die Pfadfinder die Jugendarbeit waren, die die Reformpädagogik der Jahrhundertwende, also die Reformpädagogik eines Georg Kerschensteiner, eines Hugo Gaudig und so weiter, daß die Pfadfinder die Jugendarbeit waren, die dieses Reformpädagogische in der Jugendarbeit drin hatten. Eben dieses „learning by doing" und die Selbsttätigkeit: selber etwas finden, selber etwas erkunden, selber Verantwortung übernehmen – und so fort.

Ja, da ist aber noch gerade eine Spur gewesen, die ich gerne verfolgt hätte. Als es heraus war, daß ich gerne Theologie studieren will, bekam ich von irgend jemand Hermann von Bezzel, „Der Dienst des Pfarrers" geschenkt. Damit habe ich mich furchtbar gequält. *(Die Situation von 1910 oder so?)* – Ja, 1915 ist es, glaub ich, erschienen. Es war etwas, was mir unvorstellbar war, diese Art von der Gemeinde zu reden, aber auch sein Stil.

Ich bekam aber auch die Lebensbeschreibung Friedrich von Bodelschwinghs geschenkt, von seinem Sohn verfaßt. Die hat mich fasziniert. Und ich bin heute noch da an einer Stelle besonders dran, die mir damals natürlich sehr wichtig war und durch die ganze Biographie von Bodelschwinghs auch so deutlich gemacht worden ist: Als er Anfang dieses Jahrhunderts seine Kirchliche Hochschule in Bethel gegründet hat, da hat er ein Memorandum verfaßt. Und dieses Memorandum sollte man eigentlich heute jedem Professor zur Pflichtlektüre machen, ehe er sein Amt antritt an den Theologischen Fakultäten, weil es mit einer intellektuellen, von der kirchlichen Praxis und vom Leben der Gemeinde abgehobenen Universitätstheologie einfach abrechnet und weil er nun mit seiner Kirchlichen Hochschule einen anderen Weg einschlägt und sagt: „Das, was gelehrt wird, muß auch gleichzeitig in der Praxis erlebt werden." Theologiestudium und blaue Schürze der Diakonie in Bethel in den Anstalten gehören zusammen. Also auch wieder: „learning by doing".

Ich habe das für mich umgesetzt. Es gab hier, wo ich jetzt lebe, auch so etwas Ähnliches. Und da war auch so ein diakonisches Praktikum. Wir hatten alle unseren Partner irgendwo in einer Anstalt. Ich hatte einen alten, fast blinden pensionierten Pfarrer, dem ich wöchentlich einmal vorgelesen habe. Ich habe das Praktikum aber auch schon gehabt – auch das ist etwas, was ich jetzt im nachhinein deutlicher sagen kann als damals, da ist es eher intuitiv gelaufen – durch die Jugendarbeit. Ich habe also als Student an allen Studienorten und zu Hause Pfadfindergruppen gegründet und begleitet. Und ich habe da natürlich dann auch Gottesdienste und Bibelarbeiten gehalten, Zeltlager mit ihnen gestaltet, menschliche Kontakte gehabt, Führungsgespräche, Führerschulungen gehabt, so wie wir es damals genannt haben. Und in dem Ganzen war schon etwas Besonderes drin. Das war nicht nur ein Vermarkten dessen, was ich theologisch gelernt habe. Da hatte ich eigentlich eine ziemliche Scheu davor, weil da vieles auch unausgereift war. Das, was heute oft so bemängelt wird, daß man während des Studiums keine Praxis machen soll, das wird nur unter einem Mißverständnis von Praxis verlangt. Man sagt: Das, was ich in der Theorie lerne, muß nicht immer gleich vermarktet werden. Für mich war die Praxis eigentlich eine Quelle von theologischen Fragen. Auch eine Korrektur der Fragestellungen des Studiums. Beziehungsweise ein Feld, wo ich mir sagte: Da erlebst du Kirche, da erlebst du Frömmigkeit, da erlebst du dein eigenes Versagen. Aber in den Vorlesungen hörst du davon nichts. Wo kriegst du etwas dafür? Und da habe ich mir dann auch bis in die Vorlesung hinein das ausgesucht, wovon ich meinte, daß ich da – von diesem Menschen, von diesem Thema – etwas habe für meine Fragen. Also ich habe die Praxis nicht als Vermarktung von Theologie gesehen. So wird Praktische Theologie heute – glaube ich – noch von den meisten gesehen, als die Wissenschaft, die die Vermarktung theologischer Gedanken betreibt. Sondern für mich war die Praxis während des Studiums Hermeneutik, hermeneutischer Ansatzpunkt für das, was ich dann im Studium wieder gemacht habe. Und das verdanke ich nicht zuletzt auch dem Buch über Bodelschwingh.

(Glaubenszweifel während des Studiums, Brüche, Entscheidung für den Pfarrerberuf in Frage gestellt?) Also, das war eigentlich beides während meines Studiums nicht der Fall. Ich habe eigentlich nie während des Stu-

diums aus dem Auge verloren, daß ich Pfarrer werden will. Und es ist auch durch das, was ich wissenschaftlich gelernt habe, nicht unter Druck geraten. Ich weiß nicht, womit das zusammenhängt. Ich habe mir viele Sachen anhören können, und wenn ich mit ihnen nicht zurechtgekommen bin, habe ich sie liegengelassen, nicht weggeschoben. Und manche von den Fragen, die ich damals einfach habe liegenlassen, kamen später wieder und kommen heute wieder. Aber dann klar und nicht nur als Frage, sondern auch mit Antworten. Zum Beispiel im ersten Semester wurden wir Anfänger alle auf studentische Kleinkreise aufgeteilt. Studentengemeinde und Hochschule, das war so eins, und da gab es neben den Vorlesungen einmal die Woche einen Kleinkreis, und wir wurden eingeladen von älteren Semestern. Der, der mich eingeladen hat, hat dann vorgeschlagen, daß wir das „Gemeinsame Leben" von Bonhoeffer lesen. Und jetzt, in diesem Sommer, habe ich mich hingesetzt und habe nicht das „Gemeinsame Leben", sondern die „Nachfolge" von Bonhoeffer mir noch einmal vorgenommen. Ich wollte einmal überprüfen, ob das, was ich heute unter Nachfolge verstehe, bei Bonhoeffer auch so da ist. Es ist nicht so da! Bonhoeffer ist genauso wie Thomas a Kempis. Nachfolge heißt für ihn: Aus dem bisherigen Leben herausgerufen werden, wie Levi oder Paulus oder Petrus. Und ich habe inzwischen entdeckt, daß es in der Bibel mindestens genauso viel Geschichten gibt, wo Jesus die Leute in ihr bisheriges Leben hineinschickt. Also zum Beispiel der, dessen Dämonen in 2000 Säuen nur Platz finden konnten! Den schickt er zurück, obwohl er ausdrücklich im Boot mitfahren wollte. Oder den Jüngling zu Nain: „Er gab ihn seiner Mutter wieder." – „Er war der einzige Sohn einer Witwe." Das heißt, er muß die Altersversorgung seiner Mutter sicherstellen! Aus dieser Neugier, welchen Nachfolgebegriff Bonhoeffer hatte, habe ich jetzt die Biographie von Bethge und dann die von Robertson gelesen, und dann nochmals „Widerstand und Ergebung" und in den anderen Schriften, die mir von damals her ja nun auch bekannt waren, habe ich noch ein bißchen herumgeschmökert. Und so habe ich eine – wie soll ich sagen –, eine ganz intensive, neue Begegnung mit der Gestalt Bonhoeffers gehabt. Da gebe ich Ihnen nachher ein Papier mit, das ist zwar noch nicht fertig, aber trotzdem. Ich habe entdeckt, daß Bonhoeffers Lebensfrage im Grunde genommen nur *eine* war. Wie kann er – gehobenes Bürgertum, Akademikerstand, der Vater der berühmte Psychiater Karl Bonhoeffer in Berlin –, wie kann er mit diesem Hintergrund das Leben der Christen, der Kirche, das Leben der einfachen Menschen überhaupt einmal wahrnehmen, beziehungsweise dann mit diesem Leben zu tun bekommen. Es hat letztlich erst dann geklappt bei ihm, als alles andere nicht mehr möglich war durch die Gefängnistore. Da war er eben unter seinen Mithäftlingen und Bewachern nur noch mit diesen einfachen Menschen zusammen, und da kam der Durchbruch auch theologisch. Das ist so meine Grundbeobachtung jetzt. Also, das war faszinierend in diesem Sommer.

(Zwischenfrage: Sind Bonhoeffers Promotions- und Habilitationsschrift nicht doch eher konservativ?) Ja und nein. Ich glaube, konservativer sind das „Gemeinsame Leben" und die „Nachfolge". Da ist ein sehr starker mönchischer „touch" drin und ein sehr autoritärer Zug. Den habe ich nie gemocht bei Bonhoeffer, in diesen Schriften. Also, seine wissenschaftlichen Arbeiten, soweit ich sie überhaupt begriffen habe – also es hat mich jetzt sehr getröstet, daß sein Doktorvater Reinhold Seeberg auch über diesen Schriften gestöhnt hat, weil er sie lesen mußte. Die beiden Schriften versuchen ja sowas wie einen existenzphilosophischen Ansatz auf die Kirche durchzuziehen. Und ich glaube „Sanctorum Communio", also die Dissertation, da geht es ihm um die Sozialgestalt der Kirche. Da ist also schon die Grundfrage: Was sind das für Menschen? Wie lebt die Kirche wirklich? Aber natürlich wissenschaftlich und so steil, daß selbst sein Doktorvater drüber verzweifelt ist. Ja, das war so eine ganz wichtige Sache, die Bonhoeffer-Lektüre im ersten Semester. Und Bonhoeffer hat mich dann deutlich immer wieder begleitet. Aber ich habe eigentlich immer nur so daran genippt und nur an den wichtigen Stellen. Ihn jetzt einmal so in einem Zug zu lesen, das war schon ein Erlebnis für mich.

(Nach dem Studium?) Darf ich noch eine Sache zum Studium sagen: Also Jugendarbeit, dieser Kleinkreis, Bonhoeffer, das sind alles Sachen, die nicht unmittelbar mit Vorlesungen zusammenhängen. Und da ist noch ein Drittes: In meinem ersten Semester bin ich von gleichaltrigen Seminaristen eingeladen worden zu Begegnungsabenden im Missionsseminar. Wir haben einmal im Seminar, einmal in der Hochschule die Begegnungsabende gemacht. Und da habe ich Christian Keyßer kennengelernt und erlebt und dann gelesen. Später habe ich im selben Haus mit Georg Vicedom gewohnt. Ich hatte in Erlangen schon seine Vorlesungen über „Gemeindeaufbau" in Neuguinea – und was davon für uns hier in Deutschland wichtig werden könnte – gehört. Aber das Stichwort „Gemeindeaufbau" war mir von Christian Keyßer her schon bekannt. „Eine Papuagemeinde" von ihm hatte ich auch gelesen mit den Thesen zur Arbeit in der Heimat am Schluß, so daß ich im Grunde genommen hier missionstheologisch in Richtung „Gemeindeaufbau" gedacht habe, ehe das überhaupt in der Bundesrepublik Mode geworden ist. Ich glaube auch, daß meine eigene Arbeit die erste praktischtheologische Arbeit deutschsprachiger Natur ist, in der Gemeindeaufbau eine Rolle gespielt hat. „Religionsunterricht im Rahmen des Gemeindeaufbaus" ist der zweite Teil dieser Arbeit. Wo steht der Religionsunterricht im Gemeindeleben? Das habe ich versucht, kritisch darzulegen. Und die Grundthese, daß ein Religionsunterricht ohne Rückhalt der Kinder im christlichen Elternhaus, in einer Jugendgruppe, im Gottesdienst oder sonst irgendwo im Gemeindeleben in seiner vielfältigen Form, daß ein Religionsunterricht ohne diesen Gemeinderückhalt *immunisierend* für eine echte Glaubensbeziehung wirkt. Diese Grundthese der Immunisierung stammt auch aus der Missionstheolo-

gie, aus einer Analyse des englischen Schulwesens in Indien, was es für den christlichen Glauben unter den Indern gebracht hat: Immunisierung.

Ich könnt jetzt einmal ganz kurz abzeichnen, wie es nach dem Studium weiterging:

Anderthalb Jahre Exponiertes Vikariat. Das war eine lustige personalpolitische Entscheidung! Wir waren 42 im ersten Examen. 25 konnten in das Predigerseminar, 17 mußten in die katechetische Schnellpresse: acht Wochen Religionspädagogik, ein bißchen Kirchenrecht und ein bißchen Anleitung für Kasualpraxis und so weiter. Am Ende dieser Wochen kam der gefürchtete Referent für Studenten und Vikare, um unsere Stellen mit uns auszuhandeln beziehungsweise die Stellen zu verklickern. Er hat zwei Runden mit uns gemacht: Erst ein Vorstellungsgespräch, damit er uns noch einmal ordentlich kennenlernt und unsere Vorstellungen von unserem Einsatz testen kann. In dem Gespräch sprach er mir gegenüber von verschiedenen Einsatzorten. Und dann haben wir den ganzen Abend herumgeblödelt, während im Nebenzimmer die Beratungen waren, auf welche Stellen nun die einzelnen kommen sollten. Und wir haben tolle Spiele gemacht und hatten ein Hallo, wir 17. Und dann wurde einer nach dem andern – es waren auch die 5 Frauen natürlich nicht im PS, sondern bei uns mit dabei –, einer nach der anderen, wir wurden hereingeholt, und dann war immer noch nicht entschieden, wohin ich soll! Und plötzlich stellt Kirchenrat Clemen oder Schulrat Hansen, der damals noch mit dabei war – ich weiß es nicht mehr, wer – , stellt die Frage, haben Sie eigentlich den Führerschein? Ja, sage ich. Da war ich der einzige von den 17, der einen Führerschein hatte, mit dreiundzwanzigeinhalb Jahren. Und das hat entschieden, daß ich nach Veßra kam. Dort war der Vorgänger tödlich verunglückt. Die Stelle war ein Vierteljahr verwest[3] durch einen, der wieder weg mußte. Und wer dort hin sollte, der mußte sofort pro Woche dreihundert Kilometer auf Achse sein, im Unfallwagen. Und die Witwe des Vorgängers, die 14 Monate vor dem Unfall ihres Mannes erst aus Siebenbürgen umgesiedelt war mit ihren vier Kindern, Familienzusammenführung, die wohnte noch in der Pfarrwohnung. Ja, das konnte man sich nicht aussuchen.

Die Arbeit dort war eigentlich immer bis zur Erschöpfung. Und das, was mich am meisten belastet hat von der Gemeindearbeit her, war das, daß ich eigentlich so nach einem halben Jahr gemerkt habe, daß ich genau wieder dieselben Leute besucht habe, die mein Vorgänger besucht hatte, und andere wieder einmal nicht besucht worden sind. Und von daher habe ich mir gesagt: Hier muß sich etwas ändern. Du mußt aus diesem exponierten Vikariat, wo im Grunde genommen die Vikare kommen und gehen, eine Pfarrei machen, daß hier endlich einmal Konstanz hineinkommt. Und das hat dann auch geklappt in der Zeit. Wir haben das durchgezogen, diese organisatori-

[3] verwesen = vakante Stelle vorübergehend vertreten

sche Geschichte. Und wenn ich es richtig sehe, dann ist erst der dritte Stelleninhaber nach mir dort. Also, da kam wirklich Konstanz hinein, und dann konnten auch Baumaßnahmen wie Pfarrhaus, Kirche, solche Sachen angepackt werden und eine richtig verwurzelte Gemeindearbeit entstehen.

Ich war dann eigentlich ganz froh, daß ich nach anderthalb Jahren den Ruf, als Studentenpfarrer zu wirken, bekommen habe. Ich habe dann daneben auch Hebräisch, AT-Proseminar und dann auch religionspädagogisches Proseminar und katechetische Einführungsvorlesungen gehalten. Das war so mein Programm, neben der Studentengemeinde und anderen organisatorischen Aufgaben, die ich für die Studenten zu erledigen hatte. Ich muß sagen: Ich habe, obwohl ich das, was heute drei machen, damals allein gemacht habe, trotzdem die Zeit in guter Erinnerung, weil ich die vielen, vielen Eindrücke, von denen ich auch wieder viel so stehenlassen mußte, aus den anderthalb Jahren Praxis, jetzt auch aufarbeiten konnte, theologisch, und das war eine gute Zeit. Wir haben dann auch geheiratet, die ersten drei Kinder kamen, ehe wir umgezogen sind in eine andere Stadt, zu einer anderen Aufgabe. Dort war dann sehr viel Arbeit in der Schule: 22 Religionsstunden als 2. Pfarrer mit 2.500 im Sprengel – ein Wahnsinn. Und da wirkte sich bald eine alte Geschichte negativ aus. Als Schüler gegen Ende des Krieges und in der Nachkriegszeit habe ich im Schülerchor mitsingen müssen. Sobald es ging, obwohl ich noch im Stimmbruch war, mußte ich dann auch schon Männerstimmen singen. Da habe ich mir den Kehlkopf verdorben. Das hat sich dann in dieser Zeit am stärksten gerächt. Bei 22 Religionsstunden war ich einfach nach einem Dreivierteljahr mit der Stimme am Ende. Dann haben mich die Fachärzte wegempfohlen. Ich kam dann auf ein kleines Bauerndorf. Im Gepäck auf dem Weg zur vorherigen Stelle in dieser Stadt hatte ich schon meine Arbeit. Sie war fertig. Ich mußte sie nur noch ins reine tippen. Das ist mir deshalb wichtig, weil – als diese Grundthesen Religionsunterricht dann herauskamen – viele gesagt haben: In dieser Stadt ist er im Religionsunterricht gescheitert, und dann hat er ihn schlecht gemacht in seiner Arbeit. Wie gesagt, die Arbeit war fertig. Auch ein Ertrag der Studentenpfarrerzeit. Und in dieser Stadt bin ich nicht gescheitert im Religionsunterricht. Es war wahnsinnig schwer. Also, das Gymnasium war in dieser Stadt damals schon etwa in dem Zustand wie 1968/70 alle Gymnasien auch. So kann man sich es am einfachsten vorstellen, was da los war. Und ich war für vier Klassen der *dritte* evangelische Religionslehrer in dem Schuljahr, in dem ich da angefangen habe zu Ostern. Das haben die einfach nicht verkraften können. Aber mit dem neuen Schuljahr ging es dann relativ gut. Es war einfach zu viel an *Sprech*terminen dort.

Ja, die Jahre im Dorf! Da habe ich kennengelernt, was der Herrmann von Bezzel in seinem „Dienst des Pfarrers“ beschrieben hat. Ich konnte mir das nicht vorstellen. In der Studentenpfarrerzeit, da habe ich eher so die Hochschul- und Anstaltsgemeinde kennengelernt. Die ganze Liturgie, die ganzen

Wochengottesdienste, die habe ich zuerst als Student und dann als Studentenpfarrer miterlebt, mitgestaltet, mitgehalten, gehorsam, aber auch vieles stehenlassen. Was ich da erlebt habe, das hat mich nicht vom Stuhl gerissen, vieles davon jedenfalls. Aber ich konnte auch nicht sagen, was das für ein Unbehagen war. Also, stehenlassen, liegenlassen, bis die Zeit reif ist. Und in den letzten Jahren sind ja dazu auch Sachen erschienen von mir, so daß nun klar ist, warum ich dieses Unbehagen hatte und daß ich das auch theologisch und biblisch sagen kann: Hofzeremoniell, einseitige Gottesvorstellung als von einem Herrn und Richter, auch die Rechtfertigung. Ich kann das Wort nimmer hören! Es ist so eine einseitige Fixierung auf ein Bild, was mich da stört. In der Bibel gibt es unendlich viele Grundgleichnisse, die ganz anderes dann auch ermöglichen an Spiritualität.

Naja, zurück zum Dorf! Es war zunächst klar, der Grundsatz, von Eduard Steinwand in der Praktischen Theologie weitergegeben: Die ersten zwei Jahre nichts ändern! Aber so einfach ist das gar nicht! Ich habe schon etwas geändert. Ich habe einfach die Lieder herausgesucht, die die Leute gerne gesungen haben. Dann wurden es andere Gottesdienste, auch ohne daß die Liturgie geändert wurde. Die haben plötzlich gemerkt, daß sie singen, daß sie gerne singen. Die haben die Orgel übertönt. Und dann war da einfach Zeit, so die Grundelemente der Tätigkeit eines Pfarrers unter dörflichen Verhältnissen, unter volkskirchlichen Verhältnissen gründlich zu tun. Jeden Sonntag eine Predigt, aber Zeit auch zur Vorbereitung. Dann 11 Religionsstunden, den Konfirmanden- und Präparandenunterricht mitgerechnet. Aber eben auch Zeit, sie vorzubereiten! Und die Kinder waren bekannt. Das waren alles Kinder in der dorfeigenen Schule, und die war noch zweiklassig. Also heute würden alle ausflippen, wenn sie erführen, daß sie die erste bis vierte Klasse mit zusammen 48 Kindern unterrichten müßten. Doch das ging damals! Vom Hintergrund des Elternhauses war das disziplinär überhaupt kein Problem, wenn man einigermaßen ordentlich Unterricht gegeben hat. Plusminus 12 Taufen und 12 Beerdigungen, ein halbes Dutzend Trauungen im Jahr, 50 Briefein- und Ausgänge, obwohl ich gebaut und renoviert habe wie ein Weltmeister. Aber im Jahr nur 50 Ein- und Ausgänge, Drucksachen nicht gerechnet! Jedes Jahr – vielleicht alle zwei Jahre einmal – in jedes Haus die Nase hineingesteckt und dazu Zeit gehabt. Da war Gemeindearbeit einfach. Guter Kontakt zu den Kolleginnen und Kollegen.

Ja, da muß ich noch etwas erwähnen, was in der Vikarszeit schon da war. Wir waren damals so eine kleine aufmüpfige Clique, ein paar Vikare, einer war in der Nachbarschaft, der andere in erreichbarer Ferne und außerdem ein junger Kollege noch, der als der einzige verheiratet war. Der hat uns da einmal eingeladen, der hat gesagt: „Kommt, wir treffen uns einfach einmal und ratschen 'mal miteinander." Und daraus ist ein 14-Tagestreff geworden, am Montagnachmittag. Und wir haben uns immer erst einmal so beim Spazierengehen oder beim Kaffeetrinken oder beim Federballspielen so richtig ausgeschleimt, was gerade dran war, und ausgetobt. Und dann haben wir miteinander theologische Fragen angepackt, Gemeindefragen. Und dann sind wir langsam auf gemeinsame Predigtvorbereitung gegangen. Und wie ich auf das Dorf komme, entdecke ich, daß jenseits der Dekanatsgrenze, aber in der Nachbarpfarrei einer von diesen Brüdern sitzt. Und ich habe ihn gleich angerufen und habe gesagt: „Komm, fangen wir hier wieder an." – „Ja", sagte er, „ich habe gehört, daß du hinkommst, ich wollte dich auch schon anrufen." Schließlich hatten wir so fünf. Fünf waren wir dann, und wir haben das regelmäßig durchgehalten, jeden Dienstagnachmittag um drei. Wer nicht da war, war eben nicht da. Aber es waren fast immer alle da. Manchmal ist es fünf Uhr geworden, ehe wir überhaupt an den Text gegangen sind, weil wir so voll waren mit anderen Sachen. Manchmal konnten wir gleich nach dem Kaffee anfangen und waren dann um halb sechs schon wieder auf dem Heimweg. Aber das war ungeheuer wichtig.

Wir haben uns damals so die Predigthilfen, die da waren, die Reihen – was war es damals? Sicher Göttinger Predigtmeditationen und was da so alles war, die haben wir verteilt. Jeder hat ein oder zwei solche Sachen bezogen und hat immer die entsprechenden Texte dazu gelesen. Ich kann mich noch erinnern, daß einer der Kollegen dann einmal sagte: „Also das, was bei mir heute da drin steht, – ich glaube, ich bestelle das Ding ab! Das erinnert mich so fatal an gewisse Übungen im deutschen Übungsbuch meines Gymnasiums, wo ein Mustersatz fett gedruckt war, und dann stand in Klammern: ‚Bilden sie bitte 30 ähnliche Sätze!' Was soll ich mit so einer Predigtmeditation anfangen!"

Vielleicht einmal ein bißchen konterkariert die eigene Glaubensgeschichte in der Praxis: Sie war eigentlich dadurch geprägt, daß die Fragen in der Seelsorge z.B. die Fragen der Flüchtlingsgemeinde waren. Die Frage einer 34jährigen Frau, die eine 14jährige Tochter hatte und einen 4jährigen Buben. Und sie war an Lymphdrüsenkrebs erkrankt und wußte, daß sie bald sterben muß. „Warum?" Diese Fragen sind auch meine Fragen geworden. Und ich habe für mich gesucht und dann auch wieder gewartet. Gerade bei diesem letzten Fall ist mir dann etwas aufgegangen: Da bin ich erst am Sonntag früh um halb fünf an die Predigt gekommen. Um halb neun war der erste Gottesdienst, um 10 der zweite, und nachmittags um 2 der dritte. Und ich sitze also an Johannes 11, die ersten Verse von der „Auferweckung des Lazarus". Und auf diesem Hintergrund einer Flüchtlingsgemeinde und der permanenten Warum-Frage, auch bei vielen Krankenhausgesprächen und dann eben auch bei dieser krebskranken Frau, lese ich diesen Text. Und mir fällt auf, daß in diesen 11 ersten Versen viermal bemerkt wird, daß Lazarus der Freund Jesu ist und daß Jesus ihn lieb hat. Das heißt, daß das Sterben dieses Lazarus und die Trauer seiner Schwestern nichts mit der Gottesbeziehung zu tun haben kann. Und das war für mich der Schlüssel, die Theodizeefrage einmal von einer ganz anderen Seite her anzupacken. Und dann wurde wichtig – da kam jetzt wieder die Missionstheologie –, „diese Krankheit ist nicht zum Tode, sondern zur Ehre Gottes“, d.h., selbst mit Leiden und Sterben kann dieser Gott etwas „machen“ für seine Welt. Das habe ich dann gesagt, und das war für mich ein ungeheuer theologisch wichtiger Durchbruch wieder. Und so ist es mir eigentlich oft gegangen.

Dann wurde ich in die schon laufende Spätberufenenarbeit geholt. Und da konnte nun all das, was so in meinem theologischen, frömmigkeitlichen Verhalten ineinander gegangen war, das konnte ich nun versuchen, in ein Curriculum für künftige Pfarrer umzusetzen. Von Bodelschwingh über die Missionstheologie bis hin zu meiner eigenen Art, Theologie zu treiben. Theologie und Frömmigkeit sind für mich immer dasselbe gewesen. Um es noch einmal zu belegen: Ich habe versucht, mich durch Bultmanns Sachen zu quälen. Manche Sachen hat man pflichtgemäß natürlich auch gelesen. Aber dann habe ich seine Predigten angeschaut. Ich habe auch einmal versucht, Paul Tillich zu lesen. Dann habe ich mir seine drei Predigtbände gekauft. Ich habe mich mit Braun aus Mainz auseinandergesetzt. Dann habe ich gehört, daß er Gemeinschaftsprediger in Ostpreußen gewesen sein soll, ehe er Theologieprofessor wurde. Bei diesen Predigten habe ich einfach gemerkt: Also die kochen auch mit dem Wasser, mit dem du kochst. Und wenn dieser ganze theologische Überbau nur zu solchen Maulwurfshügeln kommt, was soll es dann! Theologie muß doch etwas anderes sein. Da muß doch mehr Gewicht dahinterstecken. Da muß doch auch etwas anderes in der Praxis herauskommen, auch in der Predigtpraxis. Das waren ja sicher keine schlechten Predigten bei Bultmann, Tillich und so weiter. Aber das war auch wieder der Punkt, wo ich wissen wollte: Was wird da draus praktisch? Was machen die daraus, auch religionspädagogisch?

Dann die Zeit am Spätberufenenseminar! Es war eigentlich ein Kampf nach allen Seiten: Einmal intern deutlich zu machen, daß ein praxisbezogenes Ausbildungskonzept möglich ist. Weniger Unterricht, weniger Theorie, weniger Vorlesungen. Dafür Gruppenarbeit, Praxiseinsätze, Gemeindepraktika, einen ganzen praktischen Tag im zweiten Jahr, den Unterricht auf diesen praktischen Tag abgestimmt mit den Kollegen bei den Spätberufenen! Dann das Ganze im Dozentenkollegium des Seminares klarzumachen und zu einem Curriculum und zu Prüfungsordnungen zu bringen! Das hat mich einige Magengeschwüre gekostet. Dasselbe dann aber auch gegenüber der Kirchenleitung, dann die dienstrechtliche Verankerung der Spätberufenen, ihr Weg in die Gemeinden. Der ständige Vorwurf: Das sind ja bloß gesellschaftliche „Aufsteiger“ und die Empörung bei den „Oberen“, als ich ihnen einmal an einem Fall vorrechnen konnte, daß der angebliche „Aufsteiger“ sich von seinem bisherigen Gehalt einen Pfarrverwalter hätte leisten können und immer noch so viel verdient hätte wie ein Studienrat. Das war offensichtlich eine tiefe Kränkung der Akademiker. Sie hat ja dann wohl auch zur Schließung des Seminars geführt. Dann natürlich der tägliche Unterricht, die vielen Aufnahmegespräche, die Begleitung der Einzelnen, die Enttäuschungen auch im Unterricht bzw. in der Begleitung mancher.

(Einige Nachfragen zur Kirchenleitung) Tja, die Beziehung zur Kirchenleitung! Also irgend jemand hat mich, so ist mir einmal zugesteckt worden, einen „gehorsamen Rebellen“ genannt, d.h. also: Loyalität gegenüber den Amtsträgern, aber keine Scheu, kein Liebedienern. Wenn es geht Offenheit, auch kritische Offenheit, aber Kooperation dort, wo ich konnte.

Beispiel: Mein erstes Examen. Eine Schulklasse sitzt da, jeder von uns bekommt 5 Minuten vor der Klasse. Die Prüfungskommission registriert, was los ist. Wir sitzen dann in den Bänken, die Schulklasse ist weg, die Prüfungskommission berät und flüstert, und plötzlich kippt unser 42jähriger Studienkollege, Feldwebel a.D., der mit uns das Examen gemacht hat, ohnmächtig um. Schlechte Luft, Aufregung, weiß Gott, was alles war. Alle sind wahnsinnig aufgeregt, und – ich habe es eben bei den Pfadfindern gelernt – ich habe einfach „kommandiert“. Der Oberkirchenrat ist nach Wasser gelaufen. Ich habe gesagt: „Hinlegen! Der ist blaß! Kopf tiefer! Knöpfe aufmachen! Können wir irgendwo Wasser kriegen?“ Da lief er schon. Das hat er nicht vergessen, im Positiven, meine ich. Ich weiß nicht, womit das zusammenhängt. Aber überhaupt keine Scheu vor diesen Leuten, das verdanke ich auch irgend jemand. Da ist etwas von Vater und Mutter bei mir drin. Noch eines von meiner Mutter. Die war Gärtnerstochter in einer fruchtbaren Gegend. In so einem mittelständischen Betrieb gilt jeder Kunde gleich und wird auch jeder Kunde gleich behandelt. Und meine Mutter war während des Krieges viel krank. Sie hatte immer eine Putzhilfe. Das waren ganz einfache Frauen. Sie hat mir immer gesagt: „Verachte sie nicht!“ Irgendwie von daher erkläre ich den Blick für das Einfache. Das konnte nur aus so einer Wurzel kommen und nach solchen Erfahrungen. Aber eben dann auch das gleiche in der Richtung nach oben. Auch hier nicht verachten, sondern kritisch-loyal sein, das ist so in etwa das, was ich meine. Das hat manchmal schon Kraft gekostet. Eine andere Szene: Unser Landesbischof besuchte das Dekanat, in dem ich Pfarrer war, um kirchliche Arbeit auf dem Lande kennenzulernen. Der Dekan hatte einen schwer krebskranken Vater im Haus. Er konnte den Bischof nicht aufnehmen. Also kam er zu mir, dem Senior, ins Pfarrhaus. Es war abends einfach schön im Kreis: Meine Frau, ein Theologiestudent, der damals bei mir ein praktisches Winterhalbjahr gemacht hat, um seine Motivation wiederzufinden, und dann der Landesbischof bei einem Glas Rotwein, wenn er abends müde heimkam. Das war einfach eine ganz andere Begegnung mit ihm. Und dann war eine gemeinsame Pfarrkonferenz mit dem Nachbardekanat vorgesehen. Einer der dortigen Kollegen sollte über die Bevölkerung auf dem Lande, ihre Situation heute sprechen und ich als Koreferent über die Situation der Pfarrer auf dem Lande. Jeder sollte 15, höchstens 20 Minuten sprechen. Dann „Gespräch“ mit dem Landesbischof. Mein Vorredner hat eine Dreiviertelstunde gesprochen, während der Kaffee schon dampfte! Da habe ich die ganze Tagesordnung mit folgender Bitte umgeschmissen: „Jetzt müssen wir erst Kaffee trinken! Ich red dann schon noch!" Und wie es dann soweit war und ich einen Wink gekriegt habe, steh ich auf und ich habe mir überlegt: Wie redest du den Bischof an? „Hochwürdigster Herr Landesbischof" bring ich nicht raus. Und dann habe ich gesagt: „Entschuldige, mein Herr, daß ich wage, noch einmal zu reden!" Sie wissen, wo das steht? Genesis 18, wie Abraham Jahwe „runterhandelt" wegen Sodom und Gomorrha „Entschuldige, mein Herr, daß ich wage, noch einmal zu reden." Schallendes Gelächter – und die Etikettenfrage war umspielt, und sogar noch mit einem Bibelzitat.

12. Berufung und Beruf der Pfarrer

12.1 Amt und Aufgaben

Ein *Geistliches Amt, Amt der Kirche, Predigtamt* ist nach der Begründung durch die Reformation und der übereinstimmenden Meinung vieler Theologen ein grundlegend wichtiges Amt für die Christenheit. Sein Auftrag ist der *Dienst am Wort.* Ob man zur Erfüllung dieses Auftrages allerdings eines besonderen *Pfarramtes* bedarf und dafür den besonderen Beruf des Pfarrers, darüber gehen die Meinungen auseinander. Auch die Pfarrer selbst können ihren Beruf, so wie er derzeit geordnet ist, in Frage stellen. Diese Problematisierung eines ganzen Berufsstandes durch diejenigen, die ihn ausüben und mit ihm Erfahrung haben, bezieht sich zum einen auf seine Stellung in der Gemeinde, zum anderen auf das Aufgabenbündel, das diesem Beruf zugeordnet wurde.

Dafür stehen folgende Voten: Das erste entstand im Zusammenhang mit einem Ratschlag für Theologiestudierende: „Da ich aber aller Voraussicht nach nicht aussteigen kann, weil die Theologie ja keinen anständigen Beruf ermöglicht, würde ich heute jedem Theologiestudenten raten, eine Zweitqualifikation nebenher zu machen und Pfarrer auf Zeit oder auf Ehrenamt zu machen, nebenher, solange man will, solange man Lust hat, solange die Strukturen das erlauben. Das wäre zum Beispiel etwas. Und sich das Geld woanders zu verdienen, oder halbe-halbe zu verdienen, da die Hälfte, dort die Hälfte."[1] Mit diesem Votum wird nicht die Professionalität der Berufs-

[1] Die folgende Zitate stammen alle aus A. S. B. Busch, Materialband zur Dissertation „Pfarrer zwischen Berufung und Berufsalltag", veröffentlicht als Manuskript, zugänglich an allen Universitätsbibliotheken. Die Nummern beziehen sich auf die Interviewnummer im Materialband, die Ziffern nach dem Schrägstrich beziehen sich auf die dort angegebene Zeilennumerierung. Die Interviewzitate, die sich auf die Interviews dieses Buches beziehen, erhalten in Klammern ebenfalls diese Zahlenangaben. Dieses hier wiedergegebene Zitat stammt aus Interview Nr. 23/Zeile 205ff. im Materialband zur Dissertation. Im folgenden werden diese Angaben nicht wiederholt.

ausübung oder des amtlichen Wirkens bestritten, wohl aber die gegenwärtige Struktur des Pfarrerberufes und die Notwendigkeit, dafür ein eigenes Amt einzurichten. Es erscheint diesem Pfarrer sinnvoll, seinen Beruf im Nebenamt oder im Ehrenamt auszuüben und nicht mehr in einer Art Beamtenstatus. Das Votum läßt mehrere Gründe für diese Meinung erkennen:

1. Ein Pfarrer sollte sich seine Existenz außerhalb des Kirchensteuersystems sichern.

2. Der Pfarrer wäre damit unabhängig von amtskirchlichen Hierarchien und gemeindlichen Bevormundungen. Er könnte seinen Beruf aufgeben, wenn er zu sehr in ihm frustriert wird, weil er ihn im Neben- oder Ehrenamt ausübt und seine Existenz sowie die seiner Familie nicht von einem kirchlichen oder gemeindlichen Einkommen abhängt. Er wäre wie die andern Mitarbeiter einer Gemeinde auch nicht mehr und nicht weniger als ein *Freizeitchrist.* Das würde seine Stellung in der Gemeinde erheblich verändern und ihn den anderen Mitarbeitern gleichstellen. Das allgemeine Priestertum würde durch diese Amtsstruktur am ehesten gewahrt.

3. Der Pfarrer könnte in Glaubenskrisen zeitweise den Beruf aufgeben.

4. Wenn die Aufgaben einen Pfarrer überlasten, könnte er ohne weiteres seinen Dienst quittieren. Diese Vorstellungen sind nicht ganz so revolutionär wie sie erscheinen mögen, denn den Pfarrer im Ehrenamt gibt es bereits in freikirchlichen Gemeinden, in kleinen protestantischen Kirchen und vereinzelt auch in den großen lutherischen Konfessionskirchen. Vom reformatorischen Amtsverständnis aus spricht nichts gegen diese Organisation des Dienstes am Wort. Bedenkenswert bleibt aber die Tatsache, daß freikirchliche Gemeinden – sofern ihre Mittel es erlauben – sich einen neben- oder hauptamtlichen Pfarrer *leisten.* Das bedeutet, daß mit dem Dienst am Wort in der Sicht vieler Christen offensichtlich noch andere, unverzichtbare Aufgaben verbunden sind. Nach Meinung des Autors dieses Buches liegen sie in der Verknüpfung der Verkündigung mit der aus ihr folgenden Seelsorge und geistlichen Begleitung, die Lehre einschließt. Der Prozeß der Verkündigung ist mit einer Predigt nicht abgeschlossen, sondern erst eröffnet, und dieser Prozeß braucht Kontinuität und Zeit. Das spricht für die Organisation des Dienstes am Wort als eines neben- oder hauptamtlichen Dienstes.

Das folgende Votum bezweifelt den Sinn der Aufgabenkonstellation im Pfarrerberuf: „Also ich kann das nicht so konkret beschreiben, wie das in den Strukturen aussehen sollte, weil da die Rolle von Pfarrerin und Pfarrer noch einmal geklärt werden müßte, wie das gehen soll. Ich stelle mir schon eine Kirche vor, die zum Beispiel Verwaltung und theologische Gebiete auseinandernimmt. Also dieser Verwaltungskram, der da soviel Zeit in Anspruch nimmt, daß für die eigentliche Arbeit, für die ich ausgebildet worden bin und weshalb ich Pfarrerin geworden bin, keine Zeit mehr übrigbleibt oder kaum noch Zeit übrigbleibt, solange die Kirchenleitung nicht erlaubt, dafür Fachleute anzustellen, die etwas können. Also jetzt sieht es so aus, daß immer Neues dazu kommt. Das geht nicht, und ich möchte, daß die Schule wegfällt. Also ich bin gern in die Grundschule gegangen, jetzt gehe ich ins Gymnasium und ich finde das unverantwortlich. Ich bin nie ausgebildet worden für das Gymnasium. Ich hab keine Ahnung, wie das da gut gemacht werden soll. Also ich bin da hingekommen, ich habe keinen Lehrplan gehabt, ich hab gar nichts gehabt, die Vorbereitung dauert auch viel, viel länger, und ich habe keine Zeit dazu."[2] Es ist zu diesen Ausführungen anzumerken, daß es in der Tat eine lehrplanlose Zeit in dieser Landeskirche gab, in der die Pfarrerin tätig ist. Doch auch von anderen Pfarrerinnen und Pfarrern wird die Ausbildung der Pfarrer für den Religionsunterricht bemängelt.

Diese Voten sind aber nicht nur Klage über mangelnde Ausbildung für spezielle Aufgaben, sondern durch ihre Kritik an der gegenwärtigen Aufgabenkonstellation des Berufes laden sie zu grundsätzlichem Nachdenken über die Berufsaufgaben ein. Es geht dabei nicht nur um eine bessere Vorbereitung der realen Dienste, die ein Pfarrer zu erfüllen hat, sei es im Religionsunterricht oder in der Verwaltung, sondern es geht vor allem um die Frage, welche Aufgaben genuin zu diesem Beruf gehören. Wenn man den Pfarrerberuf mit der Reformation und zeitgenössischen Theologen als Dienst am Wort versteht, dann gehören in der Tat Verwaltungsaufgaben nicht zu diesem Beruf. Ähnliches gilt, wie schon einmal vermerkt, für den Religionsunterricht. Zwar löst die Verkündigung auch Fragen des Wissens aus und bewirkt damit auch ein Bedürfnis nach *Unterweisung* und *Lehre,* aber diese Lehre ist nicht mit einem Religionsunterricht gleichzusetzen. Zu Lebzeiten Luthers war die Lehre die Katechismuspredigt, die regelmäßig für die Hausväter gehalten wurde, die ihre Einsichten dann an ihre Familie und ihre Hausangestellten weitergeben sollten. Für den Religionsunterricht wurden zwar – wie schon vermerkt – auch Theologen angestellt, jedoch war dieses Amt vom Pfarramt getrennt. Der Pfarrer übte die Schulaufsicht über den Lehrer, der zumeist zugleich auch Kantor war, um zu prüfen, ob dieser sich an die Überzeugungen der Reformation hält oder Irrlehren verbreitet. In unseren Zeiten entspricht diesem Katechismusunterricht noch am ehesten der Konfirmandenunterricht, den man für Jugendliche, aber auch für Erwachsene gestalten kann. Auf dieses ursprüngliche Aufgabenfeld des Dienstes am Wort ist daher bis heute auch die akademische Ausbildung der Theologen vorrangig ausgerichtet. Die Klage der Theologen über mangelnde Ausbildung für bestimmte Aufgaben bzw. über die Beauftragung mit Aufgaben, die nach ihrer Sicht weder ihrer Motivation zum Studium entsprechen noch genuin zu den Pfarreraufgaben gehören, hat in der Geschichte der protestantischen Theologie und der Geschichte der Ausbildung zum Pfarrerberuf damit einen ihrer Gründe.

In eine ähnlich grundsätzliche Richtung geht folgendes Votum, das zu-

---

[2] 52/592ff.

dem die zeitliche Überlastung der Pfarrer als Dauerproblem erkennen läßt. „Also ich fände es halt einfach sinnvoll, daß die Kirche zu einem echten Kollegialsystem käme. Daß man also meinetwegen auch die Pfarramtsfunktionen aufteilt, je nach den Zuständigkeitsbereichen oder im Wechsel, wie es in manchen anderen Landeskirchen auch ist. Also da, denke ich, müßte sich etwas verändern. Und überhaupt auch Transparenz, was getan wird, vor allem von oben nach unten. Ich bin jetzt, wenn ich das Vikariat mitrechne, genau zehn Jahre im Dienst. Also da merk ich schon auch, daß ich zur Zeit im Prinzip durchhänge. Ich kann schon arbeiten und zupacken, und ich will auch nicht alles nur nach Terminkalender vorplanen und so, aber 60–80 Stunden zu arbeiten, ständig, das wird mir irgendwo dann auch wieder zuviel."[3] Es ist offensichtlich, daß das Aufgabenbündel, das den Pfarrern auferlegt wurde, zu groß ist. Der Ratschlag, Prioritäten zu setzen, aber am Aufgabenbündel im Prinzip nichts zu ändern, ist da wenig hilfreich. Die Studie über die Württemberger Pfarrer hatte ergeben, daß Pfarrer bei zeitlicher Entlastung nicht mehr Freizeit genießen, auch wenn sie das nötig hätten, sondern die Arbeit tun, die ihrem Empfinden nach wegen mangelnder Zeit liegengeblieben ist. Das ist in erster Linie der Besuchsdienst. Einige Besuche muß ein Pfarrer machen, andere nicht unbedingt. Wenn die Zeit für die Erledigung von Pflichtaufgaben knapp ist, gibt es also die Möglichkeit, Zeit auf Kosten des Besuchsdienstes für andere Aufgaben zu gewinnen. Wenn also von Kirchenleitungen gefordert und von vielen Mitgliedern der Gemeinden gewünscht wird, die personalen Kontakte zu verstärken, muß man den Pfarrern die Zeit dafür geben. Das bedeutet, daß entweder die Zeiten des Religionsunterrichts, den sie in vielen Landeskirchen zu erteilen haben, gekürzt werden müssen oder die Aufgaben der Gemeindeverwaltung und -organisation. Schließlich ist in diesem Zusammenhang auch erforderlich, die Zahl der Gemeindemitglieder zu überprüfen, die ein Pfarrer seelsorgerlich begleiten soll. Schon die VELKD-Thesen hatten sich mit diesem Problem befaßt und festgestellt, daß die Größe des Seelsorgebezirkes für einen Seelsorger (Sprengel), die eine Zahl von 2.000–2.500 Mitgliedern pro Seelsorger überschreitet, eine geordnete Seelsorge nicht mehr erlaubt. Doch hängt die Bestimmung der Sprengelgröße für einen Seelsorger natürlich auch von den örtlichen Gegebenheiten sowie von den bereits mit einer Pfarrstellen verbundenen Aufgaben ab. So ist die Sprengelgröße in einer Diasporagemeinde anders zu bestimmen als in einer Großstadtgemeinde, ebenso, wenn mit der Pfarrstelle z.B. eine nebenamtliche Krankenhausseelsorge verbunden ist.

In dem letztzitierten Votum wird darüber hinaus eine Möglichkeit angesprochen, das sogenannte Überlastungssyndrom zu lösen, nämlich die Umwandlung des Pfarramtes in ein Gruppenpfarramt. Es wäre denkbar, alle Aufgaben einer Gemeinde wie bisher im Pfarramt als dem zentralen Ge-

[3] 53/396ff.

meindeamt zu sammeln, die Verwaltung eines Kindergartens ebenso wie die Verwaltung eines Friedhofes, die flächendeckende Erteilung von Religions- und Konfirmandenunterricht ebenso wie die Gestaltung von Gottesdiensten, Kasualhandlungen und Seelsorge, die Betreuung der Gaben und Gemeindefinanzen ebenso wie die Sonderaufgaben der Gemeinde. Man könnte die Zeit, die man zur Erledigung dieser Dienste einschließlich Vorbereitung, Nachbereitung und Wegezeiten braucht, summieren und hätte dann sehr schnell ein Maß für die notwendige Mitarbeiterzahl einer Gemeinde. Der nächste Schritt wäre dann, diese Aufgabe plus eventuell neu angestrebter Dienste auf entsprechend qualifizierte Mitarbeiter zu verteilen. Die Mitarbeiterkonferenz könnte dann die eigentliche Leitung der Gemeinde sein. Der Pfarrerberuf wäre in diese Konferenz eingeordnet. Ein Gemeindepräsident, der nicht ein Pfarrer sein müßte, könnte die Gemeinde juristisch und öffentlich vertreten. Dieses Amt könnte sowohl als Ehrenamt befristet oder als Neben- bzw. Hauptamt eingerichtet werden.

Diese Ausführungen zeigen, daß, wie schon in der Literatur zum Thema feststellbar, der Gestaltungsphantasie kaum Grenzen gesetzt sind. Die Frage ist natürlich auch in diesem Zusammenhang wieder, ob ein solches Amt von den Mitgliedern der Gemeinde angenommen wird. Dies ist jedoch keine prinzipielle Frage des Amtes, sondern eine solche der Einführung des Amtes und der Art und Weise, wie man bestehende Pfarrämter in Gruppenämter umwandelt.

In diesen hier zitierten Voten wird über ihr eigentliches Anliegen hinaus auch darauf verwiesen, daß der Pfarrerberuf eine Funktion der Gemeinde ist, kein für sich bestehendes Amt, keine Berufsrolle, die gesellschaftlich, so wie sie ist, notwendig wäre. Dem Pfarrerberuf ist ein Aufgabenbündel zugeordnet, das ein Aufgabenbündel der christlichen Gemeinde ist. Sie hat diese Aufgaben einer oder mehreren Personen übertragen. Damit geschieht eine Arbeitsentlastung für die Gemeinde. Das einzelne Gemeindemitglied hat seinen seit der Taufe ihm obliegenden Verkündigungsauftrag auf einen hauptamtlich angestellten Mitarbeiter delegiert. Dadurch entsteht aber ein Sonderproblem. Mit der Delegation der Arbeit ist nicht die Delegation der Verantwortung verbunden. Gewiß haben die Gemeindemitglieder mit der Arbeit auch die Verantwortung für die *rechte Ausübung* der Arbeit delegiert, aber nicht die *grundsätzliche Verantwortung* dafür, daß diese Arbeit überhaupt geschieht. Eine solche Entlastung ist für einen Christen nicht möglich. Darauf haben die Schriften Luthers verwiesen. Von der Gesamtverantwortung der Gemeinde für den Dienst der Verkündigung sprechen auch die gültigen Kirchengemeindeordnungen. Die Notwendigkeit der Professionalisierung der Arbeit, die in diesen hier zitierten Voten zum Ausdruck kommt, bedeutet nicht zugleich die Entbindung der Gemeinde von der Verantwortung für die Einrichtung von Ämtern in der Gemeinde. Mit dieser Feststellung wird unterstrichen, was in vielen Ausführungen zum Thema bereits begegnet ist: Ämter der Gemeinde sind grundsätzlich funktional. Diese Funktionalität hat allerdings auch ihre Grenzen. Es ist nicht so, daß die Gemeinde beliebig viele Ämter konstruieren und verwerfen kann, sondern sie kann nur solche Ämter einrichten, die dem christlichen Grundauftrag dienen. Von daher könnte man Ämter auch als Funktion der Verkündigung beschreiben, wenn man dabei nicht vergißt, daß der Verkündigungsauftrag ein Auftrag der Gemeinde als Körperschaft ist. Die Funktionalität des Pfarrerberufes wird auch noch einmal durch eben die Voten unterstrichen, die Teilbereiche der Aufgaben aus Gründen mangelnder Ausbildung und vor allem wegen Arbeitsüberlastung abgeben wollen. Ergänzend ist darauf hinzuweisen, daß aus der Funktionalität der Ämter auch die Einrichtung von Spezial- oder Sonderämtern erfolgen kann. Für die Vergesellschaftung des Christentums bedeutet das, daß es neben Ortsgemeinden gleichberechtigt auch Sonderdienstgemeinden geben kann. Aus dieser Einsicht folgt auch, daß der Dienst am Wort und sich aus ihm ergebende Aufgaben nicht notwendig parochial organisiert werden müssen.

Die Tatsache, daß die Berufsrolle des Pfarrers trotz dieser offensichtlich lange bestehenden und weit verbreiteten Reformwünsche noch nicht verändert wurde, ist ein Beleg dafür, daß die lutherische Reformation praktisch nicht an ihr Ziel gelangt ist. Dies hat Gründe, auf die im ersten Teil dieser Arbeit schon einmal hingewiesen wurde. Sie seien an dieser Stelle noch einmal aufgezählt. Der wichtigste Grund ist die Hierarchisierung und Bürokratisierung der Kirchenorganisation, von der fragwürdig ist, ob sie mit dem reformatorischen Erbe wirklich zu vermitteln ist. Diese Hierarchisierung und Bürokratisierung ist nachweislich entstanden aus der Notsituation der Reformationszeit. Als das landesherrliche Kirchenregiment 1918 abgeschafft wurde, wurde diese Hierarchisierung beibehalten. Das landesherrliche Kirchenregiment ging auf die von den Fürsten einst geschaffene und organisierte Oberkirchenratsebene über. Auch als 1945 ein Neuaufbau der evangelischen Kirchen in Deutschland anstand, setzte sich die alte Hierarchisierung und Bürokratisierung durch. Sie wird seither in immer neu auftauchenden Forderungen nach Demokratisierung der Kirche in Frage gestellt, ohne daß es bislang gelungen wäre, an diesem Zustand der Machtverteilung in der Kirche etwas zu ändern.

12.2 Berufsrolle und Gemeinde

In diesem Abschnitt geht es vor allem um die Frage, wie der Pfarrerberuf – wenn man ihn beibehält – in den Prozeß Gemeinde in der Sicht der Pfarrer selbst einzuordnen ist. Diese Frage wird in den vorliegenden Interviews vorwiegend, wenn auch nicht ausschließlich, im Zusammenhang mit Äußerungen zur Zukunft der Kirche artikuliert. Sehr deutlich wird das im Interview 1. Das Rechnen mit den Charismen in der Gemeinde führt zu einer theoretischen Gleichstellung der Charismatiker. Daraus folgt zugleich gemäß der paulinischen Charismenlehre, daß Charismen und Gemeinde einen untrennbaren Zusammenhang bilden. Versteht man Charisma als Gnadengabe, die eine zu erfüllende Aufgabe der Gemeinde ist, dann gilt die bekannte Formel, daß Amt und Gemeinde untrennbar verbunden sind. Das gilt gerade auch dann, wenn man das Amt als Funktion der Gemeinde definiert. Nach der charismatischen Rollendefinition aus Interview 1 besitzt der Pfarrer einen Ausbildungsvorsprung, den er in die Gemeinde einbringt, wirkt aber als Persönlichkeit gleichrangig unter anderen Persönlichkeiten, die andere Führungsaufgaben übernommen haben oder einfach ihre Gaben einbringen. Wichtig ist für eine gute Zusammenarbeit zwischen den Charismatikern die Persönlichkeitsbildung, die durch Leitertreffen und persönliche Gespräche in einer Art Supervision erfolgt.

Eine charismatische Amtsdefinition denkt vor allem an einzelne, spezifische Charismen. Demgemäß bereitet es ihr keine Probleme, das jetzige Pfarramt aufzulösen und anders zu strukturieren. Das geht bis in Überlegungen zur Finanzierung der Arbeit hinein. Der konkrete Vorschlag aus Interview 1 lautet: „Ich kann mir denken, daß ein Pfarrer nicht nur von seinem Pfarrgehalt leben wird in der Zukunft, sondern daß er einen zweiten Beruf hat, der ihm ein Stück seines Einkommens sichert. Und ich wünschte mir, daß viele, die das Theologiestudium beginnen, so ein Handwerk besitzen, so wie Zeltmacher, von dem sie auch leben können.“[4] Damit wird Gleichrangigkeit der Amtsträger angestrebt.

Die Gleichrangigkeit des Amtsträgers mit den anderen Gemeindegliedern ist auch der Grund dafür, warum ein anderer Interviewpartner es ablehnt, *Pfarrherr* zu sein: „Ich wollte nie Pfarrherr sein. Auch das Wort Pfarrer gefällt mir nicht so besonders. Ich wollte eigentlich nur einer von allen, von den Gemeindegliedern sein, darum sitze ich auch heute gern unter der Kanzel und bin in keiner Weise gekränkt oder böse, wenn ich nicht auf der Kanzel stehe.“[5]

Auf Grund seiner seelsorgerlichen Konzeption kommt ein weiterer Pfarrer zu einer Rollendefinition, die ebenfalls von der Gleichrangigkeit der Partner ausgeht: „Und das wäre auch jetzt für mich schon so eine Vision, daß der Pfarrer eben nicht der ist, der sagt, wo es lang geht mit dem Glauben, sondern, daß das einer ist, so primus inter pares, mit da sitzend, der seine Erfahrung hat, der aber genauso die Erfahrung der andern mit gelten lassen muß, der mit dem arbeitet und der aus dem auch eine Bereicherung für sich empfindet, der da auch etwas kriegt, der nicht bloß immer nur gibt, sondern, der etwas kriegt, wenn er so im Kreis mit den andern zusammen sitzt.“[6]

---

[4] 1 (01/155–158)
[5] 2 (06/290–293)
[6] 13/414–419

Die Vorstellung von der Gleichberechtigung der Pfarrer im Kreis der Mitarbeiter kann auch dazu führen, daß ähnlich wie bei den Charismatikern, aber aus anderen Motiven, das Berufswissen eingebracht wird, um anderen damit einen begleitenden, vielleicht auch weiterführenden Dienst zu erweisen.

„Und also meine Rolle dabei ist nicht, der Chef zu sein, sondern der etwas anbietet, wo die sagen, ich habe etwas davon, zum Beispiel solche Gespräche, die sie sonst nirgends kriegen, also im Kindergottesdienst zum Beispiel, aber bei andern Sachen auch, liefere ich das. Also die Möglichkeit, wo die Leute scharf drauf sind, an so einem Punkt auch einmal Dinge zu überlegen, die sie lange einmal los werden wollten. Und da denke ich, hat der Pfarrer schon die Rolle, nicht als Autorität, daß er die Wahrheit hat, aber manche Dinge einfach auch besser zu wissen und Gedankengänge einmal vorzuüberlegen und zu sagen, was hältst du davon.“[7]

Noch stärker in diese Richtung des partnerschaftlichen, theologischen Fachmannes und Beraters oder Begleiters gehen weitere Voten.[8] Die Theologie wird zur Aufgabe, Lebens-Probleme zu lösen. Konkret geschieht die theologische Arbeit so, daß die Texte der christlichen und biblischen Tradition in einem ersten Schritt durch die Übersetzungsarbeit der Pfarrer bei den Menschen in ihrer heutigen Situation zur Sprache gebracht werden. Sie sollen wieder wie ursprünglich Verkündigung sein. Dadurch wird im zweiten Schritt ein Dialog zwischen Hörer und biblischer Tradition eingeleitet, der im kommunikativen Prozeß entfaltet wird. Im dritten Schritt kann daraus Veränderung bei den am Prozeß Beteiligten und ihrer Situation erfolgen. Das vorgegebene Wort vor allem der christlichen Ursprungstradition gewinnt insofern seinen normativen Charakter, als es zur Leitvorstellung wird, an der Einstellungen und Verhältnisse gemessen werden können. Es ist aber nicht normativ in dem Sinn, daß es einfach Glaubensgehorsam verlangt, ohne verstanden worden zu sein. Für den einzelnen Hörer (der auch der Pfarrer ist) wird es erst durch den dialogischen Prozeß zur leitenden, normativen Aussage, was nicht immer und überall gelingen muß. Denn die Autonomie des Subjektes oder der Person wird anerkannt und vorausgesetzt. Als Musterfall eines solchen Prozesses wurde das Projekt *Wort und Antwort,* eines neuzeitlichen Intensivkurses zum Studium der Bibel des öfteren bezeichnet. In ihm ist mit dem sog. Drei-Geschichten-Konzept genau dieser Dialog angestrebt. Indem die Teilnehmer an diesem Kurs ihre eigenen Erfahrungen mit Glaubens- und Lebensfragen mit den Fragen der anderen Teilnehmer und den Voten der biblischen Zeugen des Glaubens austauschen, entsteht dieser Dialog.

Ein Interviewteilnehmer sieht ähnlich wie derjenige, der eine charismatische Richtung vertritt, in der Persönlichkeitsbildung der Menschen eine

[7] 10/211–217

[8] 37/118ff.; 19/236ff.

Hauptaufgabe der Kirche. Er begründet diese Aufgabe mit der Inkarnation Gottes: „Und das ist ein weiterer Punkt, wo ich mich manchmal frage, was da eigentlich bei uns passiert, die Frage nach der Persönlichkeit, Persönlichkeitsentwicklung und Persönlichkeitsförderung des (in Anführungszeichen) Geistlichen. Ich denke, das ist auch ein fast völlig unbeackertes Feld, wenn das Medium Nummer eins der Verkündigung, der Schule, der Gemeindearbeit die Person ist. Die Person – das ist eigentlich eine ganz grundlegende theologische Kategorie, wenn Gott Person geworden ist, Mensch geworden ist, um die Menschen anzusprechen und zu erreichen. Dann geht das bei uns wahrscheinlich auch nicht anders. Dann ist natürlich immer die Frage, was sind das für Personen, was sind das für Menschen, das können noch so hervorragende Theologen sein, wenn es menschlich nicht stimmt, dann hat das alles wenig Sinn, dann kommt nichts rüber."[9]

Neben diesen partnerschaftlichen Konstruktionen des Pfarrerberufes mit seelsorgerlichen, theologischen oder auch diakonischen Akzenten, die von der Gleichrangigkeit der Pfarrer mit den Gemeindegliedern ausgehen, gibt es auch eine andere Konzeption. Sie betont ebenfalls einen kooperativen Leitungsstil, sieht aber das Amt des Pfarrers doch als ein besonderes an, was im Bereich der Lehre und Sakramentsverwaltung zum Ausdruck kommt. Sakramentsverwaltung kann nach diesem Verständnis nur von ordinierten Pfarrern vorgenommen werden, wobei das auch für Frauen gilt. Dieses Amtsverständnis führt aber nicht zu einer Überordnung des Amtsträgers, sondern nur zu einem Gegenüber von Amt und Gemeinde, wobei das Amt allerdings schon ein wenig vorgeordnet gedacht ist. „Also für mich persönlich hat das Geistliche Amt einen wichtigen Stellenwert, aber das muß ich natürlich ein bißchen mehr erklären. Das hängt sicher mit meinen katholischen Freunden zusammen, mit Ökumene, mit vielen Erfahrungen da. Und ich denke, daß das Geistliche Amt einen einfach auch in die Verantwortung hineinnimmt und auch hilft und trägt. Aber das ist nur der eine Brennpunkt der Elipse, der andre ist sicher das allgemeine Priestertum. Ich denke, das muß auch eine fruchtbare Spannung sein. Und es ist ganz interessant, ich hab das oft beobachtet, es gibt Kollegen und Kolleginnen, die theologisch wenig oder kein Amtsverständnis haben und doch die Gemeinden in übelster Weise bevormunden, während mir grade auch das Wissen um mein spezielles Amt, meinen speziellen Dienst, die Verantwortung für den Gottesdienst, die Verantwortung für die Einheit der Gemeinde, um nur zwei Sachen zu nennen, auf der anderen Seite ermöglicht, die Gaben, die in einer Gemeinde da sind, zu würdigen, zu helfen, sie zu entdecken, zu fördern, Mitarbeiter zu suchen, zu begleiten, auch wieder loszulassen, sie auch geistlich zu begleiten, wenn möglich. Das sind jetzt alles mehr so Wunschvorstellungen, das geschieht aber zum Teil doch nur sehr sporadisch und zu wenig. Also so vom

---

[9] 33/398–406

Leitungsstil her würde ich mir bis zum gewissen Grad schon auf jeden Fall einen kooperativen Leitungsstil vorstellen, bis zu einem gewissen Grade auch demokratisch, da wo es nicht an die Substanz geht. Da sehe ich dann meine Verantwortung als ordinierter Pfarrer, wenn es um die engsten Dinge, Wort Gottes, öffentliche Verkündigung, Sakramentsverwaltung und so weiter geht. Da ist mir auch wichtig, daß um der Ökumene willen, nicht nur, aber auch – ich denke, das kann man auch theologisch gut begründen – ich es für wichtig und richtig hielte, daß in unserer Kirche auch nur die dem Sakrament vorstehen, die ordiniert sind."[10]

Im Rahmen dieser Definitionen der Berufsrolle kommt es – wie aus den Zitaten zu ersehen ist – auch immer zur Akzentuierung der Pfarreraufgaben, so daß man folgern kann, auch die Schwerpunktsetzung hängt mit dem Gemeindeverständnis des Amtsinhabers zusammen. Allerdings ist dieser Zusammenhang nicht so fest geknüpft wie der zwischen Rollendefinition und Gemeindeverständnis. Das wird z.B. klar an dem Interview, das ein hochkirchliches Amtsverständnis vertritt. In ihm wird an anderer Stelle als eine wichtige Aufgabe der Kirche die Ausbildung einer Spiritualität der Menschen bezeichnet. Angesichts des Verlangens der modernen Menschen nach spiritueller Erfahrung und Leitung müsse die Kirche hier Angebote machen, die den einzelnen helfen, ihren Weg zu finden. Die Aufgabe des Pfarrers ist hier die Aufgabe eines Spirituals. Diese Aufgabe ist aber offensichtlich nicht an das eben zitierte Amtsverständnis gebunden. Zwar bezieht der Interviewpartner diese Aufgabe auf das Geistliche Amt, aber man kann sich das auch sehr gut unabhängig davon vorstellen. Im übrigen sieht der Interviewpartner in der Ausbildung zur Spiritualität einen Mangel, so daß er ein kleines Ausbildungsprogramm entwickelt hat. Daher wird im folgenden der Gedankengang des Interviewpartners in voller Länge mitgeteilt: „Ich denke, die Menschen suchen nach Spiritualität, suchen nach Möglichkeiten sittlichen Lebens. Und wir als Seelsorger hätten eigentlich die Aufgabe, wirklich für die Seelen zu sorgen, und die Leute laufen uns davon, weil das, was unsere ureigenste Aufgabe wäre, wir viel zu wenig wahrnehmen. Was ich da den Menschen bieten kann, habe ich auch nicht im Studium gelernt. Das sind alles Sachen, auf die ich auf andere Weise gestoßen bin, die ich mir dann selber angeeignet, die ich selber durchreflektiert habe, die ich selber erprobt habe. Ich habe dann auch selber des öfteren Kurse gehalten, Meditationskurse und gemerkt, wie wahnsinnig wichtig das für die Menschen ist. Von daher auch seit langem meine Frage, wie werden eigentlich von Beginn des Studiums an die, die sich auf das Geistliche Amt der Kirche vorbereiten, dahingehend ‚geschult' – geschult in Anführungszeichen, weil es sicher nicht um eine Schule im herkömmlichen Sinn gehen kann –, Menschen geistlich anzuleiten in evangelischer Freiheit, aber doch so, daß sie ihren Weg der Spi-

[10] 33/377–395

ritualität finden. Mir ist auch immer klarer geworden, daß das Phasen hat im Leben und daß das sehr behutsam geschehen muß und daß das eigentlich auch nur so gehen kann, daß ich einzelne ein Stück auf ihrem Weg begleite und ihnen helfe, ihren Weg zu finden auch in der Spiritualität, und daß es da keine absoluten Gesetze gibt. Aber da seh ich einen ganz eminenten Nachholbedarf. Wobei man natürlich fragen muß, oder ich als evangelischer Christ und Pfarrer fragen möchte, wie das im Rahmen der evangelischen Kirche aussehen muß. Ich denke, wir können nicht einfach hier irgendwelche Dinge aus dem katholischen Bereich nachahmen, sondern wir müßten unseren eigenen Weg, unser eigenes Profil finden, wobei wir sicher auch von den Katholiken viel lernen können. Und mein Gedanke wäre eben so etwas wie ein ‚practicum spirituale', zu dem man, denke ich, jeden, der sich eintragen läßt in die Liste der Anwärter für das Geistliche Amt, verpflichten könnte und müßte. Ich kann den Glauben eines Menschen sicher nicht prüfen und die Frömmigkeit auch nicht, aber von jemand, der andere Menschen zur Spiritualität anleiten soll, von dem muß ich verlangen, daß er sich selber bestimmten Erfahrungen aussetzt und zwar ganz verschiedenen, damit er nicht nur aus Büchern über Frömmigkeit Bescheid weiß, sondern selber es kennengelernt hat. Und wenn das nur dem Zweck dient, daß er merkt, diese Art der Frömmigkeit ist meine sicher nicht. Aber dann weiß er wenigstens oder weiß sie wenigstens, warum es das nicht ist. Und er kann dem auch angstfrei begegnen, weil er eigene Erfahrungen hat. Da würden für mich also die verschiedensten Richtungen dazu gehören, von liturgisch geprägt, communitär, Ordensgemeinschaft, charismatisch, pietistisch, gottesdienstlich-landeskirchlich in einem allgemeineren Sinn und was es da noch alles so geben mag. Das zu erleben, das mit anderen zu reflektieren, den eigenen Standpunkt zu klären, den eignen Horizont zu erweitern und selber zu einer eigenen Art der Praxis zu finden. Denn das Grundproblem, das aber nicht neu ist, scheint mir das zu sein, was der Meister Eckart auf die Formel gebracht hat, auf 1000 Lehrmeister kommt ein Lebemeister. Wir reden und reden und reden über Frömmigkeit, über Liebe, über Gnade, über, über, über, und schreiben Bücher darüber, aber wo wird das eigentlich gelebt? Und das einzige, was letzten Endes wirklich überzeugt, ist das gelebte Leben, das einzige, was auch ansteckt."[11]

Der Hinweis auf Meister Eckart zeigt, daß für diese Aufgabe der spirituellen Ausbildung und Begleitung geeignete, spirituell erfahrene Persönlichkeiten gesucht werden, was sachlich nicht auf beamtete Pfarrer zu beschränken ist.

Die hier vorgestellten Rollenbilder, -definitionen und Pfarreraufgaben könnten den Eindruck vermitteln, als wäre das Verhältnis Amt und Gemeinde und das Verhältnis der Amtsinhaber untereinander unproblematisch.

---

[11] 33/210–247

Dem ist nicht so. Auch die Interviewpartner kennen Spannungen, die unter Pfarrern entstehen können. Oder sie kennen bestimmte Pfarrer, von denen sie wissen, daß diese nicht kooperativ sind. Bei den Einzelinterviews kam das gelegentlich bei der Entscheidung, auf eine Stelle zu gehen, auf der man allein ist, zum Ausdruck oder auch durch die Feststellung, daß einige Pfarrer nicht wagen, Verantwortung zu delegieren. Ein Pfarrer führt diese Probleme auf strukturelle Ursachen des Amtes und auf Probleme der Persönlichkeitsbildung zurück: „Ich merke aber schon, daß irgendwo in unserer ganzen Berufsstruktur so der Konflikt und die Rivalität eigentlich in den Grundstein eingemauert ist. Also mich wundert es nicht, wenn es in manchen Gemeinden staubt. Es geht schon allein damit los, wenn beim Kollegen mehr Leute in der Kirche sind, als bei einem selber. Das sind lauter so Dinge, die man sich kaum eingesteht, aber die eine Rolle spielen. Und meines Erachtens ist diese Problematik in der ganzen Pastoraltheologie viel zu wenig durchleuchtet worden und auch in der Pastoralpsychologie. Also da ist erheblicher Nachholbedarf. Und also nicht nur Leute teamwillig und teamfähig zu machen, sondern auch immer einmal so die etwas eingebauten Stolpersteine, die irgendwo liegen, etwas zu markieren."[12] Derselbe Pfarrer gibt im Rückblick auf eine Auslandserfahrung ein Bild von der Gemeinde weiter, das er in einer Freikirche kennengelernt hat, das sich zum Abschluß dieses Abschnittes sehr gut auch als Bild für ein Miteinander in den Christengemeinden verwenden läßt. In ihm hat sowohl die partnerschaftliche Vorstellung Platz, die vom allgemeinen Priestertum ausgeht, als auch eine amtskirchliche Vorstellung des Amtes: „Also mich hat wahnsinnig beeindruckt, wie wir da in Amerika waren. Und als wir dann im Vorbereitungscamp waren von dieser Kirche, da hat – wir würden sagen – der Kirchenpräsident zu uns Austauschschülern gesprochen. Da haben wir einen netten Abend gemacht, im Freien, lagerten im Gras, und er hat da eine Rede gehalten, wo er so – das ist mir heute noch in Erinnerung – den Vergleich gebracht hat, die Welt ist eigentlich ein großes Orchester, und es könne eigentlich zusammenspielen, und alle müssen ihre verschiedenen Instrumente spielen dann, wenn es den entsprechenden Klang geben soll. Aber der Dirigent ist nötig, und der ist Gott."[13]

Überblickt man die Interviewvorstellungen zur Pfarrerberufsrolle insgesamt, so läßt sich trotz aller Gebundenheit der Rollenvorstellung an das Gemeindeverständnis des Pfarrers doch so etwas wie ein modernes Pfarreridealbild zeichnen, das die verschiedenen theologischen Ansätze zum Berufsbild umfaßt. Danach ist der heutige Pfarrer am besten durch das Bild vom beratenden, helfenden, lehrenden *Wegbegleiter* zu beschreiben. Um dieses Bild auszufüllen, lassen sich auch Fähigkeiten und Fertigkeiten auflisten, die

[12] 03/253–261
[13] 03/132–138

interessanterweise vorwiegend auf die Persönlichkeit des Pfarrers zielen und insofern große Nähe zu den Äußerungen der Pfarrer haben, die im Rückblick auf das Studium und die Vikarszeit die Notwendigkeit der Persönlichkeitsbildung betonen. Erst in zweiter Linie – allerdings dann diskussionslos selbstverständlich – werden fachliche Fertigkeiten benannt. Die für den Pfarrerberuf gewünschten Fähigkeiten und Fertigkeiten in der Sicht der Pfarrer selbst kann man in etwa wie folgt auflisten:[14]

1. Reflexions- und Vermittlungsfähigkeit oder theologische Kompetenz;
2. Kommunikations- und Kooperationsfähigkeit oder seelsorgerliche Kompetenz;
3. ausgebildete Kreativität und Spiritualität;
4. Grundwissen (welches allerdings nicht näher bestimmt wird, auf jeden Fall aber solide Methodenkenntnisse, Sprachwissen und Bibelkunde einschließt);
5. analytisch-organisatorische Kompetenz (womit sinnvolle Arbeitsorganisation und auch die Übernahme von Leitungsverantwortung in verschiedenen Bereichen gemeint ist).

Erwartet wird, daß diese Fähigkeiten und Fertigkeiten konkret auf die jeweilige Aufgabenstellung und Situation angewendet werden können und daß dies in aller Offenheit gegenüber jedermann geschehen kann.

Aus diesem Grund finden sich zwei andernorts und auch von Pfarrern gewünschte Kompetenzen nicht in dieser Liste zur Ausfüllung des Idealbildes: die missionarische und die kybernetische Kompetenz. Dies hat seinen Grund in der Tatsache, daß diese Kompetenzen nicht einseitig auf die Pfarrer zu beziehen sind, sondern je nach Gemeindebild und der damit verbundenen Aufgabenverteilung auch für andere Mitarbeiter wichtige Kompetenzen sind, wovon bereits Interview 1 sprach. Zudem sind diese Begriffe umstritten, weil sie an Zwangsmission oder Amtshierarchie erinnern können. Vom Bild des Pfarrers als Wegbegleiter aus betrachtet, sind missionarische und kybernetische Kompetenzen zudem in der theologischen Kompetenz und in der seelsorgerlichen Kompetenz sowie praktisch in der analytisch-organisatorischen Kompetenz enthalten.

12.3 Der Pfarrerberuf als Berufung

Unter *Berufung* ist die Gewißheit zu verstehen, durch seinen Glauben beauftragt zu sein, anderen Menschen das Evangelium zu verkünden und ihnen bei Glaubensfragen zu helfen. Zu einem Beruf wird die Berufung nach einer Ausbildung für diese Aufgabe, um auch theologisch verantwortbar das Evangelium weiterzugeben. Ob aus dieser *inneren Berufung* dann auch eine

[14] Die Fachkompetenz erscheint zwar erst nach den ‚Persönlichkeitskompetenzen', wird aber als selbstverständlich vorausgesetzt und könnte so auch an erster Stelle stehen.

äußere Berufung in den Dienst der Verkündigung wird, das hängt von den Bedingungen ab, die Gemeinden und Kirchen für diesen Dienst aufgestellt haben. Die innere Berufung eines Pfarrers führt in der Auseinandersetzung mit Glaubensfragen zu seiner theologischen Identität. Biographisch bildet sich die theologische Identität im Studium aus. Die Prüfung biblischer und auch nichtbiblischer Aussagen zu der Frage, ob es einen Gott und eine verbindliche Weltsicht gibt oder nicht, ist dabei die grundlegende Ausgangsfrage. In die Auseinandersetzung einbezogen ist die weitere Frage, ob die Glaubensvorstellungen der Väter und Mütter tragen, oder ob man statt dessen etwas anderes denken und glauben muß, um einen Halt und eine Orientierung im Leben zu finden.

Diesen Prozeß der Auseinandersetzung mit Grundfragen des Glaubens bezeichnet man als *religiöse Sozialisation.* Dieser Begriff gilt allgemein für jede Art der Aneignung einer religiös bestimmten Weltsicht.

Im Kontext der Überlegungen zum Pfarrerberuf ist die Frage nach der religiösen Sozialisation zugespitzt auf die Frage, wie sich eine *christliche Glaubensgewißheit* herausbildet, welche Phasen sie durchläuft und wo diese zu einer speziellen Berufs- und Glaubensgewißheit wird, wo religiöse und berufliche Identität zusammenfallen, wie die dann entstandene theologische Identität gewahrt werden kann und wodurch sie bedroht ist.

Der Prozeß, der dahin führt, läßt sich in Phasen gliedern, die sich am Lebensalter in etwa festmachen lassen.

Dabei zeigen sich zugleich zwei grundsätzliche Erkenntnisse, die zumindest für die christlich-religöse Sozialisation gelten.[15] Auffallend ist ein Phänomen, das im Neuen Testament metaphorisch mit der Formel umschrieben werden kann, „der Geist weht, wann und wo er will".[16] Damit ist für unseren Zusammenhang gemeint, der Punkt, an dem ein Mensch zum Glauben findet, ist nicht für jeden gleich. Der eine kann ein *Bekehrungsdatum* angeben, der andere hat lange Zeit gebraucht, um zum Glauben zu finden; der eine wendet sich zunächst vom Glauben der Eltern ab, der andere wächst selbstverständlich in ihn hinein.

Es gibt z.B. den Fall eines Pfarrers, der aus einem Pfarrhaus stammt, aufgrund dieser Herkunft also eine intensive kirchlich-religiöse Sozialisation durchlaufen hat und doch nicht zum Glauben fand. Erst das Nachdenken über religiöse Fragen im jungen Erwachsenenalter führt über das reine Denken zum Glauben: „Also, das sind so jetzt spontane Formulierungen meines Erlebnisbereiches. Ich fasse noch einmal zusammen: Eine regelmäßige Gebetskultur von meinen Eltern, die in einer gewissen Selbstverständlichkeit auf die Kinder übertragen wurden und die wir auch in einer gewissen Selbst-

---

[15] Die Einschränkung *zumindest* rührt daher, daß religionsvergleichende Studien zu dieser Frage dem Autor dieser Arbeit nicht bekanntgeworden sind.

[16] Joh 3,8

verständlichkeit angenommen haben. Das war also völlig klar und völlig unstrittig. Teilnahme an Gottesdiensten des Vaters. Ich bekam mit, was kirchliches-gemeindliches Leben heißt. Fazit für mein späteres Berufsleben als Pfarrer oder auch Studium der Theologie, wenn ich ehrlich bin, hatte dies keinen Einfuß. Das kann ich so nicht sehen. Konkretion oder wo mache ich das fest? Nach dem Abitur war ich zwei Jahre bei der Bundeswehr, was mir insofern recht war – es hätte auch etwas anderes sein können –, daß ich zwei Jahre Zeit gehabt habe, für mich subjektiv zu überlegen, was ich studiere. Das stand damals überhaupt nicht fest. Meine Studienrichtung ging eher in Technik, Chemiestudium oder für das Lehrfach, Sport/Chemie, also in die Richtung zunächst einmal. Eher naturwissenschaftlich, wie gesagt, die Sportgeschichte noch dazugenommen, wußte es aber nicht. Bloß um das zu belegen, daß meine familiären Internalisierungen nicht getragen haben, daß ich nun wußte, ich möchte Theologie studieren oder sogar Pfarrer werden. Ich hatte sogar überlegt dann, Berufsoffizier zu werden, weil das angeboten worden war und damals sehr lukrativ war. Habe es aber dann, Gott sei Dank, abgelehnt, und meine Eltern haben mir das ausgeredet. Also, mein eigentlicher Punkt, daß ich dann wirklich substantiell Interesse zunächst einmal an Theologie gefunden habe, war in der Tat ein ganz zentrales Studium. Wobei ich also auch meine ersten Semester an der Uni nicht wußte, was ich studieren sollte, und aus diesem Gefühl heraus habe ich zum Beispiel im ersten Semester Philosophie belegt. Habe also mit Philosophie angefangen und muß jetzt für mich sagen, ich bin eigentlich, um es verkürzend zu sagen, rein über den Kopf, rein über kognitives Interesse, über die philosophischen Fragestellungen dann naturgemäß auch in theologische Fragestellungen hineingerutscht. Und mich hat dann zunehmend die Theologie auch wirklich interessiert, daß ich der Meinung war, über die Philosophie, es gibt Möglichkeiten, sich der Theologie argumentativ, reflexiv zu nähern und das hat mich zunehmend interessiert und auch motiviert und fasziniert geradezu. Also, insofern waren das eklatante Erfahrungen, wie gesagt allerdings erst an der Universität. Vielleicht muß ich noch hinzufügen, daß mich jetzt das Leben im Pfarrhaus mit Sicherheit nicht demotiviert hat, aber auch nicht ausdrücklich motiviert hat.“[17]

Ganz ähnliche Erfahrungen hat eine Pfarrerin, die nicht aus einem Pfarrhaus stammt. Sie beschloß nach der Konfirmandenzeit nun ohne Gott und atheistisch zu leben. Erst durch das Nachdenken über Glaubensfragen innerhalb der systematischen Theologie hat sie zum Glauben gefunden.[18]

Neben diesen Fällen gibt es innerhalb und außerhalb von Pfarrfamilien auch das selbstverständliche Hineinwachsen in den Glauben.[19] Damit sind

---

[17] 40/7–34

[18] Vgl. 51/90–111

[19] Vgl. 1 (01/1–11); 19/1–11

die zwei häufig auftretenden Positionen in der Glaubensfindung beschrieben. Daneben gibt es zahlreiche Varianten der Glaubensfindung. Der Anstoß zum Glauben kann durch eine Predigt erfolgen[20]; durch den Religionsunterricht[21]; durch andere Situationen, insbesondere durch religiöse Erlebnisse von Bewahrung und Begleitung.[22]

Die verschiedenen Fälle der Glaubensfindung zeigen, daß man zum Glauben nicht unbedingt durch Personen, die ihn vertreten, findet, sondern daß die Glaubensfindung auch allein durch das Wort und das Studium des Wortes erfolgen kann. Dennoch läßt sich feststellen, daß bei sehr vielen Pfarrerinnen und Pfarrern die Begegnung mit glaubwürdigen Vertretern des Glaubens, vor allem in der Jugendzeit, eine entscheidende Rolle für ihre Glaubensentwicklung gespielt hat.[23] Diese Feststellung scheint nicht nur qualitativ, sondern auch quantitativ zu gelten. Solche Personen können Pfarrer sein, aber auch Jugendleiter und andere Christen.

Ein Schwerpunkt der religiösen Sozialisation liegt in der Jugendzeit. Das hängt schlicht damit zusammen, daß während der Adoleszenz sich in der Regel eine eigene, selbständige Weltsicht aufbaut. Aber damit ist die religiöse Sozialisation nicht abgeschlossen. Abgesehen davon, daß es Höhen und Tiefen im Glauben geben kann, Abbrüche und Neuanfänge, so ist doch bezeichnend, daß fast alle Pfarrer vom Wachstum und Wandel der Glaubensvorstellungen erzählen.[24] Erst nach einer Reifezeit im Glauben, die sich nicht genau bestimmen läßt, gewinnen Pfarrer und Pfarrerinnen nach eigenem Zeugnis einen Standpunkt, den sie auch fernerhin durchgehalten haben.[25] Es ist bemerkenswert, daß diese Reife nicht notwendig mit höheren Lebensjahren verbunden ist, sondern sich schon bereits in der Jugendzeit und der Zeit als junger Erwachsener vollziehen kann.[26]

Der Wandel in den Glaubensvorstellungen geschieht in der Regel durch die Begegnung mit ganz anderen als bislang geläufigen religiösen Aussagen oder Erfahrungen. Deshalb sind insbesondere das Studium der Theologie und die Begegnung mit der Klinischen Seelsorge-Ausbildung in der anschließenden praktischen Ausbildung der Pfarrer solche Phasen der Auseinandersetzung, in der auch Umbrüche stattfinden,[27] die im Normalfall die Betroffenen als Erweiterung und Öffnung erleben. In manchen Fällen freilich führen diese Umbrüche auch zum Studienabbruch oder zur Aufgabe des Berufsweges. Solche Fälle liegen aber naturgemäß bei dieser Untersuchung über Pfarrer im Amt nicht vor.

---

[20] 5 (50/9–15)
[21] 41/88–102
[22] Vgl. Interview 1 (01); 19; 36
[23] Als Beispiel vgl. Interview 17 und 49
[24] Besonders eindrücklich Interview 13
[25] Vgl. Interview 19
[26] Vgl. dazu Interview 4 (30)
[27] Vgl. dazu Interview 13; 1 (01); 36

Manche Glaubensformen wurden von manchen Pfarrern als beengend erlebt. Diese Erfahrungen wurden besonders dort gemacht, wo die Glaubensfindung mit einem Bekehrungsmethodismus und einer dualistischen Weltsicht verbunden ist. So gaben einige Pfarrer an, in EC- und CVJM-Gruppen[28], in der landeskirchlichen Gemeinschaft und bei bestimmten evangelistischen Veranstaltungen solche Erfahrungen gemacht zu haben.[29] Die Lösung aus diesen Gruppen wurde als Befreiung erfahren, dafür folgendes Beispiel: „Eins ist noch wichtig, als ich 14 war, noch Konfirmand, glaube ich, da war eine Evangelisation bei uns, und die war nach dem Schema der Bekehrung über einen bestimmten Methodismus: a) Sündenerkenntnis, vor allem der sexuellen Sünden, b) persönliches Bekenntnis, in so einer Art Beichtgespräch, c) dann persönlicher Zuspruch, und ich war ein neuer Mensch. Das klappte so halbwegs bei mir, weil ich dem Menschen, der mich da bekehren wollte, dem hab ich eine etwas komplizierte Frage gestellt, und die paßte nicht in sein Schema, und er hat mich dann doch in sein Schema irgendwie reingebracht. Ich war also so ein viertel Jahr lang bekehrt. Also ich möchte auch das Gefühl nicht missen, es eröffnet mir so den Zugang zu Leuten, die davon viel reden. Es lief dann so, daß ich in der Zeit auch verliebt war in eine Mitkonfirmandin ganz von weitem, und in meinen Gedanken war das alles sehr weit weg, auch von Sexualität, das war mehr eine gefühlvolle Zuneigung. Und das habe ich dem Menschen bei einer anderen Gelegenheit einmal erzählt und habe gesagt: Also das könnte doch nicht gegen Christus sein, das ist so ein schönes Gefühl. Und dann sagte der: Da hat der Böse seine Hand im Spiel, du brauchst kein Mädchen, du brauchst Christus. Und damit hat er mich eigentlich befreit. Weil: Das konnte ich ihm nicht so glauben. Da bin ich mit meinem Fahrrad eine Stunde irgendwo spazieren gefahren und habe das so zwischen Christus und mir abgeklärt, daß, so ist er nicht, der Christus, da wußte ich also das. Und auf diese Weise bin ich also dann relativ rasch wieder weggekommen von so einer auf Suggestion beruhenden Gläubigkeit.“[30]

Überblickt man die Phasen der Glaubensfindung und -entwicklung, läßt sich die religiöse Sozialisation – wie schon angedeutet – in Zeitphasen differenzieren: frühkindliche religiöse Sozialisation vor der Schulzeit, religiöse Sozialisation während der Schulzeit bis zur Konfirmation, Konfirmandenzeit, religiöse Sozialisation im Jugendalter, religiöse Sozialisation im Erwachsenenalter. Diese Zeitphasen lassen sich dann weiter nach den Orten untergliedern, an denen Begegnungen mit religiösen Vorstellungen stattfinden; z. B. Jugendzeit: Begegnungen im Religionsunterricht; in Jugendgruppen; auf Kirchentagen; Jugendfahrten ...

---

[28] EC = Jugendbund für Entschiedenes Christentum; CVJM = Christlicher Verein Junger Männer

[29] Vgl. Interview 1 (01); 36; 13; 37

[30] 37/65–80

Da es in dieser Arbeit aber nicht um eine allgemeine Darstellung der religiösen Sozialisation geht, mögen diese Hinweise auf die Gliederung dieses Themas, die sich aus dem Material ergibt, genügen. Allerdings ist ein Punkt noch von besonderer Wichtigkeit: Man muß die christlich-religiöse Sozialisation unterscheiden in die allgemeine christlich-religiöse Sozialisation auf der einen und die kirchliche Sozialisation auf der anderen Seite. Die allgemeine religiöse Sozialisation findet vor allem im häuslichen Umfeld statt, etwa mit Andachten oder Gute-Nacht-Gebeten bei Kindern, wobei Mütter und Großmütter eine besondere Rolle zu spielen scheinen, oder sie geschieht durch religiöse Erlebnisse und Erfahrungen, die Kinder und Jugendliche machen, wobei auch die Erzählungen der Verwandten von Bedeutung sind[31]. Die kirchlich-religiöse Sozialisation geschieht als konfessionelle Sozialisation im schulischen und außerschulischen Bereich: Kindergottesdienst, Jungschar, Jugendgruppen, Konfirmandenunterricht und Konfirmation; Religionsunterricht auf den verschiedenen Schulstufen. In diesem Bereich von schulischer und außerschulischer kirchlicher Sozialisation sind nach dem Zeugnis der Pfarrer und Pfarrerinnen[32] die glaubwürdigen Personen von besonderer Bedeutung – was sicher auch für die häusliche religiöse Sozialisation gilt.

Es gibt Familien, die ihre religiöse Sozialisation an die kirchliche delegieren, indem sie die Kinder zum Kindergottesdienst oder Gottesdienst schicken und ansonsten bis auf die Begehung von Weihnachten keine erkennbaren religiösen Einstellungen oder Verhaltensweisen zeigen.[33]

Für manche Pfarrer werden negative Erfahrungen mit Religionslehrern oder Pfarrern während der Schul- und Konfirmandenzeit zu einem der Anlässe, diese Arbeit später, nach der Berufsentscheidung, anders und besser zu machen.[34]

Verallgemeinernd läßt sich zur religiösen Sozialisation also festhalten, daß Glaubensfindung nicht an Orte und Zeiten oder Personen gebunden ist, daß aber die glaubwürdigen Vertreter des Glaubens, vor allem im kirchlichen Bereich für die religiöse Sozialisation von herausragender Bedeutung sind. Die Forderung einiger Pfarrer, die Persönlichkeitsbildung künftiger Pfarrer stärker zu beachten als bisher, hat also in der eigenen Erfahrung eine Wurzel.

Die Erfahrungen mit kirchlich-religiöser Sozialisation zeigen auch, daß die Glauben weckende Arbeit der Pfarrer qualitativ gut ausgeführt werden muß, daß ihr zumindest das Bemühen um Sorgfalt in der Vorbereitung und persönliches Engagement abzuspüren sein sollte. Denn nach der Eingangsfeststellung zu diesem Abschnitt kann es sein, daß jeder Zeitpunkt und je-

---

[31] Vgl. Interviews 17; 36; 1 (01)

[32] Vgl. 49/21–25

[33] Vgl. Interviews 02; 13

[34] Z.B. 49/12–20

der Ort ein Auftrittsort des Geistes ist, daß dem Geist aber diese Möglichkeit genommen wird, weil die bestellten Vermittler des Evangeliums durch persönliche Nachlässigkeit oder mangelnde Vorbereitung das Wirken des Geistes behindern. Natürlich ist es dem Geist Gottes möglich, auch über diese Behinderungen hinweg wirksam zu werden, aber nachdem sich Christus auch in der Weitergabe des Evangeliums auf seine Boten als Mitarbeiter verlassen wollte, spielt es sehr wohl eine Rolle, wie diese ihren Auftrag erfüllen.

In Anknüpfung an die kirchensoziologischen Erkenntnisse ist an dieser Stelle anzumerken, daß die Erfahrungen der Pfarrer mit Konfirmandenunterricht und Konfirmation denen der anderen Kirchenmitglieder gleichen. Auch bei ihnen ist der Konfirmator oder die Konfirmation in der Regel in guter Erinnerung, falls die Konfirmandenzeit überhaupt eine Bedeutung für sie hatte. Auch Erinnerungen an einen langweiligen Unterricht widersprechen dem nicht. Wenn der Konfirmator in schlechter Erinnerung war, so bleibt die Erinnerung an eine schöne Konfirmation oder die Erinnerung an die Gruppe.

Eine besondere Entscheidung ist für die Pfarrer und Pfarrerinnen die Entscheidung für das Theologiestudium gewesen. Diese Entscheidung hatte mindestens zwei Beweggründe. Im ersten Fall ist die Entscheidung für das Theologiestudium von Anfang an eine *Berufsentscheidung* gewesen; im anderen Fall war es eine *Entscheidung für die Themen der Theologie,* also für das Studium selbst, ohne Berufsabsichten.[35] In letzterem Fall geht es also den Studenten eindeutig um die Klärung existentieller Sinnfragen. Diese Klärung geschieht durch die Begegnung mit der modernen Theologie und darin vor allem mit der historisch-kritischen Exegese. Auch diejenigen Studenten, die das Theologiestudium ergreifen, um Pfarrer zu werden, erfahren durch das Studium eine Klärung und Weitung ihres Glaubens.

Ein zweiter wesentlicher Weiterungsprozeß in der Glaubensentwicklung geschieht in der Regel in der Begegnung und Erarbeitung der modernen klinischen Seelsorge, worauf schon hingewiesen wurde.

Wer sich für das Theologiestudium entscheidet, ohne an den Pfarrerberuf zu denken, wird am Ende des Studiums und des Vikariates vor die Entscheidung gestellt, nun in dem Beruf zu bleiben oder etwas anderes zu suchen. Dem Untersuchungsziel dieses Buches gemäß ist bei den Interviewten die Entscheidung für das Bleiben im Beruf gefallen.

Von denjenigen, die sich schon vorher für den Pfarrerberuf entschieden haben, ist festzustellen, daß auch für sie diese Entscheidung ganz unterschiedliche Anfänge hat. Manche wurden von den Eltern zum Beruf bestimmt, nicht so, daß diese sie dafür ausgebildet und vorgeformt hätten, son-

---

[35] Vgl. zu letzteren z.B. Interview 7 (51); 49; 47

dern so, daß sie es wünschten.[36] Andere, besonders Pfarrerskinder, die in den Spuren der Väter wandeln, sind in den Beruf mehr oder minder hineingewachsen.[37] Wieder andere haben sich die Entscheidung für Studium und Beruf gegen häusliche Widerstände erkämpfen müssen.

Dabei war im Fall einer Pfarrerin das elterliche Pfarrhaus gegen die Entscheidung zum Theologiestudium, weil es für Frauen damals noch keine Berufsaussichten gab.[38] In einem anderen Fall war das Elternhaus gegen die Entscheidung aus Sorge, daß der Kandidat dann in besonderer Weise vorbildlich leben müsse, was ein Leben lang auszuhalten als zu mühevoll erachtet wurde.[39] In einem weiteren Fall resultierten die Widerstände daher, daß man den Beruf für einen Hungerleiderberuf hielt, obwohl man ansonsten Pfarrer durchaus achtete, und daß man andere Zukunftspläne für den Jugendlichen hatte.[40]

Allgemein läßt sich feststellen, daß die Entscheidung für das Theologiestudium bei den künftigen Pfarrern und Pfarrerinnen damit zusammenhängt, daß sie in irgendeiner Form christlich-religiöse und kirchliche Sozialisation durchlaufen haben.

Von der Entscheidung zum Theologiestudium ist die Entscheidung für den Pfarrerberuf – wie vermerkt – zu unterscheiden. Diese Entscheidung geht auf eine eigene Glaubensentscheidung und Glaubenserfahrung zurück. Auch diese Entscheidung für den Pfarrerberuf kann auf sehr verschiedenartige Anstöße zurückgehen. Solche Anstöße können aus der Tradition stammen, aus dem Elternhaus, den verschiedenen Gruppen; sie können visionsähnliche Züge annehmen oder eben durch Nachdenken zustande kommen. Jedenfalls wird dem einzelnen durch diese religiösen Erfahrungen der Impuls vermittelt, für Menschen in Glaubens- und Lebensfragen tätig zu werden. Dieser Impuls läßt sich sachgerecht mit einem Ausdruck der Tradition als *innere Berufung*[41] bezeichnen und kann so von den Betroffenen auch beschrieben werden. Im Einzelfall wird dieser Impuls auch ausdrücklich als persönliche Berufung erfahren und angenommen.[42] Ob diese innere Berufung dann durchgehalten werden kann, das hängt von weiteren Glaubenserfahrungen ab, die die einzelnen Pfarrer in ihrer Glaubensgeschichte in der Begegnung mit anderen Menschen machen. Diese Einsicht wird durch die Erfahrungen aus dem Berufsalltag der Pfarrer bestätigt. Von diesem Berufsalltag ist deshalb im nächsten Abschnitt zu berichten.

---

[36] Z.B. Interview 19; 36
[37] Z.B. Interview 10; 25; 31
[38] Vgl. Interview 54
[39] Vgl. Interview 05
[40] Vgl. Interviews 17; 41
[41] Vocatio interna, im Unterschied zur vocatio externa, die nach Studium und praktischer Ausbildung in der Ordination erfolgt.
[42] Z.B. Interview 29; 36

12.4 *Berufsalltag: Erfahrungen und Probleme*

Aus der Fülle der möglichen Probleme, die Glaubensvermittlung und Leben aus Glauben mit sich bringen können, sollen nur diejenigen behandelt werden, die mit dem Beruf verknüpft sind. Es sind solche, die bei früheren Studien zum Pfarrerberuf und zur Pfarrerarbeitszeit aufgetaucht sind, also Probleme der Zusammenarbeit mit Mitarbeitern und Kollegen; Erfahrungen mit Kirchenleitung und mit der Arbeitszeit. Hinzu treten Erfahrungen des Berufsanfangs, die als Teil der beruflichen Sozialisation in die Betrachtung einzubeziehen sind. Letztere bilden den Anfang dieses Abschnittes.

12.4.1 *Erfahrungen des Berufsanfangs*

Die berufliche Sozialisation der Pfarrer beginnt mit dem Lehrvikariat. Entscheidend für das Gelingen oder Mißlingen dieser Zeit ist der Mentor, also ein begleitender und anleitender Pfarrer. Von gleicher Bedeutung ist die Ausbildung im Predigerseminar.[43]

Von den Pfarrern wird das Predigerseminar und die Zusammenarbeit mit dem Mentor unterschiedlich erlebt. Es gibt sowohl Pfarrer und Pfarrerinnen, die die Erfahrungen mit dem Mentor, verglichen mit denen im Predigerseminar, für die eigentlich bedeutsamen halten,[44] als auch solche, die negative Erfahrungen mit dem Mentor gemacht haben und dafür die Zeit im Predigerseminar als besonders hilfreich erlebt haben.[45]

Schließlich ist ein weiterer, nicht zu unterschätzender Faktor für die berufliche Situation die Gemeinde, in die der Vikar kommt. Das, was auf der Ebene der Gemeinde geschieht, kann von Vikaren als *Praxisschock* erlebt werden. Das ist dort der Fall, wo es vorher kaum Beziehungen oder Kontakte zum kirchlichen Gemeindeleben gab, oder wo der Frömmigkeitstyp der Gemeinde nicht zu dem des Vikars paßt. Die Gemeinde kann aber auch als Raum der Annahme und Ermutigung erfahren werden, so wie es z.B. eine jüngere Pfarrerin berichtete, die ihre ersten Amtsjahre als *Pfarrerin zur Anstellung* wie eine Zeit im Paradies erlebte.[46]

Alle Interviews zeigen, wie bedeutsam diese Anfangsphase der beruflichen Sozialisation ist.[47]

---

[43] Die praktische Ausbildung der Pfarrer nach dem Studium vollzieht sich in der Regel durch eine Ausbildung in einem Predigerseminar, in dem die Erfahrungen in einer Gemeinde angebahnt, vorbereitet und nach einer Praxisphase reflektiert werden. Der Vikar lebt zumeist selbst in der Gemeinde, in der er seine Praxiserfahrungen machen soll und ist dort einem *Mentor,* einem Ausbildungspfarrer zugeordnet.

[44] Z.B. Interview 02; 25

[45] Z.B. Interview 49; 46

[46] 46/516–518

[47] Vgl. besonders Interview 7

An dieser Stelle ist auch ein deutlicher Wandel in der Ausbildung zum Pfarrerberuf festzustellen. Dienstältere Pfarrer haben das Predigerseminar zum Teil gar nicht erlebt, weil man sie sofort im Gemeindedienst eingesetzt hat, andere haben eher negative Erinnerungen an das Predigerseminar, weil dort eine Wiederholung der Studienthemen in Kurzfassung stattfand, aber keine wirkliche Vorbereitung auf den Beruf.[48] Insofern sind die Klagen der dienstälteren Pfarrer über eine mangelhafte Vorbereitung auf die beruflichen Tätigkeiten, die ziemlich durchgängig sind, gut nachzuvollziehen.

Gegenwärtig wird in den Predigerseminaren themenzentriert ausgebildet. Die Vikare kommen im allgemeinen zu vorbereitenden Studienwochen zusammen, haben dann eine Praxisphase, in der sie vom Mentor begleitet werden sollen, und anschließend eine Auswertungsphase. Diese neue Form der Ausbildung ist nicht nur notwendig, um auf die Berufspraxis sinnvoll vorzubereiten, sondern insbesondere auch deshalb, weil damit zu rechnen ist, daß Berufsanfänger heute keinerlei oder nur geringe Beziehung zur gemeindlichen Praxis haben.

Dennoch gibt es auch bei den jüngeren Pfarrern Klagen über mangelhafte Vorbereitung, für die teilweise das Predigerseminar, teilweise die Mentoren verantwortlich gemacht werden, insbesondere was den Religionsunterricht betrifft.[49] Aber auch andere Punkte, z.B. die Einführung in die liturgische Haltung oder ganz in die rechte Handhabung der *Rollenmaske,* werden bemängelt.[50] Von seiten der Mentoren wird demgegenüber die Wirklichkeitsferne des Studiums und die Praxisferne sowie die *Verkopfung* der Berufsanfänger beklagt.

Diese Klagen sind Mängelanzeigen in zweierlei Hinsicht. Teilweise beziehen sie sich auf die zu verbessernde Ausbildungspraxis, teilweise sind sie grundsätzlicher Art, weil sie auf strukturelle Probleme des Amtes hinweisen. Von diesen strukturellen Problemen handelt der folgende Abschnitt.

12.4.2 Strukturelle Probleme

Die Arbeitsbelastung der Pfarrer ist nach wie vor sehr groß. Nicht nur die dienstälteren Pfarrer berichten davon, daß sie unter der Überfülle der Arbeit am Anfang fast zusammenbrachen,[51] sondern auch jüngere Pfarrer und Pfarrerinnen. Paradigmatisch sind dafür die schon zitierten Aussagen einer Pfarrerin, die darüber klagt, daß sie mit wöchentlich 60–80 Stunden Arbeitszeit zu rechnen hat und daß diese Arbeitsbelastung auf die Dauer zuviel ist, so

[48] Vgl. z.B. 25
[49] Vgl. z.B. 07; 52
[50] Vgl. z.B. 32; 27
[51] Vgl. Interview 2 (06); 19

daß sie nach nunmehr 10jähriger Dienstzeit an sich gewisse Ermattungserscheinungen wahrnimmt.[52]

Auf das erwähnte Problem der Gemeindegliederzahl weist das Votum eines Pfarrers: „Bei dieser Gemeindezahl von 3000 bist du eigentlich mit Kasualien beschäftigt, also wenn du die einigermaßen ordentlich machen willst. Ein wesentliches Problem in diesem Job ist einfach die Größe, die nicht zu bewältigen ist. Du bist also ein Herumreisender in Taufen, Trauungen, Beerdigungen."[53]

Ein drittes Votum weist auf ein weiteres strukturelles Problem hin, die mangelnde Begleitung der Pfarrer im Amt. Sie stehen mehr oder weniger allein: „Und Supervision: Jeder Sozialberuf hat eine Pflichtsupervision, ausgerechnet die Pfarrer haben das nicht. Im Gegenteil, also ich muß wirklich suchen und mich anstrengen, und es hat immer noch so ein Rüchlein, ja, der braucht das, bei dem stimmt etwas nicht. Dabei weiß jeder genau, bei mir stimmt es ja auch nicht. Und es kann bei keinem stimmen, der diesen Beruf ausübt, so wie der Beruf einfach strukturiert ist."[54]

Das erste strukturelle Problem des Berufes ist das erwähnte Thema der Arbeitsüberlastung. Darauf und welche Lösungsansätze die Pfarrer selber sehen, ist oben schon hingewiesen worden.

Das zweite strukturelle Problem ist das der Gemeindegröße bzw. der Seelsorgebezirke, für die ein einzelner Pfarrer zuständig ist. Zwar ist dies bei näherer Betrachtung ein organisatorisches Problem der Kirchenleitung bzw. beteiligter Kirchenvorstände, doch wird dieses organisatorische Problem dadurch zum strukturellen, daß ab einer bestimmten Gemeindegröße eine geordnete Durchführung der Pfarreraufgaben, wie sie bislang zusammengestellt sind, nicht mehr möglich ist. Darauf wurde ebenfalls schon hingewiesen. Hier trägt die Kirchenleitung Mitverantwortung für die Entfremdung der Kirchenmitglieder zu ihrer Kirche dadurch, daß sie zur Kontaktminimierung vor Ort durch Arbeitsüberlastung der Pfarrer beiträgt! Und das in einer Situation, die eher das Gegenteil erfordert, gerade auch dann, wenn man den Mitgliedern zu einer selbständigen Glaubenshaltung im Sinne des allgemeinen Priestertums aller Gläubigen verhelfen will.

Das dritte strukturelle Problem, das die Pfarrer wahrnehmen, ist ihre eigene mangelnde Begleitung.

Es fehlt ihnen die Supervision, wie sehr klar das zitierte Votum zum Ausdruck bringt. In ihm klingt auch an, daß diese Aufgabe einer Begleitung bei den Pfarrern selbst als auch bei der Kirchenleitung noch nicht in dem Maße erkannt ist, wie es erforderlich wäre. Das kann damit zusammenhängen, daß es in den verschiedenen Kirchenordnungen die Visitation einer Gemeinde

---

52 53/403–408

53 10/311–315

54 15/370–373; Supervision meint das Besprechen der eigenen Arbeitsvollzüge mit einer Fachperson, die außerhalb dieser Arbeit steht.

und ihrer Pfarrer durch den Dekan oder höhere Kirchenobere gibt. Die Dekane, Kreisdekane, Superintendenten und Pröpste sollen danach also die Seelsorger der Pfarrer sein. Doch abgesehen davon, daß diese Visitationen kaum mehr vorkommen und die Pfarrer sich oft sehr allein gelassen fühlen,[55] ist Supervision etwas völlig anderes als Visitation. Ein Dienstvorgesetzter, der ja zugleich eine Beurteilungs- und Überwachungsinstanz ist, kann nicht gleichzeitig ein vertrauenerweckender Supervisor für den Untergebenen sein, dem der Untergebene auch das Mißlingen und persönliche Scheitern mitteilt, um es mit ihm zusammen kritisch zu reflektieren. Diese Erkenntnis ist bei den Pfarrern vorhanden und wird von ihnen vertreten.[56] Mit dieser Feststellung wird bereits auf einen weiteren Problembereich hingewiesen, der im folgenden behandelt wird.

12.4.3 Erfahrungen mit der Zusammenarbeit

Für die Empfindungen im Bezug auf die Zusammenarbeit im Kollegenkreis und in der Gemeinde ist das sog. Betriebsklima entscheidend. Im Bereich der Gemeinden und Sonderdienste werden dabei Erfahrungen gemacht, wie sie auch in anderen betrieblichen Organisationen auftauchen. Es gibt gute und schlechte Erfahrungen in der Zusammenarbeit mit Kollegen und anderen Mitarbeitern. Diese Erfahrungen verteilen sich gleichmäßig auf die Altersklassen. Von guter kollegialer Zusammenarbeit, die sich auf Absprachen und Vertretung beschränkt, bis zu echter Teamarbeit von Kollegen und anderen Mitarbeitern – die auch gemeinsame Konzeptentwicklung einschließen kann – ,[57] sind alle Variationen auf der Seite guter Erfahrungen vertreten. Auf der Seite der schlechten Erfahrungen wurde schon das Beispiel des Pfarrers zitiert, der sich aus diesem Grunde entschlossen hatte, zunächst nicht mehr in einer Gemeinde Dienst zu tun, in der mehrere Pfarrer nebeneinander tätig sind.[58]

Einige Pfarrer sehen das Problem mangelnder Kollegialität unter Pfarrern allerdings nicht als ein allgemeines Phänomen an, das sie mit anderen Berufen teilen, sondern halten das für pfarrertypisch.[59] In diesen Fällen wird die mangelnde Kollegialität auf die Persönlichkeit zurückgeführt; auf die Berufsstruktur; auf mangelnde Fähigkeit, Verantwortung und Macht zu teilen und zu delegieren; auf zu großes Mißtrauen gegenüber den Fähigkeiten der sogenannten *Laien.* In diesen Voten kann sich dann die Kritik an den Pfarrern zu einer massiven Schelte auswachsen: „Das werden auch so wesentliche Dinge sein, die ich von hier aus mitnehme von so einer Funktionsstelle,

---

[55] Vgl. z.B. Interview 31/544ff., zum Thema Supervisionswunsch vgl. auch 20; 53
[56] Vgl. Interview 6 (18)
[57] Vgl. z.B. 02; 10; 36
[58] Vgl. 1 (01); auch 03
[59] 03; 11; 36

deutlich zu überprüfen das Gemeindeverständnis von einer Parochie. Aber auch stark die Kritik an der Pfarrerkirche, denn grade im übergemeindlichen Bereich steht man auf der Seite der Ehrenamtlichen und Hauptberuflichen, die sehr viel Negativerfahrungen mit Pfarrern haben, die sie erleben als den Flaschenhals der Kirche, durch den nichts hindurchgeht, was sie nicht hindurch lassen. Die sehr viel an Lebendigkeit verhindern, statt befördern."[60] Diese Kritik weist darauf hin, daß es neben den allgemeinen Erfahrungen mit Kollegen und Mitarbeitern auch solche struktureller Art im Pfarrerberuf gibt, die allerdings noch nicht näher erforscht und untersucht zu sein scheinen.

An einem Punkt allerdings wird dieser strukturelle Zusammenhang sehr deutlich. Das ist die Zusammenarbeit mit Dienstvorgesetzten. Der Dienstvorgesetzte kann durchaus als partnerschaftlicher Kollege erlebt werden, zugleich hemmt das Wissen, daß er zugleich der Dienstvorgesetzte ist, die Zusammenarbeit.[61]

Noch stärker werden strukturelle Probleme in der Zusammenarbeit mit der Kirchenleitung wahrgenommen. Es gibt in diesem Bereich durchaus gute Erfahrungen. Dafür steht folgendes Votum: „Ich bin dann nach dem Unfall x Monate außer Dienst gewesen ... Und da hab ich also dann auch Kirchenleitung sowohl in der Militärseelsorge als auch Landeskirchenamt und da vor allem den zuständigen Oberkirchenrat als sehr fürsorglich erlebt. Die haben mich dann übernommen nach dem Ausscheiden aus der Militärseelsorge als Pfarrer mit allgemeinkirchlichen Aufgaben."[62]

Aber die negativen und problematischen Erfahrungen mit Kirchenleitung werden doch in einem Ausmaß wahrgenommen, daß man die Frage stellen muß, ob es sich hierbei vielleicht um ein quantifizierbares Merkmal handelt. Zugleich entwickelt man auf diesem Hintergrund Vorstellungen, wie diese Situation zu bessern wäre. Dafür dienen folgende Beispiele als Beleg: „Naja und dann bin ich mit unserer Kirchenleitung gegenwärtig nicht sehr glücklich, weil ich den Eindruck habe, sie sind im Augenblick in einer schweren Krise, sie sehen sich nimmer hinaus, wie sie mit der Aufgabe, die sie haben, zurechtkommen können ... Das wirkt sich so aus, daß sie reihenweise umfallen und dann vervielfältigt sich das. Der eine verunglückt, der andere stirbt, der dritte hat es am Kreuz, und alle sind sie sehr alt im Vergleich, und einige beißen sich durch, aber wirken absolut nicht locker und glücklich. Und mein Eindruck ist, bei ihnen potenziert sich das, was ich vorhin von manchen Kollegen gemeint habe, daß sie in Aufgaben, die man erst einmal ausmessen müßte, so drinhängen, daß sie nimmer Schwerpunkte setzen und die wichtigen Sachen machen können. Das ist jetzt einfach einmal ins Un-

[60] 36/308–318
[61] Vgl. Interview 6 (18)
[62] 43/492–498; vgl. auch 4 (30)

reine gesprochen ... Ich glaube, eine Kirchenleitung, wie sie in unserer Verfassung vorgesehen ist, also jetzt Landeskirchenrat, sagen wir einmal, sollte sich bescheiden auf die klare Ausstattung von Möglichkeiten. Die sollten nicht den Ehrgeiz haben, jetzt selber Kirche zu machen. Sondern ich sehe die viel stärker als Leute, die dafür sorgen müssen, daß Ansätze, die noch schwach, aber verheißungsvoll sind, auch genügend Lebensraum kriegen, und dazu gehört natürlich, daß man unter Umständen andere Dinge, die jetzt sich so breit gemacht haben, daß sie gar nimmer leben können, daß man die auch einmal abschneidet und sagt, das verschieben wir jetzt. Die Mittel dafür verschieben wir jetzt dahin. Also auch einmal vom Konzept her überhaupt etwas zu planen und zu denken. Das ist natürlich schwierig, weil in so einer alten Kirche, wie wir sie haben, mit einem Haufen von so ‚Erbhöfen' haben, da schreit natürlich jeder, wenn ihm etwas weggenommen wird, wir ja auch hier. Ich denke, was ich jetzt der Kirchenleitung vorwerfe, das ist eigentlich mehr ihre innere Organisation, die nach meinem von außen her besehenen Eindruck schlecht funktioniert. Daß sie sich selber zu sehr gegenseitig mit sich beschäftigen, mit gegenseitiger Kontrolle."[63] Neben der Kritik an der mangelhaften Arbeitsleistung einer Kirchenleitung ist hier die strukturelle Kritik an der Kirche als einer bürokratischen Organisation, die verwaltet statt leitet, sehr deutlich. Im folgenden Beispiel – dem könnte man weitere folgen lassen – wird Kirche als kontraproduktiv für die eigene Entwicklung und Arbeit erlebt. „Meine Erfahrungen mit Kirchenleitung sind sehr schlecht. Wenn ich nur *die* Erfahrungen hätte, wäre ich nicht hier, hätte ich schon längst einen anderen Beruf."[64]

Es scheint danach so zu sein, daß nicht nur das Nachdenken über die rechte Dogmeninterpretation in bezug auf Kirchenleitung Zweifel hervorruft, ob diese Hierarchieebene dem allgemeinen Priestertum zum Bewußtsein seiner selbst und zur Erfüllung seines christlichen Grundauftrages dient, sondern daß diese Zweifel auch durch massive Erfahrungen der Pfarrer auf der Ebene der untersten kirchlichen Funktionäre gestützt werden. Das würde bedeuten, daß noch einmal ganz neu und grundsätzlich über das Verhältnis von Kirchenhierarchien zu Gemeinden und Sonderdiensten nachzudenken wäre.

12.5 Pfarrerin sein

Befragt man die Voten der Pfarrerinnen daraufhin, wie sie in der Gemeinde als Pfarrerinnen angenommen werden, so zeigt sich, daß die Interviewten fast keine Probleme wegen ihres Geschlechtes haben. Die Kämpfe, die es um den Pfarrerinnenberuf in der Gemeinde gegeben hat – zumindest in der Landeskirche, aus der die Interviewten stammten –, scheinen danach ganz

[63] 37/268–290
[64] 49/145–146; vgl. dazu auch die Interviews 26; 52; 46; 41

der Vergangenheit anzugehören. Nur im Rückblick kann z.B. dem Interview 05 entnommen werden, daß mit der Einführung des Pfarrerinnenberufes erhebliche Konflikte verbunden waren und es letztlich erst nach dem Ausscheiden eines Landesbischofs aus seinem Amt wegen Erreichung der Altersgrenze gelungen ist, den Beruf der Gemeindepfarrerin einzuführen. Tief eingegraben hat sich bei einer betroffenen Pfarrerin die Erinnerung, daß die Argumente der Gegner nicht theologisch, sondern sozialpsychologischer Natur waren, wonach die Frauen vor allem als Verführerinnen galten.[65] Und es ist ihrer Erinnerung nach auch heute noch so, daß einige Pfarrer, die der hochkirchlichen Richtung zugerechnet werden, also Pfarrer mit einem katholisierenden Amtsverständnis und ausgeprägter Neigung zu besonderem liturgischem Verhalten bis hin zur Kleiderfrage im Gottesdienst, nicht glücklich sind über die Kolleginnen im Amt.[66] Das bedeutet, bei Berufskollegen gab oder gibt es gelegentlich Probleme mit dem Beruf der Gemeindepfarrerin. Doch auch in der Gemeinde kommt es gelegentlich zu Schwierigkeiten. Von beiden Problemen berichten folgende Voten. Eine jüngere Pfarrerin erzählt: „Es gab wohl einen in der Nachbarschaft, mit dem hatte ich einen größeren Konflikt, weil wir immer gemeinsam, drei Gemeinden, Konfi-Freizeit machten. Und mit seiner Konzeption konnte ich überhaupt nicht. Der war ein ziemlicher Fundamentalist und fand das nicht so berauschend, daß Frauen jetzt aufmarschieren. Wobei man sagen muß, wir waren da oben viele, und wir haben uns zusammengeschlossen und haben gesagt, wenn in diesem Dekanat einer etwas gegen Frauen sagt, der darf im Urlaub sich selber vertreten, dann machen wir das nicht mehr. Es gab zwei, einen Hochkirchler und einen aus der evangelikalen Ecke, von denen wußten wir das. Aber sie haben es nie öffentlich gesagt, weil sie genau wußten, wir machen sonst keinen Strich mehr für die. Und das Positive war, Dekan W. war also ganz stolz darauf, daß er einige Frauen da oben hatte, ja. Ansonsten, also ich hatte einen sehr netten Pfarrer in der Nachbargemeinde, der eben in der Vakanz die Pfarramtsführung machte, also mit dem bin ich wunderbar klar gekommen."[67] Und eine andere berichtet: „Also das hab ich in der Z.A.-Zeit insgesamt recht gut erlebt. Ich war erstaunt, wie wenig Vorbehalte mir gegenüber gemacht wurden als Frau. Ich muß allerdings dazu sagen, daß ich fast immer das Glück gehabt hatte, daß vor mir schon einmal eine Frau da war ... die ersten Angriffe kamen da ja dann eines Tages massiv in dem Ökumenekreis von unseren Colar-Leuten, mitten in der Nacht ... Aber das sind eigentlich die einzigen wirklichen massiven Angriffe gewesen. Ich habe hin und wieder einmal in der Gemeinde etwas erlebt, hatte dann aber immer den Eindruck, wenn die Leute einmal mit mir gesprochen hatten oder so, daß es

[65] 5 (50/96–99)
[66] Vgl. 5 (50/133–139)
[67] 47/233–242

sich dann auflöste. Wobei ich natürlich nicht beurteilen kann, wieviel Leute meinetwegen einfach aus der Kirche wegbleiben, aus diesem Grund oder so."[68] Beide Beiträge zeigen aber zugleich auch, wie hoch die Akzeptanz der Gemeinden und der übrigen Kollegenschaft gegenüber den Frauen im Pfarrerberuf ist. Eine Pfarrerin kann geradezu schwärmen von der guten Zusammenarbeit mit Kollegen, gerade anläßlich eines Falles, wo es aus Vorurteilen heraus zunächst die Ablehnung einer Pfarrerin gegeben hat. „In der anderen Gemeinde, wo ich war, war eine Kollegin vor mir, die waren das schon gewöhnt und fanden das auch ganz wichtig, daß wieder eine Frau gekommen war. In der nächsten Gemeinde da war das so, daß wir sogar ein Verhältnis hatten von drei zu zwei, drei Frauen und zwei Männer *(Wie war das dann?)* Sehr schön, das war die schönste Zeit in meiner bisherigen Arbeit. *(Von der Zusammenarbeit her?)* Ja, die war sehr konstruktiv, sehr inhaltlich, war sehr menschlich, also es war einfach eine andere Atmosphäre. Es war sehr schön da. Viel weniger von Hierarchien geprägt, von: Ich muß mich jetzt darstellen, so ein Hervortu-Gehabe. *(Das war eine wichtige Erfahrung?)* Ja, es war sehr interessant für mich, das festzustellen, aber nicht nur für mich, sondern auch für die männlichen Kollegen.... Ich selber habe nie Schwierigkeiten gekriegt. Meine Kollegin hatte das einmal, aber das gehört auch dazu, daß wir das miteinander getragen haben. Da hat bei einer Beerdigung eine Familie angerufen und gesagt: Bei der Beerdigung wollen wir einen Mann. Und wir haben es in der Dienstbesprechung angesprochen. Und da habe ich auch gemerkt, daß es auch meinen Kollegen sehr leid getan hat, oder auch überhaupt das einmal mitzukriegen, was es heißt, einmal einer Person – nur weil sie ein anderes Geschlecht hat – zu sagen: Wir wollen dich nicht. Und das fand ich auch so schön, das eben wirklich gemeinsam mitzutragen. Wir haben uns dann abgesprochen: O.K. das macht dann ein Mann. Und dann war es einfach sehr schön, daß die Kollegin am Sonntag den Gottesdienst hatte. Da waren die Angehörigen da und die sind nach dem Gottesdienst zu ihr hingegangen und haben sich entschuldigt bei ihr. Und haben gesagt: Wenn wir das gewußt hätten, dann hätten wir nie darauf bestanden. Und wir finden es schön, daß wir Sie jetzt kennengelernt haben. Und nachträglich haben wir uns gedacht, das war eine richtige Entscheidung. Wenn wir gesagt hätten: Nein, machen wir nicht mit, entweder nehmen sie die Frau oder es ist nichts, dann wären sie immer voreingenommen gewesen, ganz wurscht, was."[69]

Es scheint also so zu sein, daß die Pfarrerin im Amt bis auf wenige Ausnahmen bei Kollegen und Gemeinde akzeptiert ist. Obwohl an dieser Stelle darauf hingewiesen werden muß, daß qualitative Interviews keine quantitativen Aussagen über Merkmalsverteilungen erlauben, scheint doch diese

[68] 53/223–235
[69] 49/120–141

Feststellung von der Akzeptanz der Pfarrerin im Amt allgemein gültig zu sein.

Probleme gibt es beim Familienstand der Pfarrerinnen. Die Beobachtung einer Pfarrerin zu ihrer familiären Situation ist bedenkenswert und scheint auf ein strukturelles Problem hinzuweisen, zumal auch von den neun Interviewpartnerinnen fünf ledig sind: „Das, was für mich schwieriger zu verkraften war, ist eigentlich das – und das war im Studium schon deutlich, aber ich weiß nicht, ob ich es da verdrängt habe oder was, oder dann auch übersehen wollte –, daß ich schon den Eindruck hatte, daß man gegenüber anderen Studenten und auch vielleicht in der Gemeinde, wenn nicht Leute gerade von einem etwas wollten, häufig so die Botschaft kam so ungefähr, du wirkst doch ganz normal, wie kommst du dazu, Theologie zu machen, noch dazu als Frau. Und das ist eigentlich das, wo ich drunter leide oder so. Daß ich selber von meiner ganzen Geschichte her und so, ich wirklich auch einen andern Beruf hätte wählen können und weil ich jetzt Pfarrerin geworden bin, immer so das Gefühl habe, ich bin eben nicht mehr ganz normal dadurch. Das krieg ich also doch hin und wieder signalisiert. Das, denk ich, hat auch eine Rolle gespielt, daß ich nicht geheiratet hab, also daß ich einfach keinen Partner gefunden habe. Was ja ein Problem von vielen Kolleginnen ist. Also die Mehrheit der Pfarrer ist verheiratet und also zumindest von denen, die mit mir damals so ein Jahr vorher, ein Jahr später und so Examen gemacht haben. Aber ich habe den Eindruck, daß die Mehrheit der Frauen nicht verheiratet ist. Jetzt bei den wieder Jüngeren, die 5–10 Jahre nach uns Examen gemacht haben, schaut es wieder vielleicht anders aus, das kenn ich nicht so gut. Also da merk ich einfach, die Vikarinnen, die heiraten oder so, aber wir gehören anscheinend doch irgendwo noch so zu der ersten Generation. Und ich brauche bloß in unser Dekanat zu schaun, wir sind, jetzt mal die Vikarinnen weggelassen, sind wir fünf Pfarrerinnen und die sind alle unverheiratet. *(Ist das die Berufsrolle oder ist das die Menge der Arbeit?)* Ja, ich meine, ich wollte immer eine Familie haben. Ich habe mir nie ein Leben ohne Familie eigentlich auch nur vorstellen können. Das war für mich völlig klar. Das war übrigens auch mit so ein Punkt, der vielleicht noch so einen Ausschlag gegeben hat, daß ich dachte, Pfarrer sein ist auch ein Beruf, wo du raus kannst, dich beurlauben lassen kannst für eine gewisse Zeit und dann wieder einsteigen, weil es nicht ein Beruf ist, wo, was weiß ich, die Technik oder alles in kürzester Zeit so schnell fortschreitet, daß du also dann da abgehängt bist oder wo du auch ehrenamtlich dann praktisch so mit einem Zeh da weiter drin bleiben kannst, und so. Das sind also so Dinge, die sicher auch noch mit eine Rolle gespielt haben. Und das habe ich tatsächlich völlig verkehrt eingeschätzt, denn da denk ich immer und das habe ich eben auch hin und wieder signalisiert gekriegt. Als Beispiel nur, als wir die Kirche gebaut haben, da waren ja Handwerker da und die haben das eben einmal sehr deutlich formuliert, ich sei doch ganz normal, ich wär doch eine junge Frau und so, und wie ich auf so eine Idee kommen könnte, Pfarrerin zu sein. Weil man anscheinend von den Leuten ... auf ein Podest gestellt wird ... wer nicht als Theologiestudentin geheiratet hat oder da praktisch seinen Partner gefunden hat, hat nicht mehr geheiratet."[70]

Die Rolle der Frau im Beruf ist hier das eigentliche Thema. Es spitzt sich zu, wenn die Frau im Beruf einen bislang klassischen Männerberuf übernimmt, der noch dazu wenig Freiraum läßt und von dem diese Handwerker wohl der Meinung waren, eine Frau gehöre in die Ehe oder Familie und nicht in so einen exotischen Beruf. Die Probleme für die Pfarrerin als Frau im Beruf haben aber noch andere Wurzeln. Einige liegen in Kirchengesetzen. In der Landeskirche, aus der die Interviewteilnehmerinnen stammen, gibt es z. B. ein Kirchengesetz, welches vorschreibt, daß eine verheiratete Pfarrerin oder ein verheirateter Pfarrer keine volle Stelle übernehmen kann, wenn sie oder er einen Ehepartner hat, der eine volle Stelle ausfüllt, ganz gleich, um welchen Beruf es sich dabei handelt. Diese Einschränkung betrifft jüngere Pfarrer und Pfarrerinnen. Daneben gibt es aber auch ältere Pfarrerinnen und Pfarrer, die in einer Ehe leben, in der der jeweilige Ehepartner einen Vollzeitberuf ausübt.[71] In diesen Fällen stellt sich das Problem der Gleichbehandlung. Und da in den Fällen der Arbeitseinschränkung meist die Frauen den kürzeren ziehen, weil ihre Männer schon einen fertigen Beruf haben, bevor sie selbst ihre Ausbildung abschließen können,[72] empfinden sie diese Bestimmung als diskriminierend.

Sehr deutlich wird das Problem der Frau im Beruf aber dann, wenn sie Kinder bekommt und nach einer Erziehungszeit, wenn auch nur auf einer halben Stelle, wieder in ihrem Beruf tätig werden möchte. An dieser Stelle zeigt sich großer rechtlicher und praktischer Nachholbedarf, der zum Zeitpunkt der Interviewführung bestand. Danach scheint es so zu sein, daß eine Pfarrerin mit Kindern eigentlich in der Landeskirche, aus der die Interviewten stammen, nicht vorgesehen war. Weder gab es zum Interviewzeitpunkt eine Vertretungsregelung, die den Namen verdient, noch gab es speziell für den Fall der Mutterschaft, des Erziehungsurlaubs und der Wiedereingliederung von Frauen in den Beruf befriedigende Verfahren.[73]

Die Probleme der Vertretung und der Abgrenzung beim Dienst auf einer halben Stelle sind allerdings nicht frauenspezifisch, sondern treten auch bei Pfarrern auf, die vertreten werden sollen oder nur eine halbe Stelle versehen.

Sieht man von diesen zum Zeitpunkt des Interviews noch nicht gelösten

[70] 53/236–271

[71] Vgl. Interview 49; 54

[72] In der Regel ergibt sich diese Situation aufgrund des Altersunterschiedes zwischen Mann und Frau oder aufgrund der Tatsache, daß Kinder während des Studiums geboren werden und in diesem Fall oft zuerst der Mann sein Studium abschließt, um die Existenz seiner Familie zu sichern.

[73] Vgl. Interview 46/572–689

Problemen ab, zeigt die Erfahrung der interviewten Pfarrerinnen, daß sie beruflich integriert sind. Im übrigen haben sie vollen Anteil an den Berufserfahrungen ihrer männlichen Kollegen: die Erfahrung von Höhen und Tiefen im Beruf, von Frustrationen und Freuden, von Überlastung, von Zustimmung zum Beruf und zur Institution Kirche sowie die Erfahrung von Kritik an kirchlichen Institutionen und am Pfarrer-Beruf.

12.6 Allgemeine Einsichten

In diesem letzten Abschnitt des Kapitels werden noch einige allgemeine Einsichten zusammengestellt, die sich ebenfalls bei der Durchsicht der Interviews ergeben haben.

12.6.1 Region und Berufsbild

Eine der Ausgangsvermutungen bei den Überlegungen zur Höhe der Zahl derer, die interviewt werden sollten, war, daß sich die verschiedene kirchliche Situation auch auf die Einstellung der Pfarrer auswirkt. Es läßt sich feststellen, daß sich solche Auswirkungen nicht finden lassen. Wohl wirkt die örtliche soziographische Situation auf die Arbeitsbedingungen, auch auf die Schwerpunktsetzung – wovon noch zu berichten ist –, aber eine Auswirkung der lokalen kirchlichen Situation auf die Denk- und Verhaltensweisen der Pfarrer ist nicht zu ermitteln. Dies hat seinen einfachen Grund in der Tatsache, daß Pfarrer im Laufe ihres Lebens – sicher mit einigen Ausnahmen – öfter die Stelle wechseln. So hat ein Interviewteilnehmer[74] aus der Gemeindevikarszeit heraus in eine Funktionsstelle gewechselt, von dieser in eine Gemeindedienststelle. Von dieser gab es wiederum einen Wechsel in eine Funktionsstelle. Ähnliches läßt sich von vielen anderen Interviewpartnern zeigen. Oft ist dieser Wechsel auch mit großen geographischen Entfernungen verbunden. Diese Ortswechsel gab es in noch stärkerem Maße vielfach bereits im Studium. So kann man mit einer gewissermaßen anerzogenen Flexibilität der Pfarrer rechnen. Nicht die kirchliche Situation erwies sich als prägend für die Einstellung der Pfarrer, sondern ihre religiöse Sozialisation. Nur ein Pfarrer hatte das Gefühl, daß ihn seine Situation als Person verändert hätte, wenn er nicht rechtzeitig auf eine andere Stelle gewechselt wäre: „Vielleicht ist für dich interessant für deine Arbeit, daß ich im nachhinein gemerkt habe, daß die zwölf Jahre auf dem Dorf für mich zu lang waren. Ich hätte eher wechseln müssen, ich war einfach doch bis in die äußerlichen Dinge hinein ein Bauernpfarrer geworden. Das soll nicht negativ für die Kollegen auf dem Dorf sein, aber irgendwo hat es mich zu stark

---

[74] Vgl. Interview 36

geprägt. Ich habe dadurch ein wenig eine Blockade wohl gehabt. Aber ich war dann froh, daß ich hier rein konnte.“[75]

12.6.2 Bedeutung der Lebenserfahrung

Es ist an dieser Stelle zu wiederholen, daß die Lebenserfahrung Einfluß auf die Ansichten und das Berufshandeln der Pfarrer hat. Da sich die religiöse Sozialisation in der Ausbildungszeit während Studium und Vikariatszeit durch Umbrüche hindurch verändert, sind herrschende Einflüsse auf die Einstellung der Pfarrer aus dieser Zeit zu erwarten und nachzuweisen. An diesem Punkt läßt sich auch bei den Interviewteilnehmern ein Wandel feststellen. Während ältere Pfarrer theologisch prägende Gestalten nennen können, ist dies bei jüngeren Pfarrern nicht in gleichem Maße der Fall. Die Zeit der theologischen Schulen scheint vorbei zu sein. Statt dessen ist die Begegnung mit bestimmten Personen oder mit der neuen Seelsorgebewegung von besonderer Bedeutung für die Entwicklung und Verhaltensweise der Pfarrer, worauf schon im Zusammenhang mit der religiösen Sozialisation hingewiesen wurde. Von bleibender und prägender Bedeutung waren für die Pfarrer, die in der Kriegs- oder Nachkriegszeit heranwuchsen, die Ereignisse jener Zeit. So hat der Pfarrer aus Interview 2 die religiöse Verfolgungssituation noch stark in Erinnerung. Ein anderer wird bei der Aufnahme des Interviews von der Erinnerung an die Bombardierung einer einst blühenden bayrischen Stadt übermannt und vergißt nie die Angst der letzten Kriegstage.[76] Schließlich hat ein Dritter in der Nachkriegszeit prägende Eindrücke und Einflüsse erhalten, die vermutlich nach wie vor stärker sind als irgendwelche theologischen Schulen.[77]

12.6.3 Die normative Kraft der Situation

Wenn auch die kirchliche Region keinen Einfluß auf das Berufshandeln und die Einstellung der Pfarrer hat, so gilt dies nicht in gleichem Maße von der jeweiligen Situation am Ort. Vielmehr bestimmt die örtliche Situation die Schwerpunkte kirchlichen Handelns, wenn die Pfarrer in der Lage sind, ihre jeweilige Situation zu analysieren. Noch klarer wird dieser Tatbestand, wenn man die Berichte derjenigen Pfarrer ansieht, die vom Gemeindedienst in den Spezialdienst bei der Bundeswehr als Militärpfarrer gegangen sind.[78]

Während der Berufsanfangsjahre kann es darüber hinaus Anpassungsschwierigkeiten mit der neuen Berufsrolle geben. Sehr illustrativ wird dieses Phänomen durch einen Pfarrer veranschaulicht: „Und predigen, o.k., da

[75] 25/280–284
[76] Vgl. Interview 31
[77] Vgl. Interview 8 (38)
[78] Vgl. z.B. 05

habe ich eigentlich noch nie so die Ängste gehabt, eher vom Äußeren her, daß ich jetzt plötzlich mit Talar da herum geistere und irgendwo durch dieses äußere Erscheinungsbild und das Auftreten, da ja schon auch in eine Rolle schlüpfe, die nicht mehr so klar auf der Ebene ist, so wie ich es vorher kennengelernt hab, also in dem Aspekt, die Bibelarbeiten, die Gespräche, die wir ja da im Rahmen der Jugendarbeit hatten, und aber gut, das war dann auch in dem Sinn nicht weiter störend, weil ich denke, es kommt da auch immer darauf an, was ich dann aus dieser Rolle mache. Und so sind bis heute für mich so Kleiderfragen suspekt. Ich akzeptier es, wenn es andere dann für sich so entscheiden, nämlich ob ich da mir Stola oder andere Talargewandung entsprechend dem Kirchenjahr aneignen soll. Da hätte ich für mich das Gefühl, das würde mich mehr in's Priesterliche dann rücken, was ich so nicht will."[79] Dieses Problem mit der Rollenmaske erlebte auch eine Pfarrerin, die während ihrer Studienzeit in städtischem Millieu zu Hause war und als Vikarin auf das Land versetzt wurde: „Also es waren einfach diese zwei Welten, die da aufeinander knallten. Und ich hatte am Anfang Schwierigkeiten, die Rolle überhaupt zu akzeptieren, große Schwierigkeiten. Ich bin mit Tigerhosen und rosa Rucksack durch das Dorf gelatscht zum Einkaufen, dachte, das ist normal, so bin ich in der Stadt auch herumgelaufen, und das fanden die natürlich alle nicht normal. Also ich komme jetzt wesentlich besser mit meiner Rolle klar. Ich ziehe mich immer noch so an wie ich will, allerdings zieh ich keine Tigerhosen mehr an, ..."[80]

Die Normativität der Situation bedeutet für Theorien über den Pfarrerberuf, daß sie wirklichkeitsnah nur konstruiert werden, wenn sie die Situation, in der sie wirksam werden sollen, mitbedenken. Vermutlich steht diese Einsicht auch hinter den Wünschen von Pfarrern nach stärkerem Praxisbezug der theologischen Theorie.

12.6.4 Spezialdienst – Gemeindedienst

Was von der Bedeutung bzw. Nicht-Bedeutung der Regionen in bezug auf die theologische Einstellung der Pfarrer gesagt werden mußte, gilt auch für die Wirkung der Sonderdienstzeit auf die Pfarrer. Durch den Wechsel zwischen verschiedenen Diensten wirkt auch die Spezialdienstzeit nicht in der Weise prägend, wie das vermutet worden war. Allerdings gibt es auf seiten der Gemeindepfarrer offensichtlich Vorbehalte gegenüber den Spezialdienststellen: „Wir regen uns hier in der Nachbarschaft alle sehr auf über die entstandenen Sonderpfarrer, die Büropfarrer, 25 % unserer Landeskirche, deren Arbeit wir in der Gemeinde mitmachen müssen, weil sie in der Gemeindearbeit abgehen. Andererseits wirds wahrscheinlich gar nicht zu ma-

[79] 2 (06/6–20)
[80] 47/215–222

chen sein, als sich zu spezialisieren."[81] Desgleichen gibt es auch umgekehrt Kritik an den Pfarrern im Gemeindedienst von Pfarrern in Spezialdiensten.[82] Allerdings ist anzumerken, daß die Stellung außerhalb des Gemeindedienstes auch erlaubt, einen Außenseiterblick auf den Kirchenbetrieb einzunehmen, so daß die Kritik der Spezialdienstpfarrer an Kirche, Gemeinde und Pfarrern ernst zu nehmen ist, zumal einige Sonderdienststellen mit so vielen Pfarrern in Berührung kommen, daß ihre Urteile über die Situation in den Gemeinden und über die Pfarrer bereits einem quantitativ begründeten Urteil nahekommen.

Aus dem Bereich der Spezialpfarrämter stammt auch der Wunsch, in Auseinandersetzungen über verschiedene Richtungen und Konzepte nicht mit Vorurteilen und Vorverurteilungen zu arbeiten, sondern sich gegenseitig wahrzunehmen und ernst zu nehmen. Man soll danach suchen, wo trotz unterschiedlicher Standpunkte gemeinsames Handeln möglich ist, oder wenigstens die Punkte finden, die erlauben, sich gegenseitig zu tolerieren.[83]

12.6.5 Ökumenische Erfahrungen

Ähnlich wie in allen anderen Erfahrungsbereichen schwanken auch in diesem Bereich die Erfahrungen der Pfarrerinnen und Pfarrer. Da in fast allen Interviews ökumenische Erfahrungen vorkommen, genügen an dieser Stelle einige Hinweise.[84]

Ein Pfarrer erlebte die Ökumene vor Ort als unbefriedigend, weil sie sich auf die Abhaltung vorgeschlagener Gottesdienstordnungen reduzierte und nur darin bestand, die Lesungen und die Predigt zu verteilen. Ebenso war es nicht möglich, ökumenische Trauungen entsprechend vorzubereiten. Auf der anderen Seite erlebte er weitgehende Zusammenarbeit mit einer klösterlichen Gemeinschaft, vor allem in einem gemeinsamen Gesprächskreis. Ein anderer Pfarrer hatte weitgehende ökumenische Erfahrungen: In seiner Gemeinde gab es gemeinsame Sitzungen des Pfarrgemeinderates mit dem Kirchenvorstand der Gemeinde; neben gemeinsamen Gesprächsabenden auch gemeinsame ökumenische Studienwochenenden. Wieder andere gestalten Bußtag oder Reformationsfest und Allerheiligensonntag zu wechselseitigem Besuch in der jeweils anderen Kirche, wobei jeweils der zu Gast kommende Pfarrer auch die Predigt hält, während man die Liturgie der gastgebenden Gemeinde feiert. Bei manchen Begegnungen dieser Art sowie anläßlich ökumenischer Trauungen kam es dabei auch zu echter Interkommunion, teils so, daß die gastgebende Gemeinde einlädt, teils so, daß sowohl der katholische als auch der evangelische Pfarrer gemeinsam konsekrieren

[81] 26/245–248
[82] Vgl. die Pfarrerschelte von Interview 36
[83] Vgl. dazu ebenfalls Interview 36
[84] Vgl. Interview 2 (06); 17; 19; 02; 32; 7 (51); dazu 5 (50); 07

und austeilen. Daneben gibt es auch gemeinsame Gemeindebriefe und vor allem eine enge Zusammenarbeit in diakonischen Bereichen in den ökumenischen Sozialstationen und Beratungsdiensten. Auch Feste werden gemeinsam ausgerichtet. Einer berichtete, daß die kirchliche Arbeit im Ausland im Stil einer Freiwilligkeitskirche verlief und dabei eine ganz enge Zusammenarbeit mit den Katholiken gepflegt wurde bis hin zu der Tatsache, daß man die jährlichen großen Feste zur Finanzierung gemeindlicher Sozialarbeit und des kirchlichen Betriebes gemeinsam ausrichtete und die Einnahmen teilte.

Berichtet wird davon, daß besonders die Gemeinden in ihrem ökumenischen Denken und Wollen viel weiter sind als die Kirchenleitungen, wobei sich die Kritik vor allem gegen die katholische Hierarchie richtet. Manche Pfarrer und Gemeinden haben den Eindruck, daß sich zur Zeit auf katholischer Seite wenig in Richtung weitergehende Ökumene oder gar Anerkennung des evangelischen Amtes und der evangelischen Sakramentsverwaltung bewegt, sondern eher von einer Stagnation zu reden ist.

Mit diesen Anmerkungen ist auch schon deutlich geworden, daß die ökumenischen Kontakte der evangelischen Pfarrer und Pfarrerinnen sich vor allem auf die katholische Kirche beziehen. Nur wenige haben Kontakte auch mit anderen Kirchen und Gruppen, wobei auch bei diesen Kontakten sehr unterschiedliche Erfahrungen gemacht werden. Innerkirchlich erleben einige das Verhältnis zu charismatischen und evangelikalen Gruppen als spannungsvoll, manche bis zur Erfahrung einer Gemeindeabspaltung.[85] Aber im einzelnen wird dies eben stets sehr unterschiedlich erlebt und scheint auch stark von den Personen, die am Kontakt beteiligt sind, abzuhängen. Nur so läßt sich zum Beispiel verstehen, daß es in manchen Gemeinden sehr gute ökumenische Kontakte gibt, in anderen hingegen keine. Zu vermerken ist an dieser Stelle auch, daß evangelische Pfarrer, die sich ihres evangelischen und christlichen Grundauftrages der Verkündigung des Evangeliums sicher sind, in der Regel wenig Probleme haben, ihre konfessionellen Schranken zu überschreiten und die Zusammenarbeit mit anderen Christen zu pflegen.

12.6.6 Stellung zur Volkskirche

Unter *Volkskirche* verstehen die Pfarrer im allgemeinen die großen konfessionellen Kirchen im Lande, denen immer noch etwa zwei Drittel aller Deutschen angehören. Wenn sie von *Volkskirche* sprechen, meinen sie damit näherhin die evangelische Kirche. Manche vermuten deren nahes Ende, andere sind sich sicher, daß diese Kirchenform ihr Ende bald finden wird. Diese Gewißheit führt zu unterschiedlichen Konsequenzen. Es kann ein Gestalt-

---

[85] Vgl. z.B. Interview 09

wandel der Kirche erwartet werden,[86] es kann auch dazu geraten werden, jetzt das Neue aufzubauen. Am weitesten in diese Richtung weist das Votum eines missionarischen Gemeindeaufbaues, das aus Interview 1 bereits bekannt ist.[87] Aber die Erwartung einer starken Veränderung der volkskirchlichen Situation kann auch dazu führen, daß der Kirchenleitung Handlungsversäumnisse vorgeworfen und existentielle Ängste ausgelöst werden: „Ich denke mir, laß einmal irgendwie einen wirklich großen Wirtschaftskrach kommen, ... und dann plötzlich keine Steuern mehr da sind, dann auch keine Kirchensteuern mehr da sind, wir sind da in keiner Weise drauf vorbereitet. Es werden auch keine Szenarien geschmiedet dafür vom Landeskirchenamt. Auch die Gemeindeakademie zum Beispiel, also die geht zwar schon ein bißchen in die Richtung, sagt also kleiner werdende Volkskirche und versucht dafür auch Szenarien zu entwickeln, aber hält doch an der Volkskirche fest, und es werden also keine Strategien entwickelt. Alternativen werden eben immer nur im freikirchlichen, evangelikalen, pietistischen, charismatischen Bereich entwickelt. Ich erlebe das eigentlich als eine totale Vogel-Strauß-Politik. Aus lauter Angst mit einer Situation, die da auf uns zukommen könnte oder zukommen wird – sage ich jetzt 'mal –, nicht fertig zu werden, schaut ma lieber gar nicht erst hin. Und da wird es irgendwann einmal furchtbar krachen, und wir Pfarrer können froh sein, wenn wir dann noch einen Taxiführerschein machen können. Und nicht nur die Pfarrer, auch die Diakone, Sekretärinnen und Sozialarbeiterinnen. Aber die haben ja wenigstens noch einen Beruf gelernt, mit dem sie außerhalb der Kirche irgendwie zu Potte kommen könnten. Die Pfarrer, die können wirklich bloß Taxi fahren oder Zeitungen austragen oder, wenn sie einen Computer haben und gern programmieren, da haben sie da auch eine Aufstiegschance, vielleicht.“[88]

So verschieden die Reaktionen auf das erwartete Ende der Volkskirche sein können, in allen Fällen wird angemahnt, jetzt im Angesicht der Zukunft verantwortlich zu handeln.

Neben die Erwartung des Endes der Volkskirche tritt aber auch gleichwertig die Erwartung, daß die Volkskirche bleibt und bleiben sollte, weil sie ein Hort der Freiheit und der Pluralität ist. Im eben zitierten Votum ist die Erwartung der kleiner werdenden Volkskirche schon angesprochen worden. Sie wird ergänzt durch die Überzeugung, daß die Volkskirche noch lange nicht am Ende ist,[89] was sich sogar in einem ausdrücklichen Bekenntnis zu ihr äußern kann: „Ich bin ein Anhänger der Volkskirche auch. Es sind uns hier Möglichkeiten gegeben, die sind ungeheuer groß. Und ich denke, wir können die nicht wegwerfen, ohne schuldig zu werden an vielen Men-

[86] Z.B.07/240–242
[87] 1 (01/130–132)
[88] 15/454–470
[89] 27/275–276

schen."[90] In diesem Zusammenhang wird die Stellung der Kirche in der Gesellschaft auch durch die Geschichte begründet: „Also ich denke, wir stehen einfach in einer Geschichte und können jetzt nicht so tun, als wäre das nicht der Fall, und diese Geschichte bejahe ich auch, daß unsere Kirche oder die Kirche seit Konstantin wichtige Aufgaben übernommen hat, mit die Gesellschaft trägt, daß wir Religionsdiener sind, daß hier christliche Religion gepflegt wird, daß wir einen kulturellen Auftrag haben, die ganzen Dienste, die wir in der Gesellschaft übernommen haben. Christlicher Glaube ist, denke ich, noch einmal etwas anderes,..."[91] Soweit die Darstellung der Einsichten, die sich aus der Auswertung der 54 narrativen Interviews ergeben, die weiterverarbeitet werden können. Sie soll abgeschlossen werden durch die nachfolgenden Thesen.

[90] 32/600–603
[91] 33/424–429

Thesen zum Pfarrerberuf

Vorbemerkung

Die nachfolgenden Thesen sind eine Zusammenfassung der wichtigsten Einsichten und Fragen, die sich bei Bearbeitung des Themas in dem hier vorliegenden Buch ergeben haben. Es geht in den Thesen allerdings nicht nur um eine zusammenfassende Wiederholung mitgeteilter Erkenntnisse, sondern auch um so etwas wie Leitlinien für eine künftige sachgerechte Behandlung des Themas in der Sicht des Autors. Dabei ist nicht beansprucht, alle Facetten zu umfassen oder konkurrierend zu vorhandenen Bearbeitungen aufzutreten. Das wäre nicht nur vermessen, sondern würde auch verdecken, in wie vielfältiger Weise die vorhandenen Erkenntnisse und Erfahrungen Grundlage der nachfolgenden Thesen sind. Der ganze Forschungsansatz dieser Arbeit wäre ohne die Darlegungen anderer undenkbar.

Eine weitere Absicht dieser Thesen ist, einen Beitrag zur Neukonstruktion des Pfarrerberufsbildes zu leisten. Der Beitrag soll zum einen die Berufenen ihrer Berufung vergewissern und zum anderen helfen, die konkrete, praktische Ausformung dieses Berufes offenzuhalten, damit er situationsadäquat ausgeübt werden kann.

1. Eine Klärung der Pfarrerberufsrolle ist konstruktiv nur möglich im Kontext einer soziologischen und ekklesiologischen Diskussion.

Wie ein roter Faden zieht sich von Anbeginn dieser Arbeit bis zum Ende die ekklesiologische Fragestellung durch. Wo immer über den Pfarrerberuf theologisch und inhaltlich nachgedacht wird, ob auf der Ebene der vorhandenen Kirchenleitungen, der Kirchenordnungen und Pfarrergesetze, ob auf der Ebene der Kirchenreformbewegung oder innerhalb der Praktischen Theologie, stets befindet sich im Hintergrund der Diskussion eine Kirchenbildtheorie, die sich prägend auf die Konstruktion der Berufsrolle auswirkt. Die Aussagen und Entwürfe zum Pfarrerberuf der bestehenden Kirchenordnungen in Deutschland gehen von einer Kirche aus, die konfessionell und landeskirchlich organisiert ist, in der die zugehörigen Gemeinden nur relative Selbständigkeit besitzen und die Pfarrer in erster Linie kirchliche Funktionäre sind, deren Handeln bürokratisch durch ein fragwürdiges Oberhirtenamt[1] überprüft wird. Man gewinnt den Eindruck, daß sich in den bestehenden Kirchenordnungen das landesherrliche Kirchenregiment fortsetzt, nur daß dieses nicht mehr vom Ministerpräsidenten eines Landes, sondern von einer kirchlichen Oberbehörde ausgeübt wird. Deutlich wurde das zum Beispiel an einer Kirchengemeindeordnung, die zum einen die Verantwortung für das gesamte materiale und inhaltliche Leben einer Gemeinde dem demokratisch legitimierten Presbyterium überantwortet, dem Kirchenfunktionär aber ein Vetorecht einräumt und ferner die Entscheidungen, die substantiell die Verhältnisse einer Gemeinde betreffen, an oberhirtliche, bürokratische Genehmigungen bindet.[2]

Das Konzept der Ökumenischen Studienarbeit des Ökumenischen Rates der Kirchen geht von der Missio Dei aus, der Sendung Gottes. Diese wird greifbar in der Inkarnation Gottes in der Welt und ihrer Geschichte. Entsprechend ist Gott, der in der Geschichte weiter wirkt, dort zu finden, wo die Leiden der Menschen und der Welt am stärksten sind. Auftrag derjenigen, die die Inkarnation Gottes begriffen haben und die den Weg der Nachfolge Jesu gehen, ist deshalb, zur Humanisierung der Welt möglicherweise unter Selbstopfer beizutragen. Einen Pfarrerberuf braucht es in dieser Perspektive als Ausbilder oder Trainer der in der Gesellschaft als Sauerteig wirkenden Christengruppen. Solange die Dienstgruppengemeinden noch nicht selbständig genug sind, ihr Glaubensleben unabhängig auszugestalten, haben Pfarrer auch noch eine Funktion im Gottesdienst- und Kasualbereich. Für die Koordination der Dienstgruppen sowie zur Entdeckung neuer Aufgaben oder Problemfelder ist eine gewisse strukturelle Organisation notwendig. Der Pfarrerberuf ist in diesem Konzept funktional verstanden und dadurch prinzipiell auflösbar.[3]

Funktional wird der Pfarrerberuf auch in den Konzepten verstanden, die ihr Gemeindebild von den Charismen her gewinnen, in denen sich der auferstandene Christus als wirksam erweist. Allerdings ist die Ausgestaltung des Berufes in diesen Konzepten nicht beliebig, sondern auf die Charismen bezogen. Der Pfarrerberuf wird als eine Bündelung einzelner Charismen aufgefaßt. Deshalb kann er auch in Einzelcharismen aufgelöst werden, die je nach Situation und charismatischer Weisung neu verteilt werden können. Das gilt für den charismatischen Gemeindeaufbau in der Volkskirche, ebenso wie für das Konzept der überschaubaren Gemeinde oder der Gemeindewachstumsbewegung.[4] In diesen Konzepten wird der einzelne Christ als Charismatiker verstanden, der durch sein Charisma einen bestimmten Auftrag hat. Verkündigungsauftrag, Leitungsauftrag und andere Aufträge sind absolut gleichrangig. Deshalb ist theoretisch auch eine Unterscheidung von

---

[1] Vgl. Teil 1, Kap. 2
[2] Vgl. Teil 1, Kap. 3
[3] Vgl. Teil 2, Kap. 5
[4] Vgl. Teil 2, Kap. 5

Amt und Gemeinde in diesen Konzepten nicht möglich. Es gibt nur Ämter, welche genaugenommen Aufträge und Weisungen des Auferstandenen sind, und eine Ordnung der Ämter, die garantieren soll, daß Ämter auch zur Wirkung gelangen.

Neben diesen Konzepten, die den Pfarrerberuf zur grundsätzlichen Disposition stellen, gibt es auch solche, die von der Notwendigkeit des Berufes ausgehen. Die Notwendigkeit wird dabei entweder mit einer göttlichen Stiftung begründet[5] oder mit der Delegation eines Auftrages, der prinzipiell allen Christen gegeben ist.[6] Eine pragmatische Variation dieser Konzepte stellen diejenigen Entwürfe dar, die die Volkskirche bejahen samt einem *Geistlichen* oder *Kirchlichen Amt* in ihr und von daher die Pfarrer ermahnen, den *Laien* mehr Verantwortungs- und Handlungsraum zuzugestehen.[7]

In jedem Einzelfall aber bestimmt das Kirchenbild die Konstruktion des Pfarrerberufes, so daß offensichtlich eine Betrachtung dieses Berufes unter Absehung der ekklesiologischen Zusammenhänge unvollständig sein muß, weil die Begründung des Berufsbildes fehlt, sowie die Einordnung des Berufes in seinen Handlungskontext.

Auch in rollentheoretischer Betrachtungsweise zeigt sich dieser Zusammenhang. Denn eine Rolle besteht nicht um ihrer selbst willen, sondern wird im Zusammenspiel mit anderen Interakteuren vor einem Publikum entfaltet. Aus diesem Grund hat auch der Pfarrerberuf eine gesellschaftliche Dimension, die schon vor seiner theologischen Qualität besteht, einfach deshalb, weil der Pfarrerberuf immer in einem gesellschaftlichen Umfeld ausgeübt wird. Diese gesellschaftliche Dimension des Pfarrerberufes ergibt sich auch aus der folgenden These.

2. *Die religiöse Dimension menschlichen Daseins erfordert eine religiöse Profession.*

Diese These setzt voraus, daß als gültig angesehen wird, was ein Pfarrer mit einem Zitat so ausdrückte: „Der Mensch ist unheilbar religiös."[8] Damit wird ein anthropologischer Sachverhalt angesprochen. Es geht darum, daß der Mensch auf die Fragen nach dem Sinn des Lebens, seiner Herkunft und Zukunft, auf die Frage nach dem Leid und auf die Frage nach den sein Handeln orientierenden Werten eine Antwort finden muß, um sein Leben zu gestalten. Zu diesen Fragen treten Erfahrungen, die ein anderer Pfarrer als *reli-*

---

[5] Wie z. B.im Konzept des missionarischen Gemeindeaufbaues in der Volkskirche. Vgl. Teil 2, Kap. 5

[6] Z. B. im HPTH DDR, vgl. Teil 2, Kap. 9

[7] Das sind vor allem die Konzepte, die im Raum der VELKD entstanden sind.Vgl. z.B. Teil 2, Kap. 5

[8] Interview 1 (01)

giöse Erlebnisse bezeichnete.[9] Es sind solche Erfahrungen, die eine Tiefendimension aufweisen, die über das *Normale* hinausweisen. Für einen anderen Pfarrer sind diese Erfahrungen als Grenzerfahrungen zu einem Lebensthema geworden: „Wenn etwas absolut verläßlich sein soll, dann muß es etwas Unbeweisbares sein, etwas unfest Greifbares, also ich glaube, das hat damit zu tun, daß wir durch Krieg und die schwierige Nachkriegszeit, kein Vater da, alles, was mir wirklich Sicherheit hätte geben können, auch sehr stark zerbrochen worden ist. Also, auf etwas sichtlich Greifbares kann ich mich nicht verlassen, denn das ist ja zerbrochen worden, jetzt von der eignen Biographie her. Also wenn es etwas gibt, was verläßlich ist, dann ist es etwas, was ich nicht greifen kann. Also ich bin da sehr stark am Sinn des Lebens überhaupt im Zweifeln. Wenn es einen Sinn gibt, dann kann ich ihn nicht wissen, so etwa ... Hab' dann ein Gefühl entwickelt für den Gottesdienst in ganz kleinen Gruppen, der mir seither sehr wichtig ist, weil da auch etwas passieren kann. Da ist Beziehung und da ist irgendwie durch Wort und Ritus auch dieses Hinrühren an das Jenseitige, diese Kombination von Psychodynamik und Transzendenz, die hab ich immer wieder gesucht. Angefangen hat es bei mir, also im Studium ... Ich erinnere mich an den Satz, Gott ist mitten in unserm Leben jenseitig. Und das war sozusagen theoretisch der Anfang von jetzt, auch Glaubenserfahrung zu suchen und nicht nur credo, quia absurdum est, wo ich herkam."[10]

Diese Fragen und diese Erfahrungen bedürfen einer Antwort, die dem Menschen erlaubt, sie einzuordnen, und sich selbst in seiner religiösen Antwort zu verorten. Aus diesen Gründen besteht ein gesellschaftlicher Bedarf, diese Fragen im Kontext vorhandener Erfahrungen zu interpretieren und Sinn konstruierend zu bearbeiten. Dafür ist eine religiöse Profession erforderlich, die es in der Geschichte und in allen Kulturen und Weltanschauungen auch gegeben hat und immer noch gibt. Auch der Pfarrerberuf ist im Kontext dieser religiösen Sinnproblematik zu sehen. Es besteht ein gesellschaftlicher Bedarf an Sinnkonstruktion und damit religiöser Profession.

Die christliche Antwort auf diese Frage ist, gesellschaftlich betrachtet, eine unter anderen, die mit anderen Antworten in Konkurrenz steht. Aber sie ist in diesem gesellschaftlichen Kontext mindestens so notwendig wie die anderer Anbieter von Sinn. Der Pfarrerberuf als religiöser Beruf ist damit ebenfalls so gesellschaftlich notwendig und nützlich wie andere weltanschauliche Berufe auch. Damit ist allerdings noch nichts gesagt über die besonderen Inhalte dieses Berufes und die besondere Art und Weise seiner Ausführung, auch nicht darüber, ob diese Profession nun haupt-, neben- oder ehrenamtlich zu gestalten ist. Über diese Fragen entscheiden die besonderen Inhalte des Berufes.

---

[9] Interview 19

[10] Interview 35, 16– 23; 143– 153

3. *Amt und Gemeinde, Kirche und Organisation haben in neutestamentlicher und reformatorischer Tradition eine kerygmatische Funktion.*

Amt im Sinn neutestamentlicher[11] oder reformatorischer Tradition[12] meint zuallererst Aufgabe oder Dienst und zwar speziell die Verkündigung des Evangeliums, daß Gott sich den Menschen zum Heile zugewandt hat.[13] Auch nach den kirchlichen Ordnungen,[14] nach praktisch-theologischen Überlegungen[15] und Überlegungen zur Aus- und Fortbildung der Pfarrer und Pfarrerinnen[16] ist diese Verkündigung der Zweck eines speziellen *Amtes.* Die Erfüllung des Verkündigungsauftrages geschieht in der Wortverkündigung und Sakramentsverwaltung.[17] Darüber besteht ein breiter Konsens bei allen, die sich über den Pfarrerberuf inhaltlich Gedanken machen, auch bei denen, die ihn auflösen oder aufgliedern. Die Grundfunktion christlichen Handelns, jedweden Amtes und jedweder christlicher Organisation ist damit die kerygmatische Funktion. So betrachtet ist auch ein Amt, das auf göttliche Stiftung zurückgeführt wird, funktional zu verstehen. Es ist nicht um der Stiftung willen eingerichtet worden, sondern zum Zwecke der Verkündigung. Diese Auftragsorientierung des christlichen Handelns muß danach die Grundlage für die Ausgestaltung von christlichen Organisationen und Ämtern sein. Weder ein Amt noch eine Gemeinde noch eine übergemeindliche Organisation noch eine Gesamtkirche sind um ihrer selbst willen entstanden, sondern zum Zwecke der Auftragserledigung. Das schließt eine Kommunikation des Evangeliums bei denen ein, die den Auftrag ausführen. Es schließt auch ein, daß einige besonders mit diesem Auftrag betraut werden, daß also eine Gemeinschaft den gemeinschaftlichen Auftrag an einzelne Ämter delegiert, ohne damit auch die Verantwortung für die Ausrichtung des Auftrages delegieren zu können, denn diese Verantwortung ist jedem Christen durch seinen Glauben eingestiftet.

Das schließt auch ein, daß das professionelle Wissen und Können, das mit bestimmten Ämtern oder Aufgaben verbunden ist, vermittelt wird. Insofern gehören auch Ausbildung und Fortbildung zur Einrichtung von Ämtern. Ebenso bedingt das Eingehen auf die spezielle Situation, in der der Auftrag erledigt wird, möglicherweise Differenzierung und Spezialisierung von Ämtern. Da auch die Organisation dieses Prozesses *evangeliumsgemäß* stattfinden soll, sind diejenigen Bemühungen dem Auftrag entsprechend, die die-

---

[11] Z.B. Mt 28, 18 – 20
[12] Vgl. Teil 1, Kap. 2
[13] So auch die Überzeugung der Pfarrer, z.B. Interview 6 (06); 25
[14] Z.B. Ordnung des Geistlichen Amtes, vgl. Teil 1, Kap. 3
[15] Vgl. Teil 2, Kap. 9
[16] Vgl. Teil 2, Kap. 1
[17] CA V

sen Prozeß konziliar gestalten wollen. Nur die Konziliarität scheint Gewähr dafür zu bieten, daß jeder Christ in seiner Verantwortung für den Auftrag ernst genommen wird.[18]

4. Die Konstruktion einer religiösen Berufsrolle schließt in reformatorischer Tradition die Dauerreflexion über Ziele, Aufgaben und Grade der Professionalität ein.

Die Einrichtung von Ämtern und kirchlicher Organisation ist aber solange – und nur solange – sinnvoll, als dadurch der Auftrag situationsgerecht erfüllt werden kann. In der Auftragsgebundenheit aller Ämter und kirchlicher Organisation, in ihrer kerygmatischen Funktion also, liegt auch die Notwendigkeit einer ständigen Überprüfung der vorhandenen Einrichtungen in einer Gemeinde oder Kirche begründet. Der Verkündigungsauftrag in Wort und Sakrament bedingt die Gültigkeit des reformatorischen Kernsatzes von der permanenten Kirchenreform. Damit ist den Christen Verantwortung für die Aufgabe übertragen und Freiheit der Gestaltung gegeben. In den Gemeinden tragen die Kirchenvorstände gemeinsam diese Verantwortung, in Landeskirchen die Kirchenleitungen. Die Kritik am Handeln der Gemeinden und der Kirchenleitung hat in dieser Anbindung allen kirchlichen Handelns an den Verkündigungsauftrag in Wort und Sakrament ihren berechtigten Grund. Diese Überzeugung kommt auch bei den Pfarrern sehr klar zur Sprache: „... Also über die Bibel nachzudenken und über theologische Fragen und die klar zu kriegen und die zu übersetzen, daß es Leute verstehen können, das hat mich nie losgelassen ... Also Theologie war für mich auch ein Mittel, um die Kirche zu kritisieren, und zu schaun, stimmt denn das, was die machen, mit dem überein."[19]

Nach diesen Erfahrungen und Eindrücken gehört zu diesem Dauerreflexionsprozeß die ständige Überprüfung der konkreten Ziele und Arbeitsformen. Dazu gehört auch die Überprüfung der Frage, ob die bestehenden Ämter in der Form, in der sie sich geschichtlich herausgebildet haben, gegenwärtig bestehen bleiben sollten, oder ob sie aufzuheben, zu verändern oder sonstwie anders zu gestalten sind. Für den Fall, daß man Veränderungen erwägt, ist mitzubedenken, welche Rückwirkungen das auf die Ausbildung, die weiteren Mitarbeiter und diejenigen Gemeindemitglieder hat, in dessen Kreis das Amt bisher eingesetzt war. Auch die oben angesprochenen Grade der Professionalität gehören in Reformüberlegungen hinein. Es dürfte keinem Zweifel unterliegen, daß für eine religiöse Rolle auch Professionalität erforderlich ist, weil die Gesellschaft von einer religiösen Profession Fachwissen, Können und Erfahrung zur eigenen Orientierung benötigt. Wie aber

[18] Vgl. dazu Teil 2, Kap. 2.5 sowie z.B. Interview 36
[19] Vgl. Interview 37/113–125 + 276–290

der Blick auf andere Religionsformen zeigt, ist es möglich, diese Profession z.B. ehrenamtlich auf reiner Spendenbasis zu erfüllen. Deshalb ist auch für die Ämter, die Christen in ihren Gemeinden und Kirchen eingerichtet haben – unabhängig sogar von der Frage ihrer speziellen Begründung –, die jeweilige Prüfung sinnvoll, ob sie hauptberuflich, nebenberuflich oder ehrenamtlich ausgeübt werden sollten.

5. *Als zeitgenössisches Rollenbild für den Pfarrerberuf, das von der Kommunikation des Evangeliums ausgeht, bietet sich das Bild vom begeisterten Wegbegleiter an.*

In vielen modernen Beiträgen zum Pfarrerberuf, die in dieser Arbeit berücksichtigt wurden,[20] ebenso wie auch in Beiträgen der Pfarrer[21] selbst, wird immer wieder davon gesprochen, daß es in unserer Zeit notwendig sei, die Menschen *abzuholen, ein Stück weit zu begleiten, sich ihnen zur Verfügung zu stellen, mit ihnen zu gehen.* Die in missionarischen Richtungen der Kirchenerneuerung aufgekommene Redeweise von der *Geh-Struktur* des Verkündigungsdienstes weist in die gleiche Richtung.

Das traditionelle Bild vom *Pastor,* der seine Herde leitet und führt, wird danach abgelöst vom Bild des Weg-Begleiters. Dem widerspricht nicht, daß in der EKD-Studie von 1972 eine Verstärkung des pastoralen Dienstes verlangt wurde, denn diese Verstärkung sollte nicht in Richtung oberhirtlicher Belehrung gehen, sondern in Richtung begleitender und beratender Seelsorge: „Der Pfarrer muß ungleich stärker ‚Pastor‘ werden, Seelsorger in des Wortes weitester Bedeutung.“[22]

Es ist in diesem Zusammenhang darauf hinzuweisen, daß mit dieser Entwicklung eine Hinwendung zum neutestamentlichen Jünger- oder Nachfolgeverständnis erfolgt. Auch der Jünger des Neuen Testamentes wartet nicht, daß alle Welt zu ihm kommt, um sich von ihm anleiten und belehren zu lassen, sondern er geht zu den Menschen, um ihnen sein Angebot von der voraussetzungslosen Zuwendung Gottes zu den Menschen zu machen und sie ein Stück Weges zu begleiten. Sehr illustrativ sind dafür die Erzählungen von den Missionsreisen des Paulus oder die Erzählung von Philippus, der den Kämmerer aus dem Morgenland so lange seines Weges begleitet, bis dieser zum Glauben gefunden hat, so daß dieser nun selber *fröhlich seiner Straße* ziehen kann, das heißt, sein Leben selbstverantwortlich aus seinem Glauben heraus zu gestalten vermag. Auffällig in den neutestamentlichen Beiträgen für diese Jüngerschaft nach Ostern ist die Begeisterung, mit der

---

[20] Das sind vor allem die Beiträge aus der Kirchenreformbewegung, aber auch die der charismatischen Bewegung, auf der Ebene der Praktischen Theologie diejenigen, die in ihr Konzept die Kommunikation des Evangeliums einbeziehen.

[21] Vgl. z.B. Interview 1 (01); 2 (06); 17; 27; 19

[22] Hild 1974, S. 280

die Jünger tätig werden. Das schließt Glaubenszweifel und -kämpfe sowie Fehlverhalten nicht aus, hält sich aber als Grundstimmung durch.

In dieser Linie sind auch die Forderungen von Zeitgenossen zu sehen, die von der Glaubwürdigkeit der Pfarrer reden. Die Pfarrer sollten soweit von ihrer Sache *begeistert* sein, daß sie andere mit ihrem Glauben anstecken können oder doch zumindest als Persönlichkeiten überzeugend in ihrem Reden und Verhalten wirken.[23]

Auch die Forderungen nach missionarischer Kompetenz oder die Forderung, der Pfarrer müsse so etwas wie ein Spiritual werden, gehören hierher.

Ihre Ursache und ihren berechtigten Grund haben diese Wünsche und Vorstellungen in einer Rollendefinition des Pfarrerberufes, wie sie die Augsburgische Konfession gegeben hat oder wie sie in der Rede vom Zeugendienst zum Ausdruck gebracht wird. Das Amt der Verkündigung kann wohl nur dort in rechter Weise ausgeübt werden, wo der Verkündiger als glaubwürdiger Zeuge wahrgenommen wird. Das setzt eine überzeugende Persönlichkeit, zumindest ein ehrliches, glaubwürdiges Bemühen voraus. Deshalb gehört die Persönlichkeitsbildung derer, die im Verkündigungsdienst stehen, zur Vorbereitung auf diesen Dienst. Diese Vorbereitung schließt die Kenntnis verschiedener Formen von Spiritualität ein sowie Erfahrungen damit. Denn in der Tat gehört zur Wegbegleitung von Zeitgenossen, daß man ihnen auf diesem Gebiet Hilfen geben kann.

Die Konzentration auf die Verkündigungsaufgabe umschließt die Grundaufgaben, die traditionell mit dem Pfarrerberuf verbunden wurden. Aus der Verkündigung und der rechten Sakramentsverwaltung folgt die seelsorgerlich-spirituelle Begleitung derjenigen, die die Verkündigung für sich angenommen haben. In diesem Prozeß der Glaubensentwicklung haben auch *Lehre* und *Unterweisung* ihren Platz, wenn sie diskursiv geschehen. Es muß aber wohl an dieser Stelle unterstrichen werden, daß diese *Lehre* kein Religionsunterricht ist, sondern das, was Ernst Lange mit Kommunikation des Evangeliums bezeichnet hat: die vertiefende, Wissen, Erkenntnis und auch Erfahrung einbeziehende Auseinandersetzung mit Glaubensaussagen.

Aus dieser Art der Kommunikation des Evangeliums bildet sich Gemeinde, die experimentell auch neue Formen situationsbezogener, symbolischer Interaktion – z. B. im gottesdienstlichen Ritus – entdecken kann.

6. *Eine Berufsrollenreflexion im Kontext kerygmatischer Funktionalität ist Teil einer Praxistheorie christlichen Handelns.*

Eine der Kernfragen neueren Nachdenkens über den Pfarrerberuf in der Praktischen Theologie ist diejenige, ob eine Pastoraltheologie (wieder) not-

---

[23] Vgl. die Ergebnisse der kirchensoziologischen Forschungen zum Thema, z. B. Teil 2, Kap. 7

wendig ist.[24] Ausgelöst wird diese Frage durch die Forderung nach mehr Praxisnähe der Ausbildung schon während des Theologiestudiums oder durch die Feststellung, daß es ein Berufswissen gäbe, das ähnlich dem Fachwissen von Handwerkern, weitergegeben werde. Das ist eine Art *Know how* des Pfarrerberufes, das noch nicht wissenschaftlichen Rang besitzt, aber als Berufswissen doch von eigenständigem Wert ist. Es war Manfred Josuttis,[25] der den Versuch unternommen hat, eine neue und eigenständige Pastoraltheologie vorzulegen.

Doch ist kritisch zu fragen, ob nach der ekklesiologischen Bedingtheit des Amtes und damit auch des Pfarrerberufes es überhaupt möglich ist, so ein isoliertes Unternehmen sachgerecht durchzuführen. Wenn der Verkündigungsdienst der christliche Grundauftrag ist, dann ist das Nachdenken über seine Entfaltung eine Aufgabe aller, die für diesen Grundauftrag verantwortlich sind. Das sind nach den bisherigen Ausführungen alle Christen.[26]

Der Einwand, daß die Praxis zu wenig in der theologischen Wissenschaft vorkomme, daß das Studium mehr oder minder praxisvergessen sei, wird durch Erfahrungen der Pfarrer als fragwürdig ausgewiesen. Zum einen zeigte sich in mehreren Fällen, daß die Auseinandersetzung mit wissenschaftlichen Methoden und Erkenntnissen eine Veränderung und Reifung des Glaubens bewirkt, also unmittelbar persönlichkeitsbildend ist. Zum anderen zeigt der Vorschlag mancher Pfarrerinnen und Pfarrer, wie Praxis-Bezug während des Studiums hergestellt werden kann.

Es gab bedenkenswerte Anregungen zu theoriebegleiteten Praktika zur Berufserkundung oder zur Erkundung der Lebenswirklichkeit heutiger Menschen, die nicht in den kirchlichen Betrieb eingebunden sind. Und es gab Vorschläge, von den Fragestellungen her interdisziplinär innerhalb der theologischen Fakultät und außerhalb ihrer zu arbeiten. Besonders aus letzterem Vorschlag folgt, daß die Vorstellungen und Probleme der Lebenswirklichkeit heutiger Christen zu bearbeitende Themen sind, die bereits während des Studiums aufgenommen werden sollten.

Es soll nicht in Abrede gestellt werden, daß das Theologiestudium in dieser Hinsicht verbesserungsfähig ist. Doch gab und gibt es Beispiele für solches interdisziplinäres Arbeiten. Zudem sind Grundfragen des Lebens und Glaubens seit alters Gegenstand des Nachdenkens der systematischen und ethischen Theologie. Anders wäre kaum eine Glauben entwickelnde Wirkung der Theologie möglich.

So ist von Praxisferne der Theologie nur dort zu reden, wo man berufspraktische Anleitungen und Konzepte erwartet.

Doch rechtfertigt dieser Wunsch auf Grund der ekklesiologischen Be-

---

[24] Vgl. Teil 2, Kap. 9

[25] Fußnote 11

[26] Umgekehrt betrifft das *Fachwissen* dieses Dienstes ebenfalls alle Christen.

dingtheit der Ämter ebenfalls nicht die Einrichtung einer eigenen Disziplin zur Vermittlung pfarramtlicher Handwerkskunst. Zum einen wird solch praktisches Wissen in der zweiten Ausbildungsphase vermittelt, zum anderen ist auch dieser Wunsch nach berufspraktischer Anleitung prinzipiell im Kontext des Verkündigungsauftrages zu reflektieren und somit ebenfalls Thema, das alle Christen angeht, auch wenn nicht alle das Amt der Verkündigung ausüben.

Insofern erscheint es nach den Ausführungen dieses Buches sinnvoll, keine gesonderte Pastoraltheologie zu entwickeln, sondern Fragen der beruflichen und christlichen Praxis theoretisch im Rahmen der Praktischen Theologie zu verhandeln. Insofern ist die Theologie, insbesondere in ihrem Zweig der Praktischen Theologie, nach wie vor die Praxistheorie des Christentums mit der Aufgabe, diese Praxis systematisch zu durchdringen.[27] Diese Aufgabe kann aber künftig wohl sachgerecht nur ausgeführt werden, wenn auch dieser Prozeß dialogisch und diskursiv gestaltet wird, wobei insbesondere Betroffene mit ihren Fragen und Erfahrungen in den Reflexionsprozeß einzubeziehen sind. Daß es hierin einen Mangel gegeben hat, dafür ist diese hier vorliegende Arbeit selbst ein Beleg. So kann man als abschließendes Postulat zum Thema Berufsrollenreflexion formulieren: Berufsrollenreflexion sollte weder praxis- noch theorievergessen sein.

7. Eine Reform der Kirchen beginnt bei einer Reform ihrer Ämter.

Mit dieser These schließt sich der Kreis des Nachdenkens über die Berufsrolle des Pfarrers. Sowohl die Amtsdiskussion der ökumenischen Studien als auch die Ansichten der charismatischen Erneuerungsbewegung als auch die Aussagen über die ekklesiologische Bedingtheit des Amtes und die Überzeugung von der Auftragsorientierung christlichen Handelns, ebenso das Nachdenken in der Praktischen Theologie über das Berufsbild des Pfarrers, desgleichen schließlich auch die Reformvorschläge zum Pfarrerberuf außerhalb und innerhalb der Kirche teilen diese Überzeugung als Grundlegung ihrer Anstrengungen und Überlegungen, mag ihnen das im Einzelfall bewußt sein oder nicht.

Nun läßt sich in der Tat nicht leugnen, daß trotz des mehr als 30jährigen Bemühens um eine Reform des Geistlichen Amtes die Forderungen nach Veränderung nach wie vor aktuell sind.

Dieser Tatbestand hat seine Ursache nicht im reformatorischen Prinzip der Dauerreflexion christlichen Handelns, sondern in anderen Gründen. Vertreter von Kirchenleitungen und einige Theologen aus dem Wissenschaftsbetrieb der Universitäten meinen, daß für dieses Phänomen der *Pfarrerskirche,*

[27] In diesem Punkt ist Rössler mit seiner Verortung der Praktischen Theologie zuzustimmen. Rössler 1986

wie sie es nennen, die Pfarrer selbst verantwortlich sind. Doch ist bei der Diskussion dieser Theorie schon vermerkt worden,[28] daß man bei Annahme dieser Theorie in merkwürdige Widersprüche gerät. Wenn man nicht davon ausgeht – was gleichwohl einige Autoren tun –, daß Pfarrer mit psychischen Defekten ins Amt geraten oder schon als Pfarrherren geboren werden, dann sind die beklagenswerten Auswüchse der *Pfarrerskirche* durch die verursacht, die die Pfarrer anstellen und ausbilden. Das sind aber die, die über die *Pfarrerskirche* Klage führen. Nachdem hier nicht unterstellt werden soll, daß in der Tat psychische Defekte für alle Probleme des Pfarramtes verantwortlich sind, dann folgt, daß die Ursachen für unbefriedigende Amtsführung und Amtsgestaltung struktureller Art sind. In den Kirchenverfassungen oder Kirchenordnungen und in der bestehenden Organisation der Kirchen sind die Gründe dafür zu suchen.

Einer dieser Gründe liegt möglicherweise – was noch eigens nachzuprüfen wäre – im unklaren Kirchenbegriff der reformatorischen Kirchen, vor allem im Einzug einer oberhirtlichen Säule in das Kirchengefüge, von der nicht eindeutig zu sein scheint, daß sie mit der reformatorischen Ursprungstradition ohne weiteres zu vermitteln ist. Wenn das so wäre, dann ist auch die sogenannte *Reformresistenz*[29] des Pfarrerberufes vermutlich nicht Ausdruck dafür, daß die religiöse Berufsrolle einer Reform widersteht, weil sie nicht nur theologisch, sondern vor allem religionsphänomenologisch verankert ist, sondern Ausdruck dafür, daß die Kirchenstrukturen sich gegenwärtig nicht ändern lassen, weil die Verantwortlichen dazu nicht in der Lage oder nicht willens sind. Die Amtsfrage ist dafür nur der Indikator.

Allerdings hat die These von der Reformresistenz des Pfarrerberufes in einem Punkt nach den Erkenntnissen dieses Buches recht. Die Aufgabe der Verkündigung mit Wort und Tat läßt sich nicht so aufgliedern, daß Verkündigung als Kommunikation des Evangeliums zu trennen wäre in Predigtdienst, Seelsorge und Lehre, denn diese Dienste sind Aspekte desselben Vorganges. Die Veränderung des Verkündigungsdienstes im Pfarramt in ein Gruppenamt mit einem Therapeuten, Dozenten und Theologen wird deshalb nur dort gelingen, wo überregionale Beratungsarbeit gesucht wird. Für eine Kommunikation des Evangeliums auf der Alltagsebene bleiben diese Aspekte untrennbar verbunden. Der große Bereich der Mitgliedschaftsforschung innerhalb der Kirchensoziologie belegt dies zudem sehr eindrucksvoll. Es ist nicht Ausdruck der Unmündigkeit von Kirchenmitgliedern, wenn sie mehr seelsorgerliche Begleitung wünschen, sondern es ist Ausdruck der Tatsache, daß in einer partnerschaftlichen Gemeinschaft das Evangelium nicht von der Kanzel allein verkündigt werden kann, sondern daß es Formen der Kommunikation sucht. In diesem Zusammenhang ist schon einmal fest-

---

[28] Vgl. Teil 2, Kap. 1
[29] Vgl. Josuttis 1982; Josuttis 1988

gestellt worden, daß auch in neutestamentlichen Zeiten die diskursive Form der Glaubensvermittlung der Normalfall war. Das bedeutet aber, daß der Verkündigungs-Beruf im Alltag einer Christengruppe – ob haupt-, neben- oder ehrenamtlich ausgeübt, ist dabei unerheblich – seine Funktion darin gewinnt, Menschen zur Selbständigkeit in ihrem Glauben zu verhelfen. Das ist auch immer wieder eine Forderung von Pfarrern und Pfarrerinnen aus dem Kreis der Interviewteilnehmer gewesen. Deshalb sei an dieser Stelle ein Zitat wiederholt, das diese Absicht zum Ausdruck brachte: „Aber als Pfarrer lege ich den Schwerpunkt darauf, Menschen zu einem eigenverantworteten Glauben zu bringen, zu einem selbständigen.“[30]

So bleibt als Aufgabe der reformatorischen Kirchen, vor allem der evang.-luth. Kirchen, die in dieser Arbeit in ihrer Berufsdefinition den Bezugspunkt abgaben, was die VELKD-Thesen in guter reformatorischer Tradition so formulierten: „Die Kirche darf sich der berechtigten Kritik und dem Ruf nach Kirchenreform nicht mit der Begründung entziehen, die wahre Kirche sei unsichtbar. Sichtbare und unsichtbare Kirche können nicht voneinander geschieden werden. Solange die Kirche auf die Ankunft ihres Herrn wartet, wird sie ihm in immer neuen Existenzformen entgegengehen müssen. Wenn sie sich mit bestehenden Formen zufrieden gibt und an ihnen schwerfällig festhält, hemmt sie die dynamische Kraft des Evangeliums. Wo sie sich in ihrer Umwelt einrichtet, gibt sie die lebendige Hoffnung des wandernden Gottesvolkes preis.“[31] Deshalb gilt dann nach wie vor praktisch:

„1. Kirchenreform hat sich allein am Auftrag Jesu Christi zu orientieren. 15. Durch die Taufe ist jeder Christ zum Zeugen Christi in Kirche und Welt berufen. 16. Die entscheidende Aufgabe des Pfarrers bleibt die glaubenweckende Verkündigung des Wortes Gottes in Predigt, Lehre und Seelsorge. 18. Die Pastorenkirche kann nur überwunden werden, wenn der verantwortlichen Mitarbeit der Laien in der Kirche entschlossen Raum gegeben wird. 21. Kirchliche Ordnungen und Einrichtungen sind zu überprüfen und so zu gestalten, daß die Mitarbeit von Laien gefördert wird.“[32] Das dazu auch Überlegungen zur äußeren Struktur der Pfarreraufgaben gehören, um das Überlastungssyndrom der Pfarrer wirklich zu lösen (besonders Sprengelgröße, Aufgabenlast in Unterricht und Verwaltung), versteht sich nach dem Dargelegten von selbst.

Eine Reform der Ämter der Kirche und damit der Kirche selbst wäre dann gelungen, wenn Christen einander und auch anderen Menschen als *vom Evangelium begeisterte Wegbegleiter* begegneten.

---

[30] Interview 51/256.257
[31] VELKDThesen, S. 292
[32] VELKDThesen, S. 292–297

Literaturverzeichnis

Arnoldshainer Konferenz (1988): *Sein Licht leuchten lassen – Zur Erneuerung von Gemeinde und Pfarrerschaft,* EinVotum des Theologischen Ausschusses der Arnoldshainer Konferenz, Neukirchen-Vluyn (abg.: AKLicht)

Bäumler, Christof: *Gemeindeaufbau* (1974). In: Klostermann, Ferdinand/Zerfaß, Rolf (Hrsg.), *Praktische Theologie heute,* München/ Mainz

Bäumler, Christof (1984): *Kommunikative Gemeindepraxis,* München

Bäumler, Christof/Mette, Norbert (1987): *Gemeindepraxis in Grundbegriffen,* München/Düsseldorf

Barth, Karl (o. J.): *Kirchliche Dogmatik Bd III/4* (zitiert nach AKLicht, S. 77)

Bekenntnisschriften der Evangelisch-Lutherischen Kirche (1960), 5. Auflage, (abg.: BSLK), Berlin, darin die Augsburgische Konfession = Confessio Augustana, (abg.: CA)

Bormann, Günther (1966): *Studien zu Berufsbild und Berufswirklichkeit evangelischer Pfarrer in Württemberg: Tendenzen der Berufseinstellung und des Berufsverhaltens.* In: Internationales Jahrbuch für Religionssoziologie 4, S. 169–206

Bormann, Günther/Bormann-Heischkeil, Sigrid (1971): *Theorie und Praxis kirchlicher Organisation. Ein Beitrag zum Problem der Rückständigkeit sozialer Gruppen,* Opladen

Busch, A. S. Bernd (1994): *Pfarrer zwischen Berufung und Berufsalltag – Narrative Interviews zur Erhellung des Glaubens- und Berufsweges evangelischer Geistlicher im Kontext der Reformdiskussion des Pfarrerberufes.* (veröffentlicht als Diss.man.)

Casalis, George (1968): *Gott – Welt – Kirche.* In: Simpfendörfer, Werner (Hrsg.), Reihe Kirchenreform, Band 1, Stuttgart

Dahm, Wilhelm (1971): *Beruf Pfarrer – Empirische Aspekte,* München

Daiber, Karl-Fritz/Luckmann, Thomas (Hrsg.) (1983): *Religion in den Gegenwartsströmungen der deutschen Soziologie,* München

Drews, Paul (1924): *Der evangelische Geistliche,* 2. Auflage, Jena

Eisermann, Gottfried (1991): *Rolle und Maske,* Tübingen

Evangelisch-Katholischer Kommentar zum Neuen Testament, seit den 70er Jahren, Zürich, Neukirchen-Vluyn

Feige, Andreas (1977): *Kirchenaustritte. Eine soziologische Untersuchung von Ursachen und Bedingungen,* 2. Auflage, Gelnhausen – Berlin

Feige, Andreas (1982): *Erfahrungen mit Kirche,* 2. Auflage, Hannover

Feige, Andreas (1990): *Kirchenmitgliedschaft in der Bundesrepublik Deutschland – Zentrale Perspektiven empirischer Forschungsarbeiten im problemgeschichtlichen Kontext der deutschen Religions- und Kirchensoziologie nach 1945,* Gütersloh

Fischer, Wolfram (1977): *Pfarrer auf Probe,* Stuttgart

Fuchs, Werner (1984): *Biographische Forschung. Eine Einführung in Praxis und Methoden,* Opladen
Gabriel, Karl (1983): *Religionssoziologie als „Soziologie des Christentums".* In: Daiber, Karl-Fritz/Luckmann, Thomas (Hrsg.) (1983): *Religion in den Gegenwartsströmungen der deutschen Soziologie,* München
Generalsynode der VELKD (1967): *Thesen zur Kirchenreform.* In: Lutherische Monatshefte 1967, S. 292–297 (abg.: VELKDThesen)
Gestrich, Christof (1986): *Gemeindeaufbau in Geschichte und Gegenwart – Theologische Untersuchung und Neubestimmung eines Programmwortes.* In: Pastoraltheologie 75
Großmann, Siegfried (1978): *Haushalter der Gnade Gottes – Von der charismatischen Bewegung zur charismatischen Erneuerung,* 2. Auflage, Wuppertal und Kassel
Grundordnung der EKD. In: RSB Nr. 70 (abg.: EKDGO)
Handbuch der Praktischen Theologie (DDR), Berlin Bd. 1–3, (1975–1978) (abg.: HPThDDR), hier besonders Bd. I, 1974
Hanselmann, Johannes/Hild, Helmut/Lohse, Eduard (Hrsg.) (1984): *Was wird aus der Kirche,* 2. Auflage, Gütersloh
Herbst, Michael (1988): *Missionarischer Gemeindeaufbau in der Volkskirche,* 2. Auflage, Stuttgart
Hild, Helmut (Hrsg.) (1974): *Wie stabil ist die Kirche,* Gelnhausen/Berlin
Hoekendijk, Johannes Christiaan (1964): *Die Zukunft der Kirche und die Kirche der Zukunft,* Stuttgart
Josuttis, Manfred (1982): *Der Pfarrer ist anders. Aspekte einer zeitgenössischen Pastoraltheologie,* Pastoraltheologie 1, München
Josuttis, Manfred (1988): *Der Traum des Theologen. Aspekte einer zeitgenössischen Pastoraltheologie,* Pastoraltheologie 2, München
Kennedy, James (1981): *Gemeindewachstum,* Für den deutschsprachigen Raum bearbeitet und herausgegeben von Bernd Schlottoff, 2. Auflage, Bad Liebenzell
Kirchenamt der EKD – Studien- und Planungsgruppe (1989): *Der Beruf des Pfarrers/der Pfarrerin heute* – Ein Diskussionspapier zur V. Würzburger Konsultation über Personalplanung in der EKD; Hannover (abg.: EKDBeruf)
Kirchenamt der EKD (Hrsg.) (1986): *Christsein gestalten – Eine Studie zum Weg der Kirche,* Gütersloh
Kirchengemeindeordnung der Evangelisch-Lutherischen Kirche in Bayern. In: RSB 300 (abg.: KGO)
Kirchengesetz zur Regelung des Dienstes in der Vereinigten Evangelisch-Lutherische Kirche in Deutschland, In: RSB 500 (in der Fassung vom 4. April 1989 mit den Anwendungsbestimmungen für die Evangelisch-Lutherische Kirche in Bayern, Stand Juli 1990; genannt: Pfarrergesetz [abg.: PfG])
Kehrer, G./Schäfer, D. (1977): *Kirchenaustritte in Württemberg. Ergebnisse einer empirischen Untersuchung.* In: Zeitschrift für Wissenschaft und Praxis in Kirche und Gesellschaft 10, S. 394–420
Kohli, Martin/Robert, Günther (Hrsg.) (1984): *Biographie und soziale Wirklichkeit: Neue Beiträge und Forschungsperspektiven,* Stuttgart
Korrespondenzblatt (1990), Herausgegeben vom Pfarrer- und Pfarrerinnenverein in

der Evangelisch-Lutherischen Kirche in Bayern, 105. Jahrgang, Nr. 6, Juni 1990, S. 83
Kugler, Georg/Lindner, Herbert (1973): *Neue Familiengottesdienste,* Gütersloh
Kugler, Georg/Lindner, Herbert (1977): *Trauung und Taufe – Zeichen der Hoffnung – Begründung und Modelle,* München
Kuphal, Armin (1979): *Abschied von der Kirche. Traditionsabbruch in der Volkskirche,* Gelnhausen/Berlin
Lange, Ernst (1981): *Kirche für die Welt – Aufsätze zur Theorie kirchlichen Handelns,* herausgegeben von Rüdiger Schloz, München
Lange, Ernst (1982): *Predigen als Beruf – Aufsätze zu Homiletik, Liturgie und Pfarramt,* herausgegeben von Rüdiger Schloz, München
Lindner, Herbert (1986): *Programme – Strategien – Visionen. Eine Analyse neuerer Gemeindeaufbaukonzepte.* In: Pastoraltheologie 75
Lorenz, Karin/Reller, Horst (1985): *Alternative: Glauben – Missionarische Arbeitsformen in der Volkskirche heute,* Gütersloh
Luckmann, Thomas (1960): *Neuere Schriften zur Religionssoziologie.* In: Kölner Zeitschrift für Soziologie und Sozialpsychologie 1960, S. 315–326
Luckmann, Thomas (Hrsg.) (1983): *Religion in den Gegenwartsströmungen der deutschen Soziologie,* München, S. 199–220
Luther, Martin (1523): *Daß eine christliche Versammlung oder Gemeinde Recht und Macht habe, alle Lehre zu beurteilen und Lehrer zu berufen, ein- oder abzusetzen: Grund und Ursache aus der Schrift.* In: M. Luther, Werke, Kritische Gesamtausgabe, Weimar 1883ff. Weimarer Ausgabe (WA) Bd.11, S. 408f., zitiert nach: Ahland, Kurt (Hrsg.) *Luther Deutsch* (1966): Band 6: Kirche und Gemeinde, Göttingen, S.47–55
Luther, Martin (1523): *Ordnung eines gemeinen Kastens. Ratschlag wie die geistlichen Güter zu handeln sind* (Leisniger Kastenordnung), WA Bd. 11, S. 11–30
Luther, Martin (1527): *Ob man vor dem Sterben fliehen möge,* WA 23, S. 338ff.
Luther, Martin (1532): *Die Summe christlichen Lebens,* WA 36, S. 352ff.
Luther, Martin (1535): *Eine einfältige Weise zu beten, für einen guten Freund,* WA 38, S. 358ff.
Luther, Martin (1539): *Von den Konzilien und der Kirche,* WA 50, S. 608ff.
Margull, Hans Jochen (Hrsg.) (1965): *Mission als Strukturprinzip,* (ÖRK) Genf
Marhold, Wolfgang (Hrsg.) (1977): *Religion als Beruf I,* Stuttgart
Marhold, Wolfgang (Hrsg.) (1977): *Religion als Beruf II,* Stuttgart
Möller, Christian (1987): *Lehre vom Gemeindeaufbau I,* 2. Auflage, Göttingen
Naef, Regula (o. J. [1971]): *Was tun eigentlich die Pfarrer? Eine Untersuchung über die Tätigkeit der Pfarrer in der evangelisch-reformierten Landeskirche des Kantons Zürich,* Zürich o. J. [1971]
Ökumenischer Rat der Kirchen (ÖRK) (1967): *Die Kirche für andere und Die Kirche für die Welt im Ringen um Strukturen missionarischer Gemeinden.* Schlußberichte der Westeuropäischen Arbeitsgruppe und der Nordeuropäischen Arbeitsgruppe des Referats für Fragen der Verkündigung. Ökumenischer Rat der Kirchen (Eigenverlag)
Ökumenisches Taschenbuch – Kommentar zum Neuen Testament, seit den 70er Jahren, Gütersloh, Würzburg
Ordnung des geistlichen Amtes. In: RSB 506

Palmer, Christian (1855): *Geistlicher.* In: Real-Encyklopädie Stuttgart/Hamburg, 1. Auflage, 1855ff., Bd. 4
Ratzmann, Wolfgang (1980): *Missionarische Gemeinde,* Berlin
Rau, Gerhard (1970): *Pastoraltheologie,* München
Rechtssammlung der Evangelisch-Lutherischen Kirche in Bayern, München (abg.: RSB)
Reller, Horst/Grohmann, Rita (1985): *Lernen um zu lehren – Eltern geben Vorkonfirmandenunterricht,* Gütersloh
Rendtorff, Trutz (1969): *Christentum außerhalb der Kirche,* Hamburg
Rendtorff, Trutz (1972): *Theorie des Christentums,* Gütersloh
Riess, Richard (Hrsg.) (1979): *Haus in der Zeit. Das evangelische Pfarrhaus heute,* München
Riess, Richard (1986): *Pfarrer werden?,* Göttingen
Rössler, Dietrich (1986): *Grundriß der Praktischen Theologie,* Berlin – New York
Schmidtchen, Gerhard (1973): *Gottesdienst in einer rationalen Welt – Religionssoziologische Untersuchungen im Bereich der VELKD,* Stuttgart, Freiburg
Schniewind, Julius (1947): *Die Geistliche Erneuerung des Pfarrerstandes,* Berlin
Schütze, Fritz (1977): *Die Technik des narrativen Interviews in Interaktionsfeldstudien – dargestellt an einem Projekt zur Erforschung von kommunalen Machtstrukturen,* (unveröffentl. Manuskript)
Schütze, Fritz (1984): *Kognitive Figuren des autobiographischen Stegreiferzählens.* In: Kohli, Martin/Robert, Günther (Hrsg.) (1984): *Biographie und soziale Wirklichkeit: Neue Beiträge und Forschungsperspektiven,* Stuttgart
Schütze, Fritz (IJB 10): *Zur soziologischen und linguistischen Analyse von Erzählungen,* In: Internationales Jahrbuch für Wissens- und Religionssoziologie Bd. 10, S. 7–41
Schultz, Hans Jürgen (1964): *Konversion zur Welt,* Hamburg
Schulze, Claus-Dieter (1969): *Reformation oder Performation der Kirche?* In: Pastoraltheologie, S. 58
Schwarz, Fritz (1982): *Überschaubare Gemeinde Bd. 1: Grundlegendes – ein persönliches Wort an Leute in der Kirche,* 2. Auflage, Gladbeck
Schwarz, Fritz/Sudbrack, Rainer (o. J.): *Überschaubare Gemeinde Bd. 2: Die Praxis – für Leute, die in der Kirche anpacken wollen,* Gladbeck
Schwarz, Fritz/Schwarz, Christian A. (o. J.): *Überschaubare Gemeinde Bd. 3: Programm des neuen Lebensstils,* Gladbeck
Schwarz, Fritz/Schwarz, Christian A. (1984): *Theologie des Gemeindeaufbaus – Ein Versuch,* Neukirchen-Vluyn
Simpfendörfer, Werner (Hrsg.) (1968): *Reihe Kirchenreform Band 1: Die Gemeinde vor der Tagesordnung der Welt,* Stuttgart
Sorg, Theo (1977): *Wie wird die Kirche neu? – Ermutigung zur missionarischen Gemeinde,* Wuppertal
Spiegel, Yorick (1970): *Der Pfarrer im Amt,* München
Steck, Wolfgang (1974): *Der Pfarrer zwischen Beruf und Wissenschaft. Plädoyer für eine Erneuerung der Pastoraltheologie.* In: Theologische Existenz heute, Neue Folge 183
Steck, Wolfgang (1981): *Die Wiederkehr der Pastoraltheologie.* In: Pastoraltheologie 1, 1981

Studien- und Planungsgruppe der EKD (1993): *Fremde Heimat Kirche,* Hannover

Theologische Real-Enzyklopädie (abg.: TRE) Bd.18 (1989), Berlin, New York 1989, darin die Artikel: Kirchenordnung, Evangelische, S. 670ff.; Kirchenrecht S. 724 bis 743

TRE 19, darin die Artikel: Kirchenverfassungen: 7. Geschichte der evangelischen Kirchenverfassung, S.147–153; Kirchenverwaltung, S. 165–170; Kirchenregiment, S. 59–66; Kirchenreform, S. 52–58

VELKD (1983): *Zur Entwicklung von Kirchenmitgliedschaft.* Texte aus der VELKD 21, Lutherisches Kirchenamt der VELKD (Hrsg.), (Eigendruck im Selbstverlag) Hannover

Verfassung der Vereinigten Evangelisch-Lutherischen Kirche Deutschlands (abg.: VELKDVerf), (in der Fassung vom 1.11.1978, zuletzt geändert 31.7.1991, in: RSB 70)

Völzke, Reinhard (1990): *Die Methode des biographischen Gesprächs in der Sozialpädagogik.* In: Denken und Handeln, Band 13, Schriftenreihe der Evangelischen Fachhochschule Rheinland-Westfalen-Lippe, Bochum